Internet für Senioren

von

Mareile Heiting

An den Leser

Liebe Leserin, lieber Leser,

vor allem im späteren Lebensalter entdecken immer mehr Menschen die vielen praktischen Vorzüge, die das Internet für ihren Alltag bietet. Schön, dass Sie sich nun auch dazu entschieden haben, Teil dieser »Online«-Gemeinschaft zu werden.

Das Internet wird Ihr Leben vereinfachen und bereichern. Apropos »bereichern«, Sie sparen damit nicht nur Zeit, sondern häufig auch bares Geld – sei es, dass Sie beim Online-Shopping Schnäppchen machen oder eine Traumreise zum Tiefpreis ergattern. Kein Stress mehr in überfüllten Kaufhäusern, und auch Ihre Bankgeschäfte erledigen Sie zukünftig gemütlich von zu Hause aus. Das Internet kann aber noch viel mehr: In Sekundenschnelle verschicken Sie E-Mails an Freunde, sprechen per Videotelefonie mit Ihrer Familie oder treffen Gleichgesinnte und alte Schulfreunde in sozialen Netzwerken.

Für all das müssen Sie beileibe nicht zum IT-Profi werden. Bei Ihrer Tour durchs Internet begleitet Sie Mareile Heiting. Sie spricht Ihre Sprache und zeigt Ihnen in entspannten Etappen alle Sehenswürdigkeiten vor Ort. Zunächst packen Sie Ihren Koffer mit allem, was nötig ist, um ins Internet zu kommen, und nach einem kurzen Check-in geht es auch schon gleich los mit dem Besuch der ersten Webseiten. Keine Sorge, Sie können nichts falsch machen. Unsere Autorin zeigt Ihnen an Beispielen immer ganz genau, wo Sie klicken und was Sie tun müssen.

Dieses Buch wurde mit größter Sorgfalt geschrieben und hergestellt. Sollten Sie dennoch einmal einen Fehler finden oder inhaltliche Anregungen haben, freue ich mich, wenn Sie mit mir in Kontakt treten. Für Kritik bin ich dabei ebenso offen wie für lobende Worte. Doch nun möchte ich Sie nicht länger aufhalten: Leinen los, und viel Vergnügen bei Ihren Exkursionen wünscht

Ihre Isabella Bleissem
Lektorat Vierfarben

isabella.bleissem@vierfarben.de

Auf einen Blick

1	Willkommen im Internet	11
2	Los geht's – die ersten Schritte	47
3	Suchen und Finden mit Google	83
4	E-Mails schreiben und lesen	109
5	Sicher einkaufen im Internet	143
6	Sicheres Online-Banking	191
7	Reisen und Ausflüge planen und buchen	203
8	Gesundheit im Internet	245
9	Freunde treffen im Internet	259
10	Telefonieren und Chatten mit Skype	285
11	Fotos, Fernsehen und Musik im Internet	295
12	Wissenswertes im Internet	319
13	Rat und Tat	333
14	Auf einen Blick – Sicherheit im Internet	339

Impressum

Sie haben Fragen, Wünsche oder Anregungen zum Buch?
Gerne sind wir für Sie da:

Anmerkungen zum Inhalt des Buches: isabella.bleissem@vierfarben.de
Bestellungen und Reklamationen: service@vierfarben.de
Rezensions- und Schulungsexemplare: sophie.herzberg@vierfarben.de

Das vorliegende Werk ist in all seinen Teilen urheberrechtlich geschützt. Alle Rechte vorbehalten, insbesondere das Recht der Übersetzung, des Vortrags, der Reproduktion, der Vervielfältigung auf fotomechanischem oder anderen Wegen und der Speicherung in elektronischen Medien.

Ungeachtet der Sorgfalt, die auf die Erstellung von Text, Abbildungen und Programmen verwendet wurde, können weder Verlag noch Autor, Herausgeber oder Übersetzer für mögliche Fehler und deren Folgen eine juristische Verantwortung oder irgendeine Haftung übernehmen.

Die in diesem Werk wiedergegebenen Gebrauchsnamen, Handelsnamen, Warenbezeichnungen usw. können auch ohne besondere Kennzeichnung Marken sein und als solche den gesetzlichen Bestimmungen unterliegen.

An diesem Buch haben viele mitgewirkt, insbesondere:

Lektorat Isabella Bleissem
Korrektorat Marita Böhm, München
Herstellung Denis Schaal
Typografie und Layout Vera Brauner, Maxi Beithe
Einbandgestaltung Daniel Kratzke, Naomi Geller
Coverbilder iStockphoto: 17285869 © loops7, 16511333 © fatmayilmaz, 11889816 © Kamruzzaman Ratan, 13626961 © shopping, 5532898 © Mark Stay, 16948001 © hand-cursor
Satz SatzPro, Krefeld
Druck und Bindung Media-Print Informationstechnologie GmbH, Paderborn

Gesetzt wurde dieses Buch aus der ITC Charter (10,5 pt/15 pt) in Adobe InDesign CS6.
Und gedruckt wurde es auf mattgestrichenem Bilderdruckpapier (115 g/m²).
Hergestellt in Deutschland.

Bibliografische Information der Deutschen Nationalbibliothek
Die Deutsche Nationalbibliothek verzeichnet diese Publikation in der Deutschen Nationalbibliografie; detaillierte bibliografische Daten sind im Internet über http://dnb.d-nb.de abrufbar.

ISBN 978-3-8421-0213-2

© Vierfarben, Bonn 2016
2., aktualisierte Auflage 2016

Vierfarben ist eine Marke der Rheinwerk Verlag GmbH
Rheinwerkallee 4, 53227 Bonn
www.vierfarben.de

Der Verlagsname Vierfarben spielt an auf den Vierfarbdruck, eine Technik zur Erstellung farbiger Bücher. Der Name steht für die Kunst, die Dinge einfach zu machen, um aus dem Einfachen das Ganze lebendig zur Anschauung zu bringen.

Inhalt

Vorwort 9

Kapitel 1: Willkommen im Internet 11

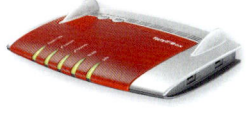

Holen Sie sich die Welt nach Hause 11
Grundlagen Internet: Das sollten Sie wissen 13
Dienste im Internet: World Wide Web und E-Mail 14
Maus, Tastatur und Touchscreen 16
Ist Ihr Computer gut geschützt? 22
Die richtige Ausstattung 31
Den Anbieter auswählen 35
Die Internetverbindung einrichten 39
Ins Internet über das Mobilfunknetz 45

Kapitel 2: Los geht's – die ersten Schritte 47

Auf ins Netz mit dem Browser Edge 47
Von Seite zu Seite navigieren 54
Der Aufbau einer Webseite 58
Die Startseite bestimmen 61
Lesezeichen im Browser Edge anlegen 63
Internetseiten aus Edge ausdrucken 66
Lästige Werbung ausblenden 68
Dateien aus dem Internet herunterladen 71
Der Browser Mozilla Firefox 76
Der Browser Google Chrome 79

Inhalt

Kapitel 3: Suchen und Finden mit Google ... 83
Erste Schritte mit Google ... 84
Bilder, Adressen, Routenplaner und mehr – Googles spezielle Suchdienste ... 93
Weitere Suchmaschinen kurz vorgestellt ... 104

Kapitel 4: E-Mails schreiben und lesen ... 109
Was Sie über E-Mails wissen sollten ... 109
Ein kostenloses E-Mail-Konto einrichten ... 111
E-Mails schreiben ... 119
E-Mails lesen und verwalten ... 125
Die Alternative: E-Mails schreiben und empfangen mit Thunderbird ... 133

Kapitel 5: Sicher einkaufen im Internet ... 143
Preise und Bewertungen vergleichen ... 143
Allgemeine Tipps für sicheres Einkaufen ... 155
Einkaufen bei Amazon ... 162
Einkaufen beim Versandhandel Otto ... 171
Das Auktionshaus eBay ... 177
Weitere beliebte Online-Shops ... 187

Kapitel 6: Sicheres Online-Banking ... 191
Für das Online-Banking anmelden ... 191
Finanzielles sicher im Internet abwickeln ... 196
Geheimhaltung hat höchste Priorität ... 202

Kapitel 7: Reisen und Ausflüge planen und buchen ... 203
Hotels vergleichen mit HolidayCheck ... 203
Flugpreise vergleichen ... 215

Bahnverbindungen suchen und buchen 220
Von der Hotelbuchung bis zur Pauschalreise: Reiseportale im Internet ... 228
Tipps rund um das Urlaubs- oder Ausflugsziel 234
Wettermeldungen im Internet 239

Kapitel 8: Gesundheit im Internet 245

Medizinische Beratung im Internet 245
Online-Apotheken nutzen 251

Kapitel 9: Freunde treffen im Internet 259

Kontakt mit alten Bekannten aufnehmen 259
Bei Facebook anmelden 265
Sich mit Facebook-Freunden austauschen 272
Gleichgesinnte im Internet finden 277
Partnersuche im Internet 282

Kapitel 10: Telefonieren und Chatten mit Skype 285

Erste Schritte 286
Skype einsetzen 289

Kapitel 11: Fotos, Fernsehen und Musik im Internet 295

Fotos im Online-Album präsentieren 295
Fotogeschenke über das Internet bestellen 303
Das Videoportal YouTube 309
ARD, ZDF und Co. – online fernsehen 313
Radio hören im Internet 315

Kapitel 12: Wissenswertes im Internet 319
Das Online-Lexikon Wikipedia 319
Das Sprachgenie LEO 324
Kochrezepte bei Chefkoch.de 327

Kapitel 13: Rat und Tat 333
Was tun, wenn die Internetverbindung streikt? 333
Wenn Internetseiten verrücktspielen 337

Kapitel 14: Auf einen Blick – Sicherheit im Internet 339
Sicher surfen 339
Wichtige Datenschutzeinstellungen 345
Sicher einkaufen 354
Sicher kommunizieren in sozialen Netzwerken 358
Schutz vor betrügerischen E-Mails 361

Glossar (mit Hinweisen zur Aussprache) 365
Index 379

Vorwort

Bei einem gemütlichen Treffen erzählen Ihnen Ihre Freunde freudestrahlend, dass sie über das Internet eine wunderbar günstige Traumreise gebucht haben. Die nette Nachrichtensprecherin im Fernsehen weist Sie darauf hin, dass Sie weitere Informationen zum aktuellen Thema im Internet finden. Alleine diese zwei kleinen Beispiele zeigen, welch große Rolle das Internet mittlerweile in unserem Leben spielt. Ob im privaten Bereich oder im beruflichen Alltag: Für viele ist das Internet kaum noch wegzudenken.

Doch was ist das eigentlich, das Internet, und wie kommt man hinein? Was bedeuten die ganzen englischen Fachbegriffe wie »googeln«, »skypen« oder auch »Cloud«, und welche sind überhaupt wichtig für die Praxis? Vor allem aber: Was gilt es zu beachten, um sich auch jederzeit sicher im Internet zu bewegen?

Um all dies verständlich zu erklären, ist ein klein wenig Geduld erforderlich, aber es macht auch viel Freude. Es ist mir ein besonderes Anliegen, gerade Einsteigern, die keinerlei Vorerfahrung haben, alle wesentlichen Fragen zu beantworten und die typischen Hürden zu beseitigen. Ich möchte Sie schrittweise an ein Medium heranführen, das Ihnen erstaunlich viel Vertrautes, vor allem aber eine ganze Menge Neues bietet – wie etwa das Versenden von Nachrichten im Internet, das heutzutage weitgehend das Briefeschreiben ersetzt hat.

Die E-Mails an meinen Cousin im fernen Asien landen z. B. innerhalb weniger Sekunden in seinem Postfach, und das inklusive der Fotos vom deutschen Weihnachtsfest. Aber nicht nur im Bereich Kommunikation zeigt sich, wie stark sich das Internet in den letzten Jahren weiterentwickelt hat und dadurch immer mehr Nutzern zugänglich geworden ist.

In diesem Buch möchte ich Ihnen gerne zeigen, wie Sie das weltweite Netzwerk für sich nutzen können. Begeben Sie sich gemeinsam mit mir auf eine Reise in die Welt des Internets. Wir steuern dabei viele Ziele und

Vorwort

Sehenswürdigkeiten an: Das Recherchieren bei Google steht ebenso auf dem Programm wie das Versenden von E-Mails, das Einkaufen im Internet, das Planen und Buchen von Reisen oder das Knüpfen von Kontakten über soziale Netzwerke wie Facebook. Wenn es an das Bezahlen oder das Preisgeben von persönlichen Daten geht, darf natürlich auch das Thema Sicherheit und hier vor allem der Datenschutz nicht zu kurz kommen.

Das Internet eignet sich aber auch perfekt, wenn Sie sich einfach nur über aktuelle Ereignisse informieren möchten. Denn in Sekundenschnelle können die Betreiber der Internetseiten auf die neuesten Geschehnisse reagieren und entsprechende Meldungen in kürzester Zeit veröffentlichen.

Für jemanden, der ein Buch schreibt, stellt diese Schnelllebigkeit des Internets durchaus eine Herausforderung dar. Bei all meinen Anleitungen ist es mir aber sehr wichtig, Ihnen die Funktionen nicht im Schnellflug zu erklären, sondern Sie Schritt für Schritt und vor allem auf sicheren Pfaden durch den Internetdschungel zu begleiten. Zwischen dem Schreiben dieses Buchs und dem Moment, in dem Sie, liebe Leserin und lieber Leser, es lesen, liegen aber sicherlich einige Wochen, wenn nicht sogar Monate. Die Gefahr, dass die ein oder andere Webseite dann nicht mehr exakt so aussieht, wie in diesem Buch beschrieben, ist somit leider gegeben. Sollte solch ein Fall auftreten, lesen Sie sich bitte trotzdem die Texte in Ruhe durch. Häufig sind die Unterschiede nicht so gravierend und beschränken sich etwa auf ein wenig anders beschriftete oder an anderer Stelle positionierte Schaltflächen.

Wie bei all meinen Büchern möchte ich mich an dieser Stelle bei all den Menschen bedanken, die mich wieder wunderbar unterstützt haben. Stellvertretend für alle lieben Teammitglieder des Vierfarben Verlags sei hier meine Lektorin Isabella Bleissem erwähnt, die mir kompetent mit Rat und Tat zur Seite stand. Ein ganz lieber Dank geht aber auch an meinen Mann Carsten, der mir während des Schreibens dieses Buchs nicht nur den Rücken freigehalten, sondern auch gestärkt hat.

Nun wünsche ich Ihnen viel Spaß und Erfolg bei Ihrer ersten Reise durch die spannende Welt des Internets!

Ihre Mareile Heiting

Kapitel 1
Willkommen im Internet

Vor etwas mehr als zwanzig Jahren wusste kaum einer etwas mit dem Begriff *Internet* anzufangen. Heute sieht das ganz anders aus. Für viele ist ein Leben ohne diese Technologie sogar kaum mehr vorstellbar. Interessante Artikel lesen, einkaufen, sich mit Freunden unterhalten – all dies wird wie selbstverständlich über das Internet erledigt. Doch was ist das Internet eigentlich? Und vor allem: Was braucht man, um es selbst nutzen zu können? In diesem Kapitel möchte ich Ihnen genau diese Fragen beantworten. Keine Sorge, allzu technisch wird es dabei nicht, auch wenn sich etwas Theorie für das bessere Verständnis nicht ganz vermeiden lässt. Am Ende des Kapitels halten Sie das notwendige Rüstzeug in der Hand, um selbst in die Welt des Internets einzutauchen.

Holen Sie sich die Welt nach Hause

Will man die Möglichkeiten des Internets beschreiben, weiß man kaum, wo man beginnen soll: Informationen recherchieren, einkaufen, Unterhaltungen führen? All diese Bereiche und noch viel, viel mehr deckt das Internet ab. Möchten Sie beispielsweise wissen, wann Ihr Lieblingskünstler mal wieder ein Konzert in Ihrer Nähe gibt? Im Internet finden Sie diese Information mit Sicherheit. Und nicht nur das: Häufig ist es sogar möglich, die Konzertkarten gleich über das Internet zu kaufen. Apropos »kaufen«: Von Kleidung, Möbeln, Elektroartikeln, Fahrrädern und Autos bis hin zu Lebensmitteln lässt sich alles über das Internet erwerben. Bevor Sie sich für ein Produkt entscheiden, können Sie noch in Ruhe Testberichte lesen und die Preise der verschiedenen Anbieter miteinander vergleichen.

Kapitel 1: Willkommen im Internet

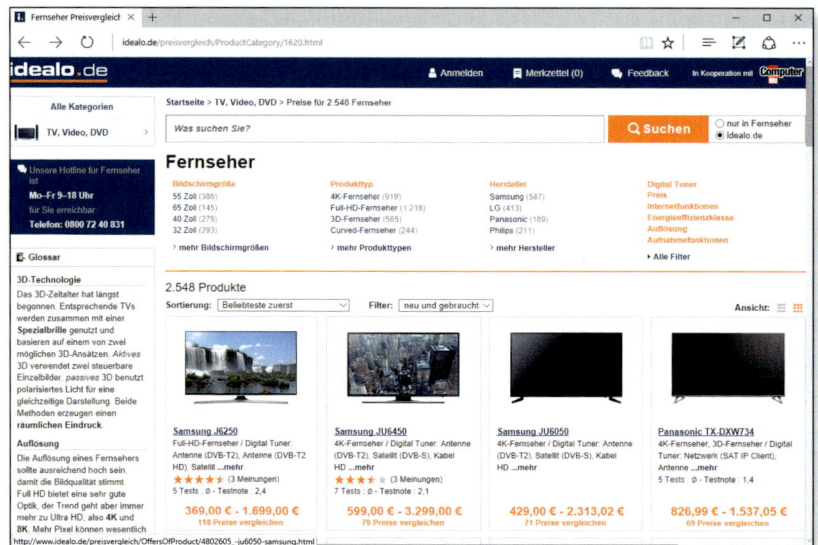

> Im Internet können Sie nicht nur einkaufen, sondern zuvor auch die Preise vergleichen.

Auch wenn Sie Ihren Urlaub planen und buchen wollen, dringend eine gute Anleitung für die Badsanierung benötigen, ehemalige Klassenkameraden suchen, sich einfach nur mit anderen Internetnutzern über ein Thema austauschen möchten oder Informationen zu einer gefährdeten Vogelart suchen: Das Internet macht es möglich. Ganz zu schweigen vom wichtigen Thema Kommunikation. Denn in wenigen Sekunden schicken Sie weit entfernten Freunden eine E-Mail, also einen elektronischen Brief, oder Sie telefonieren mit ihnen über das Internet. Dabei ist es ganz egal, ob Sie oder Ihr Gesprächspartner sich gerade in Deutschland, Amerika oder Australien befinden.

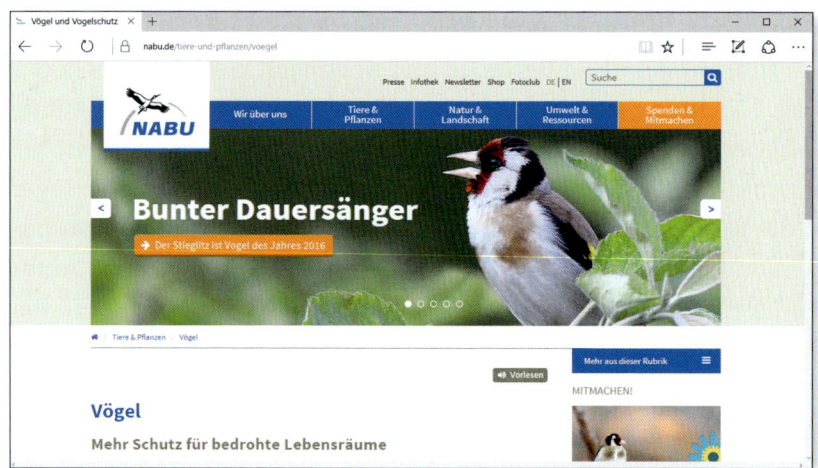

> Auch zu gefährdeten Vogelarten finden Sie im Internet Informationen.

Wie gesagt, das Internet hat sich mittlerweile so tief im Alltag vieler verankert, dass sich so manch einer ein Leben ohne es kaum mehr vorstellen kann. Doch was ist dieses ominöse Internet eigentlich? Um dies zu erklären, müssen wir uns mit ein wenig Theorie beschäftigen.

Grundlagen Internet: Das sollten Sie wissen

Ganz einfach gesagt, ist das Internet ein riesiges Netz von weltweit miteinander verbundenen Computern, die über Kabel, Funk oder auch Satellitenverbindung untereinander Daten austauschen. Beim Datenaustausch gibt es eine Seite, die Daten anbietet (im Fachjargon auch *Server* genannt, zu Deutsch »Dienstleister«), und eine Seite, die die Daten empfängt (der sogenannte *Client*, zu Deutsch »Kunde«). Verschiedene Protokolle sorgen dafür, dass die Computer quasi die gleiche Sprache sprechen und der Datenaustausch somit überhaupt möglich ist.

> **Der Unterschied zwischen Webseite und Website**
>
> Viele Firmen verfügen mittlerweile über einen eigenen Internetauftritt. Dieser besteht meistens aus einer Vielzahl einzelner *Webseiten*. Alle Seiten zusammengenommen, sprich der gesamte Internetauftritt, werden als *Website* bezeichnet.

Jeder Computer ist in diesem Netz durch eine sogenannte *IP-Adresse* (Internetprotokoll-Adresse) eindeutig identifizierbar. Diese Adresse besteht aktuell aus vier Zahlen zwischen 0 und 255, die durch einen Punkt voneinander getrennt werden, also etwa »192.97.173.8«. Da sich aber kaum jemand solch eine IP-Adresse merken kann, wurden die Namensadressen eingeführt. Auch sie sind nach einem bestimmten Schema aufgebaut (eine schematische Darstellung einer Adresse finden Sie im Kasten »Aufbau einer Internetadresse auf einen Blick« auf Seite 14). Die Internetadresse (auch *Unified Resource Locator*, kurz *URL*, genannt) des Vierfarben Verlags lautet beispielsweise *http://www.vierfarben.de*. Auch diese Adresse ist einmalig.

Unsere Beispieladresse *http://www.vierfarben.de* besteht aus vier Teilen. Der vordere Teil, *http* (Abkürzung für *Hypertext Transfer Protocol*), gibt das Protokoll an, mit dem der Datenaustausch erfolgt. Werden die Daten während der Datenübertragung verschlüsselt, finden Sie hier häufig auch die Abkürzung *https* (*Hypertext Transfer Protocol Secure*, also sicheres Hypertext-Übertragungsprotokoll). Das *www* steht für den Dienst, hier das World Wide Web (siehe auch den folgenden Abschnitt »Dienste im Internet: World Wide Web und E-Mail« unten). »Vierfarben« ist der sogenannte *Domainname*, also der Name des Computers, auf dem sich die Daten befinden. Die Abkürzung ».de« ist die Top-Level-Domain, die wiederum angibt, in welchem Land sich der Computer befindet – »de« steht dabei für Deutschland, Österreich besitzt das Kürzel »at« und die Schweiz »ch«. Die Internetadresse wird auch gerne als *URL* bezeichnet. Die Satzzeichen – also Doppelpunkt, Schrägstrich (der sogenannte *Backslash*) und Punkt – sind wichtige Bestandteile, die beim Aufrufen einer Seite nicht vergessen werden dürfen. Allerdings kann man meistens auf den ersten Bestandteil vor dem »www« verzichten – die Adresse wird auch so aufgerufen.

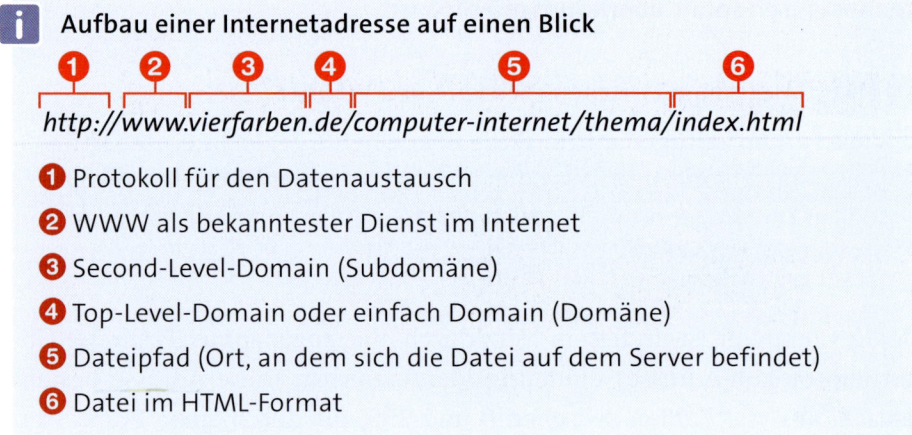

Dienste im Internet: World Wide Web und E-Mail

Das Internet stellt dem Anwender einige Dienste zur Verfügung. Einer der bekanntesten ist das *World Wide Web*, kurz WWW. World Wide Web lässt sich mit »weltweites Netz« übersetzen. Das WWW besteht aus mittlerweile unzähligen weltweit miteinander verknüpften Dokumenten, sogenannten *Webseiten*. Die Verknüpfung der Dokumente erfolgt über sogenannte *Links*, die Sie im Abschnitt »Von Seite zu Seite navigieren« ab Seite 54 noch genauer kennenlernen werden.

Im World Wide Web finden Sie eine Vielzahl an Informationen. Das reicht z. B. von tagesaktuellen Nachrichten und Wettermeldungen bis zu Gesundheitstipps und Kochrezepten. Aber auch die Art der Darbietung ist breit gefächert: Es gibt Texte, Bilder und Grafiken, Videos und Musik. Um die entsprechenden Webseiten ansehen zu können, benötigen Sie ein spezielles Programm, den sogenannten *Browser*. Der Name ist abgeleitet vom englischen »to browse«, zu Deutsch »blättern«. Das Blättern von Webseite zu Webseite wird übrigens auch als *Surfen* bezeichnet. Einige bekannte Browser, wie etwa Microsoft Edge oder auch Mozilla Firefox, stelle ich Ihnen in Kapitel 2, »Los geht's – die ersten Schritte«, vor.

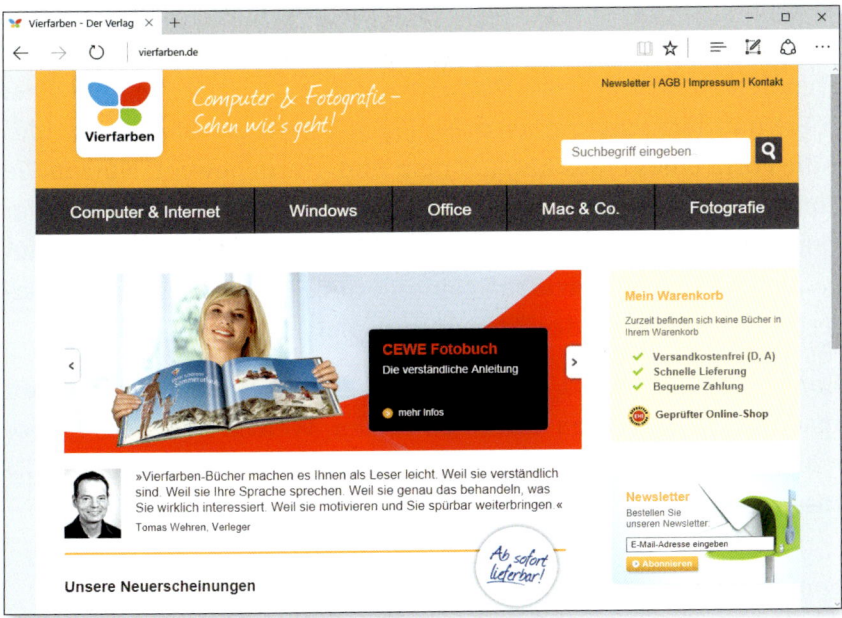

◁ *Zum Betrachten von Webseiten benötigen Sie ein spezielles Programm, etwa den Browser Microsoft Edge.*

Der zweite wichtige Dienst, den Ihnen das Internet zur Verfügung stellt, ist derjenige zum Versenden einer E-Mail (*Electronic Mail*), wörtlich übersetzt ein elektronischer Brief. Mit seiner Hilfe senden Sie in Sekundenschnelle Nachrichten von einem Computer zum anderen. Solch eine E-Mail kann neben dem eigentlichen Nachrichtentext auch Fotos, kleine Videos oder Dokumente, wie etwa Word-Dateien, in der Anlage enthalten. Ausführliche Informationen rund um dieses Thema erhalten Sie in Kapitel 4, »E-Mails schreiben und lesen«.

Kapitel 1: Willkommen im Internet

Bevor Sie einen dieser beiden beliebten Dienste nutzen können, müssen Sie Ihren eigenen Computer mit dem Internet verbinden. Wie dies funktioniert, lernen Sie Schritt für Schritt im Laufe dieses Kapitels. Damit Sie wissen, welche Handgriffe Sie bei den verschiedenen Anleitungen ausführen sollen, zeige ich Ihnen aber zuvor, wie Sie Maus, Tastatur oder auch einen *Touchscreen*, also einen berührungsempfindlichen Bildschirm, richtig bedienen.

Maus, Tastatur und Touchscreen

Wenn Sie einen Desktop-PC oder ein Notebook besitzen, benötigen Sie zur Bedienung des Computers eine Tastatur und eine Computermaus. Für Notebooks steht außerdem das sogenannte *Touchpad* zur Verfügung. Dabei handelt es sich um eine kleine berührungsempfindliche Fläche. Fahren Sie mit dem Finger über diese Fläche, wird der *Mauszeiger*, der häufig die Form eines Pfeils hat, auf dem Bildschirm bewegt. Nutzen Sie eine Computermaus, erreichen Sie das Gleiche durch Verschieben der Maus auf Ihrer Schreibunterlage, was wiederum den Mauszeiger auf dem *Desktop* bewegt. Die exakte Positionierung des Mauszeigers auf einem bestimmten Element des Bildschirms spielt eine wichtige Rolle.

Jede Computermaus besitzt zwei Tasten. Auch auf einem Notebook mit Touchpad sind diese beiden Tasten zu finden. Welche Bedeutung diese Tasten haben und wie Sie sie nutzen, ist in der nebenstehenden Tabelle kurz zusammengefasst.

> **+ Computermäuse mit Scrollrad**
>
> Manche Computermäuse besitzen zwischen der linken und rechten Maustaste noch ein kleines Rädchen, das sogenannte *Scrollrad*, das sich vorwärts und rückwärts drehen lässt. Dieses Scrollrad ist vor allem auf längeren Internetseiten praktisch, denn es ermöglicht ein schnelles Blättern, auch *Scrollen* genannt.
>
> > *Das Scrollrad ist eine bequeme Möglichkeit, um sich durch längere Internetseiten zu bewegen.*

Maus, Tastatur und Touchscreen

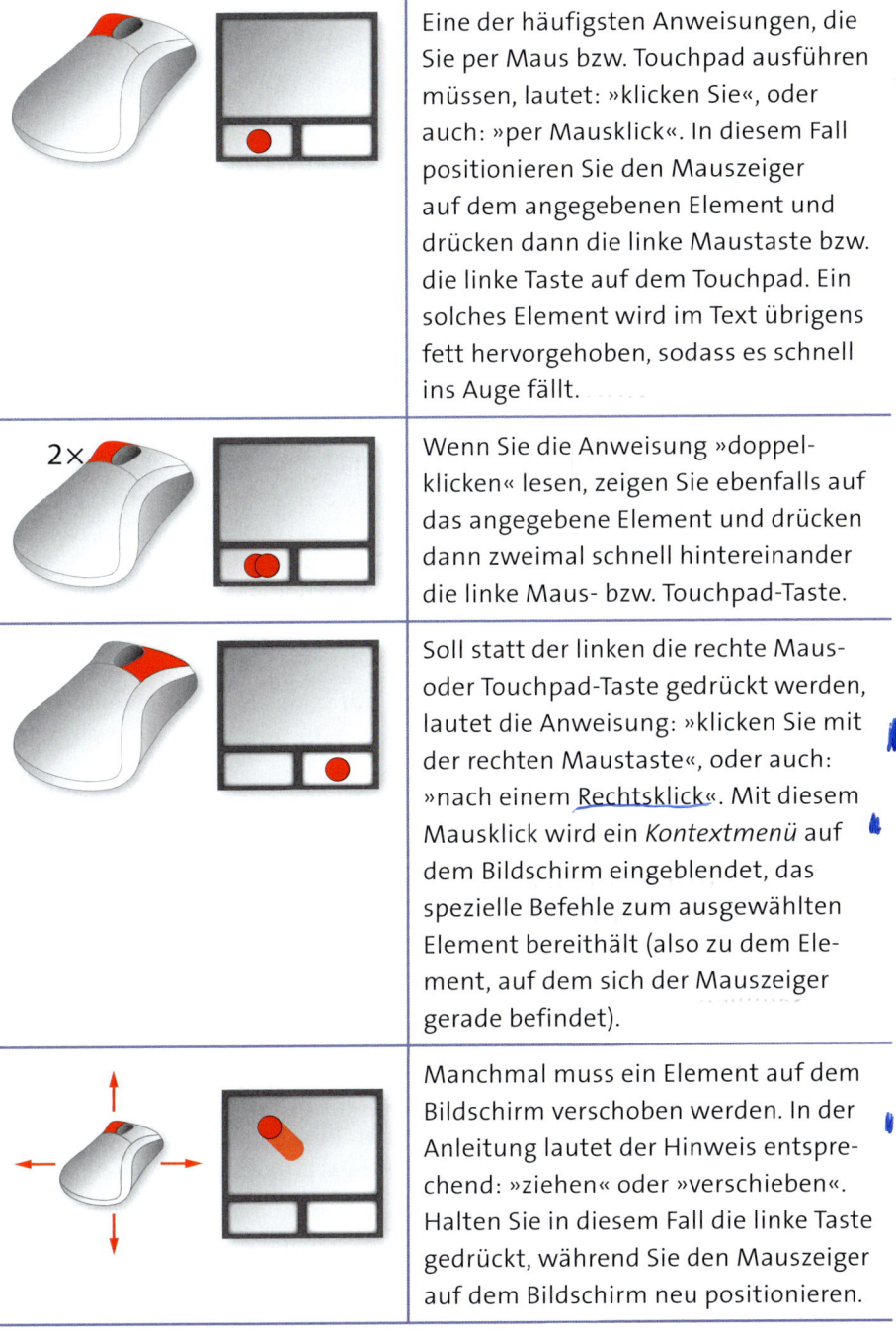

	Eine der häufigsten Anweisungen, die Sie per Maus bzw. Touchpad ausführen müssen, lautet: »klicken Sie«, oder auch: »per Mausklick«. In diesem Fall positionieren Sie den Mauszeiger auf dem angegebenen Element und drücken dann die linke Maustaste bzw. die linke Taste auf dem Touchpad. Ein solches Element wird im Text übrigens fett hervorgehoben, sodass es schnell ins Auge fällt.
	Wenn Sie die Anweisung »doppelklicken« lesen, zeigen Sie ebenfalls auf das angegebene Element und drücken dann zweimal schnell hintereinander die linke Maus- bzw. Touchpad-Taste.
	Soll statt der linken die rechte Maus- oder Touchpad-Taste gedrückt werden, lautet die Anweisung: »klicken Sie mit der rechten Maustaste«, oder auch: »nach einem Rechtsklick«. Mit diesem Mausklick wird ein Kontextmenü auf dem Bildschirm eingeblendet, das spezielle Befehle zum ausgewählten Element bereithält (also zu dem Element, auf dem sich der Mauszeiger gerade befindet).
	Manchmal muss ein Element auf dem Bildschirm verschoben werden. In der Anleitung lautet der Hinweis entsprechend: »ziehen« oder »verschieben«. Halten Sie in diesem Fall die linke Taste gedrückt, während Sie den Mauszeiger auf dem Bildschirm neu positionieren.

▲ Die Maus- und Touchpad-Bedienung im Überblick

Kapitel 1: Willkommen im Internet

Arbeiten Sie mit einem Tablet oder auch Smartphone, das mit einem *Touchscreen*, also einem berührungsempfindlichen Bildschirm, ausgestattet ist, heißt es nicht mehr klicken, sondern tippen und wischen. Auf einem Touchscreen ist auch kein Mauszeiger mehr zu sehen, denn Sie können alle Elemente direkt mit dem Finger anwählen. Die wichtigsten *Fingergesten*, die Sie kennen sollten, sind folgende:

> *Wichtige Touchgesten im Überblick*

	»Tippen« bedeutet – wie der Name bereits sagt –, einfach nur mit dem Finger kurz auf das gewünschte Element zu tippen.
	Soll auf einem Touchscreen ein Kontextmenü eingeblendet werden (siehe auch die Tabelle auf Seite 17 unter »Rechtsklick«), stehen seit Windows 8 zwei Varianten zur Auswahl: Halten Sie den Finger etwas länger (zwei bis drei Sekunden) auf dem Element gedrückt, bis ein Quadrat eingeblendet wird und anschließend das Menü aufklappt.
	Manchmal ist es aber auch nötig, das Element ein paar Millimeter mit dem Finger nach unten zu ziehen. Welche Variante Sie einsetzen sollten, erfahren Sie jeweils in den Anleitungen. Das längere Drücken wird meist auf dem Desktop eingesetzt, das Verschieben dagegen auf dem Startbildschirm.
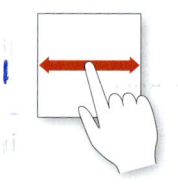	Wenn Sie »wischen« sollen, streichen Sie einfach mit dem Finger in der angegebenen Richtung über den Bildschirm, etwa vom rechten Bildschirmrand in Richtung Bildmitte.
	Indem Sie zwei Finger auf den Bildschirm drücken und sie entweder nach außen oder nach innen ziehen, wird der Bildschirminhalt – z. B. der Text einer Internetseite – vergrößert und durch das Zusammenziehen wieder verkleinert. In diesem Zusammenhang wird auch von *Zoomen* gesprochen.

Maus, Tastatur und Touchscreen

Egal, welche Art von Computer Sie nutzen: Sobald Sie Text eingeben möchten, benötigen Sie eine Tastatur. Die Bedienung einer klassischen Tastatur ist vielen wahrscheinlich geläufig. Mittlerweile haben sich in der Fachliteratur allerdings unterschiedliche Begriffe für ein und dieselben Tasten eingeschlichen. So spricht der eine beispielsweise von einer *Eingabe-Taste*, bei einem anderen heißt sie *Enter-Taste*. Viele Anwender nennen Sie auch *Return-Taste*, wohl auch, um eine Verwechslung mit der Enter-Taste auf dem Nummernblock der Tastatur zu vermeiden. Damit es hier keine Verwirrung gibt, habe ich eine kleine Übersicht über die wichtigsten Tastennamen, wie sie in diesem Buch verwendet werden, für Sie zusammengestellt.

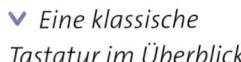

▽ *Eine klassische Tastatur im Überblick*

❶	Eingabe-Taste ⏎ (auch *Return-Taste* genannt)	Durch Drücken dieser Taste erzeugen Sie in einem Text z. B. einen neuen Absatz. Sie dient aber auch zum Abschließen mancher Eingaben, wie Sie im Verlauf dieses Buches noch sehen werden.
❷	Rück-Taste ← (auch *Backspace-Taste* genannt)	Wo immer Sie Text eingeben müssen, blinkt eine kleine Einfügemarke in Form eines senkrechten Strichs. Durch Drücken der Rück-Taste können Sie das Zeichen links von dieser Einfügemarke löschen.
❸	Umschalt-Taste ⇧ (auch *Shift-Taste* genannt)	Manche Tasten sind doppelt belegt, wie etwa alle Zahlentasten. Wenn Sie z. B. ein Ausrufungszeichen tippen möchten, drücken Sie zeitgleich die Umschalt-Taste sowie die 1. Möchten Sie einen Großbuchstaben tippen, müssen Sie zeitgleich zur Buchstaben-Taste (also etwa die Taste A) die Umschalt-Taste drücken.

Kapitel 1: Willkommen im Internet

❹	Strg-Taste `Strg` (auch *Control-Taste* genannt)	Mit dieser Taste lassen sich einige Befehle, die Sie sonst mit der Maus anklicken müssten, schnell per Tastatur ausführen. Drücken Sie die Taste Strg z. B. zeitgleich mit der Taste A, wird der gesamte Text in einem Dokument markiert.
❺	Windows-Taste ⊞	Auch mit der Windows-Taste lassen sich viele Befehle schneller ausführen. Drücken Sie nur diese Taste, klappt z. B. das Startmenü auf, über das Sie alle Programme auf Ihrem Computer erreichen.
❻	Feststell-Taste ⇧ (auch *Capslock-Taste* genannt)	Wenn Sie diese Taste drücken, werden alle Buchstaben, die Sie im Folgenden eingeben, nur noch als Großbuchstaben angezeigt. Erst durch ein erneutes Drücken wird die Funktion wieder aufgehoben.
❼	Tabulator-Taste ⇆ (kurz *Tab-Taste*)	Die Tabulator-Taste kommt z. B. zum Einsatz, wenn Sie in einem Brief den Text etwas einrücken, also nach rechts verschieben möchten. Füllen Sie auf einer Internetseite ein Formular mit mehreren Feldern wie etwa Ihrem Namen und Ihrer Adresse aus, gelangen Sie durch Drücken der Tabulator-Taste von einem Feld zum nächsten.
❽	AltGr-Taste `AltGr`	Auf manchen Tasten finden Sie unten rechts ein weiteres Zeichen. Ein Beispiel hierfür ist die Taste E, in der unten rechts das Eurozeichen zu sehen ist. Um genau dieses Zeichen, im Beispiel also €, zu tippen, müssen Sie die AltGr-Taste zeitgleich mit der Taste E drücken.
❾	Escape-Taste `Esc`	Mit dieser Taste lassen sich manche Aktionen am Computer abbrechen, z. B. der Vollbildmodus eines Videos (siehe dazu den Kasten auf Seite 311).

Die Taste `AltGr` spielt in der Welt des Internets eine besondere Rolle: Durch das gleichzeitige Drücken dieser Taste und der Buchstaben-Taste Q erzeugen Sie das sogenannte *At-Zeichen* @. Dieses auch als *Klammeraffe* bezeichnete Sonderzeichen benötigen Sie für E-Mail-Adressen; mehr hierzu erfahren Sie in Kapitel 4, »E-Mails schreiben und lesen«. Das gleichzeitige Drücken von zwei oder mehr Tasten wird übrigens auch als *Tastenkombination* oder *Tastenkürzel* bzw. englisch *Shortcut* bezeichnet.

Die kleinen handlichen Tablets sind ausgesprochen praktisch. Im Gegensatz zu Notebooks oder auch Desktop-PCs besitzen die meisten Tablets allerdings keine eigene Tastatur. Stattdessen kommt eine sogenannte *Bildschirmtastatur*, auch *virtuelle Tastatur* genannt, zum Einsatz. Die

Bildschirmtastatur wird automatisch eingeblendet, sobald Sie in ein Feld tippen, das eine Texteingabe zulässt.

Die Bildschirmtastatur enthält zunächst – wie klassische Tastaturen auch – Tasten mit Buchstaben ❶, die Sie einfach antippen können.

∧ *Nach dem Aufruf der Bildschirmtastatur werden die Buchstaben angezeigt.*

Möchten Sie einen Großbuchstaben eingeben, tippen Sie zuvor auf die Umschalt-Taste ❷. Haben Sie sich vertippt, löschen Sie das zuletzt eingetippte Zeichen über die Rück-Taste ❸. Über die beiden Pfeiltasten ❹ verschieben Sie die Einfügemarke in Texten. Mit der Eingabe-Taste ❺ erzeugen Sie einen neuen Absatz. Handelt es sich bei dem Eingabefeld um die Adresszeile des Browsers, also des Programms, mit dem Sie Webseiten öffnen, wird die Eingabe-Taste durch die Gehe-zu-Taste ersetzt. Möchten Sie Zahlen oder Sonderzeichen eingeben, tippen Sie zunächst auf die Taste &123 ❻.

∧ *Die Sonderzeichen werden erst eingeblendet, wenn Sie auf »&123« getippt haben.*

Ist das gewünschte Zeichen in der nächsten Tastaturdarstellung noch nicht dabei, blenden Sie per Fingertipp auf den nach rechts zeigenden Pfeil im Kreis ❼ weitere Sonderzeichen ein.

Mit der farbig hinterlegten Taste &123 ❽ kehren Sie wieder zu den Buchstaben zurück.

> ➕ **Bildschirmtastatur gezielt einblenden**
>
> Manchmal passiert es leider, dass der Bildschirm nicht auf das Antippen eines Feldes reagiert und die Bildschirmtastatur nicht erscheint. Mit einem kleinen Trick blenden Sie sie trotzdem ein: Bei vielen Tablets wird bereits am unteren rechten Bildschirmrand ein kleines Bildschirmtastatur-Symbol ⌨ angezeigt. Ein Tipp hierauf, und die Tastatur erscheint. Ist das Symbol auf Ihrem Tablet nicht vorhanden, positionieren Sie den Finger auf einem freien Bereich innerhalb der Taskleiste am unteren Bildschirmrand und halten ihn etwas länger auf der Leiste gedrückt. Sobald rund um die Fingerposition ein kleines Quadrat eingeblendet wird, heben Sie den Finger vom Bildschirm ab. Es klappt ein kleines Menü auf, in dem Sie auf den Eintrag **Bildschirmtastatur anzeigen (Schaltfläche)** tippen. Das Symbol der Bildschirmtastatur wird jetzt eingeblendet. Ein Tipp hierauf und die virtuelle Tastatur klappt auf. Soll das Bildschirmtastatur-Symbol wieder ausgeblendet werden, tippen Sie erneut etwas länger auf die Taskleiste, um das bereits bekannte Menü aufzurufen. Mit einem Tipp auf **Bildschirmtastatur anzeigen (Schaltfläche)** entfernen Sie das Häkchen vor dem Eintrag.

Mit diesen Informationen zu Maus, Fingergesten und Tastaturen könnten Sie nun eigentlich die Reise ins Internet beginnen. Doch wie bei einer richtigen Reise gilt es, gewisse Vorkehrungen zu treffen. Im nächsten Abschnitt wenden wir uns daher einem ganz wichtigen Thema zu: dem Schutz Ihres Computers. Denn nur wenn dieser gewährleistet ist, wird das Erlebnis Internet zum puren Vergnügen.

Ist Ihr Computer gut geschützt?

Das Internet ist faszinierend, und wer einmal Geschmack daran gefunden hat, wird kaum mehr darauf verzichten wollen. So ganz leichtfertig sollten Sie es aber nicht nutzen, denn es birgt leider auch einige Gefahren. Diese lauern beispielsweise bei dem Besuch einer Webseite, beim Download von Programmen oder auch beim Empfang von E-Mails. Wer

Ist Ihr Computer gut geschützt?

nicht aufpasst, hat sich hier schnell einen Virus eingefangen, der den gesamten Computer lahmlegt. Das Fatale an Viren: In Sekundenschnelle können sie beispielsweise Ihr Adressbuch auslesen und sich so schnell von Computer zu Computer verbreiten. Bevor Sie sich zum ersten Mal ins Internet begeben, sollten Sie daher sicherstellen, dass Ihr Computer auch ausreichend geschützt ist.

Windows 10 bringt bereits drei wichtige Sicherheitsmechanismen mit: den *Windows Defender* zur Abwehr von Viren und Co., die *Windows-Firewall*, die Angriffe auf den Computer verhindert, und das *Windows Update*, das dafür sorgt, dass mögliche Sicherheitslücken im Betriebssystem und in den Programmen so schnell wie möglich geschlossen werden. Sehen wir uns die drei der Reihe nach an.

Der Windows Defender bot in früheren Windows-Versionen lediglich Schutz vor sogenannten *Trojanern* und anderer Malware. Als Trojaner werden solche Programme bezeichnet, die vorgeben, eine sinnvolle Funktion zu haben, in Wirklichkeit aber das Gegenteil (z. B. die Zerstörung der Festplatte) bewirken. *Malware* ist ein genereller Begriff für schädliche Programme.

Bereits in Windows 8 wurde der Windows Defender um das sehr wichtige Antivirenprogramm erweitert, sodass Ihr PC nun zusätzlich vor Viren geschützt ist. Der Windows Defender ist von Anfang an aktiviert. Er prüft beispielsweise automatisch alle eingehenden E-Mails. Spürt das Programm eine infizierte Datei auf, erhalten Sie einen entsprechenden Hinweis. In regelmäßigen Abständen wird außerdem der gesamte Computer untersucht. Diese Untersuchungen sollten Sie ab und an aber auch gezielt starten:

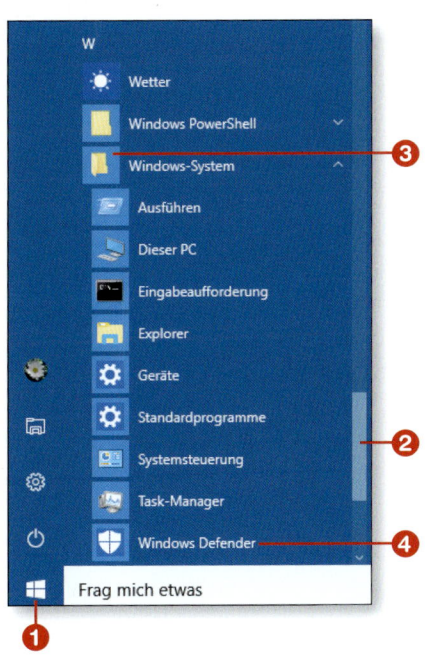

1. Rufen Sie per Klick auf das Windows-Logo ❶ oder durch Drücken der Taste auf Ihrer Tastatur das Startmenü auf. Bei einem Tablet ist das Startmenü bereits geöffnet. Hier blenden Sie mit einem Klick auf das Symbol oben links die Liste aller Apps ein.

2. Blättern Sie mithilfe der Bildlaufleiste ❷ in der Liste aller auf dem Computer installierten Apps nach unten bis zum Ein-

Kapitel 1: Willkommen im Internet

trag **Windows-System** ❸. Nach einem Klick hierauf klappt ein Untermenü auf, in dem Sie auf den Eintrag **Windows Defender** ❹ klicken. Das Sicherheitsprogramm wird gestartet.

3. Das grüne Häkchen im Programmfenster des Windows Defenders zeigt sofort, dass der sogenannte *Echtzeitschutz* aktiviert ist ❺, Ihr Computer also permanent überwacht wird.

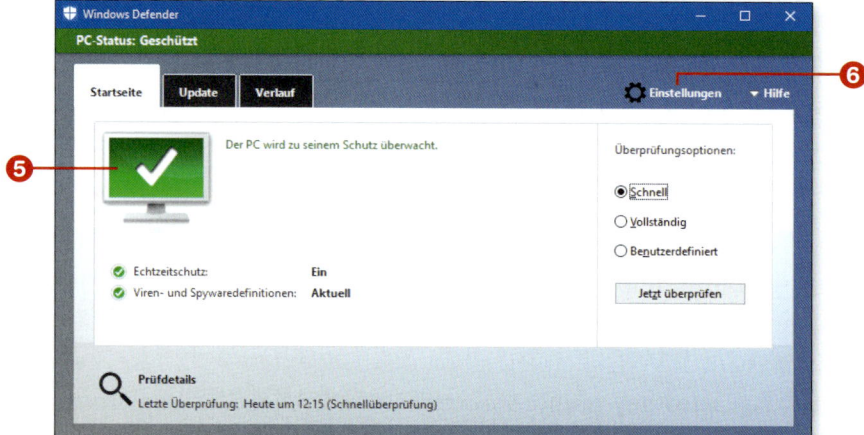

4. Sollte das Programm nicht aktiviert sein, klicken oder tippen Sie auf die Schaltfläche **Einstellungen** ❻. Der Dialog **Einstellungen** wird geöffnet. In der linken Spalte ist bereits die Kategorie **Windows Defender** markiert. Positionieren Sie den Mauszeiger auf den Schieberegler im Bereich **Echtzeitschutz** ❼, und ziehen Sie ihn mit gedrückter linker Maustaste nach rechts. Arbeiten Sie mit einem Touchscreen, ziehen Sie den Regler einfach mit dem Finger von links nach rechts. Der Schieberegler steht nun auf **Ein**.

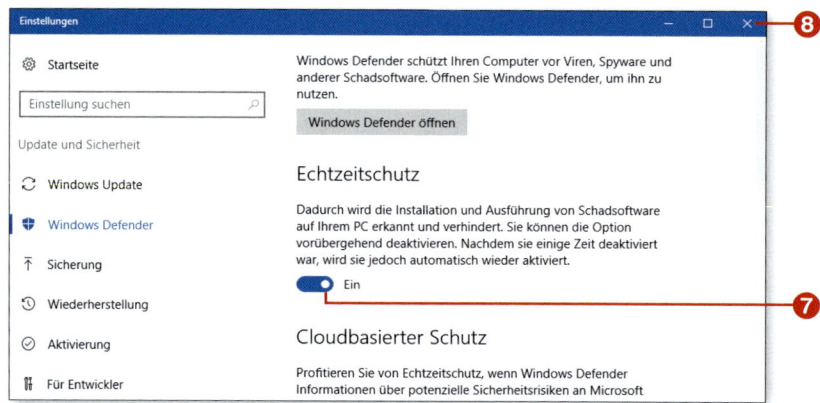

Ist Ihr Computer gut geschützt?

5. Den Dialog **Einstellungen** können Sie mit einem Klick auf das **Schließen**-Symbol ❽ oben rechts schließen. Nutzen Sie ein Tablet, wischen Sie hierzu mit dem Finger vom oberen Bildschirmrand bis ganz nach unten. Eventuell müssen Sie nun noch vom linken Bildschirmrand Richtung Bildmitte wischen und anschließend in der Übersicht aller geöffneten Anwendungen den **Windows Defender** durch Antippen in den Vordergrund holen.

Damit der Windows Defender zuverlässig funktioniert und auch die neuesten Viren und Malware, wie etwa *Spyware* (also Spionageprogramme, die auf Ihrem PC installiert werden und Ihre persönlichen Daten ausspionieren), aufspüren kann, muss er regelmäßig aktualisiert werden. Dies übernimmt automatisch das Windows Update, das Sie in diesem Kapitel noch kennenlernen werden. Microsoft stellt meist mehrmals täglich neue Viren- und sogenannte *Spywaredefinitionen* zur Verfügung. Das Windows Update wird leider nur in größeren Zeitabständen durchgeführt. Wenn Sie viel im Internet unterwegs sind oder täglich viele E-Mails erhalten, sollten Sie die Aktualisierung durchaus selbst ein- bis zweimal am Tag durchführen.

1. Wenn Sie zum Register **Update** ❶ wechseln, erfahren Sie, wann das letzte Mal die neuesten **Viren- und Spywaredefinitionen** heruntergeladen wurden ❷.

2. Mit einem Klick auf **Aktualisieren** können Sie das Update auch manuell durchführen.

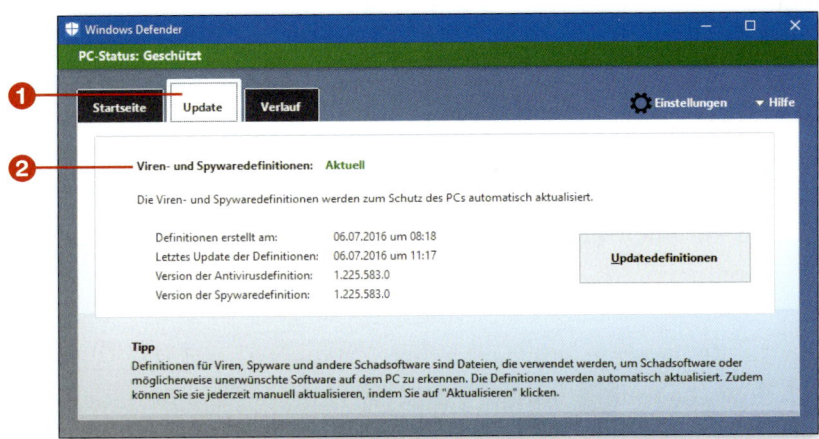

25

Kapitel 1: Willkommen im Internet

Um den Windows Defender zu beenden, reicht ein Klick auf das **Schließen**-Symbol ❌ in der rechten oberen Ecke des Programmfensters.

> ➕ **Computer gezielt prüfen**
>
> Wenn Sie den Verdacht haben, sich irgendwo einen Virus eingefangen zu haben, können Sie den Computer auch gezielt überprüfen. Rufen Sie hierzu einfach den Windows Defender auf, wie in Schritt 1 und 2 ab Seite 23 beschrieben, und aktivieren Sie rechts auf der **Startseite** des Programms die Option **Vollständig**. Mit einem Klick auf **Jetzt überprüfen** wird Ihr Computer bis in die kleinste Ecke durchsucht. Sollte das Programm fündig werden, erhalten Sie einen entsprechenden Hinweis. Die infizierten Dateien werden automatisch in einem speziellen Quarantäneordner abgelegt. Möchten Sie erfahren, welche Dateien infiziert sind, wechseln Sie in das Register **Verlauf** und klicken auf **Details einblenden**. Nun können Sie selbst entscheiden, ob die infizierten Dateien entfernt werden sollen. Nicht immer liegt das Programm mit seiner Einschätzung auch richtig. Sind Sie sicher, dass eine Datei nicht infiziert ist, können Sie sie auch wiederherstellen.

Betrachten wir als Nächstes die *Windows-Firewall*. Diese schützt Sie beispielsweise vor Programmen, die sich etwa beim Surfen im Internet oder während der Installation eines neuen Programms heimlich auf Ihrem Computer einnisten. Dort spionieren sie alle Ihre Tastatureingaben aus und reichen diese dann an eine bestimmte Webadresse weiter. So kann es passieren, dass etwa Kreditkartendaten oder auch das Passwort für Ihr Online-Banking ungewollt in die Hände Dritter gelangen. Eine Firewall, auf Deutsch »Brandschutzmauer«, verhindert aber genau dies.

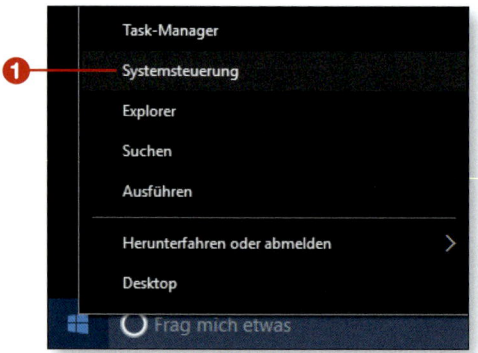

Hierzu überprüft sie allen ein- und ausgehenden Datenverkehr zwischen Computer und Internet. Wenn die Firewall einen Angriff auf Ihren PC feststellt, unterbindet sie ihn. Unter Windows 10 ist bereits eine Firewall integriert. Ob sie auch eingeschaltet ist, können Sie schnell überprüfen:

1. Klicken Sie mit der rechten Maustaste auf das Windows-Logo ⊞ unten links. Arbeiten Sie mit einem

Ist Ihr Computer gut geschützt?

Touchscreen, halten Sie den Finger etwas länger auf dem Windows-Logo gedrückt, bis rund um den Finger ein Quadrat erscheint. In der aufklappenden Liste klicken oder tippen Sie auf den Eintrag **Systemsteuerung** ❶.

2. Im Dialog **Systemsteuerung** klicken Sie nun auf **System und Sicherheit** und im nächsten Fenster auf **Windows-Firewall** ❷.

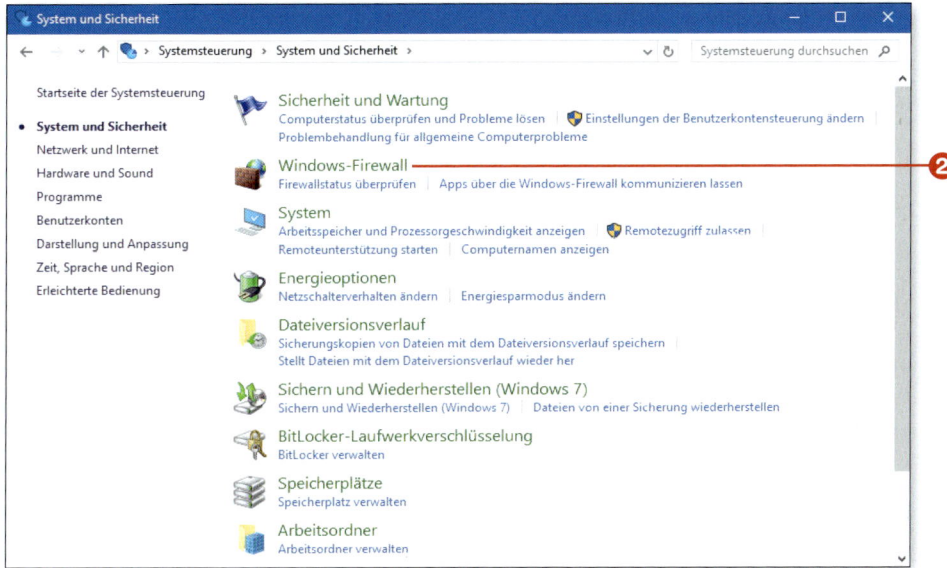

Sie erhalten nun eine Übersicht über den aktuellen Status der Windows-Firewall, aufgeteilt in **Private Netzwerke** (❸ auf Seite 28) und **Gast oder öffentliche Netzwerke** ❹. Gerade die öffentlichen Netzwerke spielen eine große Rolle, wenn Sie mit Ihrem Notebook oder Tablet häufiger unterwegs sind und beispielsweise sogenannte *Hotspots* auf Flughäfen oder WLANs in Hotels nutzen (siehe dazu auch den Abschnitt »Die Internetverbindung einrichten« ab Seite 42). Wenn jeweils links von der Netzwerkbezeichnung ein grüner Balken zu sehen ist, ist die Firewall aktiviert und alles in bester Ordnung. Sehen Sie dagegen »rot«, sollten Sie schnell reagieren:

3. Klicken Sie im Dialog **Windows-Firewall** links auf **Windows-Firewall ein- oder ausschalten** ❺. Wenn sich die **Benutzerkontensteuerung** zu Wort meldet, geben Sie Ihr Administratorkennwort ein, also das Passwort, mit dem Sie sich bei Windows anmelden, und bestätigen mit **Ja**.

Kapitel 1: Willkommen im Internet

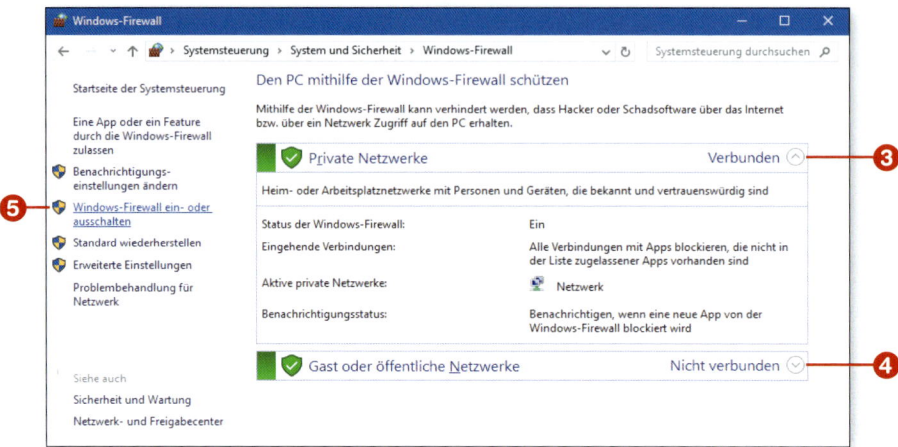

Sie können die Firewall nun für jeden Standort getrennt einstellen.

4. Stellen Sie sicher, dass bei beiden Netzwerkvarianten (privat und öffentlich) das Kästchen **Benachrichtigen, wenn eine neue App von der Windows-Firewall blockiert wird** ❻ mit einem Häkchen versehen ist. In diesem Fall erhalten Sie sofort einen Hinweis, wenn die Firewall aktiv wird.

5. Sind Sie mit einem öffentlichen Netzwerk verbunden, sollten Sie zusätzlich **Alle eingehenden Verbindungen blockieren, einschließlich der in der Liste der zugelassenen Apps** ❼ aktivieren.

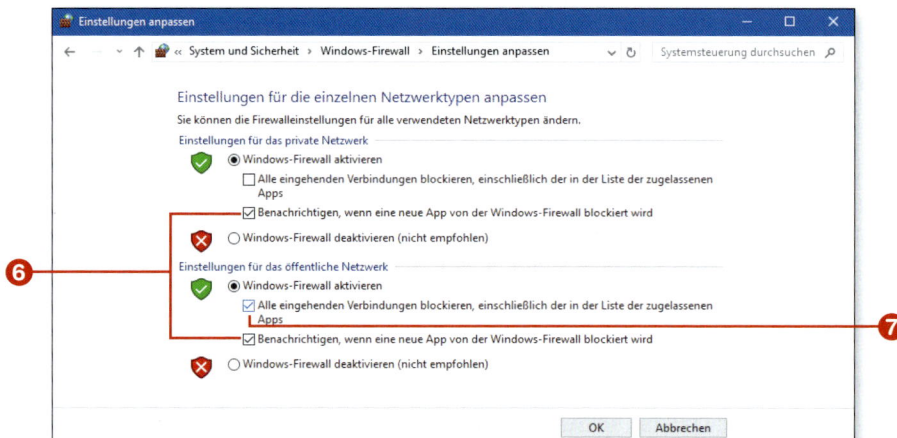

6. Nachdem Sie alle Einstellungen vorgenommen haben, schließen Sie den Dialog **Einstellungen anpassen** mit **OK**. Den Dialog **Windows-Firewall** können Sie ebenfalls mit einem Klick auf das **Schließen**-Symbol beenden.

Mit dem Windows Defender und der Windows-Firewall hat Windows 10 bereits zwei kostenlose Sicherheitsprogramme an Bord, die für einen gewissen Basisschutz sorgen. Eine Schwachstelle des Windows Defenders ist allerdings, dass er nur bereits bekannte Viren, Trojaner und andere schädliche Programme erkennt. Man spricht hierbei auch von einer reaktiven Erkennung. Andere kostenlose Antivirenprogramme nutzen meist das gleiche Schema. Kostenpflichtige Sicherheitslösungen wenden zusätzlich zur reaktiven Erkennung die proaktive Erkennung an. Bei diesem Verfahren werden potenzielle Schadprogramme anhand ihres Verhaltens bewertet. Gibt es zwischen der ursprünglich geplanten Tätigkeit eines Programms und dem, was ein Programm dann tatsächlich auf Ihrem Computer macht, Abweichungen, meldet sich das Antivirenprogramm zu Wort. Zusätzlich zu einem Antivirenprogramm mit erweiterten Schutzmechanismen sowie einer integrierten Firewall bieten kostenpflichtige Sicherheitslösungen weitere interessante Funktionen wie etwa Schutzmechanismen für das Einkaufen im Internet an. In Software-Tests schneiden Programme wie *Bitdefender Internet Security*, *Kaspersky Internet Security*, *Norton Security Deluxe*, *G Data Internet Security* oder auch *Trend Micro Internet Security* regelmäßig gut ab. Beim Kauf sollten Sie darauf achten, dass das Programm für Ihre Betriebssystem-Version (also etwa Windows 10) freigegeben ist. Auch die Laufzeit des Programms spielt eine wichtige Rolle. Gilt die erworbene Lizenz für ein Jahr, werden nach Ablauf des Jahres keine Aktualisierungen durchgeführt und somit keine neuen Viren aufgespürt.

> **+ Weniger ist mehr: Nur eine Firewall betreiben**
>
> Sie sollten die Windows-Firewall nur deaktivieren, sprich ausschalten, wenn Sie die Sicherheitssoftware eines anderen Anbieters installieren möchten. In diesem Fall ist die Deaktivierung sogar ein Muss, da sich mehrere aktivierte Firewalls auf dem System häufig ins Gehege geraten. Eine Ausnahme stellt lediglich die in einem Router (z. B. in der FRITZ!Box von AVM) integrierte Firewall dar. Diese können Sie problemlos parallel zur Windows-Firewall oder zu der eines Fremdanbieters nutzen. Das Motto »Weniger ist mehr« gilt auch für die Verwendung eines Antivirenprogramms: Deaktivieren Sie den Windows Defender nur dann, wenn Sie ein anderes Programm einsetzen möchten.

Generell gilt: Wann immer eine Sicherheitslücke im Betriebssystem Windows selbst oder auch in einem Browser wie Microsoft Edge aufgespürt wird, bemühen sich die Hersteller, das Problem so schnell wie möglich zu beheben. Windows prüft regelmäßig automatisch, ob eine entsprechende Aktualisierung vorliegt. Ist dies der Fall, wird das sogenannte *Update* ohne Ihr Zutun auf Ihren Computer heruntergeladen und installiert. Die hierfür zuständige Funktion nennt sich *Windows Update*. Im Gegensatz zu früheren Windows-Versionen ist die Funktion automatisch aktiviert und lässt sich auch nicht ausschalten. Sind die Aktualisierungen überschaubar, bekommen Sie meist gar nicht mit, dass ein Windows Update durchgeführt wurde. Lediglich im Info-Center, das Sie per Klick auf das Benachrichtigungssymbol 🗔 am rechten Rand der Taskleiste aufrufen, erscheint ein kleiner Hinweis. Wurden dagegen umfangreichere Aktualisierungen vorgenommen, sieht dies etwas anders aus. Wenn Sie in einem solchen Fall den Computer über den Befehl **Ein/Aus** im Startmenü herunterfahren möchten, wird statt der Schaltfläche **Herunterfahren** die Schaltfläche **Aktualisieren und Herunterfahren** eingeblendet. Sowohl das Herunterfahren als auch der nächste Start des Computers dauern nun etwas länger. Auf dem Bildschirm sehen Sie einen entsprechenden Hinweis: **Schalten Sie den Computer nicht aus** …. Keine Sorge, Sie müssen nun nicht neben dem Computer sitzen bleiben und warten, bis die Aktualisierungen durchgeführt wurden, denn das Ausschalten übernimmt Windows für Sie automatisch. Wenn es Sie interessiert, können Sie prüfen, wann die letzte Aktualisierung durchgeführt wurde.

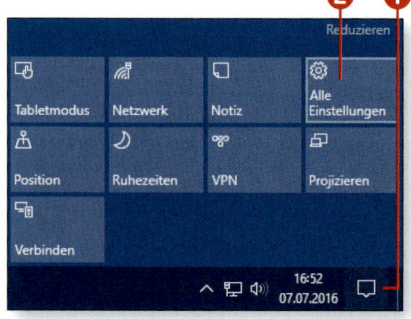

1. Klicken Sie am rechten Rand der Taskleiste auf das Benachrichtigungssymbol ❶.

2. Im aufklappenden Dialog **Info-Center** klicken oder tippen Sie auf **Alle Einstellungen** ❷.

3. Wählen Sie im Dialog **Einstellungen** die Kategorie **Update und Sicherheit** aus.

Im nächsten Dialog ist in der linken Spalte bereits die Unterkategorie **Windows Update** ❸ markiert. In der rechten Spalte erfahren Sie nun, ob der Computer auf dem neuesten Stand ist. Auch wenn Windows selbst regelmäßig eine Überprüfung vornimmt, ist es durchaus sinnvoll, die Suche nach Updates ab und an selbst zu starten.

4. Klicken oder tippen Sie hierzu auf die Schaltfläche **Nach Updates suchen** ❹. Sind neue Updates verfügbar, werden diese sofort auf Ihren Computer geladen und installiert.

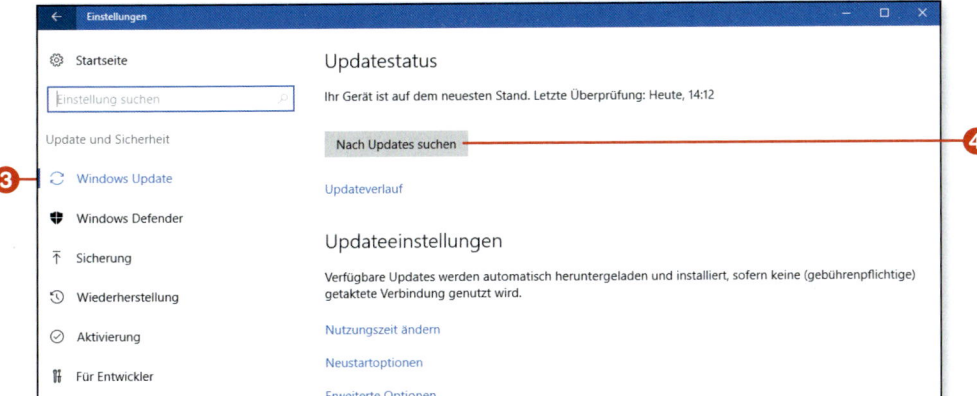

Wenn alle drei Sicherheitsprogramme – Windows Defender, Windows-Firewall und das Windows Update – aktiviert sind und sich immer auf dem neuesten Stand befinden, steht dem Einstieg ins Internet nichts mehr im Weg. Weitere Informationen zum Thema Sicherheit erhalten Sie in Kapitel 14, »Auf einen Blick – Sicherheit im Internet«. Im nächsten Abschnitt erfahren Sie, was Sie nun alles benötigen, um überhaupt ins Internet zu gelangen.

Die richtige Ausstattung

Wenn Sie nicht gerade einen über zehn Jahre alten Computer nutzen, können Sie heutzutage eigentlich jeden PC mit dem Internet verbinden. In Desktop-PCs oder auch Notebooks ist bereits eine entsprechende Netzwerkkarte, auch *Ethernetkarte* genannt, eingebaut. Sollte dies nicht der Fall sein, lässt sie sich für wenige Euros nachrüsten. Wenden Sie sich dazu am besten an einen Fachhändler. Viele Notebooks sowie Tablets verfügen über einen WLAN-Adapter, der für eine Funkverbindung nötig ist. Doch dazu später mehr.

Die Datenübertragung vom Computer in das Internet erfolgt in den meisten Fällen über die Telefonleitung. Eine hohe und daher schnelle Datenübertragungsrate bietet ein *DSL-Anschluss*. DSL (Abkürzung von *Digital Subscriber Line*, zu Deutsch »Digitaler Teilnehmeranschluss«) wird in unterschiedlichen Geschwindigkeitsstufen angeboten. Je höher der Wert hinter »DSL« (etwa »DSL 50«) ist, desto höher ist auch die Geschwindigkeit (im Beispiel 50 MBit/s). Hierzu erfahren Sie gleich noch mehr.

> **Die Technologie der Zukunft: das Glasfasernetz**
>
> Bei einem herkömmlichen DSL-Anschluss werden die Daten über die Telefonleitung übertragen. Dabei handelt es sich um Kupferkabel. Eine weitaus höhere Datenübertragungsrate ermöglicht eine neue Technologie: das Glasfaserkabel. Während bei einem Kupferkabel die Daten durch elektrische Impulse weitergeleitet werden, geschieht dies beim Glasfaserkabel via Lichtwellen. In Deutschland geht der Ausbau des Glasfasernetzes allerdings noch etwas zögerlich vonstatten. In Großstädten ist er weiter vorangeschritten als in ländlichen Gebieten. Hier ist das sogenannte *Fiber to the Home*, kurz *FTTH*, also eine Glasfaserleitung bis direkt in die Wohnung des Nutzers, so gut wie nicht verfügbar. In manchen Gebieten ist zumindest ein Kompromiss zu finden: Die Glasfaserleitung reicht bis zum Verteilerkasten auf der Straße. Vom Verteilerkasten bis zum Haus kommt ein Kupferkabel zum Einsatz. Diese Kombination von herkömmlichem Kupferkabel mit der neuen Technologie einer Glasfaserleitung wird VDSL (Abkürzung für *Very High Speed Digital Subscriber Line*) genannt und bedeutet also so viel wie »Digitaler Teilnehmeranschluss mit Hochgeschwindigkeit«. Zu den Glasfaser- sowie VDSL-Anbietern zählen u. a. die Telekom, Vodafone, O2, 1&1 oder auch M-net.

Um die Telefonleitung als Zugang zum Internet nutzen zu können, benötigen Sie ein DSL-Modem, das für die eigentliche Verbindung des Computers mit dem Internet sorgt. Steht in Ihrem Zuhause nur ein älterer Telefonanschluss zur Verfügung, brauchen Sie zusätzlich einen *Splitter*, der zwischen die TAE-Dose (die Anschlussdose für das Telefon in Ihrer Wohnung) und das DSL-Modem geschaltet wird. Der Splitter sorgt dafür, dass die Datensignale (Internet), die über die Telefonleitung übertragen werden, von den Telefonsignalen (Sprache) getrennt werden. Bei neueren Telefonleitungen fällt der Splitter weg, denn das DSL-Modem übernimmt dort diese Aufgabe.

Weitaus komfortabler als ein DSL-Modem ist der Einsatz eines DSL-Routers, wie etwa der FRITZ!Box von AVM (siehe die Abbildung auf dieser Seite). In einem Router ist nicht nur das DSL-Modem integriert, er bietet außerdem mehrere Netzwerkanschlüsse. Somit können Sie gleich mehrere Computer mit dem Internet verbinden. Auch Drucker oder externe Festplatten lassen sich meist an den Router anschließen und so von allen Computern, die am Router angeschlossen sind, nutzen. In vielen Routern ist sogar eine Telefonanlage integriert, sodass Sie hier auch direkt Analog- oder ISDN-Telefone anschließen und damit über das Internet telefonieren können.

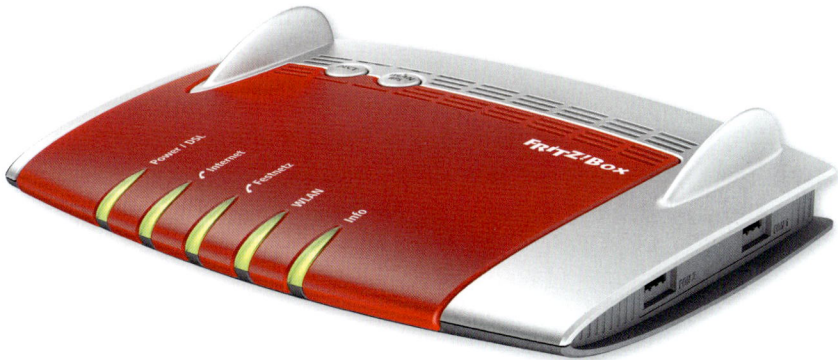

▲ An einen Router wie die FRITZ!Box von AVM lassen sich mehrere Computer anschließen. (Quelle: AVM)

Statt die Internetverbindung über die Telefonleitung herzustellen, ist es auch möglich, das TV-Kabelnetz zu nutzen. Voraussetzung ist allerdings, dass das Kabelnetz rückkanalfähig ist, sprich nicht nur Daten zu Ihnen nach Hause gelangen, sondern auch versendet werden können. Statt der klassischen Kabel-TV-Dose, die die beiden Anschlüsse für TV- und Radio-Empfangsgeräte bietet, kommt nun eine Multimedia-Dose zum Einsatz. Diese besitzt neben den beiden genannten Anschlüssen zusätzlich eine dritte Buchse mit der Bezeichnung *Data*. Diese Buchse stellt die Schnittstelle zum Internet und, falls gewünscht, auch zur Telefonie dar. Wie bei der Internetverbindung via Telefonnetz benötigen Sie auch beim TV-

Kabelnetz ein spezielles Modem bzw. einen Router, der die Signale für das Internet entsprechend umwandelt.

Ein Computer wird klassischerweise über ein Netzwerkkabel an den Router angeschlossen. Wenn Sie mehrere Computer nutzen, die über die ganze Wohnung verteilt sind, oder wenn Sie Ihr Notebook auch einmal auf dem Balkon verwenden möchten, wollen Sie sicherlich nicht überall Kabel verlegen. Das brauchen Sie zum Glück auch nicht, denn viele Router bieten die kabellose Verbindung über Funk an. Man spricht in diesem Fall auch von einem *WLAN* (Abkürzung für *Wireless Local Area Network*, zu Deutsch »kabelloses lokales Netzwerk«). Ein entsprechend ausgestatteter Router wird auch *WLAN-Router* genannt.

Für diejenigen, die viel unterwegs sind und auch auf Reisen nicht auf das Internet verzichten wollen, bietet sich eine Verbindung via Mobilfunk an. Meist kommen hier sogenannte *Surfsticks* zum Einsatz, die an die USB-Schnittstelle des Notebooks oder Tablets angeschlossen werden. In den Surfstick selbst wird eine SIM-Karte gesteckt, wie Sie sie sicherlich von Ihrem Handy bzw. Smartphone kennen. Surfsticks (manchmal auch *Internetstick* genannt) erhalten Sie u. a. bei Tchibo, Aldi, Lidl und natürlich auch bei Unternehmen wie Vodafone, 1&1 oder Congstar. Erfahren Sie hierzu mehr im Abschnitt »Ins Internet über das Mobilfunknetz« auf Seite 45.

> **Internetverbindung via Satellit**
>
> Der Vollständigkeit halber soll noch eine vierte Variante erwähnt werden: die Internetverbindung via Satellit. Die Anschaffungskosten für die Satellitenschüssel sind teilweise recht hoch. Aufgrund des fortgeschrittenen Ausbaus des Mobilfunknetzes mit mittlerweile recht hohen Datenübertragungsraten ist der Satelliten-Internetzugang nicht sehr verbreitet. Für manch einen, der in einer ländlichen Region lebt, mag er aber eine gute Alternative darstellen.

Welche der Internetzugangsarten – Telefonnetz, TV-Kabelnetz, Mobilfunknetz oder Satellit – für Sie die beste ist, hängt von mehreren Faktoren ab. Der erste wichtige Punkt ist sicherlich die Verfügbarkeit, denn nicht alle Netze sind gleich gut ausgebaut. Dieses Problem besteht vor allem für diejenigen, die auf dem Land leben. Mein Tipp: Fragen Sie am besten einen Nachbarn, der bereits über einen Internetzugang verfügt, welche Verbindungsart er nutzt und wie zufrieden er damit ist. In diesem Zusammenhang können Sie ihn auch gleich befragen, welchen Internetdienstanbieter (auf Englisch »Internet Service Provider«, kurz *ISP* oder auch nur *Provider*) er gewählt hat. Denn wie beim Telefonanschluss selbst müssen Sie auch für die Internetverbindung einen entsprechenden Vertrag abschließen.

Den Anbieter auswählen

Anbieter gibt es mittlerweile viele. Im Falle der Internetverbindung via Telefonnetz oder auch Mobilfunk sind die bekanntesten die Telekom (*www.telekom.de*), Vodafone (*www.vodafone.de*), 1&1 (*www.1und1.de*) sowie O2 (*www.o2online.de*). Die Angaben in Klammern geben die Internetadressen der Provider an. In jeder Region gibt es aber auch eine Vielzahl kleinerer Provider.

Die größten Anbieter für Internetverbindungen via Kabelnetz sind Unitymedia (*www.unitymedia.de*) und Kabel Deutschland (*www.kabeldeutschland.de*).

Für welchen Anbieter Sie sich entscheiden, hängt – neben der bereits erwähnten Verfügbarkeit – außerdem maßgeblich vom Preis ab, der wiederum eng mit dem Leistungsumfang eines Vertrags einhergeht.

Je höher die *Bandbreite*, sprich die maximal mögliche Geschwindigkeit beim Datenaustausch ist, desto teurer wird auch der Vertrag. Die Bandbreite wird meist in Mbit/s an-

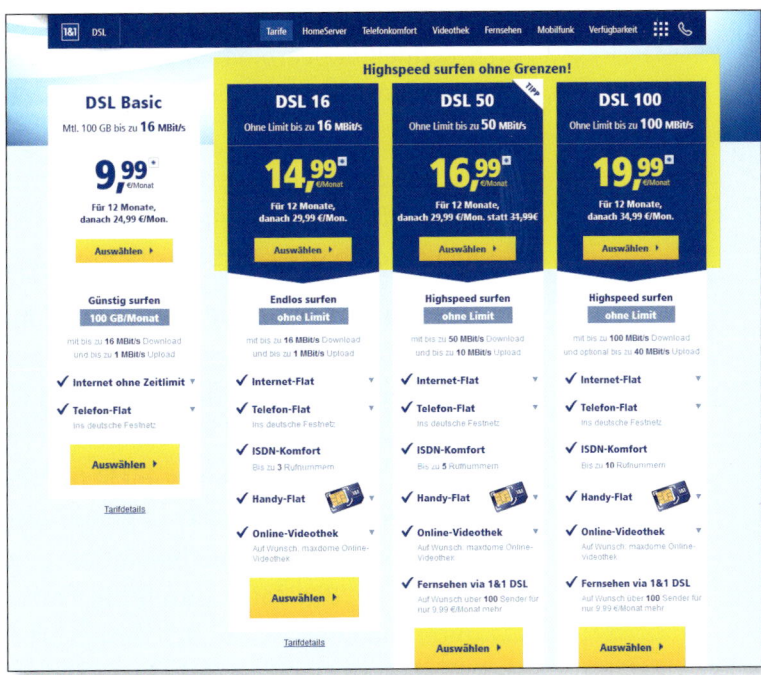

▲ *Die Preise hängen vom Leistungsumfang eines Vertrags ab. (Quelle: 1&1)*

gegeben. Bei einem Internetzugang via Telefonnetz sind hier bis zu 50 Mbit/s möglich, via Kabelnetz sogar bis zu 100 Mbit/s. Diese Geschwindigkeit ist rein theoretisch auch im Mobilnetz erreichbar, vorausgesetzt, es steht Ihnen der Mobilfunkstandard *LTE* (Abkürzung für *Long Term Evolution*, was wörtlich eigentlich so viel wie »Langfristige Entwicklung« bedeutet) zur Verfügung. Je mehr Nutzer sich hier allerdings eine Funkzelle teilen müssen, desto langsamer wird die Geschwindigkeit. Für die meisten Anwendungen reicht übrigens eine Geschwindigkeit von 16 Mbit/s vollkommen aus. Nur wer häufig große Datenmengen wie etwa Videos über das Internet übertragen muss, sollte sich für einen Vertrag mit einer höheren Geschwindigkeit entscheiden.

> **Welche Geschwindigkeit wird benötigt?**
>
> Die von den Anbietern angegebene maximal mögliche Geschwindigkeit gilt lediglich für den sogenannten *Download*, sprich das Herunterladen von Daten aus dem Internet auf Ihren Computer. Der umgekehrte Weg, auch *Upload* genannt – also etwa das Hochladen von Fotos von Ihrem PC in das Internet –, erfolgt meist weitaus langsamer. Wenn Sie, sobald Sie über eine Internetverbindung verfügen, wissen möchten, wie schnell die Verbindung tatsächlich ist, können Sie einen entsprechenden Test auf der Webseite *www.speedtest.net* durchführen.

 Achten Sie bei den verschiedenen Internetangeboten unbedingt auch auf die Laufzeit. Nicht selten erhöht sich der Preis nach Ablauf der ursprünglich vereinbarten Vertragsdauer drastisch.

Viele Provider locken ihre Kunden mit sogenannten *Flatrates*, also Pauschalangeboten. So enthalten die meisten Verträge beispielsweise eine Internetflatrate. Bei dieser Flatrate ist es unerheblich, ob Sie eine Stunde im Monat, zehn oder hundert Stunden das Internet nutzen, am Ende zahlen Sie immer den gleichen Preis. Allerdings sollten Sie hier das Kleingedruckte im Vertrag genau lesen: Einige Anbieter erlauben zwar die unbegrenzte zeitliche Nutzung des Internets, nehmen aber die Datenmenge, die dabei durch die Leitungen rauscht, dagegen sehr genau unter die Lupe. Wenn der Datenverbrauch eine bestimmte Grenze überschreitet, drosselt der Anbieter die Geschwindigkeit.

Den Anbieter auswählen

Internet & Telefon über LTE		LTE Zuhause S Internet 7200	LTE Zuhause M Telefon & Internet 21600	LTE Zuhause L Telefon & Internet 50000
LTE Zuhause S bis 7,2 Mbit/s				
LTE Zuhause M bis 21,6 Mbit/s	Max. Download-Geschwindigkeit	7,2 Mbit/s bis zu 1,4 Mbit/s im Upload	21,6 Mbit/s bis zu 5,7 Mbit/s im Upload	50 Mbit/s bis zu 10 Mbit/s im Upload
LTE Zuhause L bis 50 Mbit/s				
Festnetzersatz	Highspeed-Volumen	10 GB	15 GB	30 GB
Sicherheitspaket		Nach Verbrauch des Highspeed-Volumens: max. 384 kbit/s	✓	✓
Computerhilfe		Ct/Min.		
Router & Optionen	Preis	12 Monate nur 19,99 €/Mon.* ab dem 13. Monat 29,99 € inkl. Hardware	12 Monate nur 19,99 €/Mon.* ab dem 13. Monat 39,99 € inkl. Hardware	12 Monate nur 19,99 €/Mon.* ab dem 13. Monat 54,99 € inkl. Hardware
🏠 Deine Daten				

◀ *Prüfen Sie genau, ob die Geschwindigkeit reduziert wird, wenn die Menge der übertragenen Daten eine Grenze überschreitet.*
(Quelle: Vodafone)

Neben der Internetflatrate umfasst ein Vertrag auch häufig eine Telefonflatrate. Damit können Sie so häufig und so lange Sie möchten ins deutsche Festnetz telefonieren. Ein klassischer Festnetzanschluss bei der Telekom, wie er früher noch nötig war, entfällt heutzutage übrigens. Sie können also mit Ihrem Wunschanbieter einen Vertrag abschließen. Selbst die Mitnahme Ihrer alten Telefonnummer, die Sie vom ehemaligen Anbieter erhalten haben, ist problemlos möglich.

Ähnlich der Telefonflatrate bieten manche Anbieter auch eine Handyflatrate an. Auch hier können Sie so lange Sie wollen im Anbieternetz telefonieren. Einige Provider erweitern das Angebot sogar auf das deutsche Festnetz. Auch hier sollten Sie die Vertragsbedingungen genau prüfen.

Neben diesen Flatrates werden Ihnen häufig einige Zusatzdienste angeboten. Dies reicht vom Virenschutzprogramm über das TV-Programmpaket von Sky bis hin zu sogenannten *Cloud-Services*. Hinter Letzteren verbirgt sich die Möglichkeit, E-Mails, Kontaktdaten oder auch Dateien wie etwa Fotos auf den Servern des Anbieters zu speichern (der sogenannten *Cloud*, zu Deutsch »Wolke«) und somit von überall über das Internet auf diese Daten zuzugreifen. Ob Sie solche Dienste benötigen, müssen Sie selbst entscheiden. Einen hohen Mehrpreis rechtfertigen sie sicherlich nicht, denn es gibt auch viele kostenlose Varianten, wie Sie im Laufe dieses Buches noch erfahren werden.

Bei Weitem nicht kostenlos und somit wichtig bei der Wahl des richtigen Providers sind die technischen Geräte, die Sie für die Internetverbindung benötigen, sprich Modem oder Router. Diese Geräte sollten auf jeden Fall Bestandteil des Vertrags sein, auch wenn Sie sie vielleicht extra bezahlen müssen. Viele Provider bieten Ihnen übrigens an, die Geräte gleich anzuschließen – entweder kostenlos oder auch gegen einen kleinen Aufpreis. Sollten Sie sich für keinen der großen Anbieter, sondern für einen kleinen regionalen Provider interessieren, prüfen Sie unbedingt seine telefonische Erreichbarkeit. Denn ein noch so günstiges Angebot nützt Ihnen nichts, wenn Sie im Falle eines Problems den Internetdienstanbieter nicht erreichen können.

▲ Einige Anbieter unterstützen Sie kostenlos bei der Internetinstallation.
(Quelle: M-net)

Am besten vergleichen Sie die Angebote der Provider über das Internet miteinander und prüfen sie genau. Vielleicht stellt Ihnen hierfür ein Nachbar, Freund oder auch Familienmitglied seinen Computer mit bereits vorhandener Internetverbindung zur Verfügung. Falls nicht, gehen Sie direkt in die jeweiligen Filialen der Internetdienstanbieter und lassen sich dort in Ruhe beraten.

Sind alle Vorbereitungen getroffen, müssen Sie im Grunde nur noch die Verbindung zum Internet auf Ihrem heimischen PC einrichten. Wie das geht, erkläre ich Ihnen im nächsten Abschnitt.

Die Internetverbindung einrichten

Wenn Sie sich für einen Internetdienstanbieter entschieden und einen Vertrag abgeschlossen haben, dauert es meist nicht lange, und Sie bekommen die nötigen Geräte zugeschickt, wie etwa den Router. Das Anschließen und Einrichten des Routers ist mithilfe der beiliegenden Dokumentation nicht schwer. Wer es sich nicht selbst zutraut, kann bei seinem Provider einen Techniker zur Unterstützung anfordern. Neben dem Anschluss der Geräte spielt der Freischalttermin der Internetverbindung eine wichtige Rolle, denn erst dann können Sie die Verbindung auch nutzen.

Den Computer verbinden Sie entweder per Netzwerkkabel oder per Funk mit dem Router. Beide Varianten stelle ich Ihnen nun kurz vor.

Die Verbindung per Netzwerkkabel bietet sich vor allem an, wenn sich Router und PC im gleichen Raum befinden und somit keine langen Kabel verlegt werden müssen. Sobald Sie das Ethernetkabel an die beiden entsprechenden Buchsen am Computer und am Router angeschlossen haben, dauert es meist nur wenige Sekunden, und schon steht die Internetverbindung. Den Erfolg können Sie gleich am Computer im Infobereich am rechten Rand der Taskleiste prüfen. Werfen Sie einen Blick auf das **Netzwerk**-Symbol ❶. Sieht das Symbol wie in der Abbildung aus, steht dem Surfen im Internet bereits nichts mehr im Wege. Sehen Sie dagegen ein weißes × auf roter Fläche , ist der Computer noch nicht mit dem Internet verbunden. In diesem Fall sind ein paar weitere Schritte nötig.

1. Wenn die Internetverbindung noch nicht steht, klicken Sie mit der rechten Maustaste auf das **Netzwerk**-Symbol ❶.

2. Im aufklappenden Menü wählen Sie den Eintrag **Problembehandlung**. Es wird die Netzwerkdiagnose gestartet. Eine der häufigsten Ursachen für eine fehlerhafte Verbindung ist ein nicht korrekt angeschlossenes Netzwerkkabel. Prüfen Sie in diesem Fall nochmals genau die Kabelverbindungen. Klicken Sie dann auf **Überprüfen Sie, ob das Problem behoben wurde** ❷.

In der Taskleiste sehen Sie sofort, ob eine Internetverbindung besteht.

Kapitel 1: Willkommen im Internet

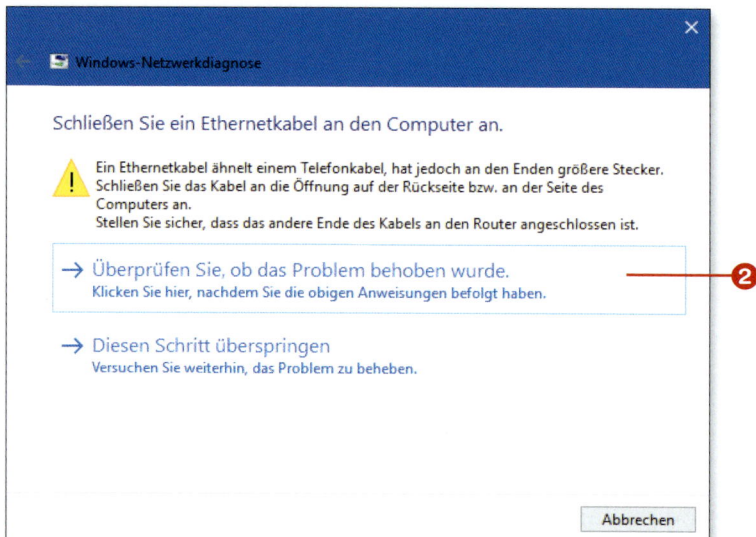

3. Gibt Windows immer noch eine Fehlermeldung aus, sollten Sie den Computer neu starten. Rufen Sie hierzu über das Windows-Logo das Startmenü auf, klicken Sie dann auf **Ein/Aus** und abschließend auf **Neu starten**.

Wenn sich die Verbindung zwischen Computer und Internet nicht automatisch herstellt, müssen Sie sie manuell einrichten:

1. Klicken Sie mit der rechten Maustaste auf das **Netzwerk**-Symbol im Infobereich der Taskleiste unten rechts. Im aufklappenden Kontextmenü wählen Sie den Befehl **Netzwerk- und Freigabecenter öffnen**. Der Dialog **Netzwerk- und Freigabecenter** wird geöffnet.

2. Klicken Sie auf **Neue Verbindung oder neues Netzwerk einrichten**.

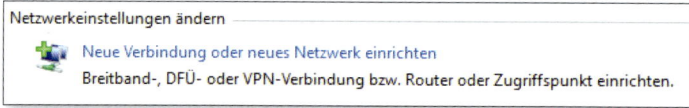

3. Im nächsten Dialog markieren Sie die Verbindungsoption **Verbindung mit dem Internet herstellen** und klicken auf **Weiter**.

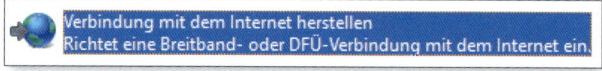

Die Internetverbindung einrichten

4. Sie werden nun gefragt, wie Sie die Verbindung herstellen möchten. Klicken Sie auf **Breitband (PPPoE)**.

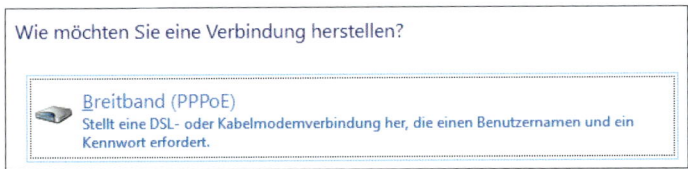

5. Als Nächstes tragen Sie in den beiden dafür vorgesehenen Feldern den **Benutzernamen** ❶ sowie das **Kennwort** ❷ ein, das Sie von Ihrem Internetdienstanbieter erhalten haben.

6. Versehen Sie das Kontrollkästchen **Dieses Kennwort speichern** ❸ per Mausklick mit einem Häkchen.

7. Im Feld **Verbindungsname** ❹ können Sie eine frei wählbare Bezeichnung für das Netzwerk eintragen.

8. Wenn auch andere Personen Ihren Computer nutzen, sollten Sie das Kontrollkästchen **Anderen Benutzern erlauben …** ❺ aktivieren. Sie werden nun ggf. gebeten, Ihr Administratorkennwort einzugeben, das Sie mit **Ja** bestätigen.

9. Nach einem Klick auf **Verbinden** ❻ stellt Windows die Verbindung zum Internet her.

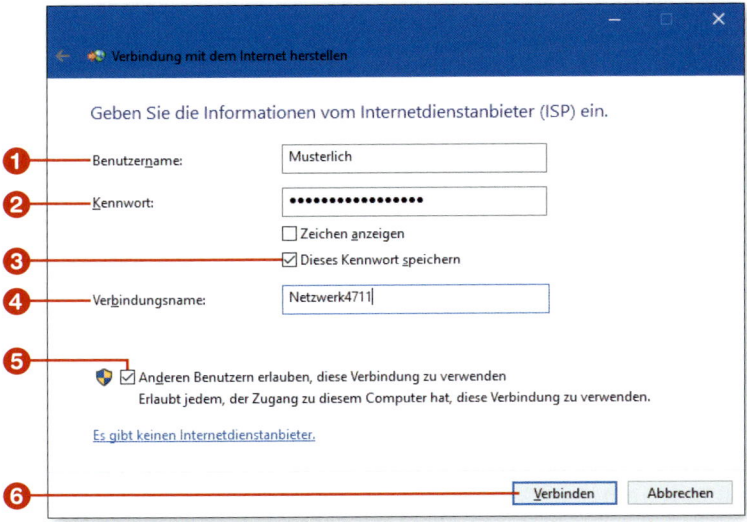

> **! Netzwerkstandort festlegen**
>
> Innerhalb eines Netzwerks ist es möglich, zwischen den einzelnen Computern Daten auszutauschen oder Geräte wie etwa einen Drucker oder eine externe Festplatte gemeinsam zu nutzen. Wenn Sie ein Netzwerk das erste Mal einrichten, werden Sie gefragt, ob Sie zulassen möchten, dass Ihr Computer hierzu von anderen PCs und Geräten in diesem Netzwerk gefunden werden kann. Befinden Sie sich daheim, können Sie die Frage mit **Ja ...** beantworten. Sind Sie an einem öffentlichen Ort, z. B. im Hotel oder am Flughafen, sollten Sie dem zur Sicherheit nicht zustimmen und auf **Nein ...** klicken.

Wenn sich Computer und Router nicht im gleichen Raum befinden oder wenn Sie das Notebook auch auf dem Balkon oder im Garten nutzen möchten, bietet sich eine Internetverbindung über Funk an. Voraussetzung hierfür ist der Einsatz eines entsprechenden WLAN-Routers. Ihr Computer sollte außerdem mit einem WLAN-Adapter ausgestattet sein.

Sehen wir uns nun an, wie Sie eine solche drahtlose Internetverbindung herstellen. Die folgende Anleitung gilt übrigens auch, wenn Sie auf Reisen sind und beispielsweise das WLAN Ihres Hotels nutzen möchten. Auch an öffentlichen Orten, z. B. Flughäfen, finden sich sogenannte *Hotspots*, über die Sie Zugang zu einem Funknetz erhalten.

1. Klicken Sie im Infobereich der Taskleiste auf das kleine **Netzwerk**-Symbol .

In der aufklappenden Liste werden nun alle gefundenen Drahtlosnetzwerke der Umgebung aufgeführt (siehe auch den Kasten »Ihr WLAN und die Sicherheit« auf Seite 44). Die Anzahl der weiß markierten Balken innerhalb des **Netzwerk**-Symbols zeigt die Stärke des jeweiligen Funksignals an ❶. Wird rechts oder unterhalb vom Netzwerk, das Sie verwenden möchten, **Verbunden** eingeblendet, besteht die Verbindung zum Internet bereits, und Sie können auf die weiteren Schritte verzichten.

Steht die Verbindung noch nicht, gehen Sie folgendermaßen vor:

2. Klicken oder tippen Sie auf den Namen des Netzwerks ❷, mit dem Sie sich verbinden möchten.

Die Internetverbindung einrichten

3. Um die Verbindung nicht bei jedem Neustart des Computers erneut herstellen zu müssen, sollten Sie das Kontrollkästchen **Automatisch verbinden** ❸ per Antippen oder Klicken mit einem Häkchen versehen. Klicken oder tippen Sie dann auf **Verbinden** ❹.

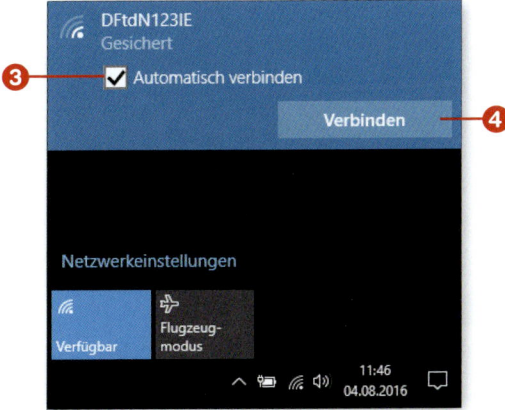

4. Wenn Ihr drahtloses Netzwerk mit einem Kennwort geschützt ist, fordert Windows nun die Eingabe des Netzwerksicherheitsschlüssels ❺. Diesen finden Sie in den Unterlagen, die Sie von Ihrem Internet-Provider erhalten haben (lesen Sie hierzu auch den Kasten »Einstellungen der FRITZ!Box verändern« auf Seite 336). Nach einem Klick auf **Weiter** ❻ wird die Verbindung zum Internet hergestellt.

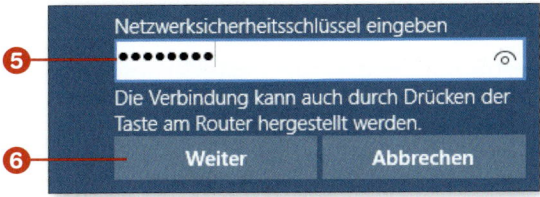

Der nächste Schritt ist vor allem wichtig, wenn Sie sich an einem öffentlichen Ort wie einem Flughafen, Bahnhof oder auch Internetcafé befinden.

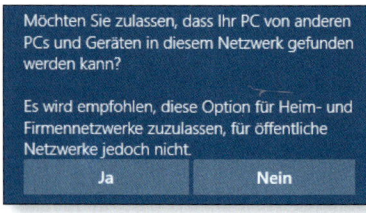

5. Windows fragt Sie nun, ob Sie zulassen möchten, dass Ihr Computer von anderen PCs und Geräten in diesem Netzwerk gefunden werden kann. Befinden Sie sich daheim, können Sie auf **Ja** klicken. In einem öffentlichen Netzwerk, also etwa am Flughafen, sollten Sie dagegen **Nein** wählen. Damit verhindern Sie, dass andere Geräte auf die Daten Ihres eigenen Computers zugreifen können. (Siehe auch den Kasten »Netzwerkstandort festlegen« auf Seite 42.)

Die Verbindung zum Drahtlosnetzwerk steht nun. Nutzen Sie das WLAN in einem Hotel oder an einem Hotspot, werden eventuell weitere Zugangsdaten abgefragt, wenn Sie Ihren Browser zum ersten Mal aufrufen. Wie Sie solch einen Browser öffnen und bedienen, erfahren Sie im folgenden Kapitel 2, »Los geht's – die ersten Schritte«.

Wenn Sie die Drahtlosverbindung unterwegs nutzen, also etwa an einem öffentlichen Hotspot am Flugplatz, sollten Sie die Verbindung aus Sicherheitsgründen trennen, sobald Sie das Internet nicht mehr benötigen. Rufen Sie hierzu die Übersicht über die Drahtlosnetzwerke auf, indem Sie auf das kleine **Netzwerk**-Symbol in der Taskleiste klicken. Nach einem Klick auf die gewünschte Verbindung klicken Sie auf **Trennen**.

> **Ihr WLAN und die Sicherheit**
>
> Die Reichweite eines Funknetzwerks geht meist über die Grenzen der eigenen Wohnung oder des Hauses hinaus. In der Netzwerkübersicht wird somit höchstwahrscheinlich nicht nur Ihr eigener WLAN-Router aufgeführt, sondern Sie sehen auch diejenigen der Nachbarn. Umgekehrt gilt das natürlich auch, d.h., die Nachbarn sehen in ihrer Auflistung Ihren Router. Damit nicht auch Fremde auf Ihr Netzwerk und damit auf Ihren PC Zugriff erhalten, sollten Sie Ihr WLAN unbedingt mit einem Kennwort schützen. Stellen Sie außerdem sicher, dass Ihre Daten im Funknetz nur verschlüsselt übertragen werden. Die beste Sicherheit bietet die sogenannte *WPA-Verschlüsselung*. Informationen darüber, wie Sie entsprechende Einstellungen vornehmen, finden Sie im Informationsmaterial zu Ihrem WLAN-Router.

Ins Internet über das Mobilfunknetz

Wie im Abschnitt »Die richtige Ausstattung« auf Seite 34 bereits erwähnt, können Sie auch das Mobilfunknetz für den Zugang zum Internet nutzen. Besonders praktisch ist ein *Surfstick*, auch *Internetstick* genannt, der mit einer SIM-Karte bestückt wird. Diese SIM-Karte müssen Sie vor der ersten Nutzung wie beim mobilen Telefonieren meist freischalten. Dies kann entweder per Telefon oder auch – sofern bereits verfügbar – über das Internet erfolgen. Den Surfstick verbinden Sie über die USB-Schnittstelle mit dem bereits eingeschalteten Computer. Nach einem kurzen Moment beginnt die automatische Installation der Surfstick-Software. Folgen Sie einfach den Anweisungen des Assistenten. Nach der erfolgreichen Installation finden Sie auf dem Desktop meist ein Programmsymbol, über das sich die Software öffnen lässt. Nun werden die Zugangsdaten der SIM-Karte abgefragt. Anschließend können Sie die Verbindung zum Internet herstellen. Denken Sie auch hier daran, die Verbindung wieder zu trennen, sobald Sie das Internet nicht mehr benötigen.

◂ Mit einem Surfstick wird die Internetverbindung über das Mobilfunknetz hergestellt. (Quelle: 1&1)

❗ Surfen im Ausland

Wer im Ausland mit solch einem Surfstick die Internetverbindung herstellen möchte, muss meist stark erhöhte Gebühren in Kauf nehmen. In solchen Fällen ist der Besuch eines Internetcafés oder die Nutzung des hoteleigenen Computers meist günstiger.

Kapitel 2
Los geht's – die ersten Schritte

Die Internetverbindung ist erfolgreich eingerichtet? Dann kann der erste Ausflug in das World Wide Web, das weltweite Netz, beginnen! Wie Sie im Abschnitt »Dienste im Internet: World Wide Web und E-Mail« auf Seite 15 bereits erfahren haben, benötigen Sie zum Betrachten von Webseiten ein spezielles Programm, den sogenannten *Browser*. Windows 10 hat bereits den Browser Microsoft Edge (kurz auch nur Edge genannt) an Bord. Eine gute Alternative stellen aber auch Mozillas Firefox und Googles Chrome dar.

Welches Programm Sie verwenden möchten, ist letztlich Geschmackssache. In diesem Kapitel stelle ich Ihnen einige der wichtigsten Browser vor und zeige Ihnen Schritt für Schritt, wie Sie damit arbeiten. Wir beginnen mit dem recht neuen Browser Edge.

◄ *Diese drei Browser werden Sie kennenlernen.*

Auf ins Netz mit dem Browser Edge

Wie Sie im Abschnitt »Ist Ihr Computer gut geschützt?« ab Seite 22 anhand der Sicherheitsprogramme Windows Defender sowie Windows-Firewall gesehen haben, sind in Windows 10 bereits einige wichtige Programme integriert. Eine weitere Anwendung (man spricht hierbei auch von *App*, die Abkürzung von *Application*) ist der Browser Edge. Microsoft hat ihn speziell für Windows 10 entwickelt. Er löst den aus älteren Windows-Versionen bekannten Browser Internet Explorer ab. Wir legen

Kapitel 2: Los geht's – die ersten Schritte

gleich los und starten mit dem Aufruf von Edge. Windows bietet Ihnen hierfür zwei Möglichkeiten an:

- Am unteren Bildschirmrand befindet sich die sogenannte *Taskleiste*. Wenn Sie mit einem Desktop-PC oder einem Notebook arbeiten, sehen Sie auf der linken Seite u. a. das Symbol für Edge ❶. Ein Mausklick hierauf reicht, und schon wird Microsoft Edge gestartet.

- Alternativ hierzu können Sie Edge auch über das Startmenü aufrufen. Bei einem Tablet wird dies bereits nach dem Start des Computers auf dem Bildschirm angezeigt, bei einem Desktop-PC oder Notebook blenden Sie es per Klick auf das Windows-Logo ❷ oder durch Antippen der Taste auf Ihrer Tastatur ein. Anschließend reicht ein Klick oder Tipp auf die Kachel von Edge ❸, um die App zu starten.

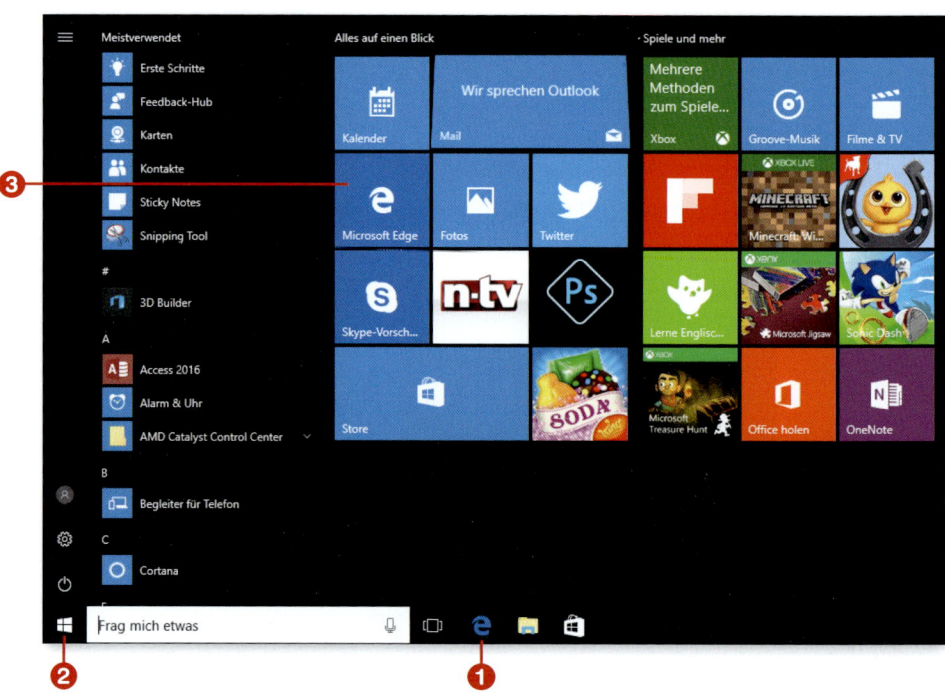

> *Edge kann über das Startmenü oder über die Taskleiste aufgerufen werden.*

Um Ihnen die Orientierung zu erleichtern, werfen wir als Erstes einen kurzen Blick auf das Programmfenster von Microsoft Edge. Wenn Sie mit einem Tablet arbeiten, nimmt das Fenster den gesamten Bildschirm ein. Nutzen Sie einen Desktop-PC oder ein Notebook, können Sie die Fenstergröße individuell einstellen. Mit einem Klick auf das Symbol ❹ oben rechts wird das Fenster im Vollbildmodus, also über den gesamten Bildschirm hinweg angezeigt. Um es wieder zu verkleinern, klicken Sie auf das nun sichtbare Symbol.

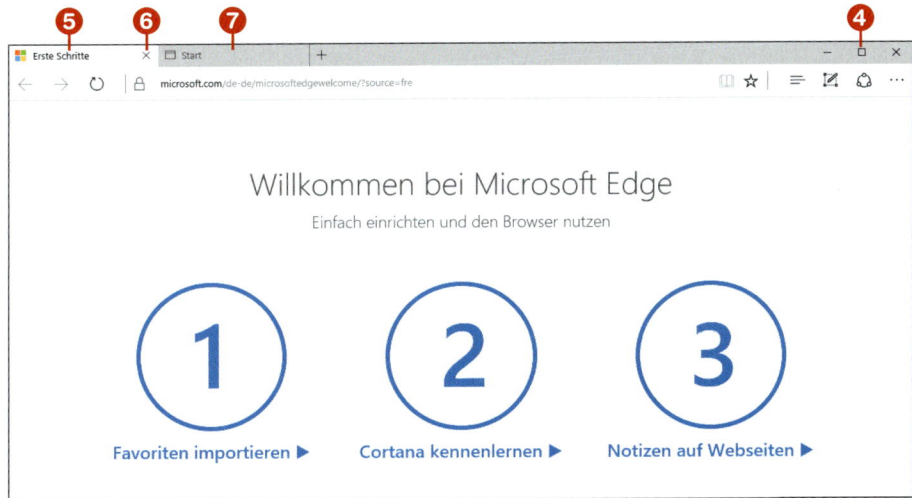

< *Das Programmfenster von Microsoft Edge nach dem ersten Start*

Wenn der Browser das allererste Mal gestartet wird, heißt Sie Microsoft Edge meist zunächst willkommen. Am linken Rand des Programmfensters finden Sie entsprechend einen Registerreiter mit der Beschriftung **Erste Schritte** ❺, **Willkommen** oder auch **Welcome**. Diese Registerkarte können Sie schließen. Klicken Sie hierzu auf das Kreuzsymbol rechts von der Beschriftung ❻.

Nach dem Schließen der linken Registerkarte rückt die Registerkarte mit der Beschriftung **Start** ❼ in den Vordergrund. Eine solche Webseite, die Sie nach dem Start des Browsers zu Gesicht bekommen, wird auch als *Startseite* bezeichnet. Bei der voreingestellten Startseite von Microsoft Edge handelt es sich meist um das Informationsportal MSN von Microsoft. Das Portal bietet aktuelle Nachrichten rund um die Themen Politik, Sport, Unterhaltung und vieles mehr. Statt MSN lässt sich aber auch jede beliebige andere Webseite als Startseite einrichten. Vielleicht ist dies bei Ihrem Computer sogar bereits geschehen, und eine nette Person hat für Sie eine andere Startseite gewählt, sodass Sie hier gar nicht das Informationsportal MSN zu sehen bekommen. Wie Sie die Startseite selbst festlegen, zeige ich Ihnen im Abschnitt »Die Startseite bestimmen« ab Seite 61. An dieser Stelle zeige ich Ihnen zunächst, wie Sie eine Webseite aufrufen.

Kapitel 2: Los geht's – die ersten Schritte

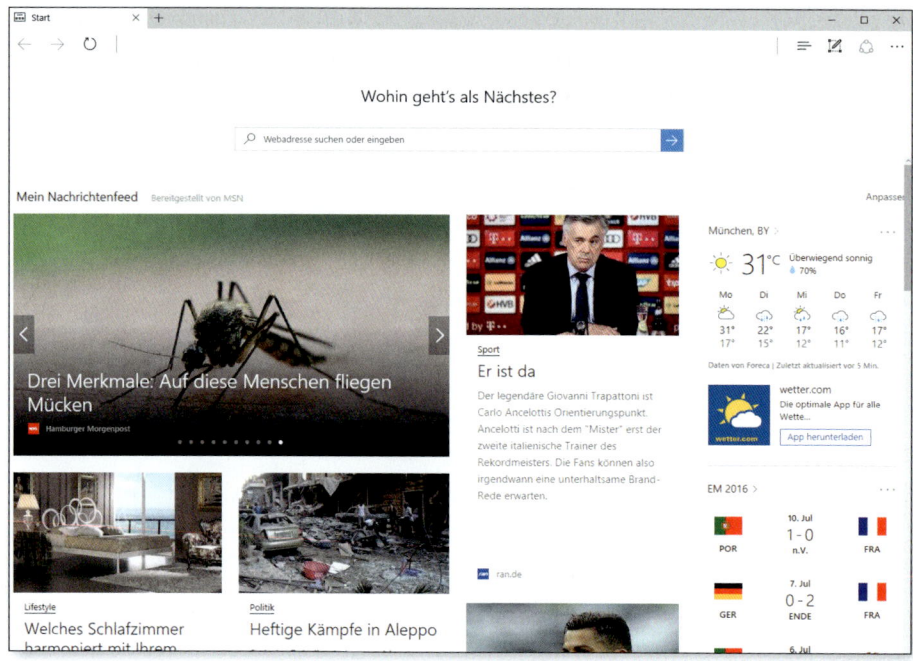

↑ Die Startseite von Edge mit dem Informationsportal MSN

Wie ich bereits im Abschnitt »Grundlagen Internet: Das sollten Sie wissen« auf Seite 13 erläutert habe, besitzt jede Webseite auch eine eindeutige Adresse im Internet. Die Adresse des Vierfarben Verlags z. B. lautet *www.vierfarben.de*, die der Nachrichtensendung Tagesschau in der ARD *www.tagesschau.de*. Am Beispiel des Internetauftritts der Zeitschrift *Spiegel* lernen Sie nun, wie Sie eine Webseite aufrufen und in den Artikeln des Online-Magazins stöbern.

Damit der Browser weiß, welche Webseite er öffnen soll, müssen Sie ihm die gewünschte Internetadresse mitteilen. Für die entsprechende Eingabe bietet Ihnen Edge zwei Möglichkeiten: Ist als Startseite das Informationsportal MSN zu sehen, lässt sich die Adresse über das Feld **Webadresse suchen oder eingeben** eintragen. Wurde eine andere Startseite eingerichtet, erfolgt die Adresseingabe über die Adresszeile, die sich in der linken oberen Ecke des Programmfensters befindet. Diese Zeile zeigt immer die Internetadresse der aktuell geladenen Webseite an. Beide Varianten lernen Sie in den folgenden Schritten kennen.

Auf ins Netz mit dem Browser Edge

1. Wird bei Ihnen im Browser Edge als Startseite das Informationsportal MSN eingeblendet, finden Sie am oberen Rand der Seite das Feld **Webadresse suchen oder eingeben** ❶. Klicken oder tippen Sie in das Feld, und fahren Sie bei Schritt 3 fort.

2. Wurde für Ihren Browser Edge bereits eine andere Startseite eingerichtet, wird ihre Internetadresse oben links eingeblendet. Klicken oder tippen Sie auf die Adresse. Die aktuell angezeigte Adresse (in der Abbildung unten handelt es sich um die Adresse *https://www.google.de*) ist nun blau markiert ❷. Arbeiten Sie mit einem Touchscreen, klappt außerdem die virtuelle Tastatur auf (siehe auch den Kasten »Bildschirmtastatur gezielt einblenden« auf Seite 22).

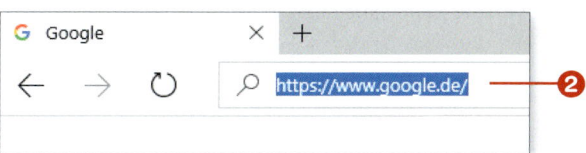

3. Tippen Sie die gewünschte Internetadresse ein. In unserem Beispiel lautet sie »www.spiegel.de«.

4. Bereits während der Eingabe klappt eine Liste mit Adressvorschlägen auf. Wenn Sie in der Liste die gewünschte Internetadresse finden, reicht ein Mausklick darauf oder ein Antippen, um die Webseite zu öffnen ❸ (lesen Sie hierzu auch den Kasten »Gekürzte Internetadresse in der Adresszeile?« auf Seite 53).

5. Wird die gewünschte Adresse nicht aufgelistet, setzen Sie die Eingabe selbst fort. Durch Drücken der Taste ⏎ oder Tippen auf den kleinen nach rechts weisenden Pfeil → ❹ am rechten Rand des Feldes schließen Sie die Eingabe ab.

Nun öffnet sich die sogenannte Startseite des Spiegel-Magazins. Wie in der Printausgabe lesen Sie auch bei *Spiegel Online* zahlreiche Artikel aus

Kapitel 2: Los geht's – die ersten Schritte

den Bereichen Politik, Wirtschaft, Sport, Kultur und mehr. Die Website wird mehrmals am Tag aktualisiert, sodass Sie hier immer wieder neue Beiträge finden.

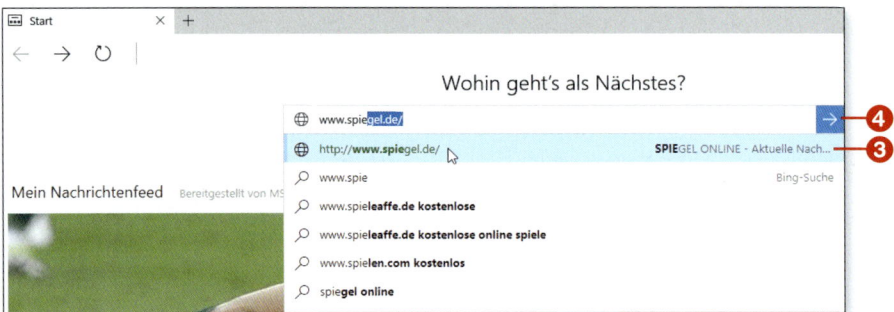

6. Je nachdem, wie groß Ihr Bildschirm ist und wie viel Inhalt eine Webseite zu bieten hat, sehen Sie im Programmfenster des Browsers Edge zunächst nur einen Teil der Seite. Mithilfe der Bildlaufleiste ❺ blättern Sie auf der Seite von oben nach unten und umgekehrt.

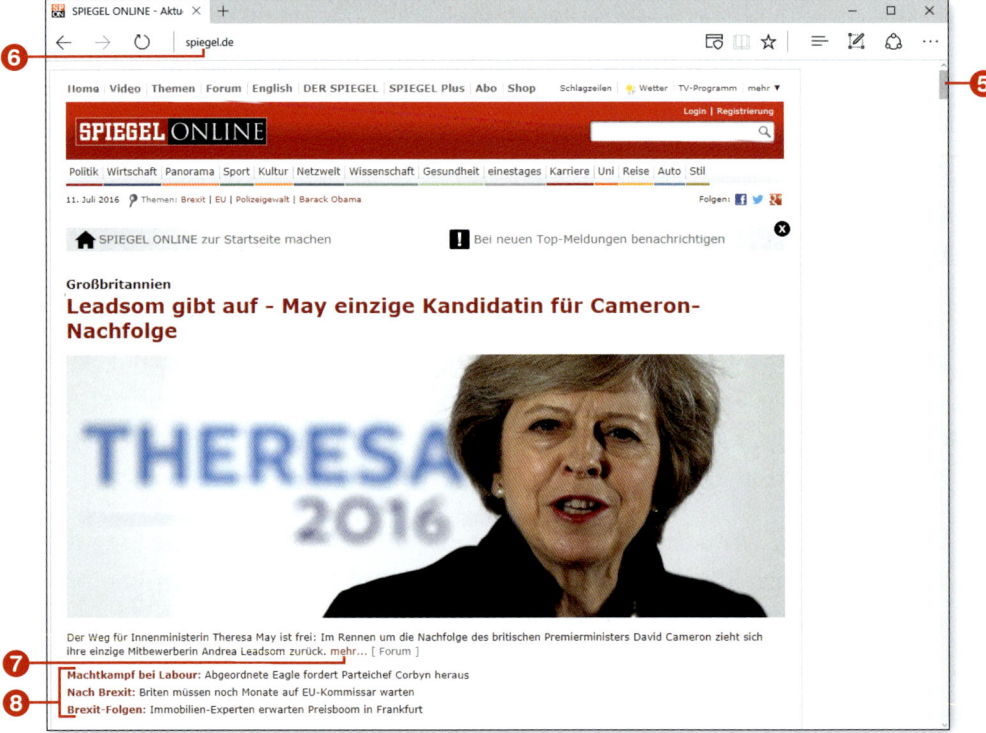

▲ *Mit der Bildlaufleiste rechts blättern Sie auf der Webseite.*

Bewegen Sie hierzu den Mauszeiger auf den grauen Balken am rechten Fensterrand, und ziehen Sie ihn mit gedrückter linker Maustaste nach oben bzw. unten. Im Falle eines Touchscreens verschieben Sie den Balken einfach mit dem Finger. Wenn Sie die Stelle erreicht haben, die Sie interessiert, lassen Sie die Maustaste einfach los bzw. nehmen den Finger vom Touchscreen.

Gekürzte Internetadresse in der Adresszeile?

Wie Sie im Abschnitt »Grundlagen Internet: Das sollten Sie wissen« ab Seite 13 erfahren haben, besteht eine Internetadresse aus vier Teilen. Bei der Adresseingabe können Sie auf die Protokollangabe »http://« allerdings verzichten. Denn diese Angabe wird automatisch vom Browser ergänzt. Sobald Sie die Internetadresse eingegeben haben, lädt der Browser die entsprechende Webseite. In der Adresszeile erscheint nun aber nicht einmal mehr die Dienstangabe »www« ❻. Klicken oder tippen Sie einmal in die Adresszeile, wird die vollständige Internetadresse eingeblendet.

Sehen Sie sich nun die Website von Spiegel Online genauer an. Auf der Startseite selbst werden die wichtigsten Themen nur angerissen. Einige Anreißer (bei Online-Magazinen übrigens häufig auch als *Teaser* bezeichnet) bestehen aus einem Bild und einem kurzen Text. Der Text endet öfter mit dem farblich markierten Wort **mehr** ❼. Ähnlich wie in einem Inhaltsverzeichnis wird an manchen Stellen auf der Startseite auch nur eine Überschrift aufgeführt ❽. Die ausführlichen Artikel befinden sich offensichtlich auf einer anderen Webseite. Doch wie gelangen Sie zu dieser Seite? Genau dies wird Thema des nächsten Abschnitts sein.

Die Startseite – ein Begriff mit doppelter Bedeutung

Der Begriff *Startseite* wird in der Welt des Internets doppelt verwendet: Zum einen bezeichnet er die Webseite, die automatisch nach dem Start eines Browsers gezeigt wird. Zum anderen wird aber auch die erste Seite einer kompletten Internetpräsenz, wie etwa des Spiegel-Online-Portals, Startseite genannt. In diesem Fall spricht man auch von der *Homepage*, was wörtlich »Heimseite« bedeutet.

Von Seite zu Seite navigieren

Sie möchten sich die ausführlichen Artikel von Spiegel Online ansehen? Das Zauberwort, um zu diesen Beiträgen zu gelangen, lautet *Hyperlink*. Meist wird nur kurz von *Link* gesprochen, und das bedeutet »Verknüpfung«. Probieren Sie doch einmal Folgendes aus: Bewegen Sie den Mauszeiger über die verschiedenen Elemente der Webseite, und beobachten Sie dabei sein Aussehen. Mal hat er die Form eines Pfeils ⌕, mal die Form einer Hand ☝. Wann immer der Zeiger wie eine Hand aussieht, verbirgt sich hinter dem Text oder auch dem Bild eine Verknüpfung zu einer weiteren Webseite oder einem Abschnitt auf der gleichen Seite.

> ✚ **Wie erkennen Sie einen Link?**
>
> Das Verändern des Mauszeigers vom Pfeil- zum Handsymbol ist nicht das einzige Indiz, um einen Link aufzuspüren. Normalerweise wird der verknüpfte Text auch in einer anderen Farbe, gefettet oder unterstrichen angezeigt. Bewegen Sie den Mauszeiger auf eine Verknüpfung, ändert sich das Aussehen meist nochmals. Bei Spiegel Online erkennen Sie Links an der roten Schriftfarbe. Wenn sich der Mauszeiger über einer Verknüpfung befindet, wird der Text schwarz gefärbt und unterstrichen. Das ist aber von Website zu Website unterschiedlich.

Möchten Sie im Beispiel Spiegel Online einen Artikel lesen, der auf der Startseite angekündigt wird, klicken oder tippen Sie auf den entsprechenden Link, und schon wird die damit verknüpfte Webseite geladen. Auf diese Weise blättern Sie von Artikel zu Artikel. Probieren Sie es einmal aus, indem Sie auf der Webseite beispielsweise einen Link mit der Bezeichnung **mehr** ❶ suchen und darauf klicken. Es wird nun eine neue Webseite geöffnet. In der Adresszeile sehen Sie dann entsprechend die Adresse dieser Webseite.

> ❯ *Klicken Sie auf einen Link, wird eine neue Webseite geöffnet.*

Von Seite zu Seite navigieren

➕ Textgröße anpassen

Wenn Sie Schwierigkeiten haben, den Text auf einer Webseite zu lesen, weil die Schrift zu klein ist, vergrößern Sie ihn einfach. Arbeiten Sie mit einem Touchscreen, ziehen Sie hierzu zwei Finger auf dem Bildschirm auseinander, wie im Abschnitt »Maus, Tastatur und Touchscreen« auf Seite 18 gezeigt. Zum Verkleinern des Textes ziehen Sie die Finger wieder zusammen. Mit der Tastatur erreichen Sie den gleichen Effekt, indem Sie zum Vergrößern des Textes die Tastenkombination [Strg] + [+] drücken oder zum Verkleinern die Kombination [Strg] + [-]. Wenn Sie eine Maus mit Scrollrad nutzen, halten Sie [Strg] gedrückt, während Sie das Rädchen nach oben oder unten drehen. Das Vergrößern oder Verkleinern wird auch als *Zoomen* bezeichnet.

Sobald Sie von einer Webseite zur nächsten gewechselt sind, wird links von der Adresszeile in Edge der nach links weisende Pfeil dicker hervorgehoben [←]. Dieses Symbol spielt beim Surfen im Internet eine wichtige Rolle: Ein Klick hierauf ❷ und Sie gelangen zu der zuvor besuchten Webseite. Über den nach rechts weisenden Pfeil [→] ❸ blättern Sie wiederum vor.

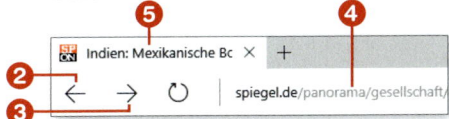

◁ *Über die beiden Pfeiltasten gelangen Sie zu bereits besuchten Webseiten.*

Wenn Sie den Mauszeiger auf einen Link bewegen, ohne zu klicken, wird auf den meisten Webseiten in der unteren linken Ecke des Programmfensters die Internetadresse der Webseite eingeblendet, zu der der Link führt. Sobald Sie die Seite per Klick aufgerufen haben, erscheint diese Adresse dann auch in der Adresszeile von Edge ❹. Zusätzlich wird der Titel der geladenen Webseite im Registerreiter oberhalb der beiden Pfeiltasten angezeigt ❺.

Mit Ausnahme des allerersten Starts von Edge ist nach dem Start des Browsers zunächst nur eine *Registerkarte* (auch *Tab* genannt) geöffnet. Wenn Sie auf einen Link klicken, wird die damit verbundene Webseite normalerweise in der gleichen Registerkarte angezeigt wie die vorherige Webseite auch. Manchmal passiert es aber, dass eine Webseite in einer neuen Registerkarte geöffnet wird. Der Titel dieser Webseite wird in einem neuen Registerreiter rechts neben dem ersten angezeigt. Per Klick auf die Registerreiter wechseln Sie zwischen den Registerkarten und damit Webseiten. Möchten Sie eine Registerkarte schließen, klicken Sie auf das kleine Kreuzsymbol ⨯.

> **Webseite in eigener Registerkarte öffnen**
>
> Wenn Sie möchten, können Sie eine Webseite auch ganz gezielt in einer neuen Registerkarte öffnen. Klicken Sie hierzu einfach mit der rechten Maustaste auf einen Link, und wählen Sie im Kontextmenü den Befehl **In neuem Tab öffnen**. Arbeiten Sie mit einem Touchscreen, halten Sie den Finger etwas auf dem Link gedrückt, bis ein kleines Rechteck eingeblendet wird.

Natürlich können Sie auch selbst neue Registerkarten öffnen. Dies ist beispielsweise sinnvoll, wenn Sie die Preisangebote verschiedener Online-Shops miteinander vergleichen möchten. Statt immer wieder vor- und zurückzublättern, um die Angebote zu prüfen, öffnen Sie einfach jede Webseite in einer eigenen Registerkarte. Probieren Sie es doch gleich einmal aus:

1. Um eine neue Registerkarte zu öffnen, klicken oder tippen Sie auf das Plussymbol in der grauen Fläche rechts neben dem zuletzt geöffneten Register ❶. Alternativ können Sie auch die Tastenkombination `Strg` + `T` drücken.

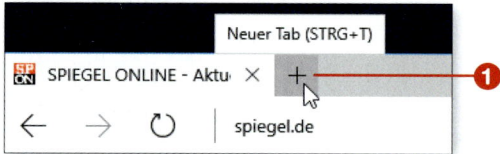

2. Auf der neuen Registerkarte, die noch die Bezeichnung **Neuer Tab** trägt, finden Sie wieder das bereits bekannte Feld **Webadresse suchen oder eingeben**.

3. Klicken oder tippen Sie in das Feld ❷, und tippen Sie die gewünschte Internetadresse ein. Öffnen Sie zur Probe die Webseite des bekannten Reiseanbieters *Weg.de*. Die Internetadresse lautet »www.weg.de«. Schließen Sie die Eingabe durch Drücken von `↵` ab oder durch Antippen des kleinen Pfeils →.

Von Seite zu Seite navigieren

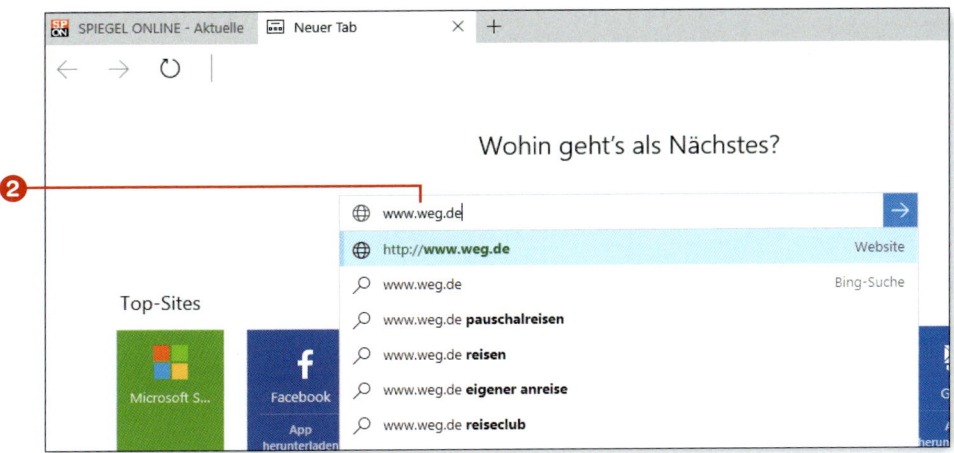

4. Öffnen Sie dann eine weitere Registerkarte, wie in Schritt 1 gezeigt, und geben Sie hier »www.schwab.de« ein. Sobald Sie die Eingabe abgeschlossen haben, wird der Online-Shop des Versandhauses *Schwab* geöffnet.

5. Als letzte Adresse geben Sie, wieder in einer neuen Registerkarte, »www.tierforum.de« ein. Hier finden Sie ein Beispiel für ein beliebtes Diskussionsforum vor, in dem Tierfreunde miteinander kommunizieren können.

Sie haben nun insgesamt vier Webseiten gleichzeitig geöffnet. In den Registerreitern wird jeweils der Titel der Webseite ❸ angezeigt sowie ein kleines Symbol, das auch *Favicon* ❹ genannt wird. Bewegen Sie den Mauszeiger auf einen der Registerreiter, wird eine kleine Vorschau der Webseite eingeblendet ❺. Per Klick auf die Registerreiter wechseln Sie schnell zur jeweiligen Seite. In der Adresszeile sehen Sie jeweils die Adresse der im Vordergrund befindlichen Webseite ❻.

▼ *Über die Registerreiter wechseln Sie zwischen den geöffneten Webseiten.*

> **+ Was tun, wenn die Internetadresse unbekannt ist?**
>
> Ist die Internetadresse bekannt, lässt sich eine Webseite schnell aufrufen. Doch das ist nicht immer so. Edge bietet für solche Fälle eine sehr gute Funktion an: Sowohl das Feld **Webadresse suchen oder eingeben** als auch die Adresszeile des Browsers sind nämlich zugleich ein Suchfeld. Wenn Sie beispielsweise die Internetadresse des Münchner Zoos Hellabrunn suchen, geben Sie entweder im Feld oder in der Adresszeile die Suchbegriffe »München Zoo Hellabrunn« ein und drücken ⏎. Auf der nächsten Webseite wird ganz zu Beginn die gesuchte Internetadresse *www.tierpark-hellabrunn.de* aufgeführt. Ein Mausklick auf den unterstrichenen Text (siehe auch den Kasten »Wie erkennen Sie einen Link?« auf Seite 54) und Sie gelangen zur gewünschten Webseite. Ausführliche Informationen rund um das Suchen im Internet erhalten Sie in Kapitel 3, »Suchen und Finden mit Google«.

Schauen Sie sich nun einmal den Aufbau der Seiten genauer an. Mehr dazu erfahren Sie im folgenden Abschnitt.

Der Aufbau einer Webseite

Werfen wir noch einen kurzen Blick auf den Aufbau einer Webseite. So unterschiedlich die Webseiten sind, die Sie im vorigen Abschnitt geöffnet haben, lässt sich doch ein kleines gemeinsames Muster feststellen. Am oberen Seitenrand wird beispielsweise immer das Firmenlogo eingeblendet. Direkt darüber oder auch darunter findet sich eine Menüleiste. Über ihre Elemente gelangen Sie zu wichtigen Rubriken einer Internetpräsenz. Im Fall des Spiegel-Online-Portals sind dies etwa **Politik**, **Wirtschaft**, **Panorama**, **Sport** und mehr, bei Weg.de lauten die Menüpunkte **Last Minute**, **Pauschalreisen** oder auch **Städtereisen**.

Auf vielen Websites existiert zu jedem Menüpunkt zusätzlich ein Untermenü. Um dieses Untermenü einzublenden, reicht es meist, den Mauszeiger auf einem Menüpunkt zu positionieren, und schon klappt das Untermenü auf. Dies trifft beispielsweise bei Spiegel Online, Weg.de und Schwab zu. Bei anderen Websites, wie etwa bei Tierforum.de, müssen Sie erst einen Menüpunkt anklicken, damit das Untermenü sichtbar wird. Per Klick auf die jeweiligen Untereinträge gelangen Sie wie in der folgenden Abbildung zu den Rubriken, etwa **Familienurlaub** im Beispiel von Weg.de.

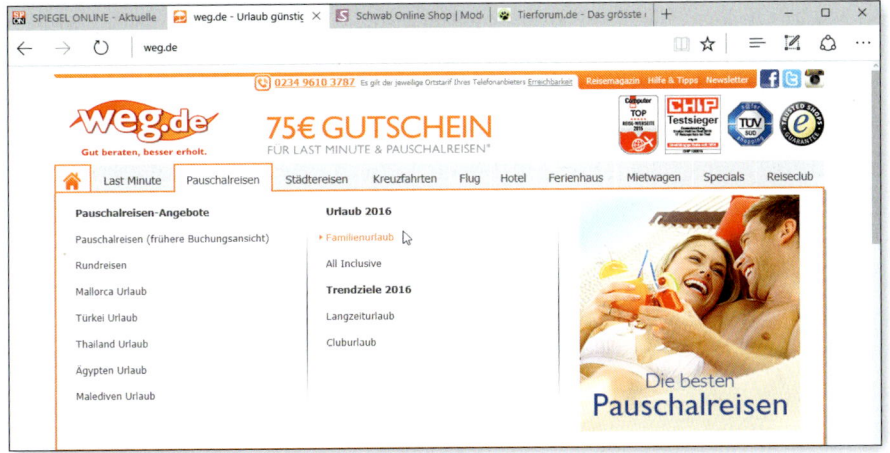

◂ *Bewegen Sie den Mauszeiger auf einen Menüpunkt, klappt ein Untermenü auf.*

Die Menüleiste (manchmal auch *Navigationsleiste* genannt) muss sich nicht am oberen Seitenrand befinden. Auf manchen Webseiten wird sie auch am linken Seitenrand eingeblendet. Der rechte Seitenrand ist dafür eher unüblich, aber Ausnahmen bestätigen natürlich die Regel. Dies gilt übrigens auch, wenn Sie mit einem Tablet arbeiten, wie Sie im Kasten »Webseiten und ihre mobile Ansicht« auf Seite 60 erfahren.

Am unteren Seitenrand werden meist wichtige Links zu Unterseiten wie **Kontakt** oder auch **Impressum** aufgeführt. Diese Webseiten enthalten wichtige Informationen darüber, wie Sie ein Unternehmen erreichen und wer die Website betreibt.

Im Laufe dieses Buches werden Sie noch zahlreiche Webseiten-Beispiele kennenlernen und natürlich auch lernen, wie Sie darin navigieren.

Nun werfen wir noch einen Blick in die rechte obere Ecke des Programmfensters. Hier sehen Sie drei kleine Schaltflächen. Eine davon haben Sie bereits zu Beginn des Kapitels kennengelernt. Falls das Programmfenster bei Ihnen nicht über die gesamte Bildschirmgröße hinweg angezeigt wird, können Sie es per Klick auf das mittlere Symbol **Maximieren** entsprechend vergrößern. Webseiten sind so meist besser lesbar. Ist Ihnen das Fenster nun zu groß, lässt es sich über das jetzt mit **Verkleinern** bezeichnete Symbol auch wieder auf die vorherige Größe bringen.

Kapitel 2: Los geht's – die ersten Schritte

Webseiten und ihre mobile Ansicht

Der Bildschirm eines Tablets oder gar Smartphones ist um einiges kleiner als der eines Desktop-PCs oder Notebooks. Das Betrachten von umfangreichen Webseiten bereitet hier meist nur wenig Freude, da nur ein minimaler Ausschnitt auf dem Bildschirm zu sehen ist und der Betrachter viel blättern muss. Die Programmierer von Webseiten sind daher dazu übergegangen, für mobile Geräte wie Tablets eine spezielle Version der Webseite bereitzustellen. Solche Seiten sind meist schmäler aufgebaut. Eine Menüleiste sucht man außerdem zunächst vergeblich. Sie versteckt sich meist hinter einer einzigen Schaltfläche, die häufig mit drei waagerechten Linien gekennzeichnet ist ≡. Erst nach Antippen der Schaltfläche klappt eine Liste mit den einzelnen Menüelementen auf. Ein Beispiel für solch eine mobile Webseite finden Sie beim Internetauftritt der Bild-Zeitung. Über die Internetadresse »www.bild.de« rufen Sie die Standardversion auf, über die Adresse »www.m.bild.de« die mobile Ansicht der Startseite der Bild-Zeitung. Welche Version einer Webseite ein Browser laden soll, ist im Programmcode der Seite hinterlegt. Sie als Benutzer müssen sich also keine neue Internetadresse merken, der Browser ruft automatisch die für Ihren Computer relevante Version auf.

▲ Die Standardansicht …

▲ … und die mobile Version der Startseite der Bild-Zeitung.

Klicken oder tippen Sie auf das linke der drei Symbole – mit der Bezeichnung **Minimieren**, wird das Programmfenster ganz ausgeblendet, und Sie bekommen den Desktop oder andere bereits geöffnete Programme zu Gesicht. Um wieder Edge einzublenden, reicht ein Klick auf das entsprechende Programmsymbol in der Taskleiste ❶.

Die Startseite bestimmen

Wenn Sie den Mauszeiger auf das Edge-Symbol in der Taskleiste bewegen, klappt eine kleine Vorschau mit der gerade geöffneten Webseite auf. Bewegen Sie den Mauszeiger auf die Vorschau, erscheint oben rechts ein kleines rotes Kreuzsymbol ❷. Ein Klick hierauf und das Programmfenster mit allen geöffneten Registerkarten wird geschlossen. Wenn Sie dagegen die Vorschau ❸ selbst anklicken, wird wieder das Programmfenster von Edge eingeblendet.

∧ *Über die Miniaturvorschau lässt sich das Programmfenster von Edge ebenfalls schließen.*

Über das Programmfenster selbst können Sie den Browser natürlich auch beenden. Hierzu klicken Sie auf das Symbol **Schließen** ⨯ in der rechten oberen Ecke des Edge-Fensters. Sollten noch mehrere Registerkarten geöffnet sein, weist Edge Sie darauf hin. Mit einem Klick auf **Alle schließen** beenden Sie das Programm vollständig. Wenn Sie nur die aktuelle Registerkarte schließen wollen, klicken Sie im Hinweis **Möchten Sie alle Tabs schließen?** auf **Abbrechen**. Anschließend blenden Sie die Registerkarte wie gewohnt per Mausklick auf das Kreuzsymbol ⨯ im Registerreiter aus.

In den nächsten Abschnitten zeige ich Ihnen, wie Sie Webseiten ausdrucken, Ihre Lieblingsseiten zur Favoritenliste hinzufügen und so schneller wiederfinden oder auch die Startseite in Edge festlegen.

Die Startseite bestimmen

Jeder richtet sich seine Wohnung oder sein Haus so ein, dass er sich darin wohlfühlt. Was für die eigenen vier Wände gilt, ist auch bei einem Browser wie Edge möglich. Gefällt Ihnen beispielsweise die Website von MSN nicht als Startseite, legen Sie einfach eine andere Seite fest, die beim Aufruf von Edge automatisch geöffnet wird.

Die wohl am häufigsten im Internet besuchte Webseite ist die der Suchmaschine Google. Daher wird sie auch sehr gerne als Startseite gewählt.

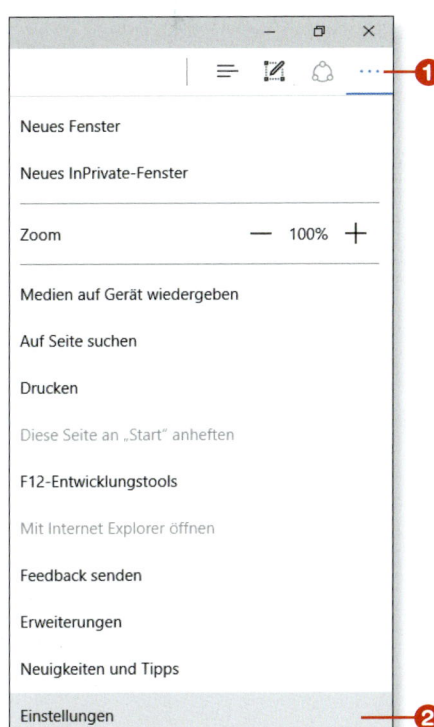

1. Klicken Sie in der rechten oberen Fensterecke von Edge auf das Symbol **Mehr** ❶ ⋯ , und klicken Sie dann in der aufklappenden Liste auf **Einstellungen** ❷.

Kapitel 2: Los geht's – die ersten Schritte

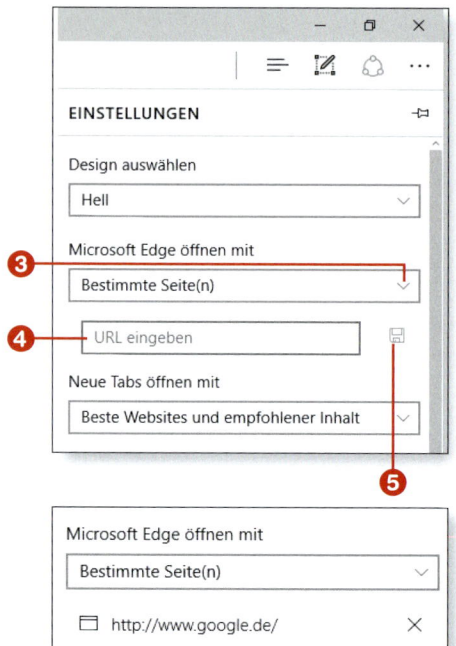

2. Am rechten Seitenrand wird die Spalte **Einstellungen** eingeblendet. Klicken oder tippen Sie hier auf den Pfeil ❸ rechts vom Feld **Microsoft Edge öffnen mit**. In der aufklappenden Liste wählen Sie **Bestimmte Seite(n)**.

3. Es wird nun zusätzlich das Feld **URL eingeben** ❹ eingeblendet. Klicken oder tippen Sie in das Feld, und tragen Sie die Internetadresse der gewünschten Startseite ein, im Beispiel also »www.google.de«. Soll Edge mit einer Leerseite gestartet werden, tippen Sie hier den Text »about:blank« ein. Mit einem Klick auf das **Speichern**-Symbol ❺ sichern Sie Ihre Eingabe.

Wann immer Sie zukünftig den Browser Edge aufrufen, wird die gerade festgelegte Webseite automatisch geöffnet.

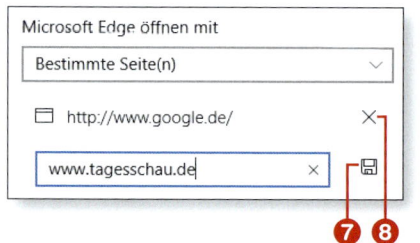

4. Sollen nach dem Start von Edge automatisch mehrere Registerkarten geöffnet werden, klicken Sie auf die nun sichtbare Schaltfläche **Neue Seite hinzufügen** ❻.

5. Das Feld **URL eingeben**, das jetzt angezeigt wird, kennen Sie bereits. Geben Sie die Internetadresse an, die nach dem Start von Edge automatisch in der zweiten Registerkarte geladen werden soll, etwa »www.tagesschau.de« für die Webseite der Nachrichtensendung. Mit einem Klick auf **Speichern** ❼ sichern Sie auch diese Eingabe.

6. Wenn Sie später eine der eingestellten Startseiten wieder löschen möchten, reicht ein Klick auf das Kreuzsymbol ❽ rechts von der Internetadresse.

Rufen Sie selbst eine neue Registerkarte auf, blendet Edge per Standardeinstellung eine Seite mit Webseiten-Vorschlägen ein. Stört Sie diese Werbung, können Sie sich auch eine leere Seite anzeigen lassen, die lediglich das Feld zur Eingabe einer Suchanfrage oder Internetadresse enthält.

7. Klicken oder tippen Sie auf den Pfeil ❾ rechts vom Feld **Neue Tabs öffnen mit**, und wählen Sie in der aufklappenden Liste **Leere Seite**.

8. Um die Spalte **Einstellungen** wieder auszublenden, reicht ein Klick auf das Symbol ⋯ ❿ oben rechts.

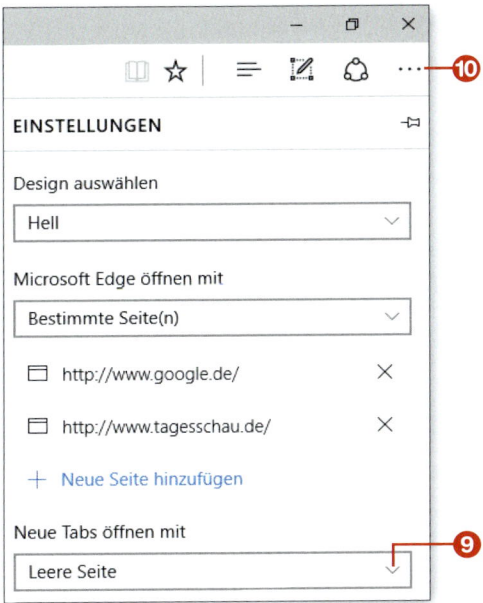

Lesezeichen im Browser Edge anlegen

Im Internet entdeckt man immer wieder spannende Webseiten, die man gerne zu einem späteren Zeitpunkt nochmals besuchen möchte. Wenn es sich um so einfach aufgebaute Internetadressen wie *www.spiegel.de* handelt, werden Sie sich die Adresse wahrscheinlich gut merken können. Doch nicht alle Adressen folgen diesem einfachen Schema. Für Menschen, die unter starken Rücken- oder auch Kopfschmerzen leiden, ist beispielsweise die Website der Deutschen Schmerzgesellschaft e. V. eine wichtige Anlaufstelle. Ihre Internetadresse lautet *www.dgss.org*, also eine nicht sehr eingängige Adresse. Damit Sie solche Webseiten immer wiederfinden, sollten Sie sie in der Liste Ihrer Favoriten speichern.

Kapitel 2: Los geht's – die ersten Schritte

> **Pfiffige Funktionen von Microsoft Edge**
>
> Manche Webseiten sind überladen von Werbungen, sodass es schwerfällt, sich auf den eigentlichen Artikel zu konzentrieren. Microsoft Edge bietet für solche Seiten eine wunderbare Funktion an: die Leseansicht. Klicken oder tippen Sie in der Navigationsleiste oben rechts auf das Symbol 📖, bekommen Sie eine übersichtliche Version zu Gesicht. Ein erneuter Klick auf das Symbol 📖 beendet die Leseansicht. Die Funktion steht allerdings nicht für alle Webseiten zur Verfügung. Über das Symbol ✎ in der Navigationsleiste aktivieren Sie die Notizfunktion. Am oberen Fensterrand erscheint nun eine lila Symbolleiste. An ihrem linken Rand finden Sie einen Stift, einen Textmarker, einen Radiergummi, eine Notizfunktion und ein Beschneidungswerkzeug. Sobald Sie die gewünschte Funktion per Klick auf das entsprechende Symbol ausgewählt haben, können Sie nun Texte auf der Webseite markieren, eigene Anmerkungen wegradieren, Notizen hinzufügen oder Texte ausschneiden. Mit einem Klick auf das Speichern-Symbol am rechten Rand der Symbolleiste sichern Sie die Webseite inklusive Ihrer Anmerkungen in der Favoriten-Liste. Mit einem Klick auf **Beenden** schließen Sie den Webnotiz-Modus und kehren zur normalen Ansicht der Webseite zurück.

1. Rufen Sie wie gewohnt die gewünschte Webseite, in unserem Beispiel »www.dgss.org«, in Edge auf ❶.

2. Klicken oder tippen Sie in der rechten oberen Ecke des Programmfensters auf das Symbol **Zu Favoriten oder Leseliste hinzufügen** ☆ ❷. Es klappt nun eine Liste auf.

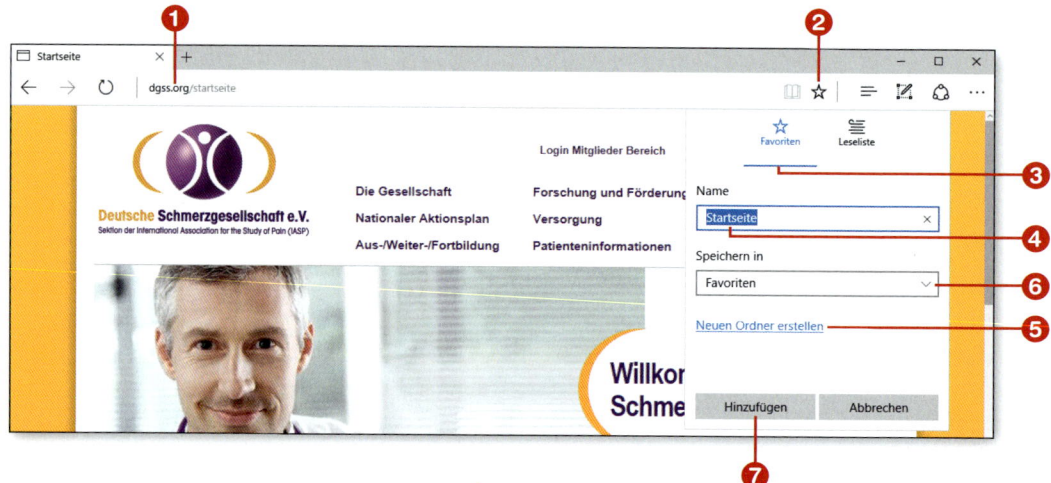

3. Stellen Sie sicher, dass **Favoriten** ❸ markiert ist. Der Eintrag ist in diesem Fall unterstrichen und blau gefärbt. Wenn nicht, klicken Sie darauf.

4. Im Feld **Name** können Sie den vorgeschlagenen Namen für die Webseite durch eine eigene prägnante Bezeichnung ersetzen ❹. Hierzu überschreiben Sie einfach den blau markierten Text.

Im Laufe der Zeit werden Sie sicherlich immer mehr Webseiten der Favoritenliste hinzufügen. Damit Sie sich dort zurechtfinden, sollten Sie von Anfang an thematisch sortierte Ordner anlegen. Als Themen bieten sich hier z. B. *Gesundheit*, *Reisen*, *Einkaufen* oder auch *Information* an.

5. Wenn Sie einen neuen Ordner anlegen möchten, klicken Sie auf **Neuen Ordner erstellen** ❺ und tragen im nun sichtbaren Feld **Ordnername** die gewünschte Rubrikenbezeichnung ein, etwa »Gesundheit«.

Wenn Sie später eine Webadresse in der gleichen Kategorie ablegen möchten, reicht ein Klick auf den Pfeil rechts vom Feld **Speichern in** ❻. In der aufklappenden Liste wählen Sie dann den gewünschten Ordner aus.

6. Klicken Sie abschließend auf **Hinzufügen** ❼, wird die Webadresse in die Liste der Favoriten aufgenommen.

Wann immer Sie zukünftig eine Ihrer favorisierten Webseiten aufrufen möchten, klicken Sie in der rechten oberen Fensterecke von Edge auf das Symbol **Hub** ❽. Markieren Sie, falls nötig, den Eintrag **Favoriten**, und klicken Sie auf den gewünschten Ordnernamen, also etwa **Gesundheit**. Es werden nun alle in dieser Rubrik gespeicherten Adressen angezeigt. Ein Klick auf den gewünschten Namen reicht, und die entsprechende Webseite wird geladen.

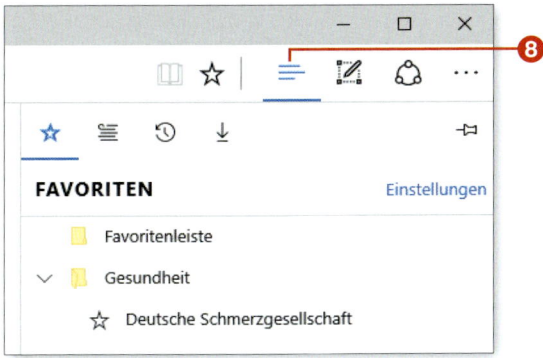

Kapitel 2: Los geht's – die ersten Schritte

> **i Favoriten löschen**
>
> Nicht jede in den Favoriten gespeicherte Adresse ist auf Dauer von Interesse. Möchten Sie einen Eintrag wieder aus der Favoritenliste löschen, klicken Sie ebenfalls auf das Symbol ≡ und wechseln in den Ordner, in dem Sie die Internetadresse abgelegt haben. Klicken Sie mit der rechten Maustaste auf den zu löschenden Eintrag. Im Kontextmenü finden Sie nun den Befehl **Löschen**, über den Sie die Internetadresse aus der Favoritenliste entfernen. Arbeiten Sie mit einem Touchscreen, müssen Sie etwas länger auf den Eintrag drücken, damit das Kontextmenü eingeblendet wird.

Internetseiten aus Edge ausdrucken

Auch wenn das Betrachten von Webseiten im Internet sehr bequem ist, manchmal kommt man um das Ausdrucken von Webseiteninhalten nicht herum. Dabei kann es sich um einen interessanten Artikel handeln, um ein Online-Flugticket oder auch eine Einkaufsbestätigung. Wenn Sie bereits einen Drucker an Ihrem Computer angeschlossen und eingeschaltet haben, ist das Drucken schnell erledigt (siehe auch den Kasten »Drucker an den Computer anschließen« auf Seite 68). Stellen Sie zuvor sicher, dass die gewünschte Webseite in Edge angezeigt wird.

1. Klicken Sie in der rechten oberen Fensterecke von Edge auf das Symbol **Mehr** ⋯ ❶. In der aufklappenden Liste klicken Sie auf **Drucken** ❷. Der Dialog **Drucken** wird geöffnet. Noch schneller rufen Sie den Dialog über die Tastenkombination [Strg] + [P] auf.

2. Wenn Sie mehrere Drucker an den Computer angeschlossen haben, klicken Sie auf den Pfeil rechts vom Feld **Drucker** ❸ und markieren in der aufklappenden Liste das gewünschte Gerät.

Ist die Webseite sehr umfangreich, wird sie auf mehreren Seiten ausgedruckt. In diesem Fall wird oberhalb der Druckvorschau rechts von der Seitenangabe ein kleiner Pfeil eingeblendet ❹.

Internetseiten aus Edge ausdrucken

3. Per Klick auf den Pfeil können Sie zu den folgenden Druckseiten blättern. Über die Pfeiltaste geht es wieder zurück zu den vorherigen Seiten.

4. Soll nur ein Teil der Seiten ausgedruckt werden, klicken Sie auf den Pfeil rechts vom Feld **Seiten** ❺. In der aufklappenden Liste wählen Sie **Seitenbereich**. Es wird nun zusätzlich das Feld **Bereich** ❻ eingeblendet, in dem Sie die gewünschten Seitenzahlen eintragen. Sollen etwa die Seiten 2 bis 4 ausgedruckt werden, geben Sie »2-4« an.

5. Per Standardeinstellung wird nur der Inhalt der Seite ausgedruckt. Damit auch die Internetadresse der Webseite auf dem Ausdruck erscheint, klicken Sie auf den Pfeil rechts vom Feld **Kopf- und Fußzeilen** ❼ und wählen in der Liste **Ein**.

6. Mit einem Klick auf **Drucken** ❽ starten Sie den Druckvorgang.

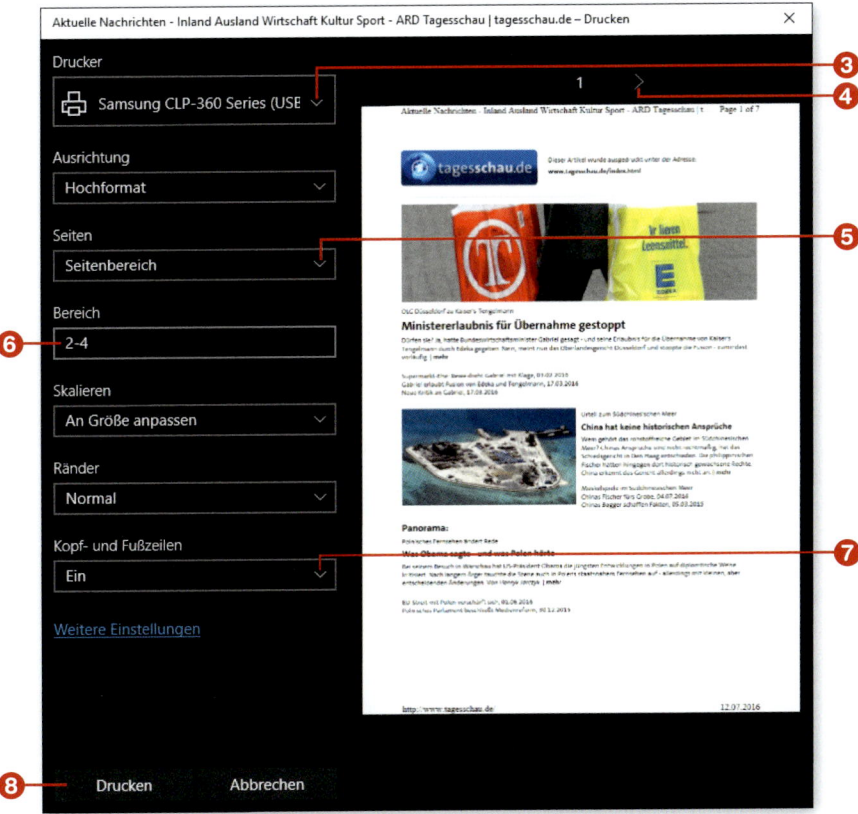

∧ *Über das Feld »Kopf- und Fußzeilen« lässt sich auch die Internetadresse ausdrucken.*

Kapitel 2: Los geht's – die ersten Schritte

> **i Drucker an den Computer anschließen**
>
> Die meisten Drucker lassen sich heutzutage über ein USB-Kabel an den Computer anschließen. Wenn Sie den Drucker dann einschalten, sucht Windows automatisch nach den nötigen Gerätetreibern, die zur Verwendung des externen Gerätes nötig sind. Dieser Vorgang erfolgt meist so schnell, dass Sie kaum etwas davon mitbekommen. Wenn Sie den **Drucken**-Dialog aufrufen, wird das Gerät bereits aufgeführt.

Lästige Werbung ausblenden

Die meisten Webseiten können kostenlos betrachtet werden – sieht man von den Kosten für die Internetverbindung ab. Finanziert werden diese Seiten durch die Einblendung von Werbung. Wie dies aussehen kann, haben Sie bereits auf den Webseiten von *Spiegel Online*, *Schwab* sowie *Weg.de* und auch dem *Tierforum* erlebt. Meistens befinden sich die Anzeigen irgendwo auf der Webseite und sind sogar durch den Hinweis **Werbung** oder **Anzeige** gekennzeichnet. Diese Anzeigen stören meist nicht beim Betrachten einer Webseite.

▲ *Erst nach einem Klick auf »schließen« verschwindet das Dialogfenster wieder, und Sie sehen die eigentliche Webseite.*

Lästige Werbung ausblenden

Manche Werbungen werden aber dreist in einem eigenen Dialogfenster im Vordergrund angezeigt. Auch Aufforderungen, an einem Gewinnspiel teilzunehmen oder sich für einen Newsletter anzumelden, der Sie dann (per E-Mail) über Neuigkeiten der besuchten Seite informiert, können sehr nerven. Denn erst wenn Sie dieses Fenster geschlossen haben, können Sie wieder die gewünschte Webseite betrachten. Das **Schließen** ❶ erfolgt entweder über eine gleichnamige Schaltfläche, die englische Variante **Close** oder über ein kleines Kreuzsymbol. Diese Schaltflächen werden teilweise erst nach einem kurzen Moment sichtbar oder erscheinen erst dann, wenn Sie den Mauszeiger über das Werbefenster bewegen.

Handelt es sich bei dem Dialog um eine Aufforderung, den neuesten Nachrichten des Website-Betreibers auf Facebook zu folgen, klicken Sie auf **Nein, ich möchte kein Facebook Fan werden** ❷. Bei Facebook handelt es sich um ein soziales Netzwerk, das ich Ihnen in Kapitel 9, »Freunde treffen im Internet«, ab Seite 265 vorstelle.

◁ Wollen Sie kein Facebook-Fan werden, klicken Sie auf den entsprechenden Link.

Solche Art Werbung, die auch als *Pop-up* (zu Deutsch »plötzlich auftauchen«) bezeichnet wird, stört sehr. In Browsern wie etwa Edge ist deshalb ein sogenannter *Pop-up-Blocker* integriert, der die Anzeige solcher Werbefenster verhindert. Normalerweise ist die Funktion per Standardeinstellung aktiviert. Um auf Nummer sicher zu gehen, können Sie dies auch überprüfen.

1. Klicken Sie in der rechten oberen Ecke des Programmfensters auf das Symbol **Mehr**, und rufen Sie die **Einstellungen** auf.

2. Blättern Sie in der Spalte **Einstellungen** ganz nach unten, und klicken Sie dort auf **Erweiterte Einstellungen anzeigen**.

Kapitel 2: Los geht's – die ersten Schritte

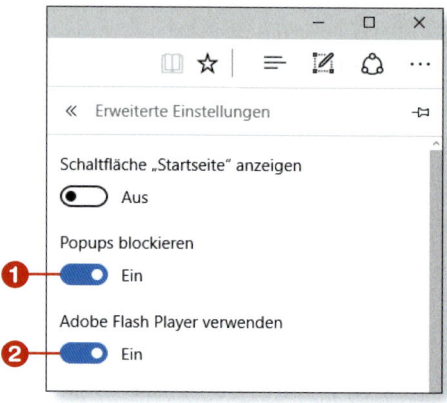

3. In der folgenden Spalte sehen Sie den Regler **Popups blockieren** ❶. Stellen Sie sicher, dass er eingeschaltet ist. Ist dies nicht der Fall, ziehen Sie den Regler mit gedrückter linker Maustaste oder im Falle eines Touchscreens von rechts nach links auf **Ein**.

Versucht eine Webseite nun, ein Pop-up-Fenster zu öffnen, wird dies in den meisten Fällen von Edge unterbunden. Am unteren Rand des Programmfensters erscheint ein entsprechender Hinweis. Nicht immer verbirgt sich hinter einem Pop-up eine Werbung. Manchmal enthält ein solches Fenster auch eine wichtige Übersicht, etwa über den Warenkorb eines Einkaufs. Sollte es sich bei dem Pop-up um ein für Sie relevantes Fenster handeln, können Sie es per Klick auf die Schaltfläche **Einmal zulassen** trotz der Blockierung anzeigen lassen. Im Gegensatz zu anderen Browsern funktioniert das Blockieren von Pop-ups in Edge leider noch nicht sehr zuverlässig.

> **Den Adobe Flash Player verwenden**
>
> Eigentlich ist ein Browser ein sehr einfach gestricktes Programm, denn im Grunde genommen kann es lediglich Text und Bilder anzeigen. Auf vielen Internetseiten werden dem Besucher aber auch Videos, Musik oder Spiele angeboten. Damit auch diese Elemente korrekt wiedergegeben werden, müssen spezielle Zusatzprogramme installiert sein. Solch eine Erweiterung des Browsers wird auch als *Plug-in* bezeichnet (zu Deutsch etwa »anstöpseln«).
>
> Eines der wichtigsten Plug-ins ist der Adobe Flash Player. Ohne ihn können Sie auf vielen Webseiten im Internet keine Videos ansehen oder an Online-Spielen teilnehmen. In Windows 10 ist der Adobe Flash Player bereits installiert. Sollte es doch zu Problemen kommen, wurde er wahrscheinlich deaktiviert. Um ihn zu aktivieren, rufen Sie in Edge per Klick auf das Symbol ⋯ die **Einstellungen** auf und klicken dann auf **Erweiterte Einstellungen anpassen**. Stellen Sie nun sicher, dass sich der Regler unterhalb von **Adobe Flash Player verwenden** auf **Ein** befindet ❷.

Hier ist zu hoffen, dass Microsoft bei einem der nächsten Updates seines Betriebssystems mit einer verbesserten Funktion aufwartet. Im Verlauf dieses Kapitels werde ich Ihnen ein paar Alternativen zu Edge vorstellen. Im Gegensatz zu Edge sind diese normalerweise noch nicht auf dem Computer installiert. Als Nächstes zeige ich Ihnen daher, wie Sie Programme wie etwa den Browser Mozilla Firefox aus dem Internet herunterladen und auf Ihrem PC installieren.

Dateien aus dem Internet herunterladen

Bisher haben Sie den Browser Edge kennengelernt. Da er bereits fester Bestandteil von Windows 10 ist, können Sie mit ihm direkt nach dem Start des Computers auch schon mit dem Surfen im Internet loslegen – vorausgesetzt natürlich, die Internetverbindung steht. Doch Edge ist keineswegs der einzige Browser. Sehr beliebt aufgrund seiner zahlreichen Funktionen und individuellen Anpassungsmöglichkeiten ist z. B. der Browser Mozilla Firefox. Im Gegensatz zu Edge müssen Sie dieses Programm allerdings erst auf Ihrem Computer installieren, bevor Sie es nutzen können. Die Installationsdatei des Mozilla Firefox laden Sie sich zunächst über das Internet herunter. In diesem Zusammenhang spricht man auch von *Download* (zu Deutsch »Herunterladen«). Für diesen Schritt kommt zunächst nochmals der Browser Edge zum Einsatz.

1. Rufen Sie mithilfe des Browsers Edge folgende Internetadresse auf: »www.mozilla.org/de/firefox/new/«.

2. Klicken Sie dann auf **Kostenloser Download** ❶.

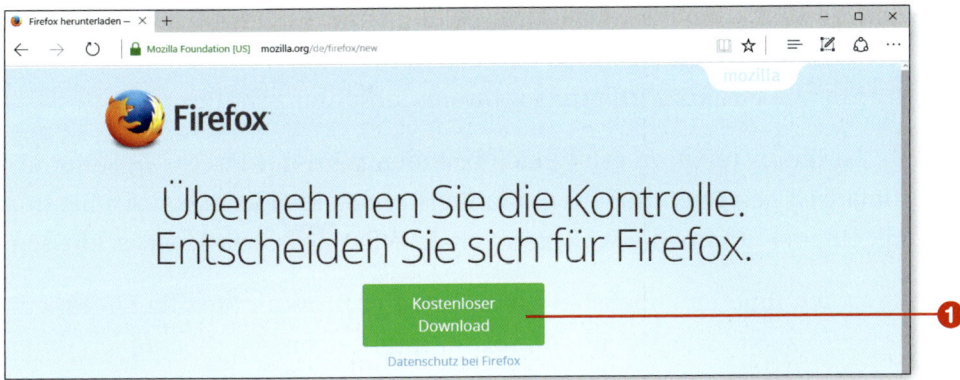

3. Am unteren Seitenrand wird nun eine Leiste eingeblendet, in der Sie auf **Speichern** ❷ klicken.

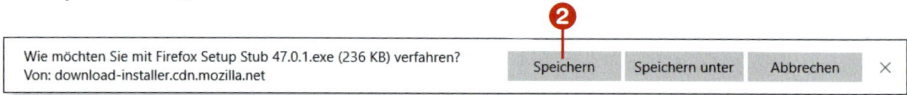

4. Edge speichert alle aus dem Internet heruntergeladenen Dateien automatisch im Ordner **Download**. Das gilt auch für die Installationsdatei »Firefox Setup … .exe«. Nach erfolgreichem Download erscheint in der Leiste am unteren Seitenrand die Schaltfläche **Ordner öffnen** ❸, auf die Sie jetzt klicken.

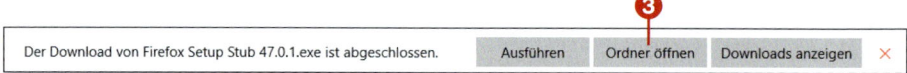

5. Das Programm Explorer wird geöffnet. In der rechten Fensterhälfte ist bereits der Inhalt des Ordners **Downloads** zu sehen, die gerade heruntergeladene Datei ist außerdem markiert. Doppelklicken Sie auf diese Datei **Firefox Setup …** ❹.

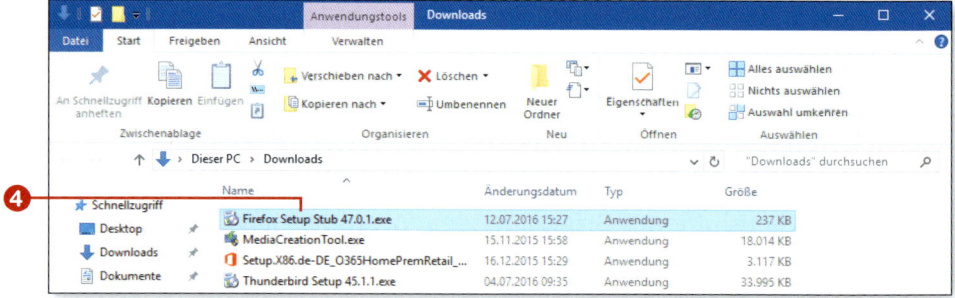

6. Nach einem kurzen Moment meldet sich die **Benutzerkontensteuerung** zu Wort. Nach Eingabe Ihres Administratorkennwortes (sofern gefordert) bestätigen Sie mit **Ja** und einem Klick auf **Installieren**. Der Browser Mozilla Firefox wird nun auf Ihrem Computer installiert.

7. Ist die Installation erfolgreich beendet, wird der Firefox-Browser automatisch gestartet. Das Programmfenster des Explorers können Sie nun mit einem Klick auf die **Schließen**-Schaltfläche oben rechts schließen.

Bevor ich Ihnen im nächsten Abschnitt »Der Browser Mozilla Firefox« ab Seite 76 zeige, wie Sie mit Firefox im Internet surfen, möchte ich Ihnen den Download eines anderen Programms empfehlen.

Dateien aus dem Internet herunterladen

Viele Firmen bieten auf ihren Webseiten kleine Informationsbroschüren an. Diese werden meist im PDF-Format gespeichert. Auch für Flugtickets oder Reisebestätigungen wird dieses Format gerne genutzt. Die Abkürzung PDF steht für *Portable Document Format*, zu Deutsch »tragbares Dokumentformat«. Eine in diesem Format gespeicherte Datei sieht auf jedem Computer gleich aus. Auf einer Webseite kann zwar ein Link auf ein PDF-Dokument eingebunden werden, zum Öffnen dieser Datei wird aber ein spezielles Programm benötigt. Unter Windows 10 wird hierfür zwar automatisch der Browser Edge genutzt, besonders praktisch ist dies aber nicht. Mein Tipp: Installieren Sie stattdessen das sehr bekannte und beliebte PDF-Programm *Adobe Reader*.

1. Ein kostenloser Download des Programms wird Ihnen auf der Webseite »http://get.adobe.com/de/reader/« angeboten. Zum Aufruf dieser Seite können Sie wieder den Browser Edge nutzen.

Auf der folgenden Webseite bietet Ihnen Adobe ein weiteres Programm zum Download an. Mal handelt es sich um ein Sicherheitsprogramm, manchmal auch um den Browser Google Chrome. Weder das eine noch das andere benötigen Sie für die Nutzung des Adobe Readers. Sie können also gut auf die Installation verzichten. Deaktivieren Sie entsprechend das Kontrollkästchen ❶.

2. Klicken Sie dann auf **Jetzt installieren** ❷.

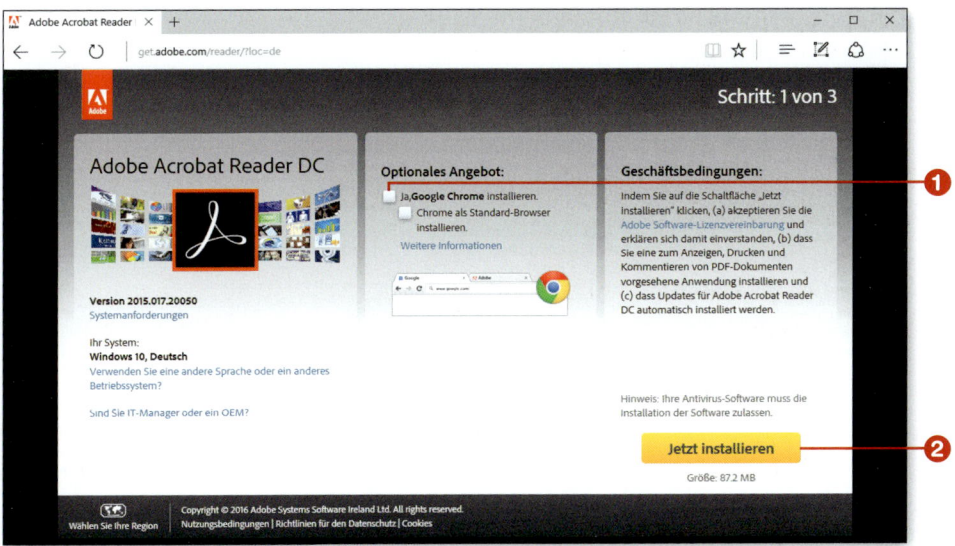

3. Am unteren Fensterrand wird wieder die von der Installation von Firefox bekannte Leiste eingeblendet, in der Sie auf **Speichern** klicken.

4. Sie können nun entweder wieder auf **Ordner öffnen** ❸ klicken oder alternativ auf **Ausführen** ❹. Entscheiden Sie sich für Letzteres, führt Sie der Weg nicht über den Explorer. Die Installationsdatei wird stattdessen sofort ausgeführt.

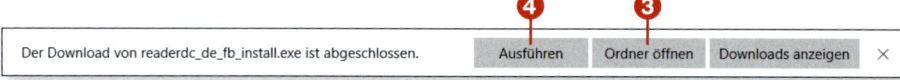

5. Nach eventueller Eingabe des Administratorkennwortes und Bestätigung mit **Ja** beginnt die eigentliche Programminstallation. Dieser Vorgang kann durchaus einige Minuten dauern. Bestätigen Sie schließlich mit **Beenden**.

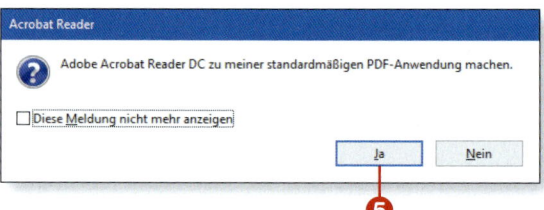

6. Der Adobe Reader wird automatisch gestartet. Bei diesem ersten Start werden Sie gefragt, ob Sie das Programm zu Ihrer standardmäßigen PDF-Anwendung machen möchten. Bestätigen Sie den Hinweis mit **Ja** ❺ und **Weiter**.

7. Im nächsten Dialog **Standardprogramme festlegen** markieren Sie in der linken Spalte das Programm **Adobe Acrobat Reader DC** ❻. Rechts erscheint nun eine Kurzbeschreibung des Programms. Klicken Sie darunter auf **Standards für dieses Programm auswählen** ❼. Den nächsten Dialog **Programmzuordnungen festlegen** bestätigen Sie mit **Speichern**.

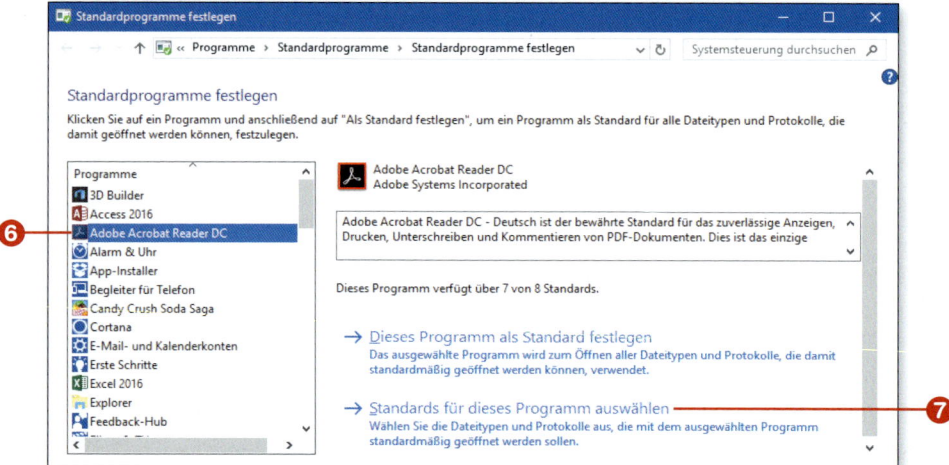

8. Von diesem Moment an wird der Adobe Reader automatisch gestartet, wenn Sie ein PDF-Dokument beispielsweise über den Explorer öffnen. Um das Programm gezielt zu starten, doppelklicken Sie auf das entsprechende Programmsymbol auf dem Desktop.

Neben den vorgestellten Programmen finden Sie im Internet eine Vielzahl von Software, die Sie ganz einfach auf Ihren Computer herunterladen und installieren können. Es gibt hier kaum ein Thema, das nicht abgedeckt wird, egal, ob Sie ein Spiel suchen, ein Programm zur Bearbeitung Ihrer Fotos oder eine spezielle Sicherheitssoftware wie etwa ein Antivirenprogramm.

> **Kostenlos oder kostenpflichtig?**
>
> Wenn Sie im Internet nach einem Programm suchen, sollten Sie unbedingt auf die Software-Art achten. Nur die mit *Freeware* gekennzeichneten Programme sind auch tatsächlich kostenlos. Hinter *Demoversionen* sowie *Shareware* verbergen sich Programme, die Sie nur für einen bestimmten Zeitraum, meist 30 Tage, testen können. Wenn Sie die Software über diesen Zeitraum hinaus nutzen möchten, müssen Sie sie allerdings kaufen.

Die bisher vorgestellten Programme haben Sie jeweils über die Firmen-Webseiten der Hersteller (z. B. Mozilla bzw. Adobe) bezogen. Dies gilt auch für den Browser Google Chrome, den ich Ihnen am Ende dieses Kapitels vorstellen werde. Bei diesen Unternehmen können Sie darauf vertrauen, dass Sie ein virenfreies Programm auf Ihrem Computer installieren. Wenn Sie Programme über das Internet beziehen, achten Sie immer darauf, dass Ihr Antivirenprogramm auf dem neuesten Stand ist. Vertrauenswürdige Anbieter fragen außerdem keine heiklen Daten wie Kreditkartennummer oder Bankverbindung ab. Sollte dies doch geschehen, verlassen Sie die Webseite am besten sofort, indem Sie sie schließen. Auch die Angabe persönlicher Daten wie Name, Anschrift oder Telefonnummern ist für die kostenlose Nutzung eines Programms nicht nötig.

Sind Sie sich nicht sicher, ob der Anbieter wirklich vertrauenswürdig ist, können Sie ein Programm auch über die Webseiten der Computerzeitschriften CHIP (*www.chip.de*), Computer Bild (*www.computerbild.de*) oder auch PC Magazin (*www.pc-magazin.de*) beziehen. Alle drei prüfen

Kapitel 2: Los geht's – die ersten Schritte

die Software sehr genau auf Viren und sonstige Schadsoftware, bevor sie die Programme in der Rubrik **Download** anbieten. Achten Sie darauf, dass das gewünschte Programm auch für Ihre Betriebssystem-Version gültig ist, also etwa Windows 10.

Der Browser Mozilla Firefox

Bisher haben Sie den Browser Edge kennengelernt. Wenden wir uns nun Mozilla Firefox zu. Wie Sie das Programm installieren, haben Sie bereits im vorherigen Abschnitt »Dateien aus dem Internet herunterladen« ab Seite 71 erfahren. Nun stelle ich Ihnen die Bedienung des Browsers vor.

∧ *Das Programmsymbol von Mozilla Firefox*

Nach der Installation wurde Mozilla Firefox automatisch gestartet. Später rufen Sie das Programm per Doppelklick auf das Programmsymbol auf dem Desktop auf.

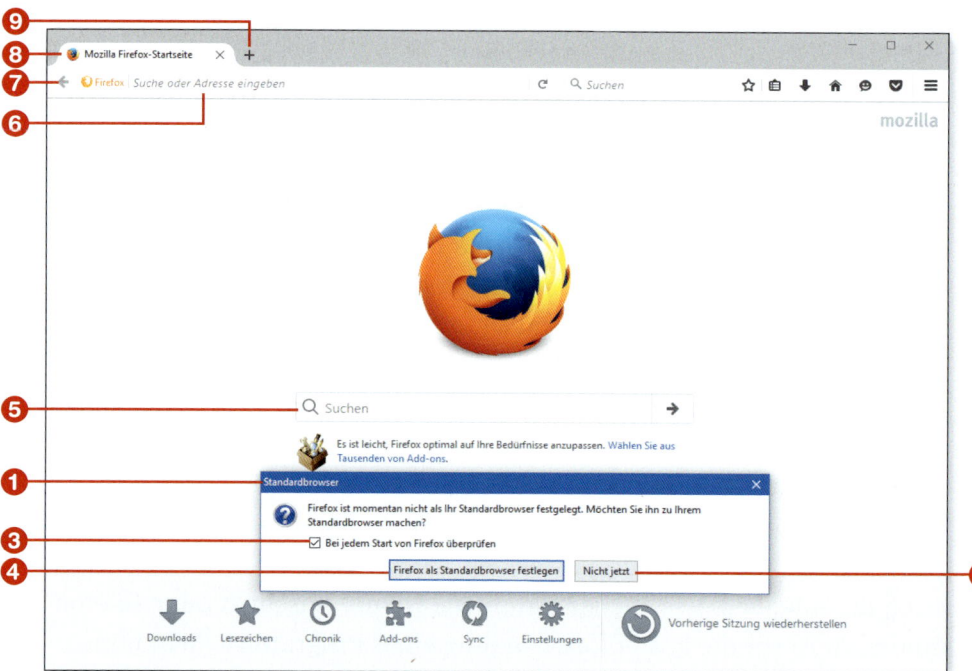

› *Das Programmfenster des Firefox-Browsers*

Nach dem ersten Aufruf von Firefox wird der Dialog **Standardbrowser** ❶ eingeblendet. Als *Standardbrowser* wird der Browser bezeichnet, der automatisch nach dem Klick auf einen Link – etwa in einer E-Mail – gestar-

Der Browser Mozilla Firefox

tet wird. Per Standardeinstellung wird in Windows 10 der Browser Edge als Standardbrowser verwendet. Wie Sie vorgehen, wenn Sie Mozilla Firefox als Standardbrowser einrichten möchten, erfahren Sie im Kasten »Mozilla Firefox als Standardbrowser einrichten« auf dieser Seite. Solange Sie den Browser noch nicht genau kennengelernt haben, klicken Sie im Dialog **Standardbrowser** auf **Nicht jetzt** ❷. Der Dialog wird damit ausgeblendet, und Sie können sich in Ruhe das Programmfenster von Mozilla Firefox ansehen.

> **Mozilla Firefox als Standardbrowser einrichten**
>
> Klicken Sie etwa in einer E-Mail auf einen Link, wird unter Windows 10 automatisch der Browser Edge gestartet. Viele Anwender ziehen aber einen anderen Browser, wie etwa Mozilla Firefox, vor. Gilt dies auch für Sie, entfernen Sie zunächst im Dialog **Standardbrowser**, der nach dem Start von Mozilla Firefox eingeblendet wird, das Häkchen vor **Bei jedem Start von Firefox überprüfen** ❸. Klicken Sie dann auf **Firefox als Standardbrowser festlegen** ❹. Es wird automatisch der Dialog **Einstellungen** mit der Kategorie **Standard-Apps** geöffnet. Noch wird unterhalb von **Webbrowser** die Anwendung **Microsoft Edge** als Standard-App angezeigt. Klicken oder tippen Sie auf Microsoft Edge, klappt die Liste **App auswählen** auf, in der Sie **Firefox** markieren. Den Dialog **Einstellungen** schließen Sie wie gewohnt über das **Schließen**-Symbol ⊠ oben rechts.
>
>
>
> ◂ *Hier legen Sie Firefox als Standardbrowser fest.*

Die Startseite von Firefox zeigt die Suchmaske von Google ❺, die Sie in Kapitel 3, »Suchen und Finden mit Google«, noch ausführlich kennenlernen werden. Der Aufbau des Firefox-Programmfensters unterscheidet

Kapitel 2: Los geht's – die ersten Schritte

sich nicht sehr von dem des Browsers Edge. Am oberen Seitenrand finden Sie die Adressleiste (**6** auf Seite 76) sowie die Schaltfläche **Zurück** **7**, mit der Sie zu bereits besuchten Webseiten zurückkehren. Sobald Sie einmal zurückgeblättert haben, wird rechts von diesem Symbol die **Vorwärts**-Schaltfläche angezeigt.

Genauso wie in Edge ist auch in Firefox zunächst meist nur eine Registerkarte geöffnet (**8** auf Seite 76). Mit einem Klick auf das Plussymbol **9** rechts vom ersten Registerreiter öffnen Sie weitere Registerkarten. Die drei Schaltflächen in der rechten oberen Fensterecke haben die gleichen Funktionen wie bei Edge: Mit ihnen blenden Sie das Fenster entweder aus (**1** auf dieser Seite) – Sie können es dann wieder über einen Klick auf das Programmsymbol in der Taskleiste aufrufen – oder Sie vergrößern bzw. verkleinern es **2** oder schließen **3** das Programm ganz.

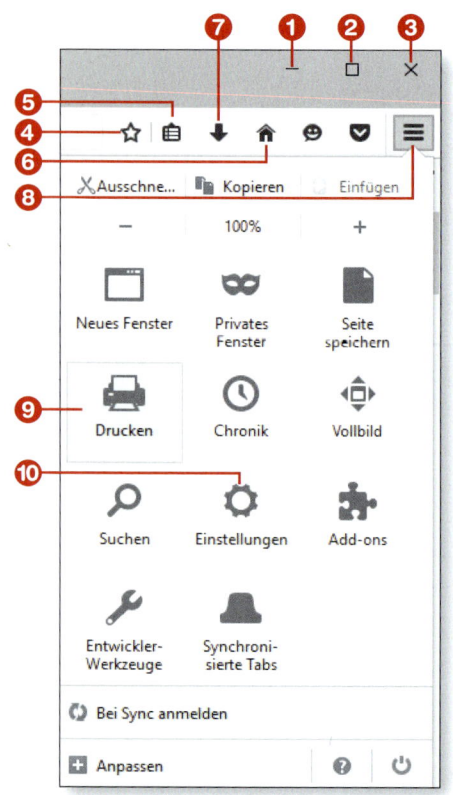

▲ Den Befehl zum Drucken finden Sie nach einem Klick auf das Symbol »Menü öffnen«.

Unterhalb der drei gerade erwähnten Schaltflächen finden Sie das Symbol ☆ **4**. Mit einem Klick hierauf können Sie die aktuell angezeigte Webseite zu Ihrer Favoritenliste hinzufügen. Wenn Sie später das gerade gesetzte Lesezeichen aufrufen möchten, klicken Sie auf das Symbol **5**, dann auf **Unsortierte Lesezeichen** und anschließend auf die gewünschte Adresse. Mit einem Klick auf das Symbol **6** rufen Sie die Startseite des Browsers auf.

Interessant ist auch das Symbol **Download** **7**. Wenn Sie Dateien aus dem Internet herunterladen, zeigt ein blauer Farbverlauf des Pfeils den Fortschritt des Downloads an. Ist der Download abgeschlossen, klicken Sie auf den Pfeil und dann auf **Alle Downloads anzeigen**. Es wird nun automatisch ein Fenster geöffnet, in dem Sie alle aus dem Internet heruntergeladenen Dateien finden. Ein Beispiel hierfür lernen Sie im Abschnitt »Die Alternative: E-Mails schreiben und empfangen mit Thunderbird« ab Seite 133 kennen.

Möchten Sie eine in Mozilla Firefox geöffnete Webseite ausdrucken, klicken Sie in der rechten Fensterecke auf das Symbol **Menü öffnen** **8** und in der aufklappenden Liste auf **Drucken** **9**. Im Programmfenster von Firefox wird jetzt die Druckansicht der Webseite angezeigt. Mit einem

Klick auf **Drucken** starten Sie den Druckvorgang, mit **Schließen** kehren Sie wieder zur normalen Ansicht der Webseite zurück.

> **Browser auf dem aktuellsten Stand halten**
>
> In Browsern wie Microsoft Edge oder Mozilla Firefox werden leider immer wieder Sicherheitslücken entdeckt, über die Angreifer Viren und andere Schadprogramme auf Ihren Computer schleusen können. Die Hersteller der Browser, also Microsoft und Mozilla, bemühen sich, die Sicherheitslücken so schnell wie möglich zu schließen. Die entsprechenden Aktualisierungen der Programme werden mithilfe von Updates auf Ihren Computer übertragen. Beim Browser Microsoft Edge geschieht dies automatisch durch das Windows Update, das Sie bereits im Abschnitt »Ist Ihr Computer gut geschützt?« ab Seite 22 kennengelernt haben. Auch bei Mozilla Firefox sollten die Updates automatisch installiert werden. Um dies zu überprüfen, klicken Sie auf das Symbol ≡ und dann auf **Einstellungen** (❿ auf Seite 78). In der Registerkarte **Einstellungen**, die nun geöffnet wird, markieren Sie in der linken Spalte **Erweitert**. Stellen Sie sicher, dass in der rechten Fensterhälfte die Option **Updates automatisch installieren** aktiviert und darunter das Kästchen **Warnen, falls dadurch ein Add-on deaktiviert wird** mit einem Häkchen versehen ist. Die Registerkarte können Sie anschließend wie gewohnt über das kleine Kreuzsymbol schließen.

Der Browser Google Chrome

Ebenso gerne wie Mozilla Firefox wird der Browser Chrome von Google verwendet. Die Installation erfolgt analog wie für Mozilla Firefox gezeigt per Download. Rufen Sie hierzu die Internetadresse »www.google.com/intl/de/chrome« in Edge auf. Klicken Sie auf **Chrome herunterladen**.

Es wird Ihnen nun angeboten, Google Chrome als Standardbrowser einzurichten (siehe auch den Kasten »Mozilla Firefox als Standardbrowser einrichten« auf Seite 77). Per Standardeinstellung wird in Windows 10 Edge als Standardbrowser verwendet. Wenn Sie diese Einstellung beibehalten möchten bzw. sich für den Browser Mozilla Firefox als Standardbrowser entschieden haben, entfernen Sie das Häkchen im Kästchen vor

Kapitel 2: Los geht's – die ersten Schritte

Google Chrome als Standardbrowser festlegen ❶. Mit einem Klick auf **Akzeptieren und installieren** ❷ beginnt die Installation des Browsers.

> Entfernen Sie das Häkchen, wenn Google Chrome nicht der Standardbrowser werden soll.

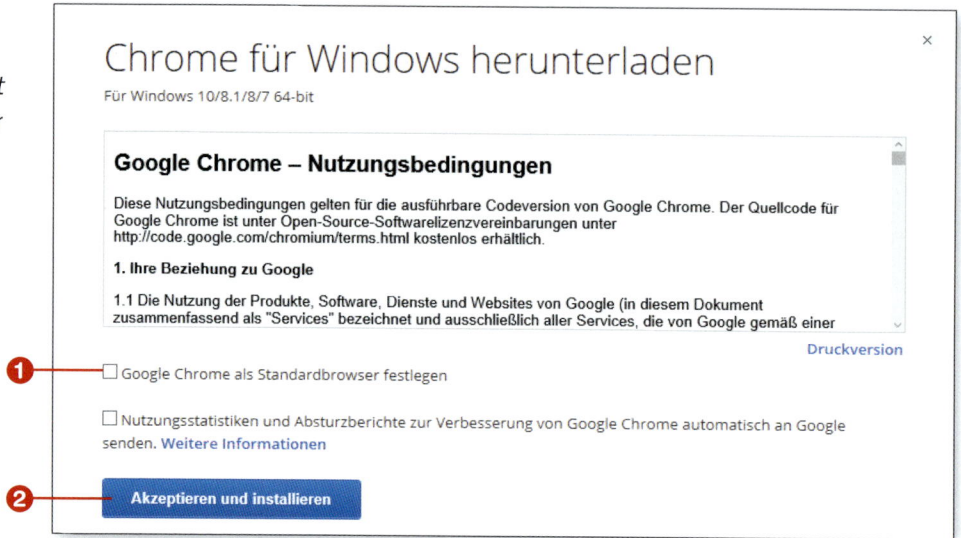

Klicken Sie in der Leiste am unteren Bildschirmrand nun auf **Speichern** und anschließend auf **Ausführen**, geben Sie ggf. Ihr Administratorkennwort ein, und bestätigen Sie mit **Ja**.

Nach der Installation wird automatisch das Programmfenster von Google Chrome geöffnet. Bevor Sie den Browser zum Surfen im Internet nutzen, sollten Sie das Programm einmal per Klick auf das Symbol ⊠ oben rechts beenden und dann per Doppelklick auf das Programmsymbol auf dem Desktop neu starten.

▲ *Starten Sie Google Chrome nach der Installation erneut.*

Am oberen Fensterrand erscheint ein Hinweis, dass Google Chrome nicht Ihr Standardbrowser ist. Mit einem Klick auf **Nicht mehr fragen** behalten Sie den voreingestellten Browser, also etwa Edge oder Mozilla Firefox, bei, die Frage wird nicht mehr angezeigt.

Das Programmfenster von Google Chrome ist so ähnlich aufgebaut wie das von Edge und von Firefox. Am oberen Seitenrand finden Sie die Adresszeile (❶ auf Seite 81), die Schaltflächen zum Zurück- und Vorwärtsblättern ❷ sowie zum Aktualisieren ❸ einer Webseite. Letzteres ist vor allem beim Besuch von Informationsportalen wie etwa der Tagesschau interessant, um immer wieder die aktuellsten Nachrichten angezeigt zu bekommen. Auch das Prinzip der Registerkarte ❹ wurde in

Der Browser Google Chrome

Google Chrome aufgenommen. Klicken Sie am rechten Rand der Adressleiste auf das Symbol ≡ ❺, klappt eine Liste auf, in der Sie alle wichtigen Befehle finden, wie etwa **Lesezeichen** ❻ (bei Edge »Favoriten« genannt) oder auch **Drucken** ❼.

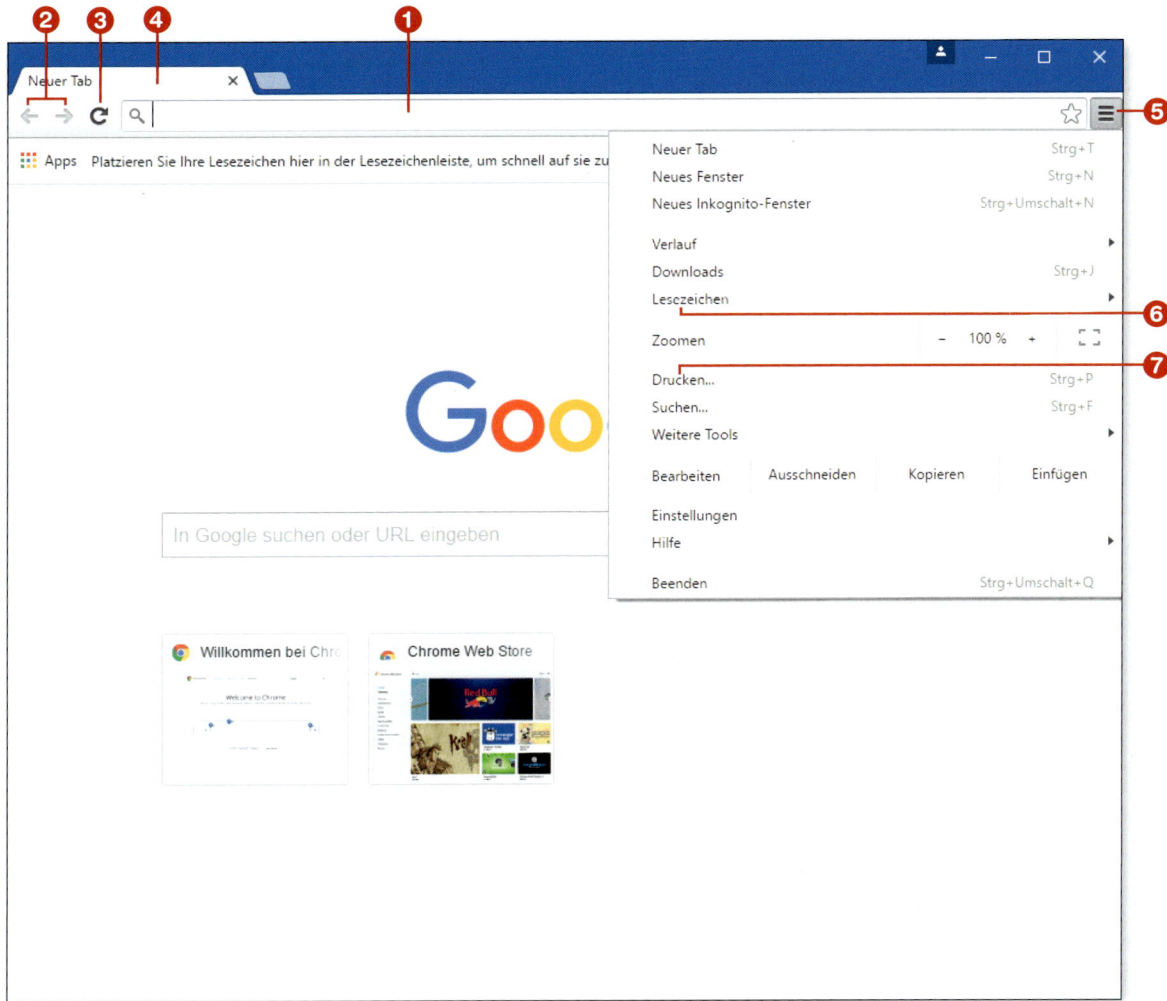

↑ *Alle wichtigen Befehle erreichen Sie über das Symbol am rechten Rand der Adressleiste.*

Damit soll an dieser Stelle genug der Browser-Vorstellung sein. Welchen Browser Sie zukünftig zum Surfen im Internet nutzen, liegt ganz bei Ihnen. In allen Abbildungen auf den folgenden Seiten sehen Sie den Browser Mozilla Firefox, meinen persönlichen Lieblingsbrowser.

Kapitel 3
Suchen und Finden mit Google

Wann ist die schönste Reisezeit für die Toskana? Ist ein Weihnachtsstern giftig für Katzen? Und wo gibt es Ersatzteile für den Oldtimer? So unterschiedlich diese Fragen sind, eines haben sie gemeinsam: Die passenden Antworten finden Sie unter Garantie im Internet. Das Problem ist nur, die gewünschten Informationen in der riesigen Datenflut auch aufzuspüren. Zum Glück gibt es *Suchmaschinen*, die Sie bei der aufwendigen Suche unterstützen.

Die wohl bekannteste Suchmaschine ist Google. 2004 schaffte der Begriff »googeln« sogar den Weg in den Duden. Die Erklärung des Begriffs lautet ganz einfach »mit Google im Internet suchen, recherchieren«. Und genau das ist Thema dieses Kapitels. Auf den folgenden Seiten stelle ich Ihnen die Suchmaschine vor und zeige Ihnen einige Tricks, wie Sie mithilfe von Google auch wirklich die Informationen im Internet finden, die Sie suchen.

> **Wie funktioniert eine Suchmaschine?**
>
> Ganz einfach gesagt, durchforstet eine Suchmaschine alle Webseiten nach wichtigen Begriffen, Bildern und mehr. Diese Informationen werden in einer riesigen Datenbank gespeichert und indiziert. Starten Sie nun eine Suchanfrage, wird die Datenbank nach dem oder den Suchbegriffen durchforstet. Die Ergebnisse erhalten Sie anschließend übersichtlich nach Relevanz sortiert angezeigt.

Kapitel 3: Suchen und Finden mit Google

Erste Schritte mit Google

Die Informationsflut im Internet ist unvorstellbar. Mittlerweile gibt es Billionen von Webseiten. Hier genau die gewünschte zu finden, kommt häufig der berühmten Suche nach der Nadel im Heuhaufen gleich. Ohne eine Suchmaschine wie Google ist es kaum möglich, zum Ziel zu gelangen. An einigen kleinen Beispielen zeige ich Ihnen, wie Sie Google optimal für Ihre Suchanfragen nutzen. Sollten Sie noch keinen Browser geöffnet haben, holen Sie dies bitte an dieser Stelle nach. Für die Abbildungen innerhalb dieses Kapitels habe ich den Browser Mozilla Firefox verwendet. Wenn Sie dieses Programm ebenfalls nutzen möchten: Im Abschnitt »Dateien aus dem Internet herunterladen« ab Seite 71 zeige ich Ihnen, wie Sie Mozilla Firefox auf Ihrem Computer installieren. Nach der Installation kann es dann auch schon mit der ersten Suchanfrage in Google losgehen. Sobald Sie den Browser geöffnet haben, geben Sie die Internetadresse »www.google.de« in die Adresszeile ❶ ein und drücken die Taste ⏎.

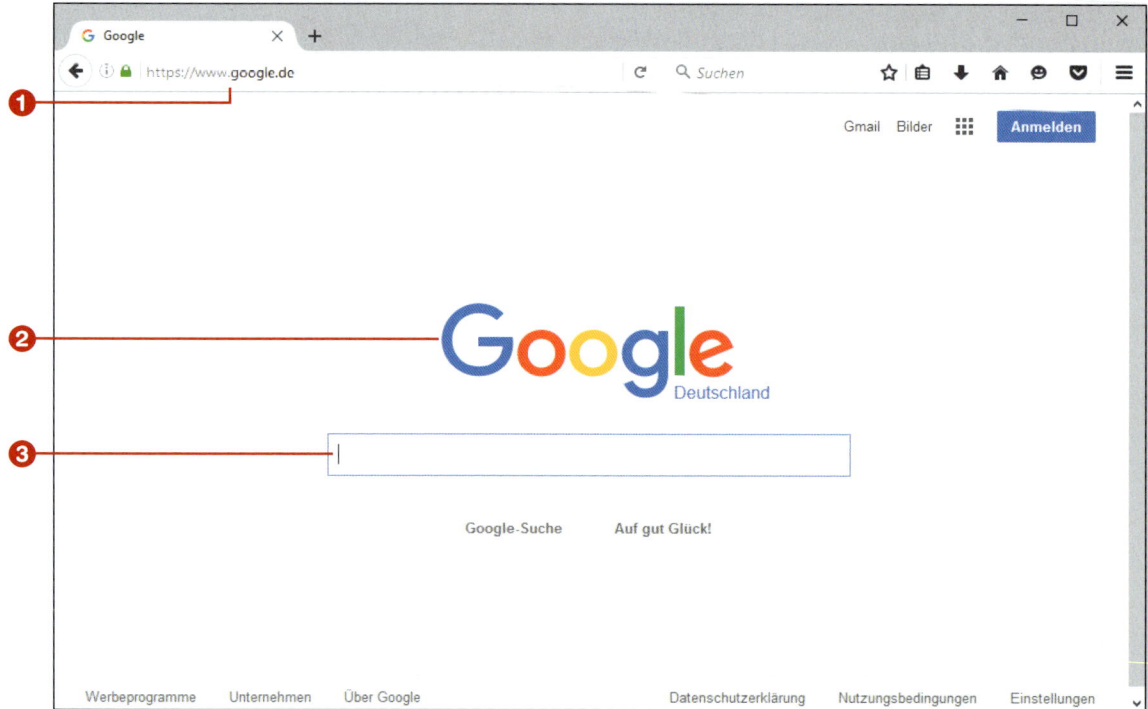

⌃ *Die Startseite von Google zeigt sich sehr übersichtlich.*

Die Startseite von Google, die nun geladen wird, ist sehr übersichtlich aufgebaut. In der Mitte der Webseite springt sofort das Google-Logo ❷ ins Auge. Direkt darunter befindet sich das Suchfeld ❸.

Google und der Datenschutz

Rufen Sie die Startseite von Google das erste Mal auf, kann es sein, dass ein kleines Hinweisfenster (ein sogenanntes *Pop-up*) auf Ihrem Bildschirm erscheint. In diesem fordert Google Sie auf, sich die Datenschutzerklärung des Unternehmens anzusehen. Nach einem Klick auf **Weiter** erfahren Sie, welche Daten Google über Sie sammelt. Mithilfe dieser Daten möchte Google Ihnen bessere, sprich persönlich auf Sie zugeschnittene Suchergebnisse sowie Werbung bieten. Blättern Sie im Fenster **Hinweise zum Datenschutz bei Google** mithilfe der Bildlaufleiste nach unten. Erst wenn Sie die Datenschutzerklärung per Klick oder Tipp auf **Ich stimme zu** akzeptiert haben, können Sie den Suchdienst Google weiter nutzen. Im Abschnitt »Sicher surfen« ab Seite 339 zeige ich Ihnen, welche Einstellungen Sie bei Google vornehmen können, um sich vor den allzu neugierigen Blicken des Suchdienstes zumindest etwas zu schützen.

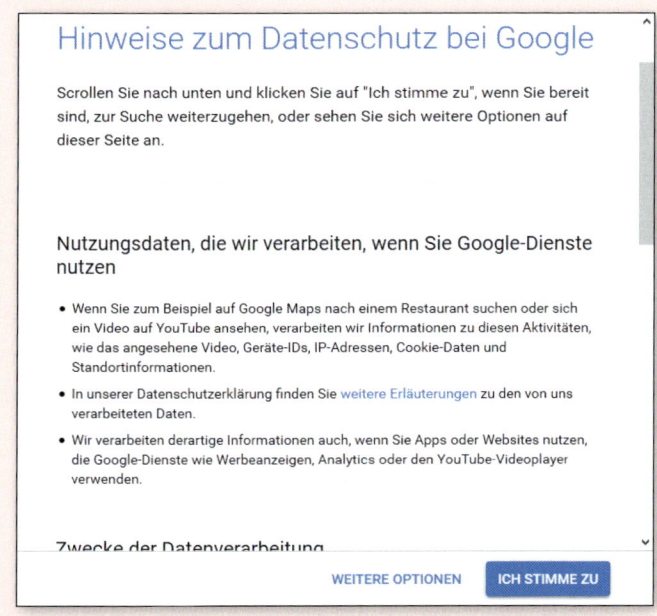

⌃ *Stimmen Sie der Datenschutzerklärung von Google zu, um zu den Suchergebnissen zurückkehren zu können.*

In das Suchfeld geben Sie nun den ersten Suchbegriff ein. Wenn Sie beispielsweise demnächst eine Kreuzfahrt planen und sich gerne im Vorfeld informieren möchten, könnte der Suchbegriff »Kreuzfahrt« lauten.

1. Bereits nach Eingabe des ersten Buchstabens, hier also »K«, springt das Suchfeld (❸ auf Seite 84) von der Seitenmitte an den linken oberen Seitenrand (❶ auf dieser Seite).

2. Sobald Sie weitere Buchstaben eintippen, klappt unterhalb des Suchfeldes eine Liste auf, in der Ihnen Google einige zur Eingabe passende Suchbegriffe vorschlägt ❷. Das Prinzip kennen Sie bereits von der Eingabe von Internetadressen (siehe den Abschnitt »Auf ins Netz mit dem Browser Edge« ab Seite 51): Entspricht einer der Vorschläge dem, was Sie suchen, klicken oder tippen Sie den Listeneintrag einfach an.

3. Wenn das gesuchte Thema nicht aufgeführt wird, fahren Sie mit der Eingabe des Suchbegriffs fort und drücken abschließend die Taste ⏎. Nutzen Sie einen Touchscreen, starten Sie die Suchanfrage durch Antippen des Lupensymbols ❸.

Google listet nun alle Treffer zu Ihrer Suchanfrage auf. Zu jedem Treffer werden Titel ❹ und Internetadresse ❺ genannt, und es wird eine kurze Beschreibung zur Seite ❻ gegeben. Die Treffer werden nach Relevanz sortiert, sprich die Webseiten, die Ihrem Suchbegriff am ehesten entsprechen, erscheinen ganz zu Anfang der Liste.

Diesen Listenanfang sollten Sie sich allerdings sehr genau ansehen: Noch vor den eigentlichen Suchergebnissen blendet Google hier häufig Werbeanzeigen ein. Sie werden mit dem leuchtenden Vermerk **Anzeige** ❼ gekennzeichnet. Auch am unteren Seitenrand taucht meist weitere Werbung auf.

Erste Schritte mit Google

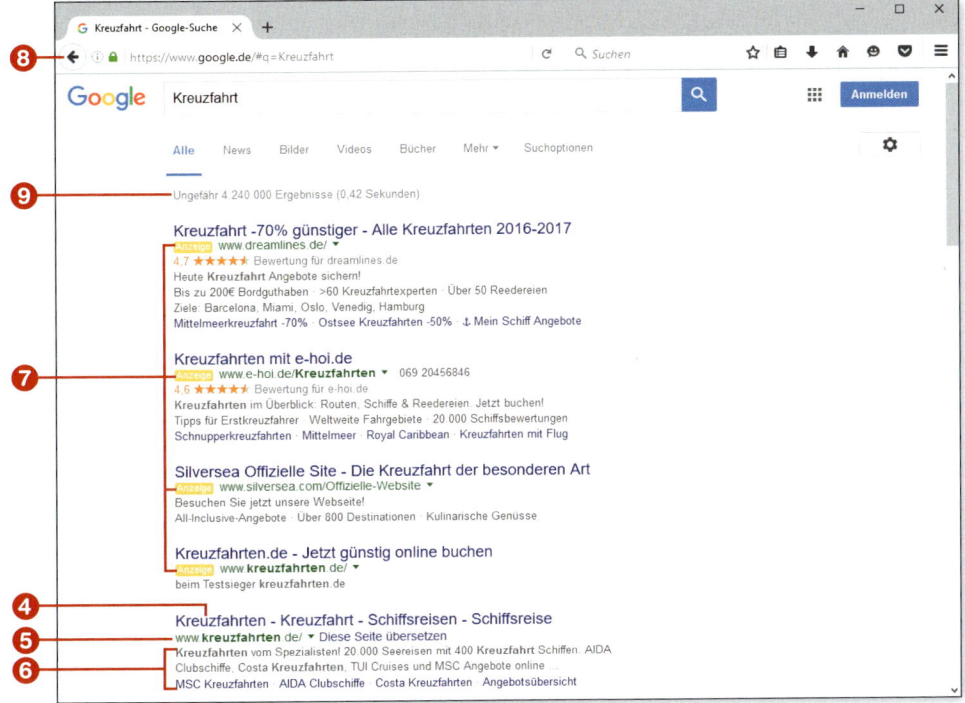

◀ Bei den Treffern, die ganz oben angezeigt werden, handelt es sich häufig um Werbung.

Der Grund, warum die Werbung bei Google immer am Seitenanfang oder unterhalb der ersten Suchergebnisse platziert wird, ist einfach: Die prominent angezeigten (vermeintlichen) Treffer einer Suchanfrage werden vom Anwender als Erstes angeklickt. Und der Aufruf einer solchen Webseite bringt Google Geld in die Kasse. Ein Unternehmen muss erst dann für seine bei Google geschaltete Anzeige zahlen, wenn ein Anwender über die Werbung auf seine Webseite geführt wurde.

Die eigentlichen Suchergebnisse platziert Google zwischen den beiden Werbeblöcken. Um in Googles Trefferliste zu blättern, nutzen Sie wie gewohnt die Bildlaufleiste am rechten Fensterrand. Interessiert Sie einer der Treffer und möchten Sie mehr erfahren, klicken oder tippen Sie auf seinen blau gekennzeichneten Titel. Die damit verknüpfte Webseite wird nun geöffnet. Ist diese Webseite doch noch nicht das, was Sie gesucht haben, kehren Sie wie gewohnt über die Schaltfläche **Zurück** ⬅ ❽ in der linken oberen Ecke des Programmfensters zu den Suchergebnissen zurück. Der Titel einer bereits besuchten Webseite wird in den Suchergebnissen nun nicht mehr blau angezeigt, sondern lila.

Kapitel 3: Suchen und Finden mit Google

> **i Lustige Google Doodles**
>
> Zu besonderen Anlässen, wie etwa dem Tag der Deutschen Einheit oder Geburtstagen berühmter Persönlichkeiten, ersetzt Google sein klassisches Logo durch lustige Zeichnungen, auch *Google Doodles* genannt. Nach einem Klick auf das Doodle erhalten Sie ein paar Hintergrundinformationen zum Feiertag oder zu der Person. Hinter manch einem Doodle versteckt sich sogar ein kleines Spiel, oder es ertönt ein kurzes Musikstück – vorausgesetzt natürlich, Sie haben den Lautsprecher Ihres Computers eingeschaltet. Eine Übersicht über alle bisher veröffentlichten Doodles erhalten Sie unter der Internetadresse *www.google.de/logos*.
>
>

Meistens ergibt die Suchanfrage bei Weitem mehr Treffer, als auf einer einzigen Webseite angezeigt werden können. Im Falle unseres Kreuzfahrtbeispiels spürt Google fast zwei Millionen Webseiten auf, die den Suchbegriff enthalten. Die Trefferanzahl wird übrigens am oberen Seitenrand eingeblendet (❾ auf Seite 87). Am unteren Seitenrand finden Sie unterhalb des Google-Logos die Ziffern 1 bis 10 sowie den Link **Weiter** ❿. Ein Klick hierauf und Google blendet die nächste Seite mit Treffern ein. Über die Schaltfläche **Zurück**, die anschließend links neben den Zahlen eingeblendet wird, oder mit einem Klick auf eine Seitenzahl gelangen Sie zu den vorherigen Suchergebnissen zurück.

Sich alle Trefferseiten anzusehen ist ein Ding der Unmöglichkeit. In einem solchen Fall hilft nur eines: Schränken Sie die Suchanfrage ein. Überlegen Sie sich beispielsweise, mit welchen Stichwörtern sich das Gesuchte am besten beschreiben lässt. Je mehr Stichwörter Sie eingeben, desto bessere Suchergebnisse erzielen Sie. Interessieren Sie sich beispielsweise nur für Kreuzfahrten im Mittelmeer, geben Sie in das Google-Suchfeld am oberen Seitenrand entsprechend die Begriffe »Kreuzfahrt Mittelmeer« ein. Soll die Reise im Mai 2017 stattfinden, ergänzen Sie zusätzlich diese Zeitangabe. Durch Drücken der Taste ⏎ oder mit einem Klick auf das Lupensymbol startet Google die Suche erneut.

Erste Schritte mit Google

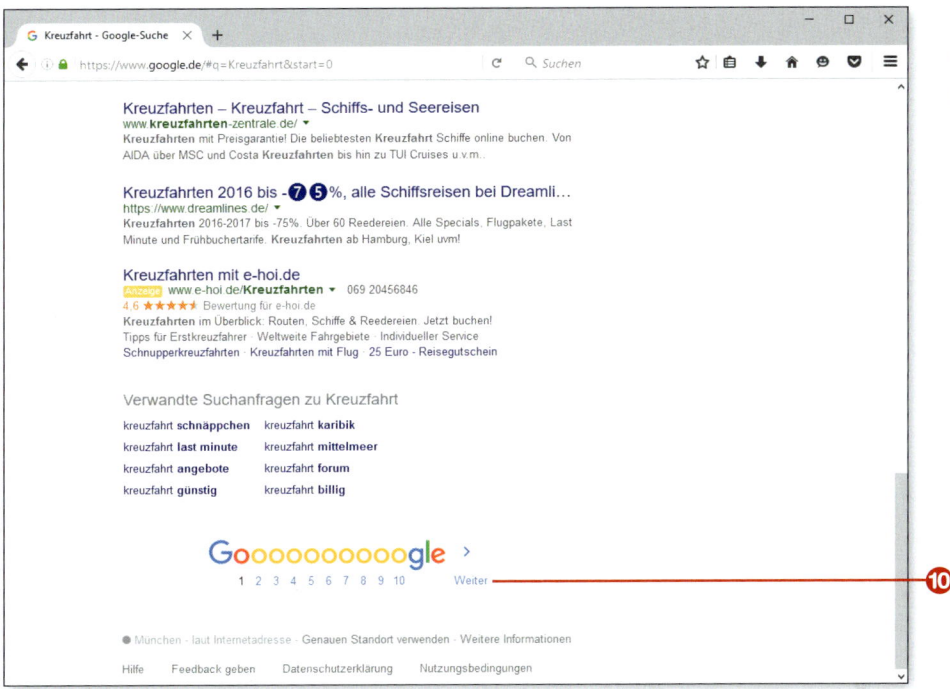

< Mit einem Klick auf »Weiter« gelangen Sie zur nächsten Seite mit weiteren Suchergebnissen.

Auch das Ausschließen von Suchbegriffen ist bei Google möglich. Möchten Sie beispielsweise keinesfalls eine Kreuzfahrt mit einem der AIDA-Schiffe machen, setzen Sie wie in der folgenden Abbildung vor den Suchbegriff »AIDA« ein Minuszeichen.

< Je mehr Suchbegriffe Sie eingeben, desto passgenauer werden die Suchergebnisse.

Ob Sie die Suchbegriffe groß- oder kleinschreiben, ist für Google übrigens unerheblich. Auch Umlaute sind nicht von Bedeutung. Die Eingaben »München« und »Muenchen« führen also zu den gleichen Suchergebnissen.

Manche Wörter, etwa »und«, »der«, die« oder »das«, ignoriert Google, da diese zu häufig auf Webseiten vorkommen. Soll ein Begriff bei der Suche im Wortlaut berücksichtigt werden, setzen Sie ein Pluszeichen direkt vor das entsprechende Wort.

Geben Sie mehrere Suchbegriffe ein, zeigt Google als Treffer alle Webseiten an, auf denen diese Stichworte irgendwo, sprich an beliebiger Position, auftauchen. Wenn Sie nur an Seiten interessiert sind, auf denen die Begriffe exakt in der von Ihnen vorgegebenen Reihenfolge erscheinen, setzen Sie am besten alle Suchbegriffe in Anführungszeichen (siehe die folgende Abbildung). Diese Suchstrategie, die auch *Phrasensuche* genannt wird, bietet sich beispielsweise für Namen an, wie etwa »Christoph Waltz«, aber auch für Filmtitel, Liedtexte, Gedichte oder Zitate.

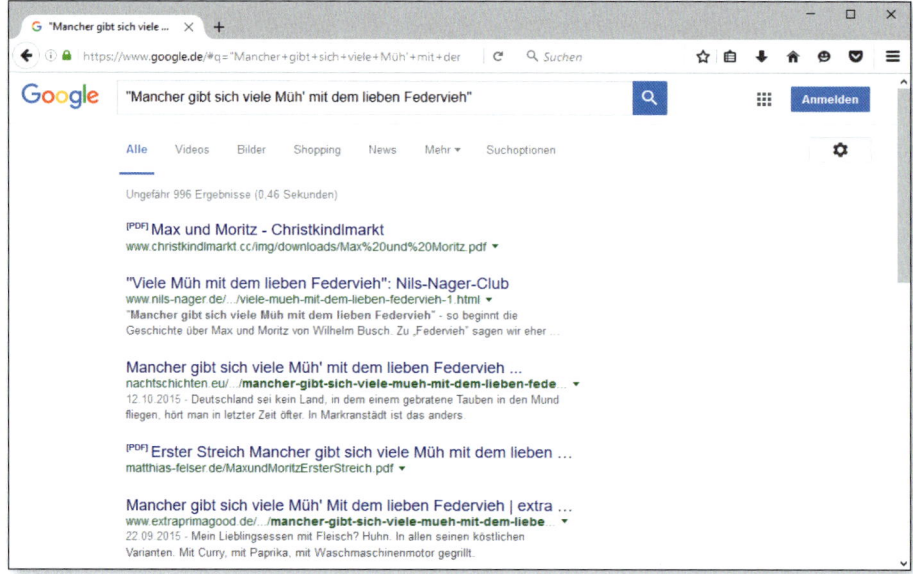

> *Setzen Sie die Suchanfrage in Anführungszeichen, sucht Google nach dem exakten von Ihnen vorgegebenen Wortlaut.*

Manchmal ist es gar nicht so einfach, den oder die passenden Suchbegriffe zu finden. Vor ein Problem stellen einen beispielsweise häufig Begriffe, für die es zahlreiche Synonyme gibt. Ein klassisches Beispiel hierfür ist der Computer, der auch als PC oder Rechner bezeichnet wird. Welchen dieser Suchbegriffe sollten Sie nun eingeben, um die besten Suchergebnisse zu erzielen? Ganz einfach: Wählen Sie einen Begriff aus, z. B. »Computer«, und setzen Sie das sogenannte *Tildezeichen* ~ davor. Schreiben Sie also »~Computer«. Google sucht nun nicht nur nach dem eingegebenen Begriff, sondern auch nach allen Synonymen. Das Tildezeichen finden Sie übrigens auf der gleichen Taste wie das Pluszeichen (die Taste befindet sich links von der Taste ⏎). Um es einzufügen, müssen Sie gleichzeitig die Taste `AltGr` drücken.

Alle bisher vorgestellten Suchstrategien lassen sich wunderbar miteinander kombinieren. Die Eingaben im Suchfeld werden hierdurch aber schnell sehr lang und unübersichtlich. Für komplizierte Suchanfragen sollten Sie daher besser die Google-Funktion **Erweiterte Suche** nutzen. Wie Sie zu dieser speziellen Eingabemaske gelangen, hängt davon ab, ob Sie bereits eine Suchanfrage gestartet haben oder nicht.

Wenn Sie noch keine Suchanfrage durchgeführt haben und sich auf der noch sehr übersichtlichen Google-Webseite befinden, klicken Sie am unteren Seitenrand auf den Link **Einstellungen** ❶. In der aufklappenden Liste finden Sie den Eintrag **Erweiterte Suche** ❷.

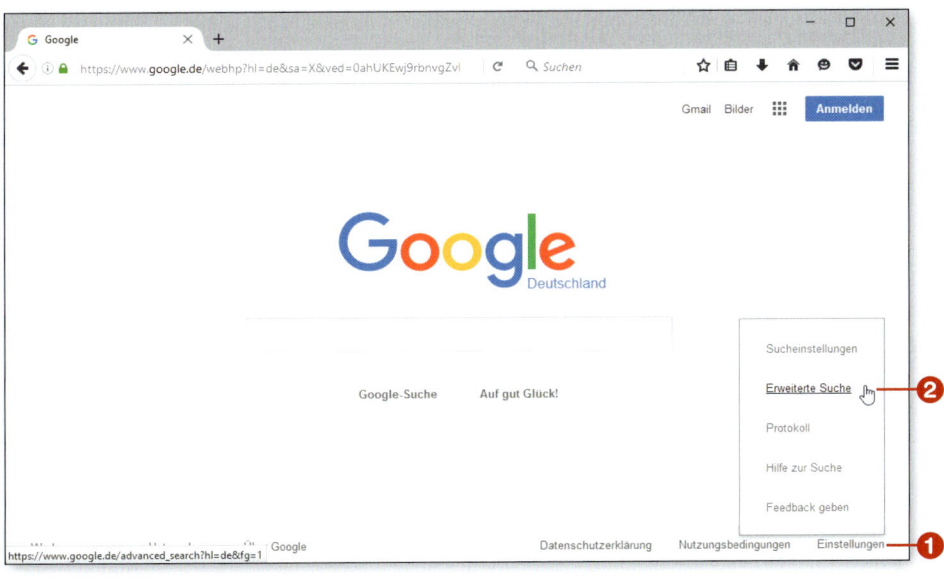

∧ Über den Link »Einstellungen« am unteren Seitenrand gelangen Sie zur erweiterten Suche.

∧ Nach einem Klick auf das Zahnradsymbol können Sie ebenfalls die erweiterte Suche aufrufen.

Haben Sie bereits eine Suchanfrage in Google gestartet, wird auf der Webseite rechts von der Trefferliste ein kleines Zahnradsymbol ❸ eingeblendet. Nach einem Klick hierauf klappt eine Liste auf, in der Sie ebenfalls den Eintrag **Erweiterte Suche** finden.

Nach einem Mausklick auf den Eintrag **Erweiterte Suche** öffnet Google eine Webseite mit diversen Eingabefeldern. Damit Sie sich leichter in der Suchmaske zurechtfinden, werden jeweils rechts von einem Suchfeld Beispiele eingeblendet. Bei den Feldern im Bereich **Ergebnisse eingrenzen** handelt es sich meistenteils um Auswahlfelder (diese erkennen Sie an dem Pfeil am rechten Rand des Feldes). Klicken oder tippen Sie auf den Pfeil, klappt eine kleine Auswahlliste aus, aus der Sie ein Suchkriterium auswählen können.

Besonders interessant ist hier das Suchfeld **Website oder Domain** ❹. Wenn Sie beispielsweise einen Artikel, den Sie vor Kurzem bei *tagesschau.de* gelesen haben, nicht mehr wiederfinden, können Sie Ihre Suchanfrage auf genau diese Website einschränken. Im Beispiel geben Sie also in das Feld **Website oder Domain** die Internetadresse »tagesschau.de« ein.

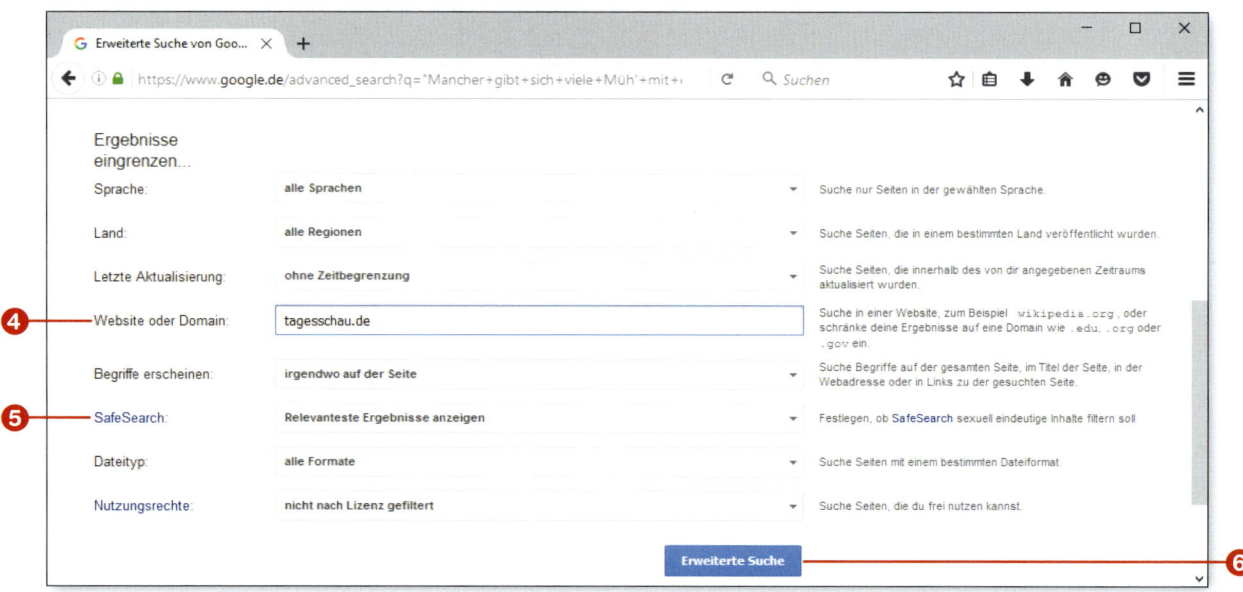

∧ *Über das Feld »Website oder Domain« lässt sich die Suche auf eine bestimmte Internetadresse eingrenzen.*

Auch wenn Sie nur harmlose Suchbegriffe einsetzen, kommt es leider immer wieder vor, dass sich in die Trefferliste nicht jugendfreie Webseiten einschleichen. Einen kleinen Schutz bietet hier die Funktion **SafeSearch** ❺, die Sie ebenfalls im Bereich **Ergebnisse eingrenzen** finden. Sollten Kinder mit Ihnen gemeinsam am PC sitzen, wählen Sie hier nach einem Klick auf den Pfeil rechts vom Feld den Eintrag **Anstößige Ergebnisse filtern** aus.

Bilder, Adressen, Routenplaner

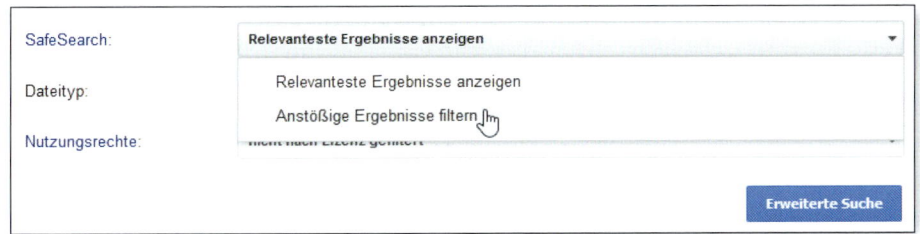

◂ Mithilfe von SafeSearch können anstößige Ergebnisse gefiltert werden.

Haben Sie alle gewünschten Felder mit Ihren Suchkriterien ausgefüllt, starten Sie die Suchanfrage mit einem Klick auf **Erweiterte Suche** ❻. Schon nach einem kurzen Moment präsentiert Ihnen Google wie gewohnt die Suchergebnisse.

> **❗ Suchergebnisse richtig bewerten**
>
> Jeder – egal, ob Privatperson oder Unternehmen – kann im Internet Webseiten veröffentlichen. Ob diese Personen seriös sind oder nicht, lässt sich anhand der Internetpräsenz meist nur schwer beurteilen. Aus diesem Grund sollten Sie immer alle Suchergebnisse genau hinterfragen. Bevor Sie vorschnell einen Einkauf tätigen oder eine Reise buchen, nehmen Sie das Angebot lieber nochmals genau unter die Lupe. In Kapitel 5, »Sicher einkaufen im Internet«, erfahren Sie, was Sie beispielsweise bei Online-Shops beachten sollten. Wichtige Informationen für die Reiseplanung habe ich für Sie in Kapitel 7, »Reisen und Ausflüge planen und buchen«, zusammengestellt.

Mit den bisher vorgestellten Tricks lassen sich bereits recht gute Suchergebnisse erzielen. Google bietet aber noch viel mehr Möglichkeiten für Ihre Internetrecherchen, wie ich Ihnen als Nächstes zeigen werde.

Bilder, Adressen, Routenplaner und mehr – Googles spezielle Suchdienste

Führen Sie eine Suchanfrage durch, wie im vorherigen Abschnitt vorgestellt, zeigt Google alle möglichen Ergebnisse an: Von Fotos über aktuelle Nachrichten bis hin zu Einkaufstipps ist meist alles dabei. Nicht immer ist man allerdings an dieser bunten Mischung interessiert. Möchten Sie

Kapitel 3: Suchen und Finden mit Google

beispielsweise lediglich wissen, wie ein Bienenfresser aussieht, sind Sie wahrscheinlich weniger an Informationen zur Brutpflege interessiert, sondern wollen nur ein Foto sehen.

Für spezielle Suchanfragen bietet Google einige interessante Dienste an. So können Sie beispielsweise ganz gezielt nach Bildern suchen, sich wichtige Adressen in einem Stadtplan anzeigen lassen oder auch die neuesten Nachrichten aufrufen. Auf den nächsten Seiten stelle ich Ihnen zwei dieser Suchdienste genauer vor. Ich beginne mit der Bildersuche.

Zum Aufruf der Google-Bildersuche gibt es mehrere Möglichkeiten: Befinden Sie sich bereits auf der Startseite von Google, klicken Sie oben rechts auf den Link **Bilder** ❶. Alternativ können Sie auch direkt in die Adresszeile des Browsers die Internetadresse »images.google.de« eingeben.

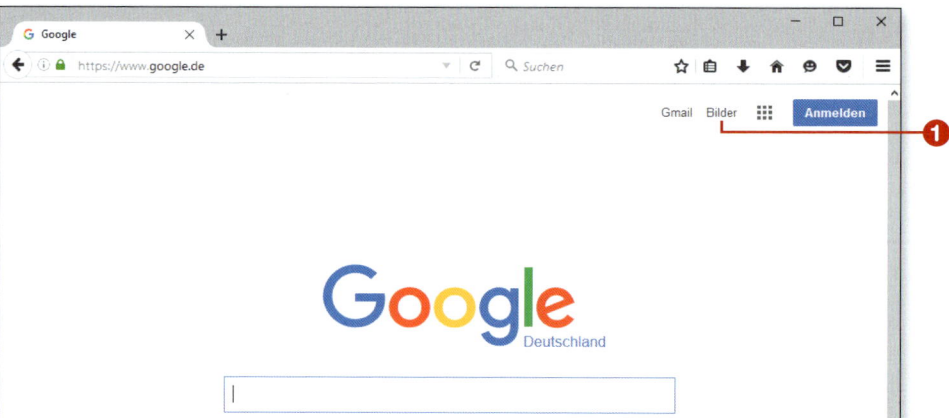

> *Den Link zur Bildersuche finden Sie auf der Startseite von Google rechts oben.*

Auf der folgenden Webseite geben Sie nun den oder die gewünschten Suchbegriffe ein. Auch hier können Sie wieder mehrere Suchkriterien miteinander kombinieren, etwa Begriffe mithilfe eines vorangestellten Minuszeichens von der Suche ausschließen (siehe Seite 89). Sobald Sie Ihre Eingaben mit der Taste ⏎ oder durch einen Klick auf das Lupensymbol bestätigt haben, werden Ihnen auch schon zahlreiche Bilder angezeigt.

Mithilfe der Bildlaufleiste scrollen Sie durch die Suchergebnisse. Wurden mehr Bilder gefunden, als auf einer Webseite angezeigt werden können, finden Sie am Seitenende den Link **Weitere Ergebnisse**. Ein Klick hierauf und die nächsten Bilder werden eingeblendet.

Bilder, Adressen, Routenplaner

Web, Bilder, Maps und mehr

Sie haben bereits die klassische Suche durchgeführt, wie im Abschnitt »Erste Schritte mit Google« ab Seite 84 beschrieben, und möchten die Suchergebnisse nun lediglich auf Bilder beschränken? Nichts leichter als das: Direkt unterhalb des Suchfeldes werden die diversen Dienste aufgelistet. Hinter dem zunächst rot markierten Link **Alle** verbirgt sich die klassische Suche im gesamten Internet. Sobald Sie auf **Bilder** klicken, werden nur noch Fotos und Illustrationen angezeigt. Sind Sie auf der Suche nach bestimmten Adressen, wählen Sie **Maps**. Die Auswahl **Shopping** wiederum führt Sie gezielt zu Online-Shops. Für Leseratten dürfte auch der Suchdienst **Bücher** sehr interessant sein, während der Link **News** Sie zu aktuellen weltweiten Nachrichten führt. Wird einer der Links bei Ihnen nicht angezeigt, klicken Sie auf die Schaltfläche **Mehr**. In der aufklappenden Liste können Sie dann den gesuchten Link auswählen.

Auch bei der Bildersuche lässt sich die Suche weiter verfeinern, um bessere Ergebnisse zu erzielen. Klicken oder tippen Sie hierzu unterhalb des Suchfeldes am oberen Seitenrand auf **Suchoptionen** ❶. Es wird nun eine Leiste mit diversen Suchkriterien eingeblendet. Haben Sie beispielsweise zuvor als Suchbegriff »Rose« eingegeben, können Sie nun nach einem Klick auf den Pfeil rechts vom Feld **Farbe** ❷ einen Farbton auswählen, etwa Gelb.

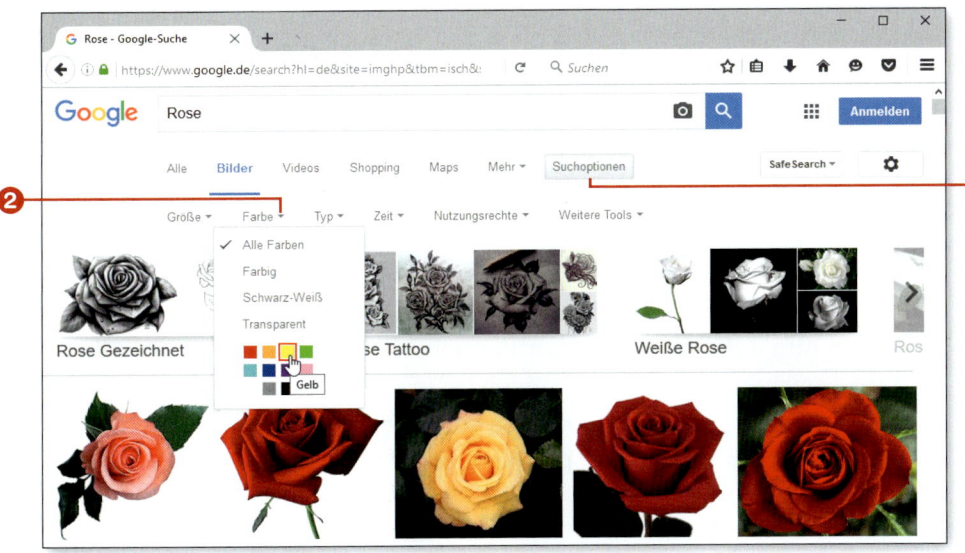

◁ *Für die Bildersuche bietet Google zahlreiche Suchoptionen an.*

Kapitel 3: Suchen und Finden mit Google

Interessant sind auch die Suchkriterien, die Sie über die Schaltfläche **Typ** gleich daneben erreichen. Haben Sie als Suchbegriff beispielsweise den Namen eines ehemaligen Arbeitskollegen oder Klassenkameraden eingegeben, lässt sich über die Option **Gesicht** die Suche auf Porträts einschränken.

Die Trefferliste besteht zunächst nur aus Miniaturansichten der Fotos oder auch aus Illustrationen. Bewegen Sie den Mauszeiger auf eines der Bilder, werden die Internetadresse, über die es zu finden ist, und die Bildgröße angezeigt.

> Bewegen Sie den Mauszeiger über eine Miniaturansicht, werden die Internetadresse sowie die Bildgröße eingeblendet.

Wenn Sie auf das Foto klicken, sehen Sie in der linken Fensterhälfte meistens eine Vorschau auf die Webseite, auf der das Foto veröffentlicht wurde. Manchmal bleibt die linke Fensterhälfte auch leer. In der rechten Fensterhälfte ist weiterhin die Google-Bildersuche zu sehen, allerdings beschränkt auf das aktuell ausgewählte Foto. Mit einem Klick auf **Website mit diesem Bild** ❶ gelangen Sie zur eigentlichen Webseite, auf der das Bild veröffentlicht wurde. Möchten Sie zu den ursprünglichen Suchergebnissen zurückkehren, klicken Sie auf die **Zurück**-Schaltfläche des Browsers ❷.

> **!** **Fotos auf dem eigenen Computer speichern**
>
> Haben Sie ein schönes Foto entdeckt, das Sie gerne auf Ihrem Computer speichern möchten? Das ist zwar möglich, denken Sie aber bitte daran, dass jedes Foto einem Urheberrecht unterliegt. Sie können das Bild somit zwar für Ihre privaten Zwecke nutzen, eine Veröffentlichung ist ohne Genehmigung des Rechteinhabers aber verboten! Um das Bild auf Ihrem Computer zu sichern, klicken Sie mit der rechten Maustaste darauf. Im nun aufklappenden Kontextmenü wählen Sie den Befehl **Bild/Grafik speichern unter**. Im folgenden Dialog bestimmen Sie den Ordner, in dem das Bild gespeichert werden soll, und geben einen Dateinamen ein. Nun noch ein Klick auf **Speichern** und das Foto ist auf Ihrem Computer gesichert.

Bilder, Adressen, Routenplaner

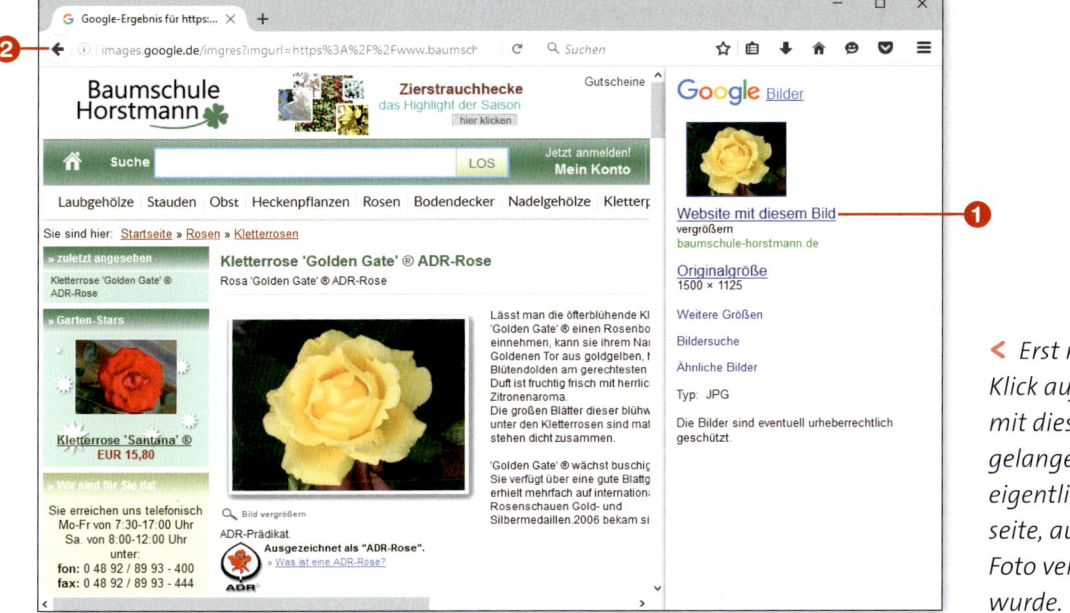

◄ Erst mit einem Klick auf »Website mit diesem Bild« gelangen Sie zu der eigentlichen Webseite, auf der das Foto veröffentlicht wurde.

Wohl einer der beliebtesten und am häufigsten genutzten Suchdienste von Google ist *Google Maps*. Suchen Sie ein gutes griechisches Restaurant in der Nähe? Google Maps zeigt Ihnen passende Restaurants in Ihrer Umgebung. Möchten Sie wissen, wie weit Ihr Urlaubshotel vom Strand entfernt ist? Google Maps kennt die Antwort. Der Online-Kartendienst spürt jede Adresse für Sie auf, und selbst als Routenplaner lässt er sich wunderbar einsetzen, und das nicht nur innerhalb Deutschlands, sondern weltweit.

1. Zum Start dieses Google-Dienstes geben Sie in die Adresszeile des Browsers die Internetadresse »maps.google.de« ein. Alternativ erreichen Sie den Dienst über die Google-Startseite, indem Sie hier oben rechts auf das Symbol **Google-Apps** ❶ klicken und dann den Eintrag **Maps** auswählen.

2. Den größten Teil der folgenden Webseite ziert eine Landkarte von Deutschland. Am oberen linken Seitenrand findet sich das Ihnen bereits bekannte Suchfeld (❷ auf Seite 98), in das Sie die gesuchte Adresse eingeben. Dabei kann es sich nur um einen Stadtnamen handeln (etwa »Hannover«) oder auch um eine vollständige Adresse (z. B. »Rheinwerkallee 4, 53227 Bonn«, die Adresse des Vierfarben Verlags).

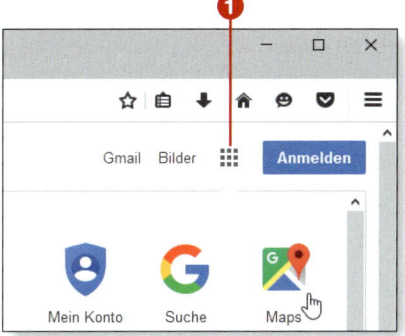

97

3. Bereits während der Eingabe blendet Google Vorschläge zur gesuchten Adresse ein. Wird die gewünschte Adresse aufgeführt, reicht wieder ein Mausklick oder Antippen, um den Vorschlag ins Suchfeld zu übernehmen. Durch Drücken der Taste ⏎ oder mit einem Klick auf das Lupensymbol wird die Suche gestartet.

4. Sollte Google die gesuchte Adresse beispielsweise aufgrund eines Tippfehlers nicht finden, weist es Sie darauf hin und bietet Ihnen Alternativen zur angegebenen Adresse an. Wählen Sie einfach die richtige Adresse aus, oder wiederholen Sie die Adresseingabe.

Wird Google fündig, kennzeichnet es die gesuchte Adresse in der Landkarte mit einer roten Pinnnadel ❸.

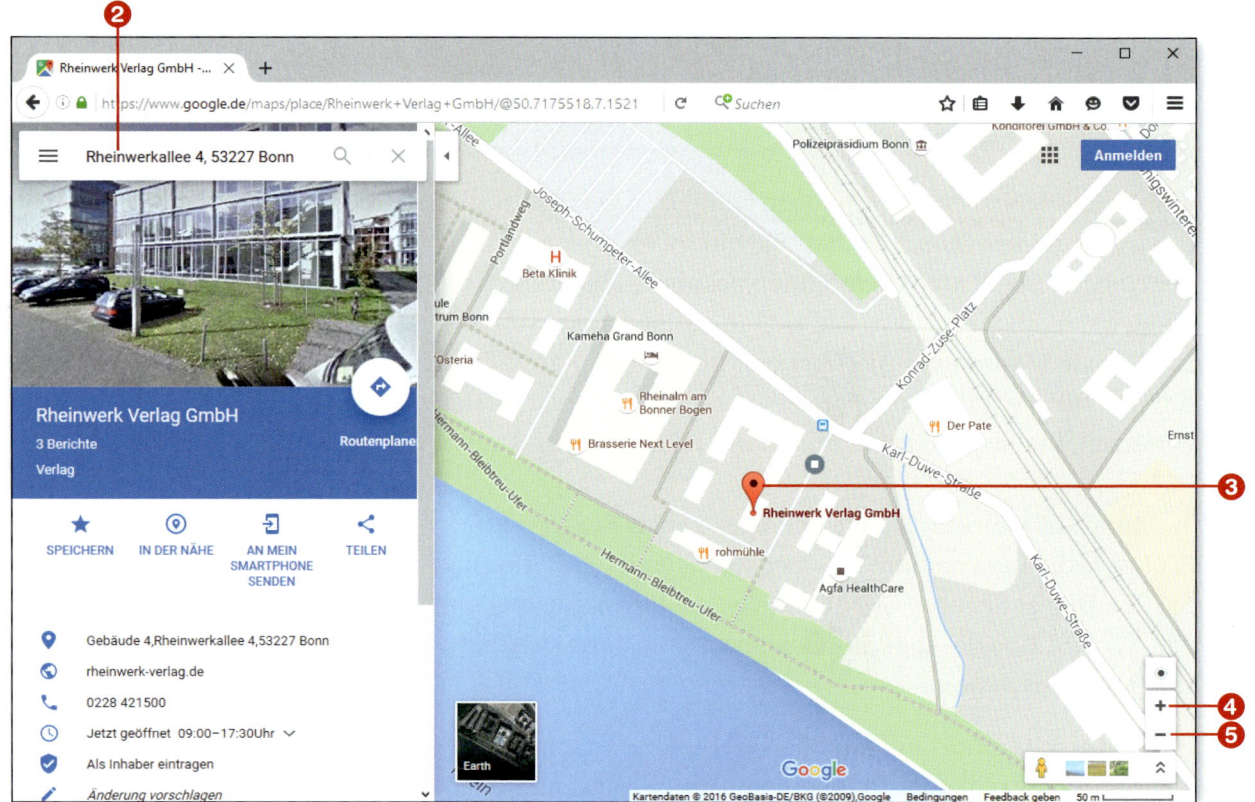

In der rechten unteren Ecke der Karte finden Sie einige Steuerelemente, über die Sie in der Karte navigieren können.

5. Ist Ihnen der angezeigte Kartenausschnitt beispielsweise noch nicht detailliert genug, können Sie mithilfe des Plussymbols ❹ näher heranzoomen. Über das Minussymbol ❺ verkleinern Sie dagegen die Ansicht. Verwenden Sie eine Computermaus mit Scrollrad, erreichen Sie das Gleiche, indem Sie das Rad einfach nach oben bzw. unten drehen. Arbeiten Sie mit einem Touchscreen, ziehen Sie zum Vergrößern des Bildausschnitts zwei Finger auf dem Bildschirm auseinander und zum Verkleinern wiederum zusammen (siehe auch den Abschnitt »Maus, Tastatur und Touchscreen« auf Seite 18).

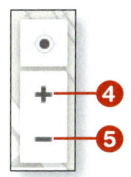

6. Wenn Sie den Kartenausschnitt nach oben, unten, rechts oder links verschieben möchten, positionieren Sie den Mauszeiger auf der Karte, halten die linke Maustaste gedrückt und verschieben den Kartenausschnitt mit gedrückter Maustaste. Nutzen Sie einen Touchscreen, führen Sie die Bewegung einfach mit dem Finger aus.

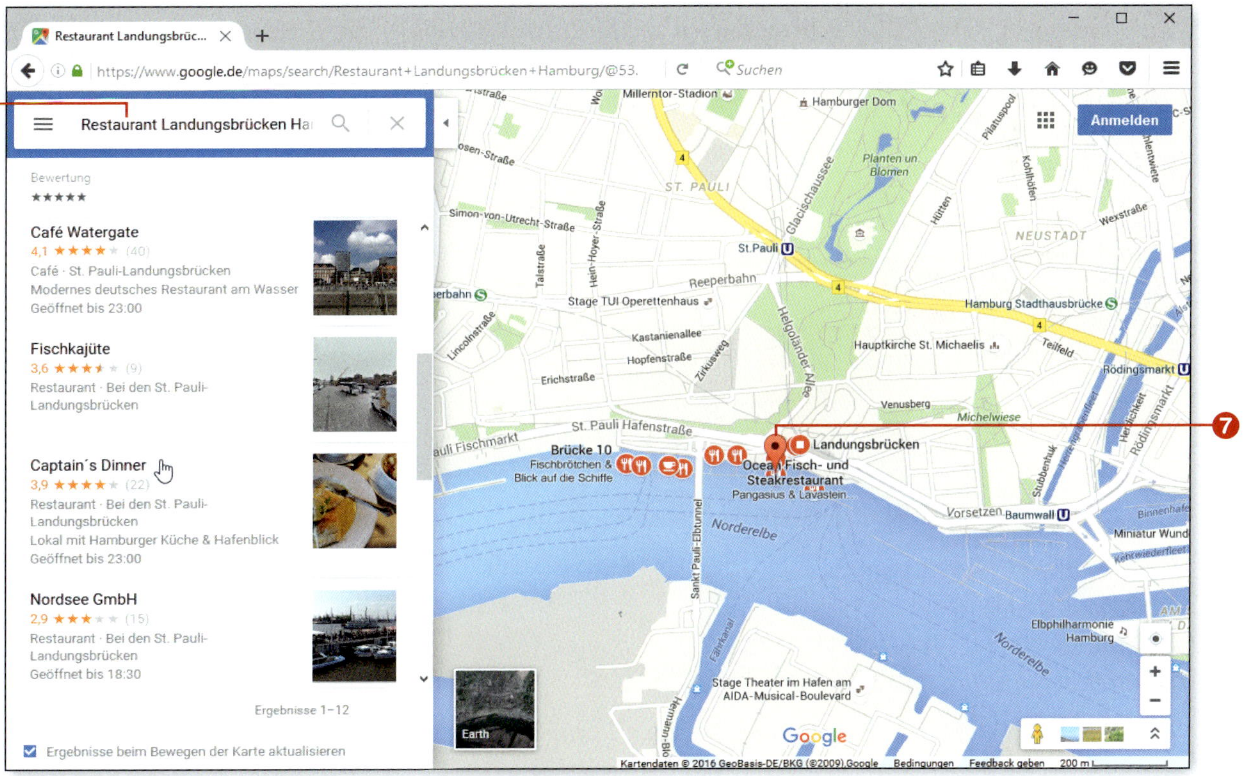

⌃ *Mit Google Maps wird die Restaurantsuche zum Kinderspiel.*

Google Maps zeigt aber nicht nur klassische Adressen an. Sind Sie auf der Suche nach einem guten Restaurant, oder möchten Sie wissen, welche Sehenswürdigkeiten es rund um Ihr Hotel gibt? Google Maps hilft auch hier weiter. Geben Sie in das Suchfeld beispielsweise »Restaurant Landungsbrücken Hamburg« ein (❻ auf Seite 99). Sobald Sie die Suche gestartet haben, werden in der linken Fensterhälfte diverse Restaurantvorschläge aufgeführt. Sobald Sie den Mauszeiger über einem der Restaurantnamen positionieren, erscheint in der Karte rechts eine Pinnnadel, die die genaue Position des Restaurants im Stadtplan zeigt ❼.

Interessiert es Sie, welche Restaurants sich hinter den weiteren kleinen Symbolen in der Karte rechts verbergen, bewegen Sie einfach den Mauszeiger auf eines der Symbole, und schon erfahren Sie in einem kleinen Hinweisfenster ❽ den Restaurantnamen. Sowohl in der linken Spalte als auch im Hinweisfenster wird unterhalb eines Restaurantnamens neben einer Bewertung auch eine Kurzbeschreibung eingeblendet. Um weitere Informationen, wie etwa Öffnungszeiten, die Adresse, Telefonnummer sowie den Link zur Internetpräsenz des Restaurants, zu erhalten, klicken oder tippen Sie auf den Restaurantnamen in der linken Spalte bzw. auf das Restaurantsymbol in der Karte rechts.

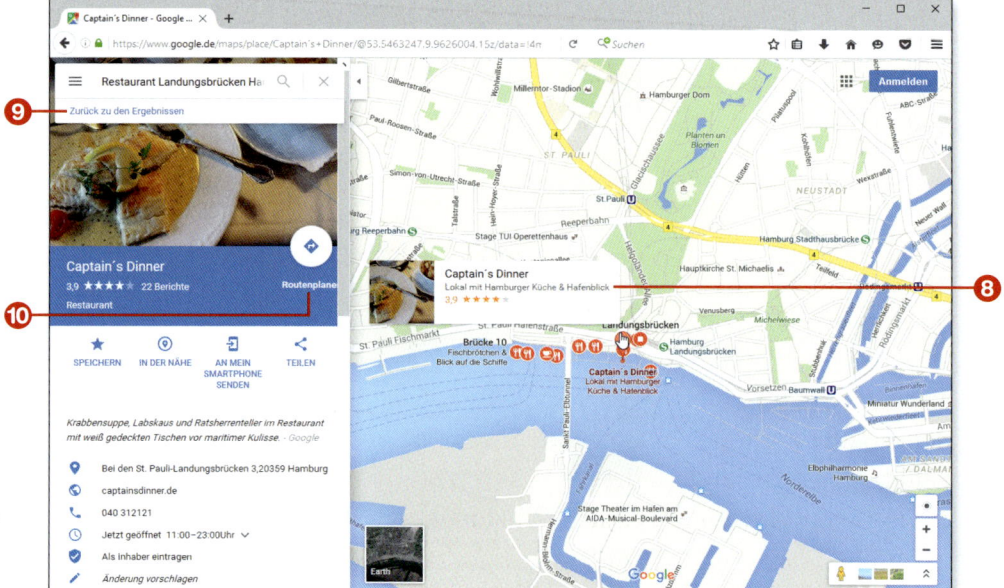

> Zu jedem Restaurant erhalten Sie zahlreiche Informationen wie die Adresse und den Link zur Website.

Bilder, Adressen, Routenplaner

Mit einem Klick auf **Zurück zu den Ergebnissen** (9 auf Seite 100) gelangen Sie wieder zu den Suchergebnissen. Um in der linken Spalte zu blättern, nutzen Sie wie üblich die Bildlaufleiste.

Wenn Sie die gesuchte Adresse gefunden haben, möchten Sie eventuell auch noch in Erfahrung bringen, wie Sie möglichst schnell zu diesem Ziel gelangen. Auch hier hilft Google Maps weiter. Wenn Sie gezielt nach einer Adresse gesucht haben, finden Sie am oberen Rand der linken Spalte die Schaltfläche **Routenplaner** (10 auf Seite 100).

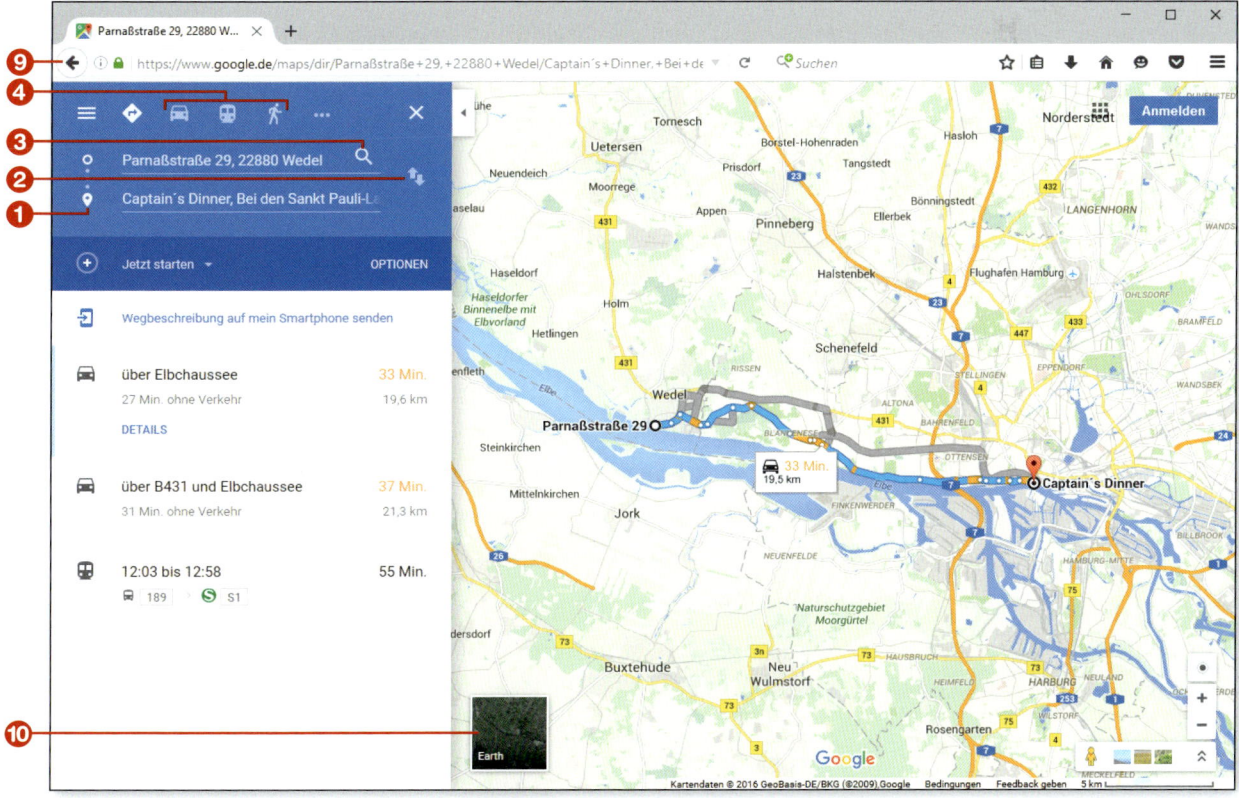

Nach einem Klick auf **Routenplaner** blendet Google Maps am oberen Rand der linken Spalte wie in der Abbildung oben zwei Felder ein. Im unteren Feld ist bereits die Zieladresse, also etwa die Adresse des Restaurants, eingetragen 1. Handelt es sich dabei nicht um das Ziel, sondern den gewünschten Startpunkt Ihrer Route, klicken Sie einfach auf das Symbol rechts neben den Feldern 2, und schon wird die Adresse im oberen Feld angezeigt. Geben Sie in das freie Feld nun die zweite Adresse ein, und

▲ *Sie erhalten verschiedene Routenvorschläge, die auch in der Karte eingezeichnet sind.*

klicken oder tippen Sie dann auf das Lupensymbol rechts von der gerade eingegebenen Adresse ❸.

In der linken Spalte erhalten Sie jetzt eine ausführliche Routenbeschreibung inklusive Kilometer- und Zeitangabe. Manchmal schlägt Google Maps sogar mehrere Routen vor, aus denen Sie die gewünschte per Mausklick auswählen. In der Landkarte selbst wird die Route ebenfalls eingezeichnet.

> **Mit dem Auto, zu Fuß oder per Bahn?**
>
> Google Maps geht bei der Berechnung einer Route davon aus, dass Sie die Strecke per Auto zurücklegen. Wenn Sie möchten, können Sie aber auch ein anderes Verkehrsmittel wählen. Vielleicht ziehen Sie – je nach Länge der Strecke – einen gemütlichen Fußweg oder eine Fahrradtour vor? Oder lieben Sie Bahnfahrten? Die Auswahl des gewünschten Verkehrsmittels nehmen Sie einfach per Mausklick auf das entsprechende Symbol ❹ oberhalb der beiden Felder der Start- und Zieladresse vor.

Haben Sie sich für eine Route entschieden, können Sie die detaillierte Beschreibung auch ausdrucken. Klicken Sie hierzu am oberen Rand der linken Spalte auf das kleine Druckersymbol ❺. Möchten Sie nicht nur die Wegbeschreibung, sondern auch die Karte hierzu ausdrucken, wählen Sie in der aufklappenden Liste den Befehl **Mit Karten drucken**. Reicht Ihnen die Wegbeschreibung aus, klicken Sie auf **Nur Text drucken**.

▲ *Nur Text oder auch Kartenausschnitte – Sie bestimmen selbst, was ausgedruckt werden soll.*

Auf einer neuen Webseite wird nun die Wegbeschreibung als Text angezeigt. Wenn Sie sich für die Kartenvariante entschieden haben, ist oberhalb des Textes die Karte zu sehen. Über das Plus- und Minussymbol ❻ können Sie den Kartenausschnitt wie gewohnt vergrößern bzw. verkleinern. Zum Verschieben des Ausschnitts nutzen Sie die Pfeiltasten ❼, die oberhalb des Plus- und Minussymbols eingeblendet werden. Um den Druckvorgang zu starten, reicht ein Klick oben rechts auf **Drucken** ❽. Im nächsten Dialogfenster klicken Sie dann auf **OK**. Nach erfolgreichem Druck kehren Sie mit einem Klick auf das **Zurück**-Symbol (❾ auf Seite 101) des Browsers zur vorherigen Webseite zurück.

Bilder, Adressen, Routenplaner

Möchten Sie sehen, wie Ihr eigenes Heim oder auch das Urlaubshotel von oben aussehen, können Sie sich statt der Kartenansicht übrigens auch eine Satellitenansicht anzeigen lassen. Sie erreichen sie per Klick auf das Symbol **Earth** in der linken unteren Kartenecke (❿ in der Abbildung auf Seite 101).

Mit der Websuche, Google Bilder und Google Maps haben Sie bisher drei der Google-Dienste kennengelernt. Das ist nur ein Bruchteil von dem, was Google in petto hat. Im folgenden Kasten »Googles Spezialitäten« habe ich Ihnen ein paar Kuriositäten zusammengestellt, die die Stärke der Suchmaschine weiter unter Beweis stellen. Google ist aber natürlich nicht die einzige Suchmaschine im Web. Im letzten Abschnitt dieses Kapitels stelle ich Ihnen noch eine Alternative vor, nämlich die Suchmaschine Bing von Microsoft.

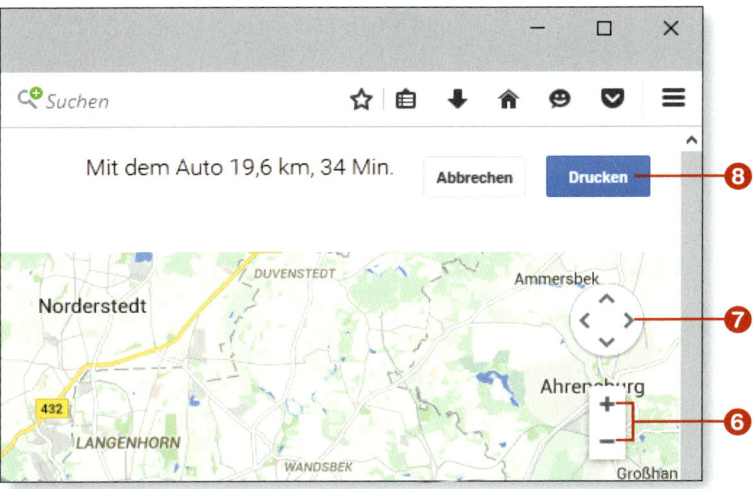

▲ *Der Kartenausschnitt lässt sich vor dem Start des Druckvorgangs über die Pfeile anpassen.*

Googles Spezialitäten

Sie müssen eine komplizierte Rechenaufgabe lösen, haben aber keinen Taschenrechner zur Hand? Dann fragen Sie doch Google. Sobald Sie die Startseite von Google aufgerufen haben, geben Sie in das Suchfeld die Rechenaufgabe ein, etwa »19% von 2100«. Jetzt nur noch die Taste ⏎ drücken und schon zeigt Google das Ergebnis an. Ebenso schnell rechnet Ihnen das Programm Währungen oder andere Einheiten um, etwa Liter in Gallonen o. Ä. Haben Sie in Aktien investiert, reicht die Eingabe der Wertpapier-Kennnummer, kurz WKN, und schon erfahren Sie den aktuellen Aktienkurs. Apropos Abkürzung: Möchten Sie wissen, was sich hinter einem Kürzel verbirgt, etwa »GPS«? Die Suchanfrage »definiere:GPS« liefert die Antwort. Auch Wettermeldungen liefert Google frei Haus: Geben Sie einfach »Wetter« ein, gefolgt von der Postleitzahl des Ortes, also etwa »Wetter 80336«, und schon erfahren Sie, ob Sie besser gen Süden flüchten sollten. Den hierfür passenden Flug finden Sie beispielsweise mit der Eingabe »Flüge von München nach Palma de Mallorca«.

Weitere Suchmaschinen kurz vorgestellt

Auch wenn Google wohl die bekannteste Suchmaschine ist, ist sie bei Weitem nicht die einzige. Wer mit Windows arbeitet, wird immer wieder über einen anderen bekannten Suchdienst stolpern: *Bing*. Ganz geschickt hat Microsoft seine eigene Suchmaschine in das Betriebssystem integriert. Am deutlichsten wird die enge Verknüpfung im Browser Edge. Wenn Sie die nächsten Schritte gleich ausprobieren möchten, starten Sie den Browser per Klick auf das entsprechende Symbol ❶ in der Taskleiste.

∧ *Den Browser Edge öffnen Sie über das Symbol in der Taskleiste.*

> **+ Blitzschnelle Internetsuche über das Suchfeld**
>
> Wenn Sie eine Recherche im Internet beginnen möchten, müssen Sie nicht unbedingt selbst einen Browser wie Edge oder Mozilla Firefox starten. In der Taskleiste finden Sie rechts vom Windows-Logo ein Suchfeld ❷. Klicken oder tippen Sie so häufig in das Feld, bis die Einfügemarke hier blinkt. Geben Sie dann den gewünschten Suchbegriff ein (z. B. »Mallorca«, falls Sie an Informationen über die Insel interessiert sind). Unmittelbar oberhalb des Suchfeldes wird nun die Schaltfläche **Web** eingeblendet. Klicken oder tippen Sie hierauf, startet Windows 10 automatisch den Standardbrowser und zeigt die Suchergebnisse Ihrer Suchanfrage an. Ist Ihr Standardbrowser Edge, kommt die Suchmaschine Bing zum Einsatz.

Bisher haben Sie die Adresszeile von Edge zur Eingabe einer Internetadresse wie *www.tagesschau.de* genutzt. Seit Windows 8 (dort noch im älteren Browser Internet Explorer) ist dieses Feld aber zugleich das Eingabefeld für die Suchmaschine Bing. Probieren Sie es gleich aus:

1. Klicken Sie in die Adresszeile, und geben Sie einen Suchbegriff ein, etwa »Golden Retriever« ❶ (siehe die Abbildung links). Wird bei Ihnen

Weitere Suchmaschinen kurz vorgestellt

statt des Adressfeldes das Feld **Wohin geht's als Nächstes** ❷ (siehe die Abbildung rechts) angezeigt, tragen Sie den gewünschten Begriff hier ein.

2. Während der Eingabe werden Ihnen – wie auch bei Google – bereits Suchvorschläge angezeigt. Ist der gewünschte Suchbegriff dabei ❸, wählen Sie ihn per Mausklick oder durch Antippen aus.

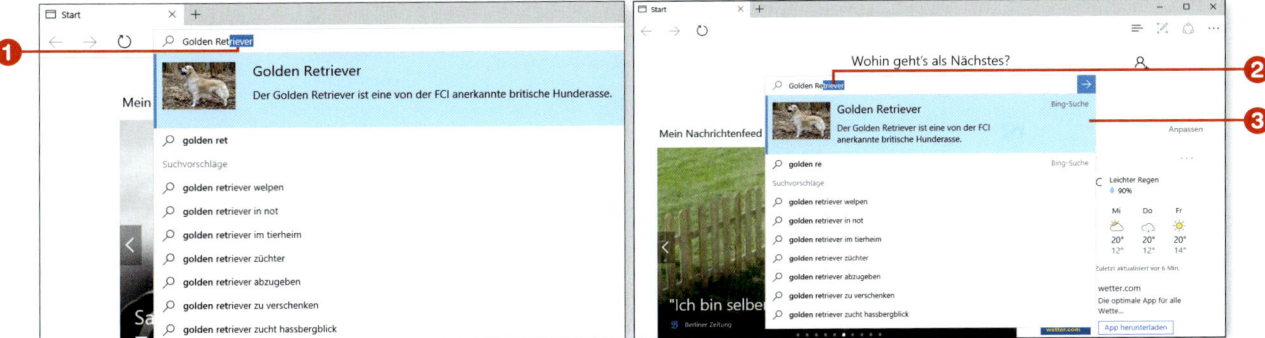

3. Wenn keiner der Vorschläge passt, tippen Sie den richtigen Suchbegriff vollständig ein.

4. Nach Drücken der Taste ⏎ oder Antippen des Lupensymbols gelangen Sie automatisch zur Webseite der Suchmaschine Bing, in der bereits die Ergebnisse Ihrer Suchanfrage eingeblendet werden.

Diese Seite hat starke Ähnlichkeit mit der von Google: Zu jedem Treffer werden der Titel, die Internetadresse sowie eine kurze Beschreibung eingeblendet (siehe die Abbildung auf Seite 106). Auch bei Bing findet sich am Seitenanfang sowie am rechten Seitenrand Werbung, die durch die Überschrift **Anzeige** und eine dezente Trennlinie gekennzeichnet ist. Mithilfe der Bildlaufleiste scrollen Sie auf der Webseite; über die Schaltfläche **Weiter** oder die Seitenzahlen unterhalb der Liste blättern Sie zu weiteren Suchergebnissen.

Am oberen linken Seitenrand der Webseite, direkt unterhalb des Suchfeldes, finden Sie ähnlich wie bei Google die Kategorien **Web**, **Bilder**, **Videos**, **Karten**, **News** und **Mehr** bzw. **Erkunden** (❶ auf Seite 106). Nach einem Klick auf eine dieser Kategorien wird Ihre Suchanfrage entsprechend eingeschränkt.

Kapitel 3: Suchen und Finden mit Google

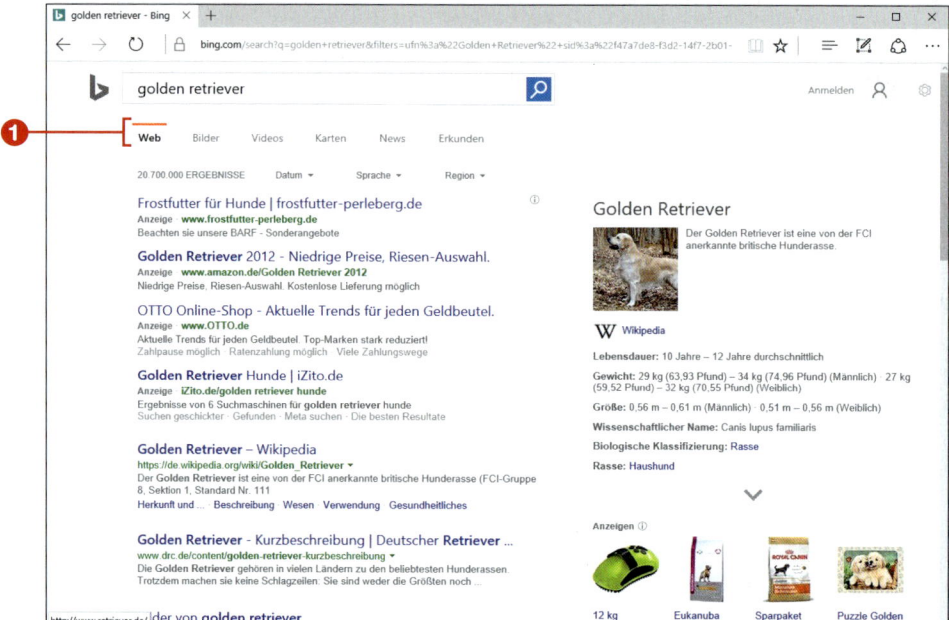

> Die Trefferübersicht der Suchmaschine Bing hat starke Ähnlichkeit mit der von Google.

Etwas farbenfroher zeigt sich die Startseite von Bing. Sie öffnen sie über die Internetadresse »www.bing.de«. Wenn Sie gerade, wie zuvor gezeigt, eine Suchanfrage über die Adresszeile von Edge gestartet haben, reicht auch ein Klick auf das Bing-Logo ❷ links vom Suchfeld.

> Auch bei Bing lassen sich die Suchergebnisse noch weiter einschränken.

Die Bing-Startseite ziert regelmäßig ein neues Foto (siehe die Abbildung auf der folgenden Seite). Möchten Sie mehr über das Foto erfahren, bewegen Sie den Mauszeiger auf das kleine Fotoapparatsymbol ❸ in der rechten unteren Ecke des Fotos. Über die beiden Pfeiltasten ❹ können Sie zu den Bildern der letzten Tage blättern.

Weitere Suchmaschinen kurz vorgestellt

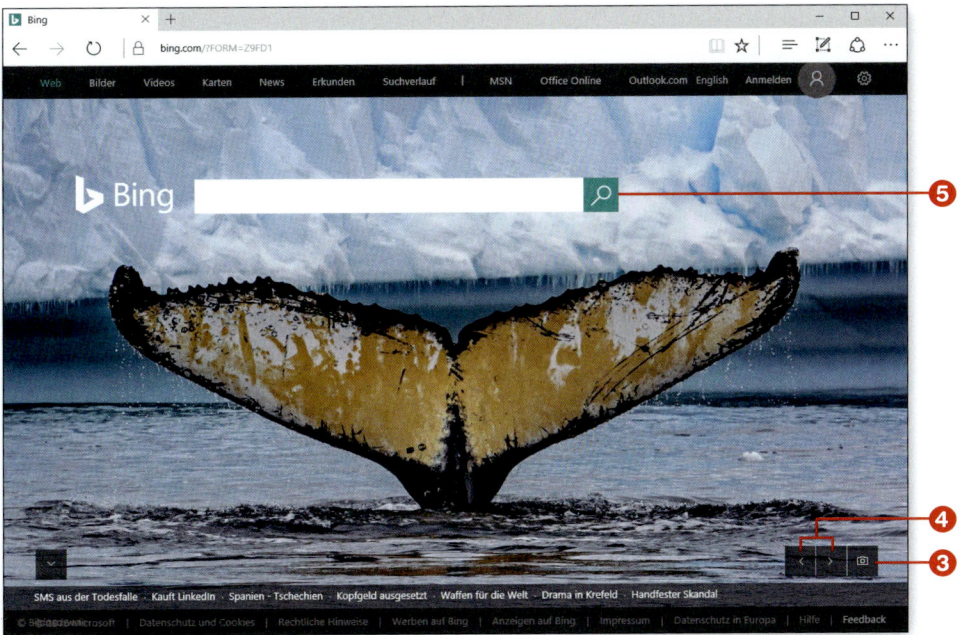

^ *Die Startseite von Bing erfreut Sie immer wieder mit einem neuen schönen Foto.*

Im oberen Bereich des Fotos befindet sich das Suchfeld ❺, das von eigentlichem Interesse ist, weil Sie hier Ihre Suchbegriffe eingeben. Sobald Sie die Suchanfrage durch Drücken der Taste ⏎ oder per Klick oder Tipp auf das Lupensymbol gestartet haben, werden die Suchergebnisse, wie in der Abbildung auf Seite 106 oben zu sehen, angezeigt.

> **Finanzen, News und Sport: Bing ist überall**
>
> Die Suchmaschine Bing kommt nicht nur zum Einsatz, wenn Sie in die Adresszeile von Edge einen Suchbegriff eingeben. Auch hinter einigen Standard-Apps von Windows 10 versteckt sich Microsofts Suchdienst. Wenn Sie beispielsweise die Apps *Finanzen* oder auch *Nachrichten* per Klick auf die gleichnamige Kachel im Startmenü aufrufen, erfahren Sie die neuesten Nachrichten aus der ganzen Welt. Auch die App *Sport*, die Sie in Sachen Fußball und Co. informiert, nutzt die Suchmaschine Bing.

Diese praktische und schnelle Eingabe des Suchbegriffs in die Adresszeile steht Ihnen übrigens nicht nur beim Browser Edge zur Verfügung, sondern auch bei Mozilla Firefox. Geben Sie nach dem Start von Firefox den Suchbegriff direkt in die Adresszeile ein, klappt eine Liste auf, in der Sie den Eintrag **Mit "Google" suchen** auswählen. Sie bekommen nun die Suchergebnisse, entsprechend wie im Abschnitt »Erste Schritte mit Google« ab Seite 86 beschrieben, angezeigt.

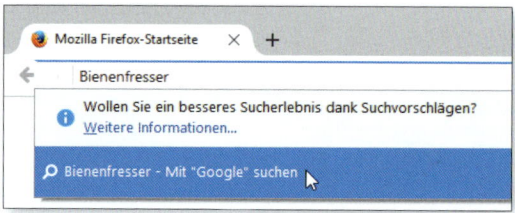

◂ *Bei Firefox kommt die Suchmaschine Google zum Einsatz.*

In diesem Kapitel haben Sie nun sowohl die Suchmaschine Google als auch Bing kennengelernt. Mit welcher Suchmaschine Sie letztlich arbeiten, ist Geschmackssache. Werden Sie bei dem einen Suchdienst nicht fündig, ist es sicherlich interessant, die Suchanfrage mit einer anderen Suchmaschine erneut zu starten. Probieren Sie auch einmal *Yahoo* (*www.yahoo.de*), *Ask* (*www.ask.de*) oder auch *Ixquick* (*www.ixquick.de*) aus. Letztere verspricht, die diskreteste Suchmaschine der Welt zu sein. Wieso andere Suchmaschinen nicht als diskret zu bezeichnen sind, erfahren Sie im folgenden Kasten »Was Suchmaschinen alles über Sie wissen«.

> **! Was Suchmaschinen alles über Sie wissen**
>
> Wer wird sich schon dafür interessieren, wonach Sie im Internet suchen? Die Antwort ist einfach: die Firmen, die hinter den Suchmaschinen stehen, also beispielsweise Google, Microsoft und Yahoo. Während Sie im Internet surfen, Suchanfragen starten und auf Treffer klicken, hinterlassen Sie Spuren. Anhand der IP-Adresse, also der Adresse im Netzwerk, über die Ihr Computer eindeutig identifizierbar ist, können Google und Co. beispielsweise herausfinden, wo Sie sich gerade befinden. Die Suchanfragen selbst offenbaren, wofür Sie sich interessieren. Diese Daten werden von Suchmaschinenbetreibern ausgewertet und für gezielte Werbemaßnahmen genutzt. Eine rühmliche Ausnahme stellt Ixquick dar, die all diese Daten nicht speichert. Welche Möglichkeiten Sie haben, sich vor den neugierigen Suchmaschinen zu schützen, erfahren Sie in Kapitel 14, »Auf einen Blick – Sicherheit im Internet«.

Damit sind wir am Ende des Kapitels angelangt. Als Nächstes zeige ich Ihnen, wie Sie E-Mails schreiben und lesen.

Kapitel 4
E-Mails schreiben und lesen

Wer sich intensiver mit dem Internet auseinandersetzt, kommt nicht um das Thema E-Mail herum – im Gegenteil, Sie werden diese nicht mehr missen mögen. E-Mail, das ist die elektronische Variante des klassischen Briefs. Für das Versenden einer E-Mail benötigen Sie aber weder Briefpapier noch eine teure Briefmarke: Ein Computer mit Internetverbindung reicht aus. Auch ist eine E-Mail nicht tagelang unterwegs, sondern landet innerhalb weniger Minuten oder auch Sekunden im Briefkasten des Empfängers, egal, ob sich dieser im Haus nebenan oder auf der anderen Seite der Erde befindet. In diesem Kapitel erfahren Sie, wie Sie ein kostenloses E-Mail-Konto einrichten und, natürlich, wie Sie E-Mails empfangen und schreiben. Der Besitz eines E-Mail-Kontos ist übrigens nicht nur für den Austausch von elektronischer Post wichtig. Sobald Sie beispielsweise im Internet einkaufen oder auch Reisen buchen möchten, benötigen Sie eine E-Mail-Adresse, um sich bei den diversen Shops anmelden und die Internetdienste nutzen zu können.

Was Sie über E-Mails wissen sollten

Das Prinzip der E-Mail ist vergleichbar mit einem Postfach bei einem Postamt. Das Postamt ist in diesem Fall ein sogenannter *E-Mail-Server*, der von einem *Provider* (zu Deutsch »Anbieter«) wie T-Online, Vodafone oder auch Microsoft und Google zur Verfügung gestellt wird. Das Postfach, an das Ihre elektronische Post geschickt wird, ist das E-Mail-Konto. Das Konto verfügt über eine eindeutige Adresse, die *E-Mail-Adresse*. Wenn Sie beispielsweise einen DSL-Vertrag bei T-Online, 1&1 oder Arcor, um nur ein paar Namen zu nennen, abgeschlossen haben, besitzen

Sie meist automatisch ein E-Mail-Konto und damit eine E-Mail-Adresse. Diese Adresse könnte beispielsweise *lisa.muster@t-online.de* oder auch *einbeispiel@arcor.de* lauten.

Das Schema, nach dem eine E-Mail-Adresse aufgebaut ist, ist immer gleich: Die Adresse besteht aus zwei Teilen, die durch das @-Zeichen voneinander getrennt sind. Links vom @-Zeichen steht ein Name, den Sie meist selbst festlegen können. Im obigen Beispiel ist dies etwa »lisa.muster« oder »einbeispiel«. Der Teil rechts vom @-Zeichen gibt den Namen des Dienstanbieters an, gefolgt von einem Punkt und der sogenannten Top-Level-Domain des Anbieters, im Beispiel also »t-online.de« bzw. »arcor.de« (siehe auch den Abschnitt »Grundlagen Internet: Das sollten Sie wissen« ab Seite 13).

Wie oben erwähnt, ist es gut möglich, dass Sie bereits eine E-Mail-Adresse von Ihrem DSL-Anbieter erhalten haben. Es gibt aber auch eine Vielzahl von Anbietern, die ein kostenloses E-Mail-Konto bereitstellen. Solche Anbieter werden auch *Freemail-Provider* genannt. Beispiele hierfür sind *Google*, *Microsoft*, *GMX*, *Web.de* oder auch *Freenet*. Finanziert werden die kostenlosen Angebote durch Werbung, die auf den Internetseiten der Anbieter oder teilweise auch in den E-Mails selbst eingeblendet wird. Außerdem ist die Größe des Postfachs meist beschränkt.

▲ *Kostenlose E-Mail-Konten werden durch Werbung finanziert.*

Im Gegensatz zum klassischen Brief wird eine E-Mail nicht direkt zu Ihnen nach Hause geschickt, sondern auf dem E-Mail-Server Ihres Providers gespeichert. Zum Versenden oder Empfangen von E-Mails haben Sie zwei Möglichkeiten: Sie können zum einen einen Browser wie Mozilla Firefox nutzen und über die entsprechende Webseite des Providers auf Ihre Nachrichten zugreifen. Wie dies funktioniert, erfahren Sie am Beispiel von Outlook.com in den Abschnitten »E-Mails schreiben« ab Seite 119 und »E-Mails lesen und verwalten« ab Seite 125. Die zweite Möglichkeit ist ein spezielles E-Mail-Programm, das auf Ihrem Computer installiert wird. Beispiele hierfür sind die Mail-App von Windows 10 sowie Mozilla Thunderbird. Letzteres werde ich Ihnen im Abschnitt »Die Alternative: E-Mails schreiben und empfangen mit Thunderbird« ab Seite 133 vorstellen. Doch zunächst erfahren Sie, wie Sie an ein kostenloses E-Mail-Konto gelangen.

Ein kostenloses E-Mail-Konto einrichten

Sie haben noch keine eigene E-Mail-Adresse? Oder möchten Sie sich gerne eine zusätzliche Adresse für die Anmeldung bei einem Online-Shop oder einem sozialen Netzwerk zulegen? Wie bereits erwähnt, gibt es zahlreiche Freemail-Provider, die das Einrichten eines kostenlosen Kontos ermöglichen. Am Beispiel von Outlook.com von Microsoft zeige ich Ihnen nun Schritt für Schritt, wie Sie zu einer eigenen E-Mail-Adresse gelangen. Der Vorteil dieser E-Mail-Adresse: Sie ist in Kombination mit dem Kennwort, das Sie ebenfalls einrichten, zugleich auch Ihr Microsoft-Konto, das Sie zur Anmeldung bei diversen Microsoft-Diensten benötigen. Lesen Sie hierzu bitte auch den folgenden Kasten »Für diese Dienste benötigen Sie ein Microsoft-Konto«.

> **Für diese Dienste benötigen Sie ein Microsoft-Konto**
>
> Das E-Mail-Konto, in diesem Fall auch *Microsoft-Konto* genannt, dient nicht nur dem Versenden und Empfangen von E-Mails; es öffnet Ihnen zugleich die Tür zu einer Vielzahl von Microsoft-Diensten. So können Sie sich beispielsweise mit dem Microsoft-Konto (also der E-Mail-Adresse in Kombination mit dem Kennwort) bei Windows 10 und Skype anmelden, den Cloud-Service OneDrive zum Speichern von Dateien im Internet nutzen oder auch im Windows Store kostenlose und kostenpflichtige Apps erwerben. Das Programm Skype, mit dem Sie kostenlos über das Internet telefonieren können, lernen Sie in Kapitel 10, »Telefonieren und Chatten mit Skype«, kennen.

Kapitel 4: E-Mails schreiben und lesen

1. Starten Sie Ihren Browser, etwa Mozilla Firefox, und rufen Sie die Internetadresse »www.outlook.de« auf.

2. Auf der Webseite **Anmelden**, die nun geöffnet wird, könnten Sie sich bereits direkt mit Ihrer E-Mail-Adresse und dem Kennwort anmelden. Da Sie zunächst aber ein E-Mail-Konto einrichten wollen, klicken Sie unterhalb von **Sie haben noch kein Konto?** auf **Dann erstellen Sie jetzt eins!** ❶.

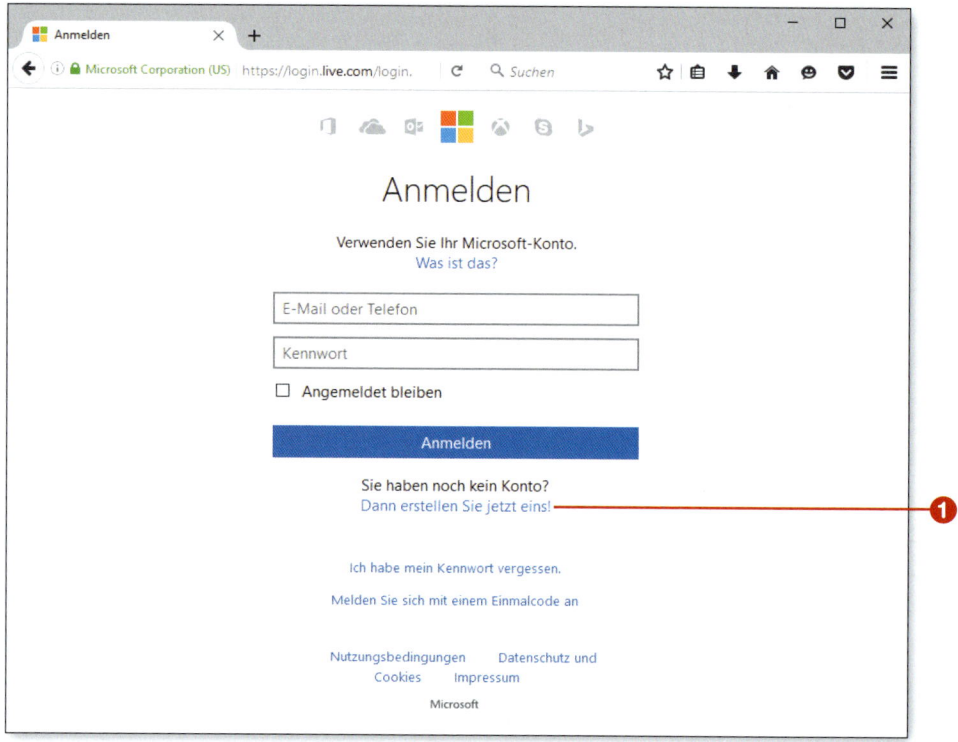

3. Auf der nächsten Webseite füllen Sie die ersten beiden Felder mit Ihrem Vor- und Nachnamen aus. Durch Drücken der Taste ⇆ auf Ihrer Tastatur gelangen Sie in das nächste Feld des Formulars.

4. Als Nächstes legen Sie Ihre E-Mail-Adresse fest. Die zweite Hälfte der Adresse wird von Microsoft vorgegeben. Es schlägt Ihnen die Endung **outlook.de** vor. Alternativ können Sie nach einem Klick auf den Pfeil rechts vom Feld ❷ die Endung **outlook.com** oder **hotmail.com** wählen. Wählen Sie die Endung, die Ihnen am besten gefällt.

Ein kostenloses E-Mail-Konto einrichten

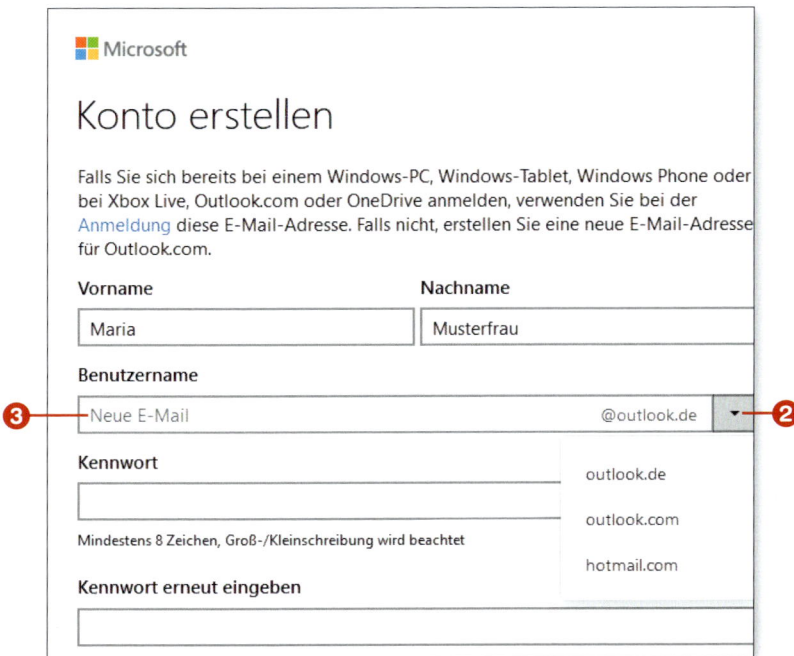

5. Den ersten Teil Ihrer E-Mail-Adresse bestimmen Sie selbst. Klicken Sie hierzu in die linke Hälfte des Feldes **Benutzername** ❸, und geben Sie Ihre Wunschadresse ein. Ein paar Tipps hierzu finden Sie im Kasten »Das sollten Sie bei der Wahl Ihrer E-Mail-Adresse beachten« auf Seite 114. Drücken Sie nach Eingabe der Wunschadresse die Taste ⏎.

6. Microsoft überprüft nun, ob der Benutzername noch verfügbar ist. Ist er bereits vergeben, erhalten Sie einen entsprechenden Hinweis. Nach einem Klick auf **fordern Sie einen verfügbaren Namen an** ❹ schlägt Ihnen Microsoft einige alternative E-Mail-Adressen vor. Gefällt Ihnen einer der Vorschläge, wählen Sie ihn per Mausklick aus. Wenn Sie selbst eine neue Wunschadresse ausprobieren möchten, **schließen** Sie den Dialog und wiederholen Schritt 5 mit einem neuen Benutzernamen.

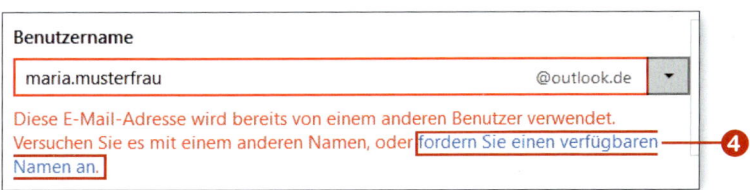

Kapitel 4: E-Mails schreiben und lesen

> ➕ **Das sollten Sie bei der Wahl Ihrer E-Mail-Adresse beachten**
>
> Den Benutzernamen können Sie frei wählen. Dabei kann es sich um Ihren echten Namen handeln, wie etwa »schneider«, oder auch einen Fantasienamen, wie »sternschnuppe4711«. Letzteres bietet sich vor allem für die Nutzung in sozialen Netzwerken an, wenn Sie unerkannt bleiben möchten. Verwenden Sie die E-Mail-Adresse dagegen nur für die Kommunikation mit Freunden oder auch für offizielle Mails an Behörden, sollten Sie Ihren wahren Namen wählen. Um Vorname und Nachname voneinander zu trennen, ist der Einsatz des Punkts (z. B. »maria.muster«) oder auch Bindestrichs (z. B. »erwin-schneider«) erlaubt. Auf Leerzeichen, Umlaute wie »ä« oder auch das Zeichen »ß« sollten Sie dagegen verzichten, da diese nicht von allen E-Mail-Servern korrekt gelesen werden können.

7. Ist der gewählte Benutzername verfügbar, gelangen Sie automatisch in das Feld **Kennwort**. Geben Sie hier ein selbst gewähltes Passwort ein, das aus einer Kombination aus Groß- und Kleinbuchstaben, Zahlen sowie Symbolen besteht und mindestens acht Zeichen lang ist. Wie gewohnt werden im Feld aus Sicherheitsgründen statt der eingegebenen Zeichen nur Punkte eingeblendet. Im Kasten »So wählen Sie ein sicheres Passwort« auf Seite 117 habe ich Ihnen ein paar Tipps zur Kennwortwahl zusammengestellt.

8. Wiederholen Sie das Kennwort im Feld **Kennwort erneut eingeben**. Blättern Sie ggf. mithilfe der Bildlaufleiste am rechten Seitenrand weiter nach unten, um zu den nächsten Feldern zu gelangen.

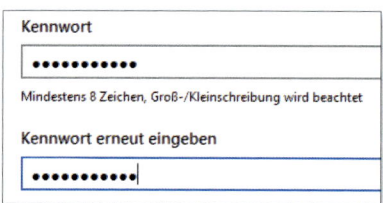

9. Als Nächstes geben Sie Ihr **Geburtsdatum** an. Klicken Sie hier jeweils auf den Pfeil rechts von den Feldern **Tag**, **Monat** und **Jahr** ❺, und wählen Sie in den aufklappenden Listen die entsprechenden Daten aus. Über die Bildlaufleisten am rechten Rand einer Liste ❻ können Sie in den Tages- bzw. Jahreszahlen blättern.

Ein kostenloses E-Mail-Konto einrichten

10. Nach einem Klick auf den Pfeil rechts vom Feld **Geschlecht** wählen Sie in der aufklappenden Liste **Männlich**, **Weiblich** oder **Keine Angaben** aus.

11. Blättern Sie nun auf der Webseite weiter nach unten bis zum Bereich **Unterstützen Sie uns beim Schutz Ihrer Infos**. Microsoft benötigt nun entweder Ihre **Telefonnummer** oder eine **Alternative E-Mail-Adresse** ❼, falls Sie eine solche besitzen. Sollten Sie einmal Ihr Kennwort vergessen, kann Ihnen an die angegebene Handynummer eine SMS bzw. an die E-Mail-Adresse eine E-Mail mit Informationen zum Zurücksetzen des Kennwortes geschickt werden. Durch das Zurücksetzen des Kennwortes erhalten Sie die Möglichkeit, ein neues Kennwort festzulegen und sich damit an Ihrem E-Mail-Konto anzumelden.

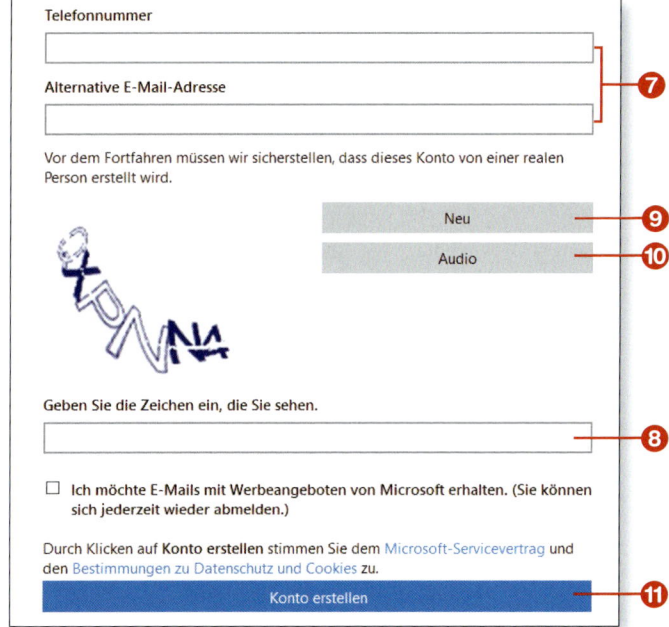

12. Nun haben Sie es fast geschafft. Es muss nur noch sichergestellt werden, dass eine reale Person und kein Computerprogramm das E-Mail-Konto erstellt. Unterhalb des Feldes **Alternative E-Mail-Adresse** sehen Sie ein Bild. In diesem Bild sind einige schwer erkennbare Buchstaben und Zahlen zu sehen, die Sie im Feld **Geben Sie die Zeichen ein, die Sie sehen.** ❽ eingeben müssen. Können Sie die Zeichen, übrigens auch *Captcha* genannt, nicht entziffern, klicken Sie auf **Neu** ❾ und probieren es erneut. Sind die Lautsprecher Ihres Computers eingeschaltet, können Sie sich die Zeichenkette per Klick auf **Audio** ❿ auch vorlesen lassen.

13. Klicken Sie am unteren Seitenrand auf **Konto erstellen** ⓫.

14. Auf der nächsten Seite werden Sie aufgefordert, nach einem Klick auf den Pfeil rechts von den entsprechenden Feldern die **Sprache** und die **Zeitzone** einzustellen. **Speichern** ⓬ Sie diese Angaben.

Mit diesem letzten Schritt ist die E-Mail-Adresse nun erfolgreich eingerichtet. Manchmal weist Microsoft Sie auf Neuerungen in der Bedienung oder Benutzeroberfläche hin. Diese Hinweise können Sie sich entweder mit einem Klick auf **Weiter** durchlesen oder das Hinweisfenster direkt mit einem Klick auf das Kreuzsymbol ⓭ oben rechts schließen. Nun können Sie einen ersten Blick auf Ihr E-Mail-Konto werfen.

◁ *Die Hinweisfenster können Sie auch direkt schließen.*

Ein kostenloses E-Mail-Konto einrichten

In den folgenden Abschnitten zeige ich Ihnen, wie Sie E-Mails lesen, schreiben oder auch verwalten. An dieser Stelle sollten Sie sich zunächst bei Ihrem E-Mail-Konto abmelden. Klicken Sie hierzu oben rechts auf das Symbol ❶ und in der aufklappenden Liste auf **Abmelden** ❷. Nach dem Abmelden werden Sie automatisch auf die Startseite des Informationsportals MSN von Microsoft geführt.

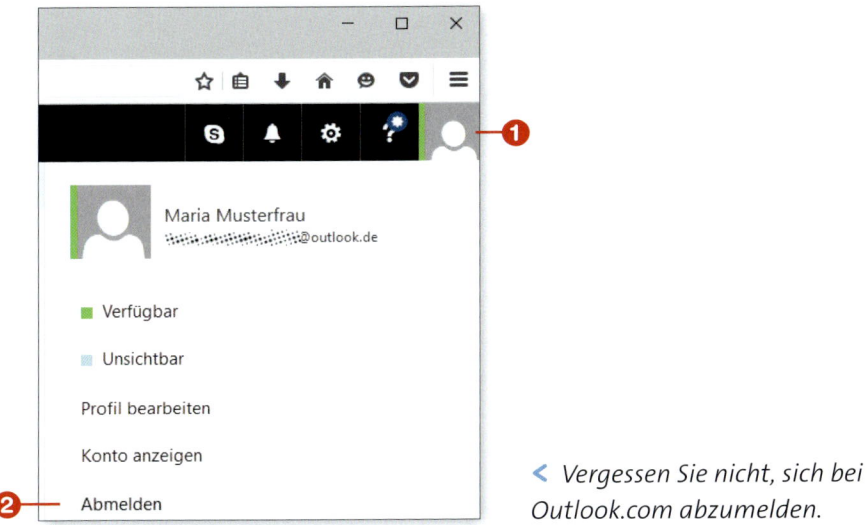

◁ *Vergessen Sie nicht, sich bei Outlook.com abzumelden.*

Den letzten Schritt, das Abmelden beim E-Mail-Dienst Outlook.com, sollten Sie nie vergessen. Nur so stellen Sie sicher, dass ausschließlich Sie Ihre Mails lesen können. Anschließend können Sie das Fenster des Browsers schließen oder, falls Sie weiter surfen möchten, eine neue Internetadresse aufrufen.

> **So wählen Sie ein sicheres Passwort**
>
> Ein sicheres Passwort sollte aus mindestens acht, besser noch mehr Zeichen bestehen. Verwenden Sie sowohl Groß- als auch Kleinbuchstaben, Ziffern (0–9) und Sonderzeichen wie § oder !. Am besten denken Sie sich einen Satz aus, der sowohl Wörter als auch Zahlen und Sonderzeichen enthält. Das Passwort setzen Sie dann jeweils aus dem ersten Buchstaben eines Wortes sowie den anderen Zeichen zusammen. Aus dem Satz »Dieses Passwort habe ich bei Outlook.com am 7. Mai eingerichtet!« lässt sich beispielsweise das Passwort »DPhib0a7.Me!« kreieren. Verwenden Sie ein Passwort nie zweimal.

Kapitel 4: E-Mails schreiben und lesen

Am Beispiel von Outlook.com haben Sie gesehen, wie schnell Sie an eine kostenlose E-Mail-Adresse kommen. Selbstverständlich können Sie auch einen anderen Anbieter als Microsoft wählen. Vergleichbar mit dem kostenlosen Dienst von Microsoft sind die drei Freemail-Provider *GMX (gmx.de)*, *Web.de (www.web.de)* und *Freenet (www.freenet.de)*. Ähnlich wie bei Outlook.com müssen Sie hier für das kostenlose Angebot Werbung in Kauf nehmen. Auch die Größe der Postfächer ist beschränkt.

Ein ähnliches Prinzip wie Microsoft mit seinem Microsoft-Konto (also ein Konto für diverse Dienste) verfolgt auch Google. Das Unternehmen bietet nicht nur die große Suchmaschine an, die Sie in Kapitel 3, »Suchen und Finden mit Google«, bereits kennengelernt haben. Mit ein und demselben Konto, dem Google-Konto, können Sie den E-Mail-Dienst Gmail von Google nutzen, Videos bei YouTube veröffentlichen (mehr dazu im Abschnitt »Das Videoportal YouTube« ab Seite 309) oder auch in Googles Play Store Apps für Ihr Android-Tablet oder -Smartphone erwerben. Wenn Sie ein E-Mail-Konto bei Google anlegen möchten, rufen Sie die Internetadresse »mail.google.com« auf. Nach einem Klick auf **Konto erstellen** gelangen Sie zu einem Assistenten, der Sie durch die dann folgenden Anmeldeschritte begleitet.

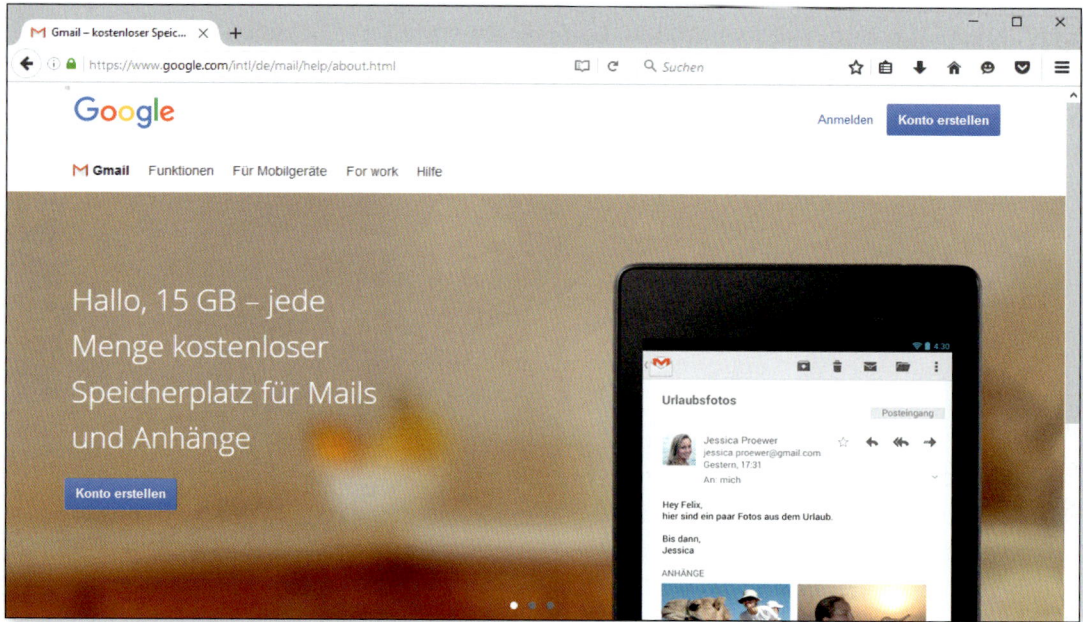

▲ *Auch Google bietet ein kostenloses E-Mail-Konto an.*

E-Mails schreiben

> **!** **Wie sinnvoll ist ein und dasselbe Konto für viele Dienste?**
>
> Ob es wirklich sinnvoll ist, mit nur einem Konto eine Vielzahl von Diensten zu nutzen, darüber streiten sich die Experten. Für den Anwender erscheint es im ersten Moment natürlich praktisch, da er sich nur eine E-Mail-Adresse und ein Passwort merken muss. Der Anbieter selbst, also etwa Microsoft oder Google, kann auf diese Weise aber viele Informationen über den Nutzer gewinnen, die sich wiederum geschickt für Werbezwecke einsetzen lassen. Datenschützer warnen gerade hiervor. Was ebenfalls häufig vergessen wird: Wird das Konto einmal geknackt, erhält der Angreifer nicht nur Zugriff auf einen Dienst, etwa die E-Mails, sondern kann alle Daten des Nutzers einsehen. Welchen Weg man als Anwender jeweils wählt – ein Konto für viele Dienste oder für jeden Dienst ein eigenes Konto –, muss jeder für sich entscheiden. Im Abschnitt »Wichtige Datenschutzeinstellungen« ab Seite 345 zeige ich Ihnen, welche Einstellungen Sie unter Windows 10, aber auch bei Google vornehmen sollten, um den allzu großen Wissensdurst der Unternehmen einzuschränken.

E-Mails schreiben

Die E-Mail-Adresse ist angelegt, nun soll sie natürlich auch genutzt werden. Wie im vorletzten Abschnitt »Was Sie über E-Mails wissen sollten« ab Seite 109 bereits erwähnt, können Sie zum Schreiben und Lesen Ihrer E-Mails entweder einen Browser wie Mozilla Firefox verwenden oder ein spezielles E-Mail-Programm. Am Beispiel von Outlook.com stelle ich Ihnen zunächst den Weg über den Browser vor. In diesem Fall wird auch von *webbasierter E-Mail* gesprochen. Ihr Vorteil: Sie können, müssen aber nicht am eigenen PC daheim sitzen, um eine E-Mail zu schreiben bzw. zu lesen. Jeder beliebige Computer – sei es bei einem Freund, im Büro, in einem Hotel oder einem Internetcafé – tut es ebenfalls. Zunächst müssen Sie sich bei Outlook.com anmelden.

1. Starten Sie den Browser Ihrer Wahl, und rufen Sie die Internetadresse Ihres E-Mail-Dienstes auf, im Beispiel also »www.outlook.de«. Die Eingabe der Adresse »www.outlook.com« oder alternativ »www.hotmail.com«

Kapitel 4: E-Mails schreiben und lesen

(entsprechend der Endung, die Sie eventuell für Ihre E-Mail-Adresse ausgewählt haben, wie in Schritt 4 auf Seite 112 gezeigt) führt Sie übrigens zur gleichen Webseite. Es ist also egal, welche der drei Adressen Sie eingeben.

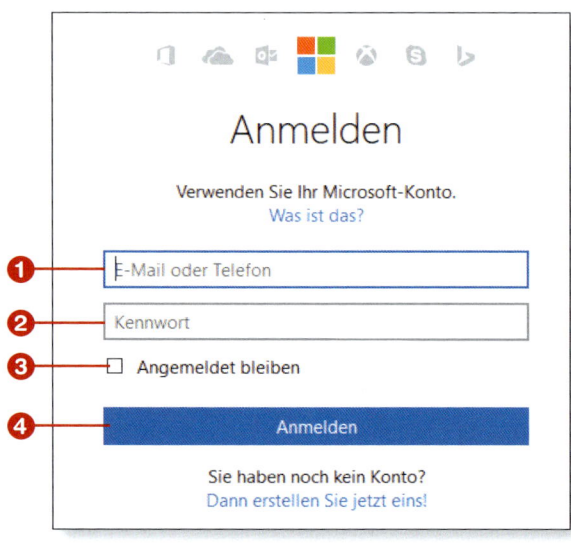

2. Die folgende Webseite **Anmelden** kennen Sie bereits vom Einrichten des E-Mail-Kontos aus dem vorherigen Abschnitt. Nun sind Sie bereits im Besitz eines Kontos. Geben Sie also in den beiden Feldern Ihre E-Mail-Adresse ❶ sowie das Kennwort ❷ ein. Stellen Sie sicher, dass das Kästchen **Angemeldet bleiben** ❸ nicht mit einem Häkchen versehen ist. Klicken Sie dann auf **Anmelden** ❹.

3. Je nach gewähltem Browser kann es sein, dass nun ein Hinweisfenster eingeblendet wird. Darin werden Sie gefragt, ob Sie das Passwort für diese Seite speichern möchten. Damit müssten Sie zukünftig das Passwort nicht mehr eingeben. Aus Sicherheitsgründen sollten Sie dies aber ablehnen. Im Falle des Browsers Mozilla Firefox klicken Sie auf den Pfeil rechts vom Feld **Speichern** und wählen in der aufklappenden Liste **Nie das Passwort für diese Seite speichern** aus ❺. Nutzen Sie als Browser Edge, klicken Sie in der Leiste, die am unteren Bildschirmrand eingeblendet wird, auf **Nein** ❻.

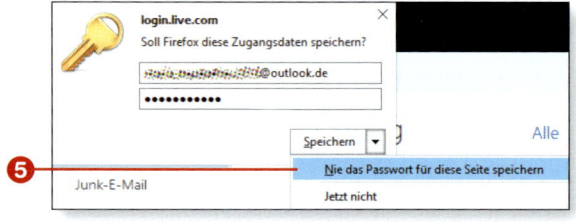

Sie gelangen nun zur Startseite Ihres E-Mail-Kontos bei Outlook.com. In der linken Spalte ist der Ordner **Posteingang** (❶ auf Seite 121) aktiviert. Sollten Sie bereits E-Mails erhalten haben, werden diese in der mittleren Spalte angezeigt. Da Sie das E-Mail-Konto gerade erst eingerichtet haben, wird dieser Bereich wahrscheinlich noch leer sein ❷. Ich zeige Ihnen nun, wie Sie Ihre erste E-Mail schreiben.

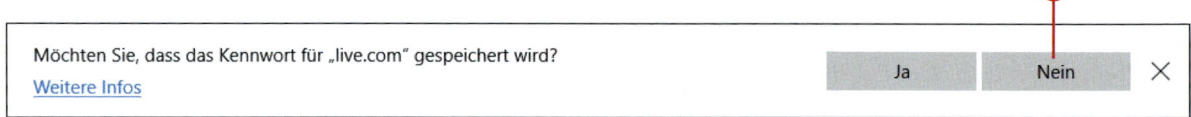

E-Mails schreiben

1. Klicken Sie am oberen Seitenrand auf die Schaltfläche **Neu** ❸.

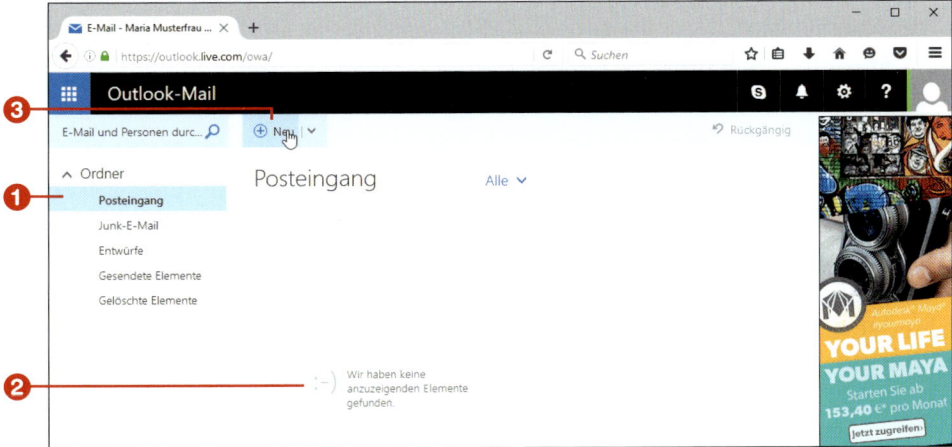

2. In der rechten Spalte der Webseite werden nun einige Felder eingeblendet. Die Einfügemarke blinkt bereits im Feld **An**. Tragen Sie hier die E-Mail-Adresse des Empfängers ein ❹. Wenn Sie die Adresse vollständig eingegeben haben, klicken Sie im kleinen Hinweisfenster, das eingeblendet wird, auf **Diese Adresse verwenden** ❺.

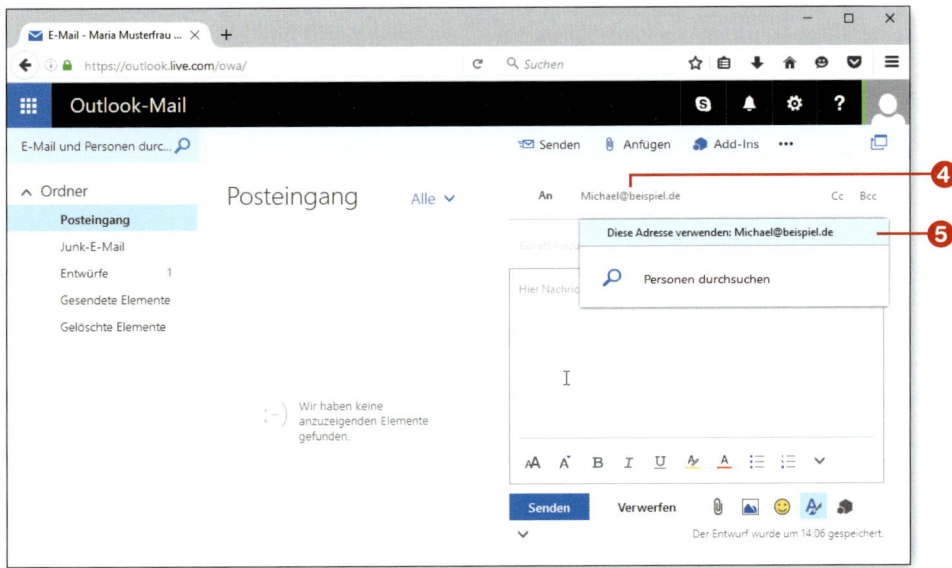

Achten Sie bei der Adresseingabe darauf, dass Ihnen kein Tippfehler unterläuft. Vergessen Sie etwa einen Bindestrich, erreicht die Mail im schlimmsten Fall einen anderen Empfänger. Existiert die Adresse nicht, erhalten Sie eine E-Mail mit dem Betreff *Mail delivery failed*, zu Deutsch: »Die Nachrichtenübermittlung ist fehlgeschlagen«. Outlook.com merkt sich übrigens die einmal eingegebenen Adressen. Sollten Sie dem Empfänger also bereits eine E-Mail geschickt haben, schlägt Ihnen Outlook.com die Adresse während Ihrer Texteingabe bereits vor. In diesem Fall reicht ein Mausklick auf die E-Mail-Adresse, und sie wird automatisch im Feld **An** ergänzt.

3. Die gerade eingegebene E-Mail-Adresse wird grau hinterlegt eingeblendet. Direkt dahinter blinkt die Einfügemarke. Wenn Sie die E-Mail nicht nur einer, sondern mehreren Personen schicken möchten, tragen Sie die nächste Adresse ein ❻.

4. Klicken Sie in das Feld **Betreff** ❼, und geben Sie den Titel Ihrer Mail ein. Gerade im beruflichen Umfeld sollten Sie einen möglichst aussagekräftigen Betreff wählen.

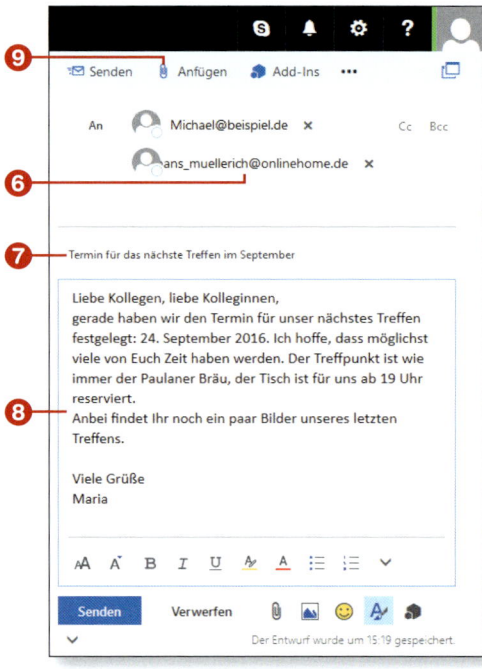

5. Nun können Sie den eigentlichen Text Ihrer E-Mail schreiben. Klicken Sie hierzu in das große weiße Feld mit der Beschriftung **Hier Nachricht hinzufügen…**, und geben Sie den Text ein ❽. Für das Schreiben einer E-Mail gelten ähnliche Regeln wie bei einem klassischen Brief. So sollten Sie weder auf eine Anrede noch auf eine Grußformel am Ende der Nachricht verzichten. Handelt es sich um eine offizielle Mail, ergänzen Sie am Ende der Nachricht Ihre Kontaktdaten wie die Anschrift und ggf. auch Telefonnummer.

Wenn Sie möchten, fügen Sie Ihrer Mail eine oder mehrere Dateien hinzu (siehe auch den Kasten »Vorsicht bei der Größe Ihrer Dateianhänge« auf der folgenden Seite).

E-Mails schreiben

ℹ Vorsicht bei der Größe Ihrer Dateianhänge

Fotos, Filme, Word-Dokumente oder auch PDF-Dateien: An eine E-Mail lässt sich praktisch jede Art von Datei als Anhang beifügen. Achten Sie bei der Auswahl der Dateien aber auf die Größe. Manche Anbieter schränken die maximal mögliche Größe von Dateianhängen ein. Manchmal beträgt diese lediglich 5 MByte, manchmal dürfen es aber auch bis zu 20 MByte sein. Diese Einschränkung gilt sowohl für das Senden als auch für das Empfangen von E-Mails. Auch wenn Sie selbst vielleicht größere Datenmengen verschicken dürfen, sollten Sie dies berücksichtigen. Je größer der Dateianhang ist, desto länger dauert auch die Übertragung. Müssen Sie mehrere Dateien verschicken, sollten Sie diese auf mehrere E-Mails verteilen. Fotos lassen sich zudem mithilfe eines Bildbearbeitungsprogramms wie etwa IrfanView komprimieren, d. h., die Größe der Dateien wird reduziert.

1. Um Dateianhänge von Ihrem Computer in die E-Mail einzufügen, klicken Sie auf das Büroklammersymbol **Anfügen** (❾ auf Seite 122).

2. Im Dialog **Anlagen …**, der nun eingeblendet wird, klicken Sie in der linken Spalte auf **Computer** ❶.

3. Der Dialog **Datei hochladen** wird geöffnet. Wechseln Sie zum Ordner, in dem sich die Dateien befinden. Handelt es sich bei Ihren Dateien um Fotos, werden Sie diese wahrscheinlich im Ordner **Bilder** ❷ gespeichert haben.

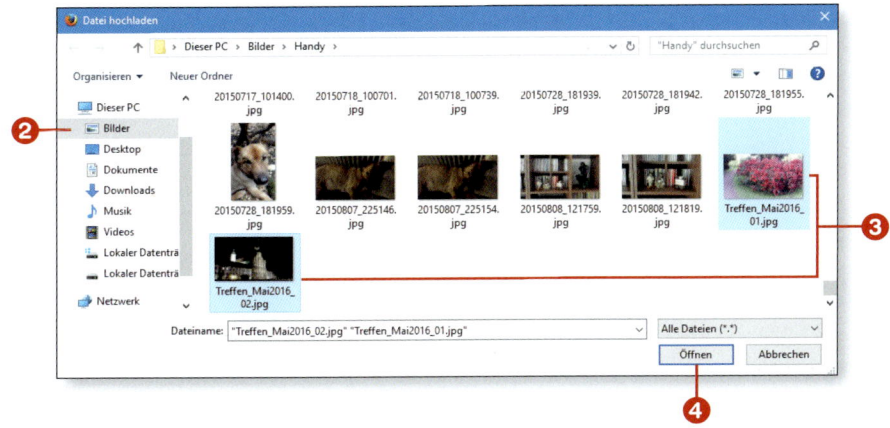

4. Markieren Sie die gewünschte Datei per Mausklick. Wenn Sie mehr als eine Datei auswählen möchten, halten Sie die Taste ⌈Strg⌉ gedrückt, während Sie nacheinander alle Dateien anklicken. Bestätigen Sie Ihre Auswahl ❸ mit einem Klick auf **Öffnen** ❹.

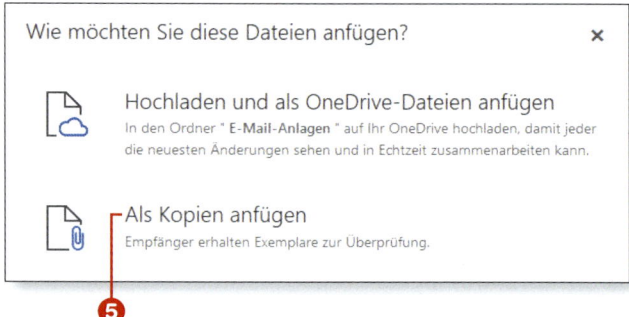

5. Outlook.com bietet Ihnen jetzt an, die Dateien in *OneDrive*, den Online-Speicher von Microsoft, hochzuladen (lesen Sie hierzu auch den Kasten »Der Online-Speicher OneDrive von Microsoft« auf Seite 125). Damit der Empfänger Ihrer Mail sich die Dateien nicht selbst bei OneDrive herunterladen muss, sondern direkt mit Ihrer E-Mail zugeschickt bekommt, klicken Sie auf **Als Kopien anfügen** ❺.

6. Die Dateinamen der angehängten Dateien werden unterhalb der Betreffzeile eingeblendet. Wenn Sie eine der Dateien doch nicht versenden möchten, klicken Sie auf das kleine Kreuzsymbol rechts vom Dateinamen.

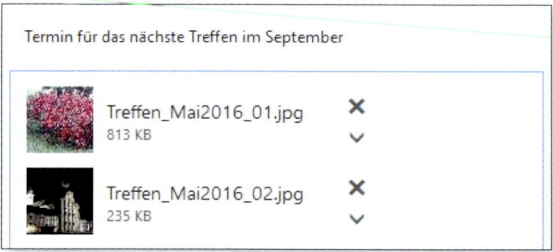

7. Nun sind alle wichtigen Angaben gemacht, und Sie können die E-Mail mit einem Klick auf **Senden** verschicken.

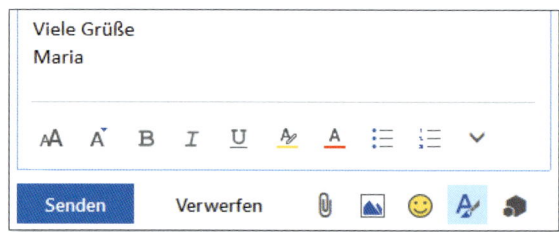

> **Der Online-Speicher OneDrive von Microsoft**
>
> Microsoft bietet seinen Anwendern kostenlosen Speicherplatz im Internet an. Ein solcher Online-Speicher wird allgemein auch *Cloud* genannt. Nehmen Sie beim Verschicken von Fotos den Vorschlag von Microsoft an, die Dateien in OneDrive hochzuladen, erhält der Empfänger mit Ihrer E-Mail lediglich eine Einladung, sich die Bilder in OneDrive anzusehen. Hierzu muss der Empfänger die in der E-Mail angegebene Internetadresse aufrufen. Anschließend kann er die von Ihnen in den Online-Speicher hochgeladenen Fotos betrachten und auch auf seinen Computer herunterladen. Dieser für den E-Mail-Empfänger doch recht umständliche Weg ist allerdings nur dann sinnvoll, wenn Sie ihm zahlreiche Fotos senden möchten. Im Abschnitt »Fotos im Online-Album präsentieren« ab Seite 295 stelle ich Ihnen eine ebenfalls kostenlose Alternative zum Online-Speicher OneDrive von Microsoft vor: den Bilderdienst Flickr.

Die erfolgreich versendete E-Mail wird nach einem kurzen Moment im Ordner **Gesendete Elemente** abgelegt. Wenn Sie einen Blick in diesen Ordner werfen möchten, klicken Sie in der linken Spalte auf den gleichnamigen Ordnernamen. Sobald die E-Mail beim Empfänger angekommen ist, kennt dieser automatisch auch Ihre E-Mail-Adresse. Vielleicht antwortet er sofort, und Sie finden schon nach einem Augenblick eine neue Mail in Ihrem Postfach vor. Wie Sie E-Mails lesen und drucken sowie Dateianhänge auf Ihrem PC speichern, erfahren Sie im nächsten Abschnitt.

E-Mails lesen und verwalten

Wie das Schreiben einer E-Mail kann auch das Lesen der Nachrichten über die Webseite Ihres E-Mail-Providers erfolgen. Somit können Sie von jedem beliebigen Computer aus, der über einen Internetzugang verfügt und auf dem ein Browser installiert ist, auf Ihr Postfach zugreifen. Am Beispiel von Outlook.com zeige ich Ihnen als Nächstes, wie Sie Ihre Nachrichten lesen, ausdrucken oder auch löschen.

Sollten Sie sich in der Zwischenzeit bei Ihrem Postfach über den Befehl **Abmelden**, den Sie per Klick auf das Symbol aufrufen, abgemeldet haben, wie auf Seite 117 gezeigt, melden Sie sich bitte erneut an. Rufen

Kapitel 4: E-Mails schreiben und lesen

Sie hierzu die Internetseite des Anbieters auf, im Beispiel also »www.outlook.de«, und melden Sie sich, wie im vorherigen Abschnitt auf Seite 120 beschrieben, mit Ihrer E-Mail-Adresse und dem Kennwort an.

Direkt nach der Anmeldung wird normalerweise automatisch der Inhalt des Ordners **Posteingang** angezeigt. In diesem Fall sehen Sie sofort, ob Sie neue E-Mails erhalten haben. Um Ihre E-Mails zu lesen, gehen Sie folgendermaßen vor:

1. Stellen Sie sicher, dass in der linken Spalte **Posteingang** ❶ ausgewählt ist, erkennbar am farbigen Hintergrund. In der mittleren Spalte wird nun eine Übersicht über alle E-Mails, die Sie bisher erhalten haben, angezeigt. Die neu eingetroffenen und von Ihnen bisher noch nicht gelesenen Nachrichten sind gut am farbigen Balken links erkennbar ❷.

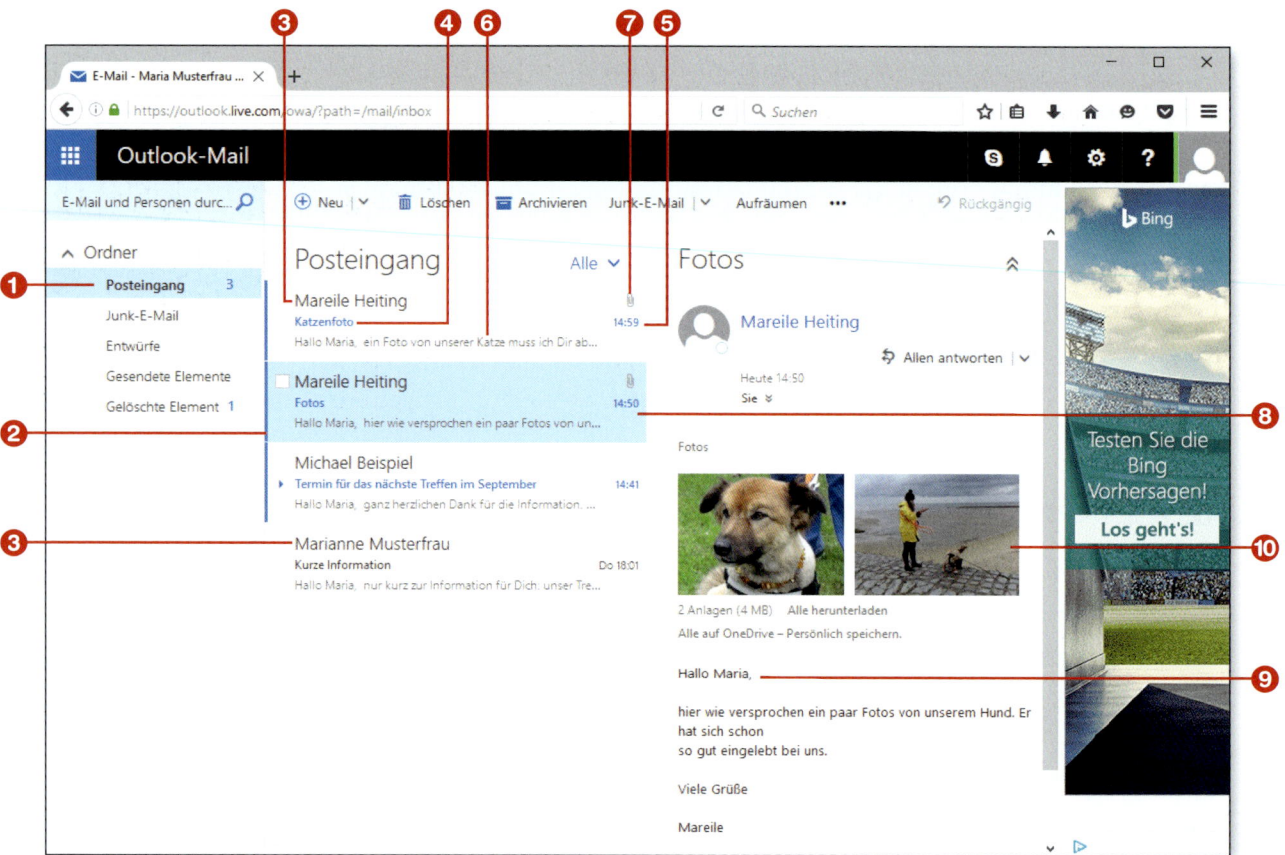

E-Mails lesen und verwalten

Neben dem Namen des Absenders ❸ wird der Titel der Mail, sprich der *Betreff*, angezeigt ❹. Außerdem erfahren Sie, wann die E-Mail verschickt wurde ❺. Auch die erste Zeile des eigentlichen Nachrichtentextes ist zu lesen ❻.

Wenn der Absender an seine E-Mail eine Datei, etwa ein Foto oder auch ein Textdokument, angehängt hat, finden Sie rechts vom Absendernamen das Symbol einer kleinen Büroklammer ❼.

2. Um eine Mail zu lesen, klicken Sie auf den Namen des Absenders oder auch auf den Betreff. Die markierte Mail ist am farbigen Hintergrund erkennbar ❽.

In der rechten Spalte sehen Sie nun den Inhalt der E-Mail ❾. Enthält die E-Mail Dateianhänge, wird oberhalb des Mailtextes eine kleine Vorschau der Dateien angezeigt ❿.

3. Um eine Datei auf der Festplatte Ihres Computers zu speichern, bewegen Sie den Mauszeiger auf die Dateivorschau. Klicken Sie auf den kleinen Pfeil, der nun eingeblendet wird ⓫.

4. Es klappt eine Liste auf, in der Sie auf **Herunterladen** klicken.

5. Nutzen Sie als Browser Mozilla Firefox, wird der Dialog **Öffnen von …** geöffnet. Markieren Sie die Option **Datei speichern** ⓬, und bestätigen Sie mit **OK** ⓭.

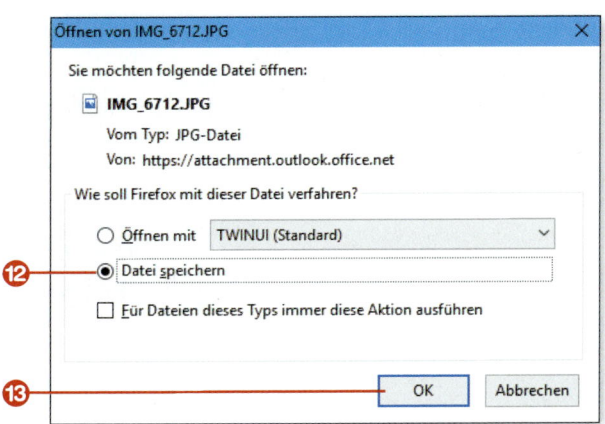

Sobald die Datei erfolgreich auf Ihrem Computer gespeichert wurde, färbt sich das Download-Symbol ⬇ des Mozilla Firefox, der nach unten zeigende Pfeil, blau.

Windows legt die Datei automatisch im Ordner *Downloads* auf Ihrem Computer ab. Um auf die Datei zuzugreifen, rufen Sie z. B. den Explorer auf (siehe auch den folgenden Kasten) und wechseln dort in den Ordner **Downloads**.

➕ Mehrere Dateianhänge auf einmal herunterladen

Wenn Ihnen gleich mehrere Dateien (z. B. Fotos) in einer E-Mail geschickt wurden, die Sie gerne alle auf Ihrem Computer speichern möchten, können Sie auch den Befehl **Alle herunterladen** nutzen. Dieser wird unterhalb der Dateien eingeblendet. Anschließend gehen Sie, wie in Schritt 5 auf Seite 127 gezeigt, vor. Statt einzelner Dateien legt Windows in diesem Fall allerdings eine *Zip-Datei* im Ordner **Downloads** ❶ ab. Den Inhalt des Ordners sehen Sie sich am besten mit dem Explorer an, den Sie über das Symbol 📁 in der Taskleiste aufrufen oder über den Eintrag **Explorer** im Startmenü. Die Zip-Datei trägt als Namen die Bezeichnung des Betreffs der E-Mail. Um die einzelnen Fotos, die in dieser Datei zusammengefasst wurden, zu extrahieren, doppelklicken Sie im Explorer auf die Zip-Datei. Nach einem Klick auf den Befehl **Alle extrahieren** ❷, der im Menüband eingeblendet wird, wird der Dialog **ZIP-komprimierte Ordner extrahieren** geöffnet. Hier können Sie nach einem Klick auf **Durchsuchen** den Ordner auswählen, in dem die einzelnen Dateien, also etwa Fotos, gespeichert werden sollen. Bestätigen Sie die Auswahl mit **Ordner auswählen** und **Extrahieren**.

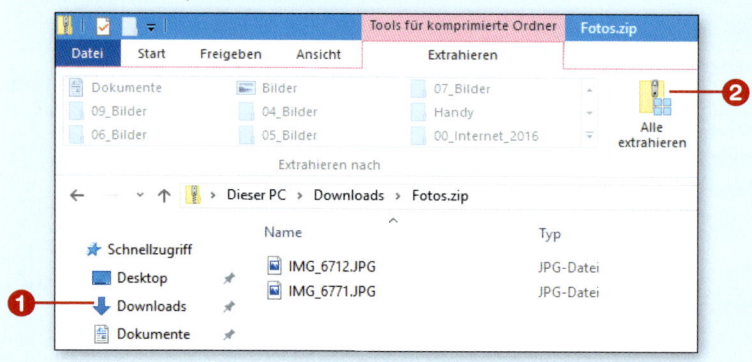

⌃ *Zip-Dateien werden im Ordner »Downloads« gespeichert.*

E-Mails lesen und verwalten

> **Wichtige Buchungsbestätigungen speichern**
>
> Haben Sie z. B. ein Bahn- oder Flugticket im Internet gebucht, dann wird Ihnen das Ticket häufig in Form eines PDF-Dokuments per E-Mail zugesendet. Der Dateianhang ist in diesem Fall mit dem Kürzel *PDF* gekennzeichnet. Diese Datei sollten Sie ebenfalls auf der Festplatte Ihres Computers speichern, dann öffnen und ausdrucken. Zum Öffnen einer PDF-Datei benötigen Sie ein spezielles Programm, etwa den Adobe Reader. Wie Sie diesen auf Ihrem Computer installieren, haben Sie im Abschnitt »Dateien aus dem Internet herunterladen« ab Seite 73 bereits erfahren.

Um eine E-Mail auszudrucken, markieren Sie sie zunächst in der mittleren Spalte. Klicken Sie dann in der rechten Spalte auf den Pfeil rechts vom Feld **Allen antworten** ❶. In der nun aufklappenden Liste wählen Sie den Befehl **Drucken**. Die Nachricht wird nach einem kurzen Moment in einem neuen Dialogfenster geöffnet ❷. Außerdem klappt das Dialogfenster **Drucken** ❸ auf. Sind mehrere Drucker an Ihren Computer angeschlossen, wählen Sie den gewünschten Drucker aus und starten den Druckvorgang dann mit **Drucken**. Das Dialogfenster der Nachricht können Sie mit einem Klick auf das Kreuzsymbol oben rechts schließen ❹.

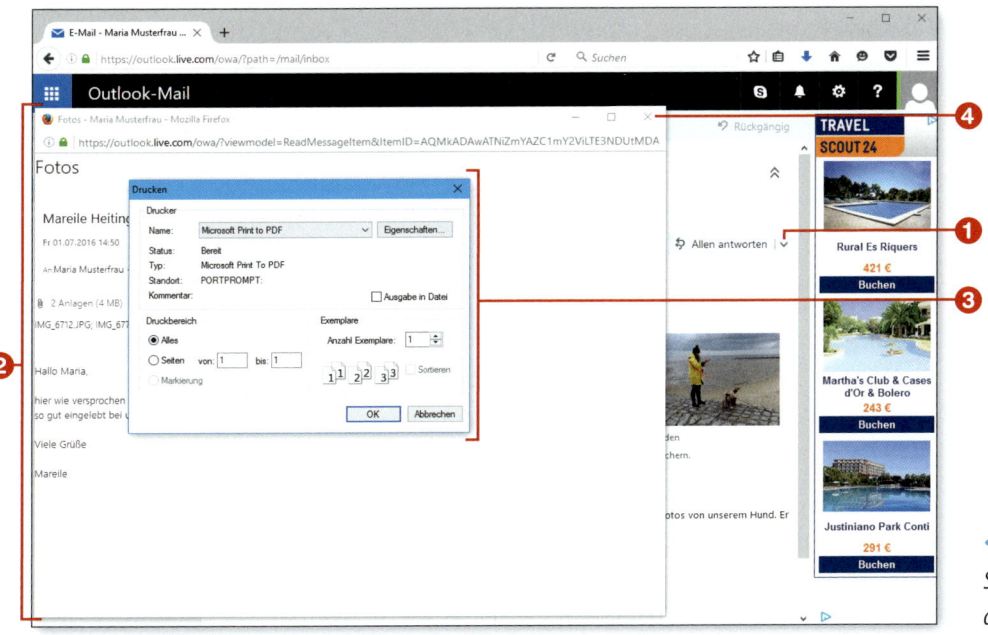

‹ *E-Mails können Sie selbstverständlich auch ausdrucken.*

Kapitel 4: E-Mails schreiben und lesen

Wenn Sie dem Absender der E-Mail direkt antworten möchten, klicken Sie ebenfalls auf die Schaltfläche **Allen antworten** (❶ auf Seite 129) und wählen in der Liste den Befehl **Antworten**. Den Bereich, der in der rechten Spalte nun oberhalb der Nachricht eingeblendet wird, die Sie beantworten möchten, kennen Sie bereits vom Schreiben einer E-Mail (siehe den Abschnitt »E-Mails schreiben« auf Seite 121). Im Feld **An** ist bereits der Empfänger der E-Mail eingetragen ❷. Sie können nach Belieben weitere E-Mail-Adressen ergänzen. Soll die alte Nachricht nicht an Ihren Text angehängt werden, entfernen Sie einfach das Häkchen im Kästchen **Nachrichtenverlauf anzeigen** ❸. Der alte Text wird nun im Nachrichtentext-Feld angezeigt, und Sie können ihn löschen. Hierzu markieren Sie den Text einfach und drücken dann die Taste ⌞Entf⌟ auf Ihrer Tastatur. Anschließend können Sie wie gewohnt Ihren Nachrichtentext eingeben. Nachdem Sie Ihr Antwortschreiben verfasst und ggf. selbst Dateien an die Mail angehängt haben, klicken Sie auf **Senden** ❹, um die E-Mail abzuschicken.

> *Ist das Häkchen gesetzt, wird die Originalnachricht gemeinsam mit Ihrem Antwortschreiben versendet.*

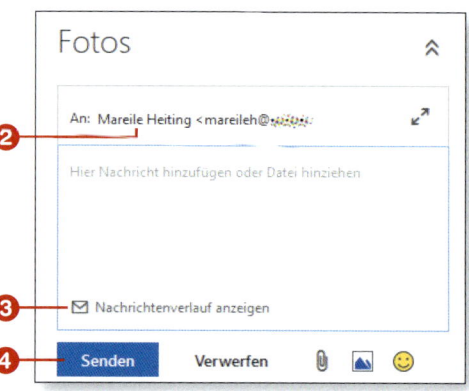

Möchten Sie eine E-Mail an eine andere Person weiterleiten, wählen Sie nach einem Klick auf **Allen antworten** den Befehl **Weiterleiten**. In diesem Fall müssen Sie im nächsten Fenster im Feld **An** die E-Mail-Adresse des Empfängers selbst ergänzen.

E-Mails sind eigentlich eine wunderbare Sache, in manchen Fällen nerven sie aber auch. Dies gilt vor allem für lästige Werbemails, im Fachjargon auch *Spam-* oder *Junk-Mail* genannt. Wenn Sie beispielsweise einmal bei einem Versandhandel bestellt haben, erhalten Sie zukünftig meist auch Werbung von ihm. Alle E-Mail-Dienste, d. h. auch Outlook.com, unterziehen eingehende E-Mails einer genauen Prüfung. Wenn der Verdacht besteht, dass es sich bei einer E-Mail um eine Spam-Mail handelt, wird die Nachricht automatisch in einem speziellen Ordner abgelegt. Bei Outlook.com nennt sich dieser Ordner **Junk-E-Mail** ❺. Da ab und an auch seriöse E-Mails, wie etwa Buchungsbestätigungen von Reisen, versehentlich dort landen, sollten Sie regelmäßig einen Blick in diesen Ord-

E-Mails lesen und verwalten

ner werfen. Weitere ausführliche Informationen rund um die Sicherheit im Internet finden Sie im Abschnitt »Schutz vor betrügerischen E-Mails« ab Seite 361.

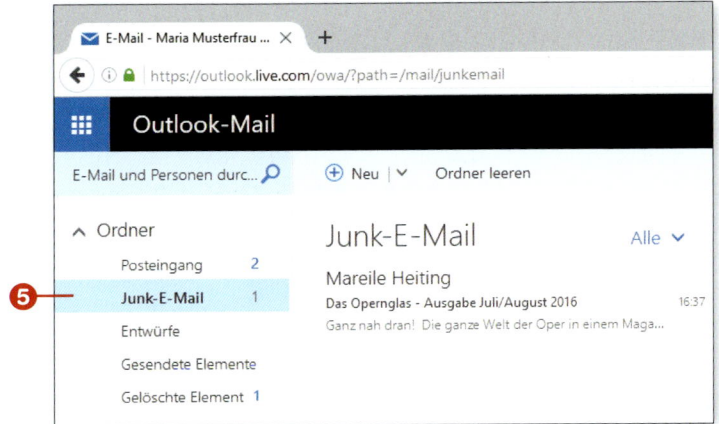

< Prüfen Sie regelmäßig, ob versehentlich wichtige E-Mails im Ordner »Junk-E-Mails« gelandet sind.

Nachdem Sie eine E-Mail gelesen haben, die Sie nicht mehr benötigen, sollten Sie sie löschen. Damit schaffen Sie wieder Platz in Ihrem Postfach. Das Löschen ist schnell erledigt:

1. Bewegen Sie in der Übersicht über alle E-Mails den Mauszeiger auf die zu löschende E-Mail, werden einige Symbole eingeblendet. Mit einem Klick auf das Symbol **Löschen** ❶ wird die E-Mail zunächst in den Ordner **Gelöschte Elemente** verschoben.

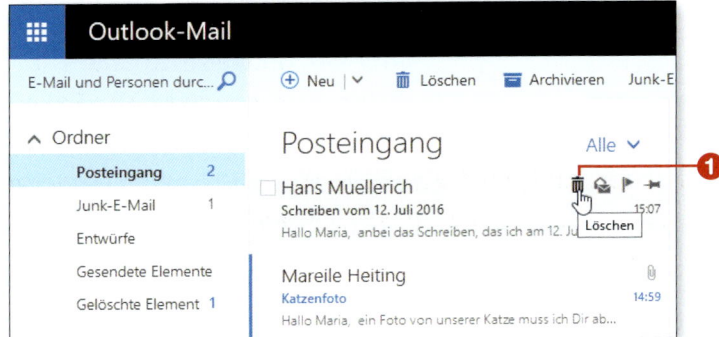

2. Sollten Sie eine Mail versehentlich entfernt haben, haben Sie somit noch eine Chance, sie wiederherzustellen: Wechseln Sie in den Ordner **Gelöschte Elemente** ❷, markieren Sie die Mail, klicken Sie dann oberhalb der rechten Spalte auf **Verschieben** ❸ und als Nächstes auf **Posteingang**.

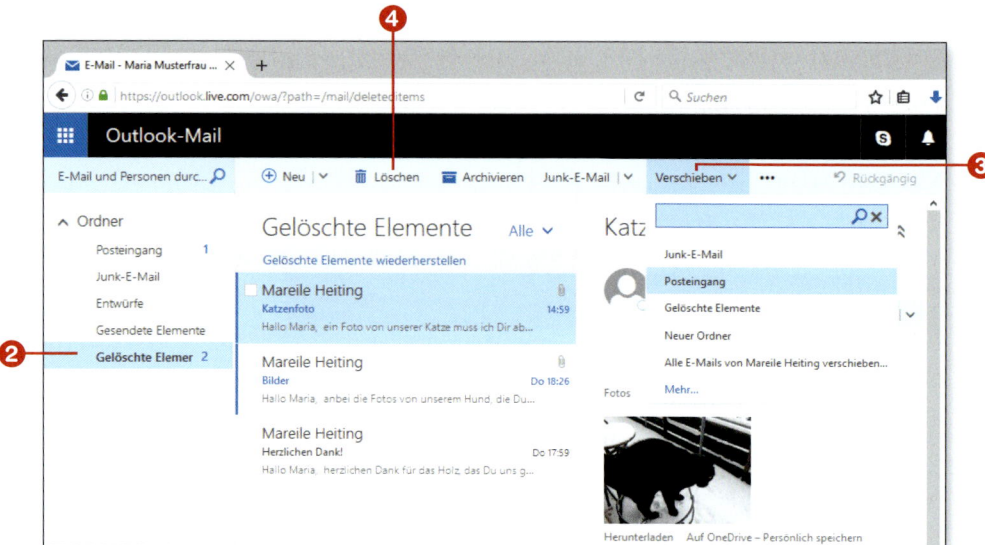

3. Falls Sie eine E-Mail wirklich nicht mehr benötigen, sollten Sie sie mit einem Klick auf **Löschen** 4 auch aus dem Ordner **Gelöschte Elemente** entfernen.

4. Die folgende Frage, ob Sie das ausgewählte Element wirklich löschen wollen, bestätigen Sie mit **OK**.

5. Um den gesamten Ordner zu leeren, bewegen Sie den Mauszeiger in der mittleren Spalte auf den Titel **Gelöschte Elemente**.

6. Versehen Sie das Kästchen, das nun links vom Namen eingeblendet wird, mit einem Häkchen 5. Klicken Sie dann auf **Löschen**, und bestätigen Sie mit **OK**.

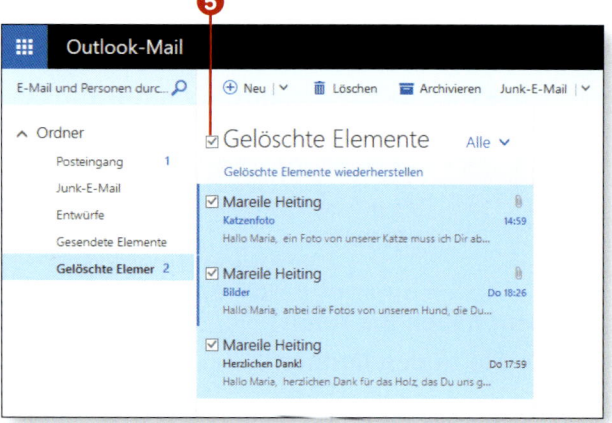

Wenn Sie keine weiteren E-Mails schreiben, lesen oder verwalten möchten, sollten Sie nicht vergessen, sich abschließend bei Outlook.com abzumelden.

Zum Speichern Ihrer E-Mails auf dem Computer empfehle ich Ihnen den Einsatz eines E-Mail-Programms wie Mozilla Thunderbird. Welche Vorteile solch eine Anwendung bietet und wie Sie sie einsetzen, zeige ich Ihnen im folgenden Abschnitt.

Die Alternative: E-Mails schreiben und empfangen mit Thunderbird

Mit dem bisher vorgestellten Verfahren haben Sie über die Webseite von Outlook.com auf Ihre E-Mails zugegriffen. Alternativ können Sie auch ein auf Ihrem Computer installiertes E-Mail-Programm verwenden. Dieses Vorgehen ist vor allem praktisch, wenn Sie über mehr als eine E-Mail-Adresse verfügen. Denn haben Sie einmal alle E-Mail-Konten im Programm eingerichtet, können Sie in einem Rutsch alle Nachrichten abrufen. Und nicht nur das: Alle empfangenen E-Mails befinden sich auch automatisch auf Ihrem Computer – und nicht auf dem E-Mail-Server Ihres Anbieters. Wie all dies funktioniert, zeige ich Ihnen nun am Beispiel des E-Mail-Programms Mozilla Thunderbird. Als Erstes müssen Sie das Programm auf Ihrem Computer installieren.

1. Rufen Sie die Internetadresse »www.mozilla.org/de/thunderbird« auf, und klicken Sie auf **Kostenloser Download** ❶.

2. Nutzen Sie als Browser Mozilla Firefox, öffnet sich nun das Hinweisfenster **Öffnen von Thunderbird ...**, in dem Sie auf **Datei speichern** ❷ klicken.

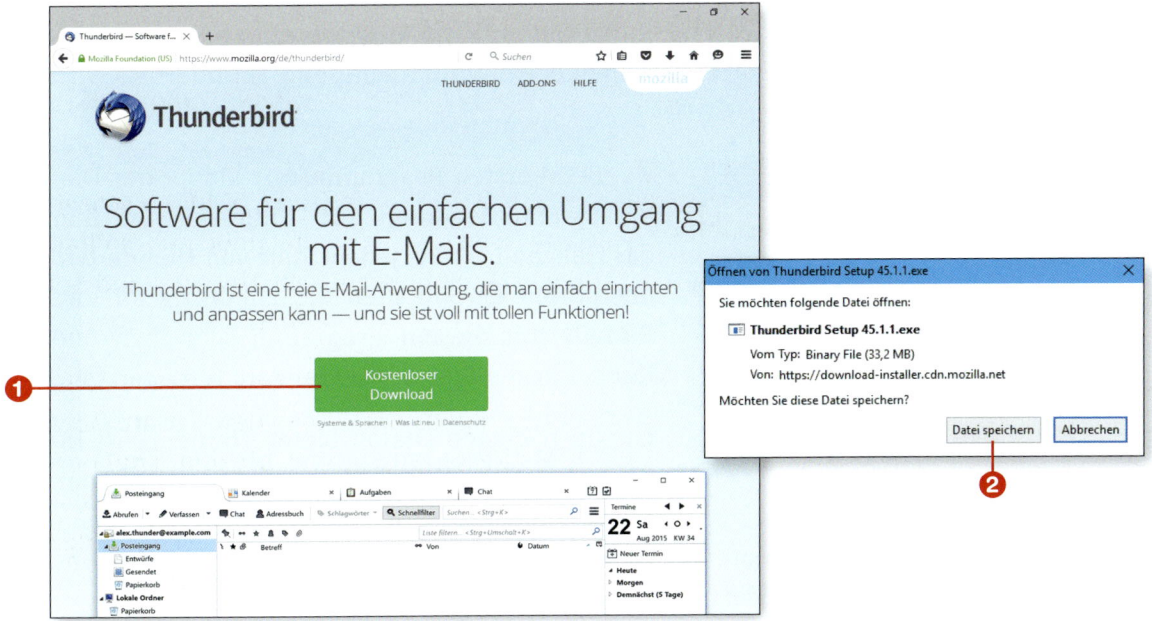

3. Sobald die Installationsdatei von Thunderbird erfolgreich im Ordner **Downloads** gespeichert wurde, färbt sich der Pfeil **Download** ⬇ ❸ in der Symbolleiste von Firefox blau. Klicken Sie auf den Pfeil und im anschließend aufklappenden Dialog auf **Thunderbird Setup …** ❹.

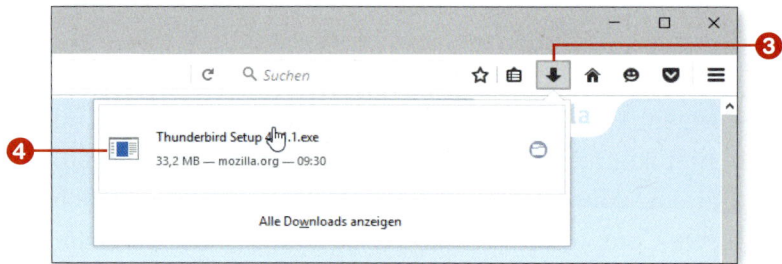

4. Nach einem kurzen Moment meldet sich die **Benutzerkontensteuerung** zu Wort. Geben Sie, falls gefordert, Ihr Administratorkennwort ein, und bestätigen Sie mit **Ja**.

5. Im nächsten Dialog klicken Sie auf **Weiter**. Lassen Sie die Option **Standard** aktiviert, und bestätigen Sie mit **Weiter** und **Installieren**.

6. Im nächsten Dialog lassen Sie **Thunderbird jetzt starten** aktiviert und schließen die Installation mit **Fertigstellen** ab.

Das E-Mail-Programm wird nun automatisch gestartet. Wenn Sie es später aufrufen möchten, finden Sie auf dem Desktop ein entsprechendes Programmsymbol. Ein Doppelklick hierauf reicht, und Thunderbird wird geöffnet.

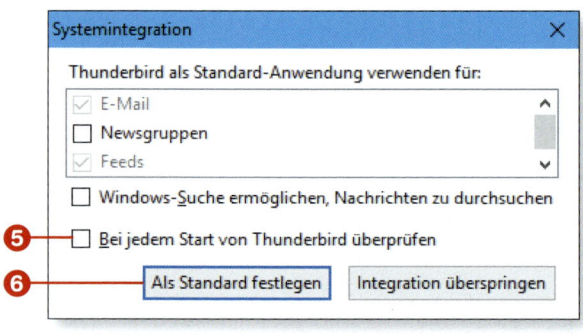

7. Beim ersten Programmstart klappt der Dialog **Systemintegration** auf. Entfernen Sie hier das Häkchen vor **Bei jedem Start von Thunderbird überprüfen** ❺. Möchten Sie zukünftig all Ihre E-Mails mit diesem Programm schreiben und lesen, klicken Sie auf **Als Standard festlegen** ❻.

8. Im nächsten Dialog bietet Thunderbird Ihnen an, eine neue E-Mail-Adresse anzulegen. Klicken Sie hier auf **Überspringen und meine existierende E-Mail-Adresse verwenden**, wenn Sie bereits über eine eigene Adresse – etwa bei Outlook.com – verfügen.

E-Mails schreiben und empfangen mit Thunderbird

9. Sie gelangen nun automatisch zum Dialog **Konto einrichten**. Geben Sie im Feld **Ihr Name** den Namen an, der bei Ihren E-Mail-Empfängern angezeigt werden soll, also etwa »Hans Müller«. Hier dürfen Sie Umlaute ruhig ausschreiben.

10. Im Feld **E-Mail-Adresse** tragen Sie Ihre E-Mail-Adresse ein und im Feld **Passwort** das Kennwort Ihres E-Mail-Kontos. Wenn Sie das Passwort nicht bei jedem Abruf Ihrer E-Mails neu eingeben wollen, sollten Sie das Kontrollkästchen **Passwort speichern** aktiviert lassen. Bestätigen Sie die Eingabe mit **Weiter**.

11. Thunderbird prüft nun Ihre Angaben. Nach einem kurzen Moment werden die Einstellungen des Posteingangs- und Postausgangs-

servers angezeigt. Wenn Ihre E-Mails nach dem Laden in das Programm Thunderbird vom E-Mail-Server Ihres Providers, also etwa Outlook.com von Microsoft, gelöscht werden sollen, aktivieren Sie die Option **POP3** ❼ (siehe auch den Kasten »POP3, IMAP und SMTP« unten sowie »Wichtige Einstellung für das E-Mail-Konto von Outlook.com« auf Seite 136). Bestätigen Sie die Auswahl mit **Fertig**.

> **POP3, IMAP und SMTP**
>
> Das Empfangen und Versenden von E-Mails wird durch bestimmte Protokolle gesteuert. Für das Empfangen von E-Mails, sprich den Posteingangsserver, stehen zwei Protokolle zur Auswahl. Entscheiden Sie sich für das Protokoll IMAP (*Internet Message Access Protocol*), wird lediglich die Kopie einer E-Mail in das Programm Thunderbird geladen. Die Nachricht bleibt aber weiterhin auf dem E-Mail-Server Ihres Providers gespeichert. Dieses Verfahren bietet sich beispielsweise an, wenn Sie von mehreren Computern aus auf Ihr E-Mail-Konto zugreifen möchten. Wählen Sie dagegen das Protokoll POP3 (*Post Office Protocol Version 3*), werden die Nachrichten vollständig auf Ihren Computer übertragen und sind somit nicht mehr auf dem E-Mail-Server verfügbar. Das Versenden von E-Mails, also der Postausgangsserver, wird durch das Protokoll SMTP (*Simple Mail Transfer Protocol*) geregelt.

Kapitel 4: E-Mails schreiben und lesen

> **Wichtige Einstellung für das E-Mail-Konto von Outlook.com**
>
> Versuchen Sie, für ein E-Mail-Konto von Outlook.com in Thunderbird das Protokoll POP3 zu wählen, erhalten Sie immer wieder die Fehlermeldung: *Benutzername oder Kennwort ungültig*. Bei der Wahl des Protokolls IMAP geschieht dies wiederum nicht. Schuld daran ist eine Einstellung bei Outlook.com, die Programmen wie Thunderbird die Nutzung des Protokolls POP3 verbietet. Sollen Ihre E-Mails nach dem Herunterladen im E-Mail-Server von Outlook.com gelöscht werden, müssen Sie also zunächst diese Einstellung in Ihrem E-Mail-Konto bei Outlook.com ändern. Melden Sie sich hierzu, wie im Abschnitt »E-Mails schreiben« auf Seite 120 gezeigt, bei Outlook.com an. Klicken Sie dann in der Symbolleiste oben rechts auf das Zahnradsymbol. In der aufklappenden Liste wählen Sie den Befehl **Optionen**. In der linken Spalte sollte der Eintrag **E-Mail** bereits markiert sein. Klicken Sie im Untermenü **Konten** auf **POP und IMAP**. In der rechten Spalte aktivieren Sie im Bereich **POP-Optionen** per Mausklick die Option **Ja**. Anschließend wählen Sie die Option **Apps und Geräten das Löschen von Nachrichten in Outlook gestatten**. Nachdem Sie die Einstellungen per Klick auf **Speichern** gesichert haben, können Sie sich wie gewohnt bei Outlook.com abmelden. Nun können Sie in einem E-Mail-Programm wie Thunderbird auch das Protokoll POP3 auswählen, ohne eine Fehlermeldung zu erhalten.
>
>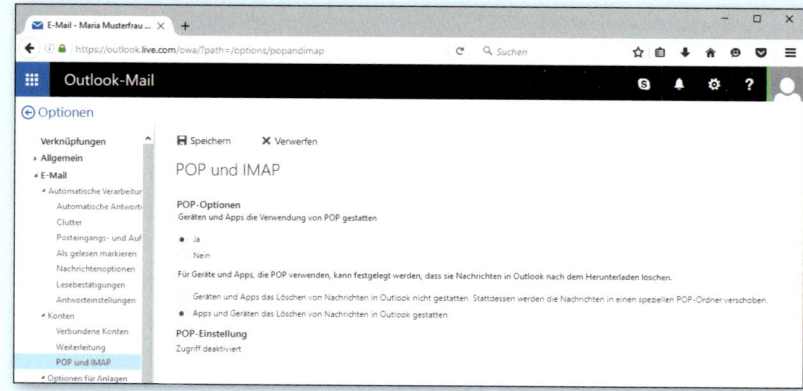
>
> ▲ *Bei einem E-Mail-Konto von Outlook.com muss das Protokoll POP für andere Programme erst freigeschaltet werden.*

Thunderbird prüft nun sofort, ob das Passwort korrekt ist. Ist Ihnen ein Tippfehler unterlaufen, werden Sie darauf hingewiesen, und Sie haben die Möglichkeit, die Daten zu korrigieren. Sollte es Schwierigkeiten beim

Einrichten des E-Mail-Kontos geben, müssen Sie ggf. die Einrichtung manuell vornehmen. Wie Sie hierzu vorgehen, lesen Sie im Kasten »E-Mail-Konten manuell einrichten« auf Seite 142.

Thunderbird überträgt sowohl alle neu eingetroffenen Nachrichten als auch die bereits gelesenen, aber noch nicht gelöschten E-Mails. Alle eingegangenen E-Mails werden automatisch im Ordner **Posteingang** gespeichert. Sie erreichen den Ordner per Klick auf **Posteingang** in der linken Spalte ❶. Die Ziffer in Klammern gibt an, wie viele neue Nachrichten eingetroffen sind. Sobald Sie die neuen Nachrichten gelesen haben, verschwindet die Angabe. In der rechten Fensterhälfte sehen Sie eine Übersicht über alle Ihre Nachrichten. Die neu eingetroffenen Nachrichten werden hier fett hervorgehoben ❷.

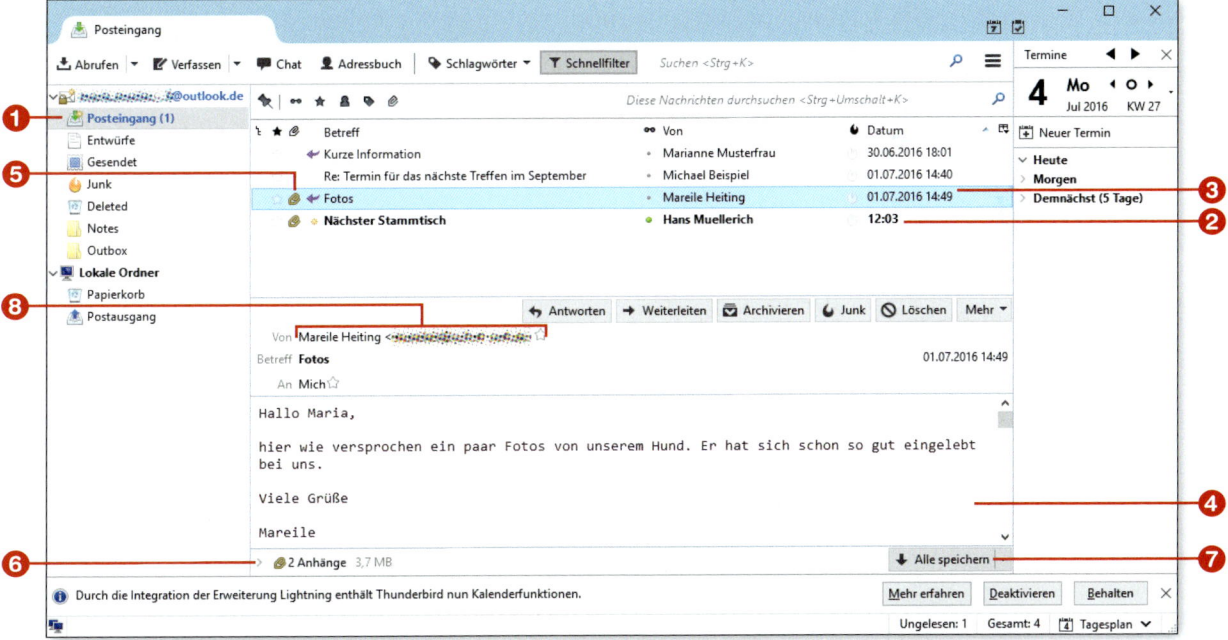

Markieren Sie eine E-Mail per Mausklick ❸, wird in der unteren Hälfte des Programmfensters eine Vorschau auf die Nachricht angezeigt ❹. Alternativ können Sie eine Nachricht auch per Doppelklick öffnen; in diesem Fall wird sie auf einer neuen Registerkarte eingeblendet. Zum Schließen der Registerkarte klicken Sie, wie Sie es bereits von Mozilla Firefox kennen, auf das kleine Kreuzsymbol am rechten Rand des Registerreiters.

▲ *In der unteren Fensterhälfte wird der Inhalt der oben markierten E-Mail angezeigt.*

Hat der Absender an die E-Mail eine oder auch mehrere Dateien angehängt, finden Sie in der Übersicht links von der Nachricht eine kleine Büroklammer (❺ auf Seite 137). In der Vorschau selbst erscheint am unteren Rand der Hinweis **Anhang** bzw. **... Anhänge** ❻, je nachdem, wie viele es sind. Klicken Sie auf diesen Hinweis, klappt eine Liste mit den Dateinamen auf. Per Doppelklick auf eine Datei öffnen Sie diese. Sie können die Dateianhänge natürlich auch auf Ihren Computer speichern. Klicken Sie hierzu rechts auf die Schaltfläche **Alle speichern** ❼. Im folgenden Dialog wechseln Sie in den Ordner, in dem Sie die Dateien ablegen möchten. Nach einem Klick auf **Ordner auswählen** werden die Dateien im gewünschten Verzeichnis gespeichert.

> **+ Kontakte in das Adressbuch aufnehmen**
>
> Sie haben eine E-Mail von einem Freund erhalten und würden seine E-Mail-Adresse gerne in Ihr Adressbuch aufnehmen? Klicken Sie hierzu einfach mit der rechten Maustaste auf die Adresse (❽ auf Seite 137), und wählen Sie im aufklappenden Menü nun den Befehl **Zu Adressbuch hinzufügen**. Weitere Informationen zum Adressbuch erhalten Sie im Verlauf dieses Abschnitts.

Sobald Sie eine Nachricht in der Übersicht markiert haben, wird oberhalb der Vorschau eine kleine Symbolleiste eingeblendet, in der Sie die Befehle zum Beantworten, Weiterleiten und Löschen einer E-Mail finden. Alle gelöschten Dateien werden in den Ordner **Gelöscht** verschoben. Mit dem Befehl **Archivieren** verschieben Sie die markierte Nachricht in den Ordner **Archiv**.

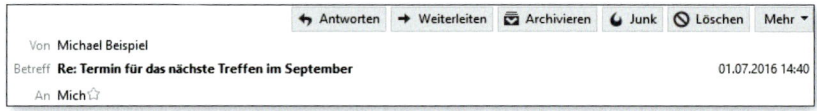

⌃ *In der kleinen Symbolleiste finden Sie alle wichtigen Befehle zum Beantworten und Archivieren Ihrer E-Mails.*

Wenn Sie eine Nachricht ausdrucken möchten, markieren Sie sie zunächst und drücken dann die Tastenkombination [Strg] + [P]. Es klappt der bereits bekannte **Drucken**-Dialog auf. Mit **OK** starten Sie den Druckvorgang.

E-Mails schreiben und empfangen mit Thunderbird

> **+ E-Mails in Ordnern sortieren**
>
> Je mehr Mails Sie im Laufe der Zeit erhalten, desto unübersichtlicher wird der **Posteingang**-Ordner. Durch das Verschieben einer Nachricht in den **Archiv**-Ordner können Sie bereits für etwas Ordnung sorgen. Das Archiv enthält automatisch Jahresordner, also etwa 2016. Sie können aber auch eigene Ordner anlegen. Nach einem rechten Mausklick auf einen Ordnernamen, etwa **Archiv**, wählen Sie den Befehl **Neuer Unterordner**. Geben Sie nun einen Ordnernamen ein, etwa »Verein« für E-Mails von Vereinsmitgliedern. Bestätigen Sie mit **Ordner erstellen**. Sie können eine Nachricht nun per Drag & Drop (zu Deutsch »Ziehen und Ablegen«), also mit gedrückter linker Maustaste, in den neu erstellten Ordner verschieben. Damit alle Unterordner des Archivs angezeigt werden, müssen Sie zuvor ggf. auf den kleinen Pfeil vor **Archiv** klicken.

Auch Thunderbird verfügt über einen speziellen Filter, mit dem es Junk-Mails, sprich unerwünschte Werbemails, aufspürt. Alle als Spam-Mail identifizierten Nachrichten werden automatisch im Ordner **Junk** gespeichert. Landet eine Spam-Mail doch in Ihrem normalen **Posteingang**, klicken Sie in der Symbolleiste oberhalb der Nachrichtenvorschau auf **Junk**. Auf diese Weise wird das Programm trainiert. Erhalten Sie zukünftig Nachrichten von diesem Absender, werden sie automatisch im Ordner **Junk** abgelegt.

Bevor ich Ihnen zeige, wie Sie mit Thunderbird eine E-Mail versenden, stelle ich Ihnen noch das Adressbuch vor, in dem Sie alle wichtigen Adressdaten von Freunden, Familienmitgliedern und mehr speichern können. Zum Aufruf des Adressbuches klicken Sie am oberen Rand des Programmfensters auf **Adressbuch**. Es wird nun der gleichnamige Dialog geöffnet (siehe die Abbildung auf der folgenden Seite).

Klicken Sie in der Symbolleiste auf **Neuer Kontakt**, und ergänzen Sie im nächsten Dialog die Felder mit Daten wie **Vorname** [1], **Name** [2] und **E-Mail-Adresse** [3]. In den Registern **Privat** [4] und **Dienstlich** [5] können Sie die Postanschrift oder auch den Geburtstag der Person eintragen. Mit einem Klick auf **OK** schließen Sie den Dialog. Wiederholen Sie dies für alle weiteren Kontakte, die Sie im Adressbuch speichern möchten. Haben Sie schließlich alle Adressen eingetragen, beenden Sie den Dialog **Adressbuch** mit einem Klick auf das **Schließen**-Symbol rechts oben.

Kapitel 4: E-Mails schreiben und lesen

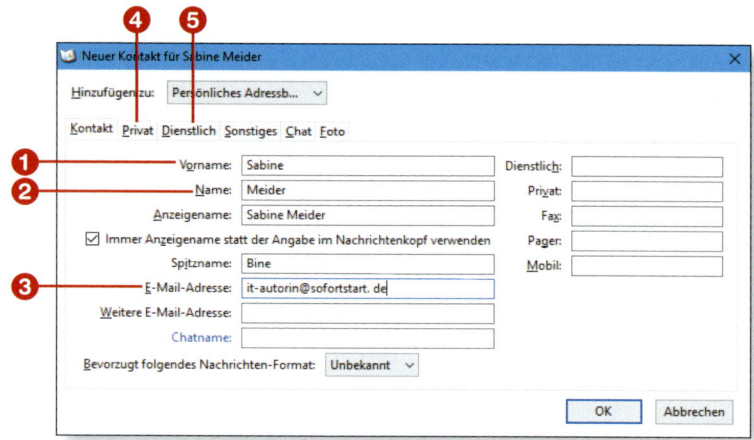

▲ Im Adressbuch können Sie alle Kontaktdaten erfassen.

Wenn Sie eine E-Mail versenden möchten, klicken Sie im Programmfenster von Thunderbird oben links auf die Schaltfläche **Verfassen**. Der gleichnamige Dialog wird geöffnet (siehe die Abbildung unten). Die Einfügemarke blinkt bereits im Feld **An** ❶. Geben Sie nun den Namen des Empfängers ein. Bereits nach Eingabe weniger Buchstaben listet Thunderbird alle Kontakte auf, die mit der Buchstabenfolge beginnen. Per Mausklick wählen Sie den gewünschten Kontakt aus. Falls Sie die Adressdaten noch nicht im Adressbuch erfasst haben, tippen Sie die Adresse selbst vollständig ein. Um die Mail an mehr als eine Person zu verschicken, drücken Sie nach Eingabe der ersten Adresse die Taste ⏎ und ergänzen im nächsten Feld die zweite Adresse ❷. Alternativ können Sie nach der ersten Adresse auch einen Strichpunkt »;«, gefolgt von einem Leerzeichen tippen und dann die nächste Adresse eingeben (siehe auch den Kasten »Kopie einer E-Mail versenden« auf Seite 141).

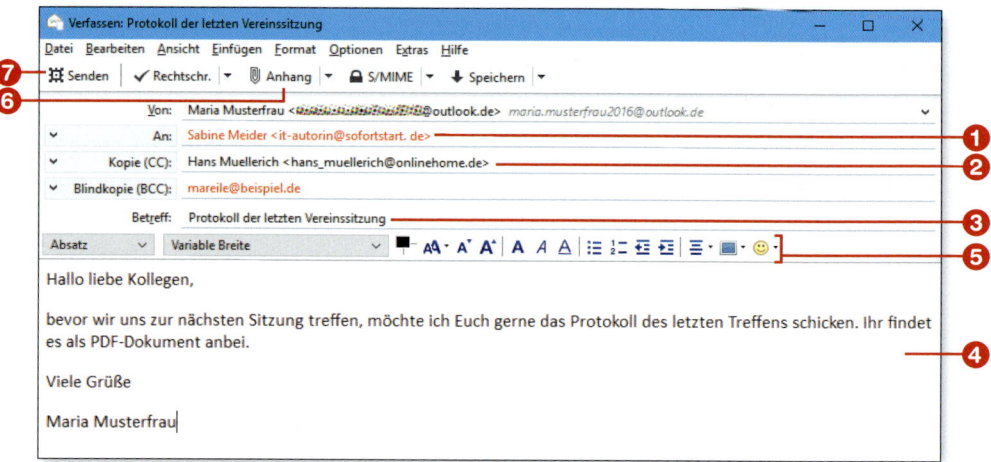

▲ Der Dialog »Verfassen«

Im Feld **Betreff** ❸ tragen Sie wie gewohnt den Titel Ihrer E-Mail ein. Klicken Sie dann in die große weiße Fläche unterhalb der Betreffzeile, und schrciben Sie den eigentlichen Text Ihrer Nachricht ❹. Über die Schalt-

E-Mails schreiben und empfangen mit Thunderbird

flächen direkt oberhalb des Nachrichtenbereichs ❺ können Sie Ihren Text noch formatieren. Dies funktioniert genauso, wie Sie es von einem Textverarbeitungsprogramm wie etwa Microsoft Word kennen.

Möchten Sie eine oder auch mehrere Dateien an die E-Mail anhängen, klicken Sie in der Symbolleiste des Dialogs **Verfassen** auf **Anhang** ❻. Wechseln Sie in den Ordner, in dem sich die Dateien befinden, und markieren Sie sie per Mausklick. Mit **Öffnen** übernehmen Sie die Dateien in Ihre E-Mail. Zum Verschicken der E-Mail reicht ein Klick auf **Senden** ❼. Alle gesendeten Nachrichten werden automatisch im Ordner **Gesendet** gespeichert, sodass Sie auch noch später auf diese Mails zugreifen können.

> **Kopie einer E-Mail versenden**
>
> Sie möchten einer Person eine Kopie einer E-Mail schicken, damit sie ebenfalls über ein Thema informiert ist? Klicken Sie in diesem Fall in das Feld unterhalb des ersten Adressfeldes. Links erscheint nun eine zweite Schaltfläche **An**. Klicken Sie darauf, klappt eine Liste auf. Für eine Kopie markieren Sie den Eintrag **Kopie (CC)**. Alle Empfänger der Mail können so sehen, an wen Sie die Nachricht verschickt haben. Wenn der oder die Empfänger, die Sie in den Feldern **An** und **Kopie (CC)** angegeben haben, von der Kopie nichts erfahren sollen, wählen Sie **Blindkopie (BCC)**.

Wie zu Anfang dieses Abschnitts bereits erwähnt, können Sie mit dem E-Mail-Programm Thunderbird nicht nur die E-Mails eines einzelnen E-Mail-Kontos abrufen, sondern aller Konten, die Sie besitzen. Dabei ist es unerheblich, bei welchem Provider Sie ein Konto eingerichtet haben.

Wenn Sie weitere E-Mail-Konten in Thunderbird einrichten möchten, klicken Sie in der linken Spalte auf **Lokale Ordner** ❶ und in der rechten Fensterhälfte im Bereich **Neues Konto erstellen** auf **E-Mail** ❷.

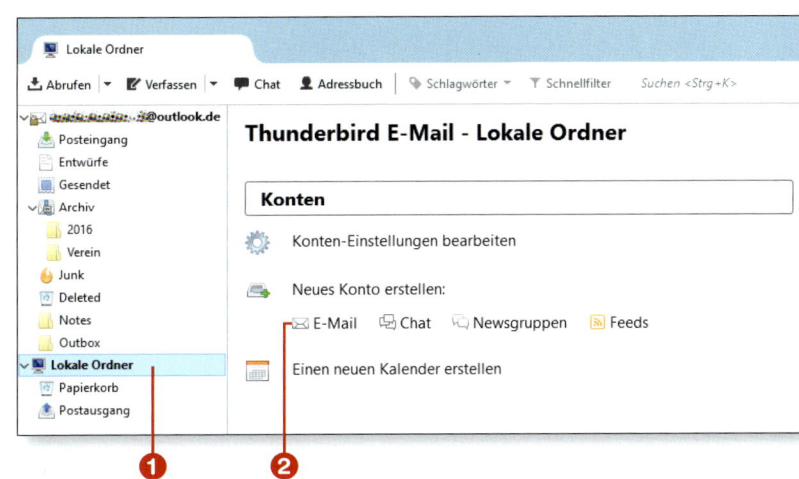

▽ *Um weitere E-Mail-Konten einzurichten, markieren Sie links »Lokale Ordner« und dann rechts »E-Mail«.*

Das weitere Vorgehen kennen Sie bereits, denn es ist identisch mit den zu Anfang dieses Abschnitts aufgeführten Schritten 8 bis 11 ab Seite 134. Führen Sie diese Schritte einfach erneut mit den Daten des weiteren E-Mail-Kontos durch.

Wenn Sie das Konto erfolgreich eingerichtet haben, werden in der linken Spalte die diversen E-Mail-Adressen aufgeführt. Mit einem Klick auf den kleinen Pfeil links vom Kontonamen blenden Sie die Ordner des jeweiligen E-Mail-Kontos ein, also **Posteingang**, **Gesendet**, **Papierkorb** usw.

Solange Thunderbird geöffnet ist, prüft das Programm regelmäßig, ob neue Nachrichten eingetroffen sind. Ist dies der Fall, ertönt ein leiser Ton, und es wird für zehn Sekunden eine Meldung auf dem Bildschirm eingeblendet.

Über Thunderbird ließe sich noch sehr viel mehr erzählen. Leider übersteigt dies den Rahmen dieses Buches. Sollten Sie Fragen zum Programm haben, lege ich Ihnen deshalb die Thunderbird-Hilfe ans Herz, die Sie über die Taste F1 auf Ihrer PC-Tastatur aufrufen.

> **E-Mail-Konten manuell einrichten**
>
> Wenn Sie Freemail-Dienste wie GMX, Web.de, Google Gmail oder auch Microsoft Outlook.com nutzen, ergänzt Thunderbird automatisch die nötigen Angaben für den Posteingangs- und Postausgangsserver. Verfügen Sie aber z. B. über eine eigene Domain bei Anbietern wie 1&1, Strato und anderen, sind die Einstellungen für die beiden Server meist nicht korrekt. Bei 1&1 lautet der Zusatz für den Posteingangsserver beispielsweise *pop.1und1.de*, für den Postausgangsserver *smtp.1und1.de*. Thunderbird gibt hier aber statt *1und1* jeweils den Namen Ihrer Domain an. Um die Angaben zu korrigieren, klicken Sie im Dialog **Konto einrichten** auf **Manuell bearbeiten**. Nun können Sie die entsprechenden Daten selbst eingeben und mit **Fertig** bestätigen.

Kapitel 5
Sicher einkaufen im Internet

Gibt es für Sie nichts Schöneres, als stundenlang einkaufen zu gehen und Schaufenster anzuschauen? Oder zählen Sie eher zu denjenigen, die die Besorgungen so schnell wie möglich hinter sich bringen wollen? Egal, was auf Sie zutrifft: Das Einkaufen im Internet ist perfekt für Sie. Denn hier können Sie, so lange und vor allem wann immer Sie möchten, in den Angeboten der Online-Shops, sprich in den Geschäften im Internet, stöbern. Wenn Sie bereits genau wissen, was Sie benötigen, lässt sich der Einkauf auch in wenigen Minuten erledigen.

Wie bei einem klassischen Einkauf »vor Ort« heißt es natürlich auch im Internet: Augen auf und Obacht! Denn auch hier lauern genügend Betrüger, die versuchen, den Kunden über den Tisch zu ziehen. In diesem Kapitel erfahren Sie, wie Sie sich vor solchen schwarzen Schafen schützen und woran Sie einen guten Online-Shop erkennen. An einigen Beispielen zeige ich Ihnen außerdem, wie Sie Ihren Einkaufswagen füllen und schon wenige Tage später die Ware ins Haus geliefert bekommen. Beginnen werde ich mit einem ganz wichtigen Thema: dem Vergleich von Preisen und Bewertungen.

Preise und Bewertungen vergleichen

Beim Online-Shopping, wie das Einkaufen im Internet auch gerne genannt wird, ist es leider nicht möglich, die Ware vor dem Kauf aus der Nähe zu prüfen. Dafür können Sie im Internet aber ganz in Ruhe die Preise der verschiedenen Händler miteinander vergleichen und müssen hierfür nicht selbst von Geschäft zu Geschäft laufen, um das günstigste Angebot zu finden. Bei der Einschätzung der Produktqualität helfen

Ihnen wiederum Kundenbewertungen und Testberichte. Gerade Letzteres ist viel wert, denn diese Produkttests beispielsweise von Stiftung Warentest oder renommierten Zeitschriften sagen meist mehr aus als die nicht immer ganz ehrlichen Äußerungen der Verkäufer.

> *Im Internet finden Sie viele Testberichte und Kundenbewertungen.*

Viele Online-Shops locken mit besonders günstigen Angeboten. Eine große Hilfe bei der Suche nach diesen Schnäppchen bieten sogenannte *Preissuchmaschinen*. Ähnlich wie die Suchmaschine Google den Inhalt von Webseiten durchforstet, prüfen die Preissuchmaschinen die Angebote einer Vielzahl von Internethändlern. Anhand der Ergebnisse können Sie dann zielgerichtet das beste Angebot für sich heraussuchen.

Am Beispiel der Preissuchmaschine *Idealo.de* zeige ich Ihnen nun Schritt für Schritt, wie Sie solch eine Preissuchmaschine nutzen. Der große Vorteil von Idealo.de: Sie erfahren nicht nur, welche Preise die Online-Shops für das gewünschte Produkt erheben, sondern auch, wie es von anderen Kunden oder auch in Zeitschriften bewertet wurde. So unterstützt Idealo.de Sie bei der Suche nach Computern, Fernsehern, Waschmaschinen, Kleidung und vielen weiteren Produkten.

In unserem Beispiel soll nach einer günstigen, aber natürlich guten Digitalkamera gesucht werden. Wenn Sie bereits ein ganz bestimmtes Produkt im Auge haben, gehen Sie, wie ab Schritt 2 auf Seite 149 gezeigt,

Preise und Bewertungen vergleichen

vor. Wichtig ist in diesem Fall, dass Sie sowohl den Namen des Herstellers kennen als auch die genaue Produktbezeichnung, also etwa »Canon PowerShot SX710 HS«. Ist dies nicht der Fall, sollten Sie den Weg über die Kategorienauswahl nehmen, die ich Ihnen als Erstes vorstelle.

1. Starten Sie zunächst einen Browser, etwa Mozilla Firefox, und geben Sie in die Adresszeile die Internetadresse »www.idealo.de« ein ❶. Drücken Sie die Taste ⏎ oder tippen im Fall eines Touchscreens auf **Gehe zu**, wird die Startseite von Idealo.de geöffnet.

2. Unterhalb des Logos sehen Sie links die Schaltfläche **Kategorien** ❷. Klicken oder tippen Sie hierauf.

3. Für unser Beispiel, die Digitalkamera, wählen Sie in der aufklappenden Liste per Klick oder Tipp den Eintrag **Fotografie** ❸ aus. In der rechten Fensterhälfte grenzen Sie die Suche per Klick auf die Unterkategorie **Digitalkameras** ❹ ein.

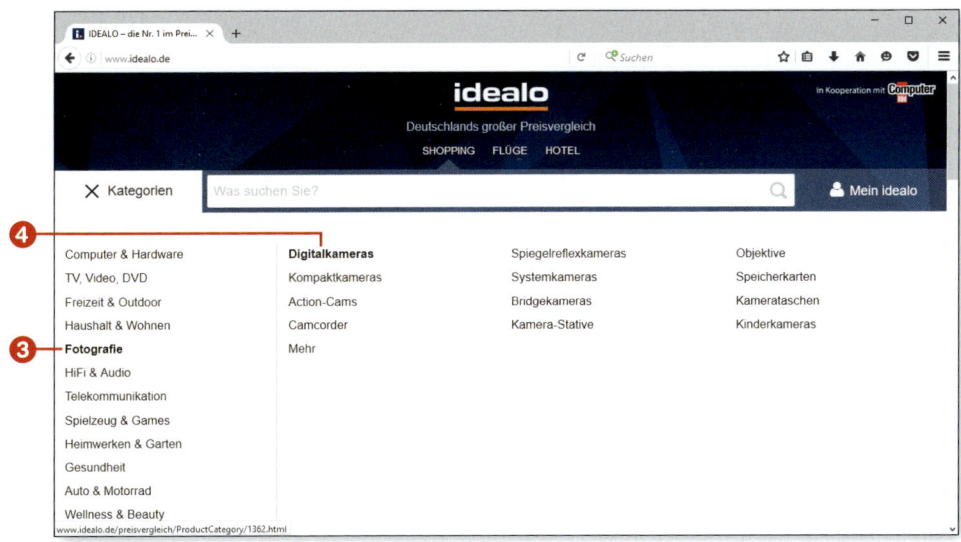

4. In der Übersicht über alle Digitalkameras, die Idealo.de finden konnte, sind sowohl neue als auch gebrauchte Geräte enthalten. Wenn Sie nur an Neugeräten interessiert sind, klicken Sie auf den Pfeil rechts vom Feld **Filter** ❺ und wählen in der Liste **nur neu** aus.

5. Die Produkte werden zunächst nach Popularität sortiert angezeigt. Wenn Sie eine andere Sortierung vorziehen, etwa nach Preis gestaffelt, klicken Sie auf den Pfeil rechts vom Feld **Sortierung** und markieren in der Liste entsprechend **Preis** ❻.

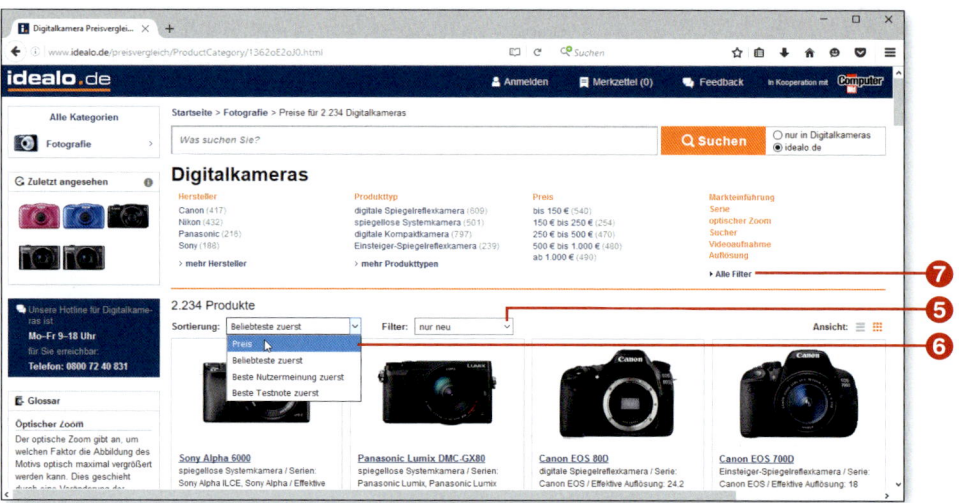

Es werden nun die günstigsten Digitalkameras zuerst aufgeführt. Bei den meisten Geräten handelt es sich dabei um sehr preiswerte Modelle für Kinder. Über die Suchfilter, die am oberen Seitenrand eingeblendet werden, können Sie die Suche noch weiter verfeinern.

6. Klicken Sie auf **Alle Filter** ❼. Es wird eine sehr umfangreiche Filterliste angezeigt, die nach Themen wie Hersteller, Serie, Preis und kameraspezifischen Funktionen (z. B. Sensorgröße, Lichtstärke oder auch Auflösung) sortiert ist.

7. Wenn Sie einen Filter setzen möchten, versehen Sie das entsprechende Kontrollkästchen per Mausklick mit einem Häkchen ❽. Sie können so viele Filter setzen, wie Sie möchten. Die Zahl in Klammern, die rechts von einer Filterbezeichnung eingeblendet wird, gibt übrigens an, wie viele Produkte dem jeweiligen Filter entsprechen ❾.

Preise und Bewertungen vergleichen

8. Mithilfe der Bildlaufleiste ❿ am rechten Rand des Browserfensters blättern Sie in der Filterliste. Während des Blätterns wird die Übersicht über bereits ausgewählte Filter am oberen Seitenrand mitgeführt ⓫. Hier erfahren Sie auch, zu wie vielen Resultaten die Suchanfrage geführt hat. Wenn Sie einen Filter wieder aufheben möchten, entfernen Sie einfach das Häkchen im entsprechenden Kontrollkästchen.

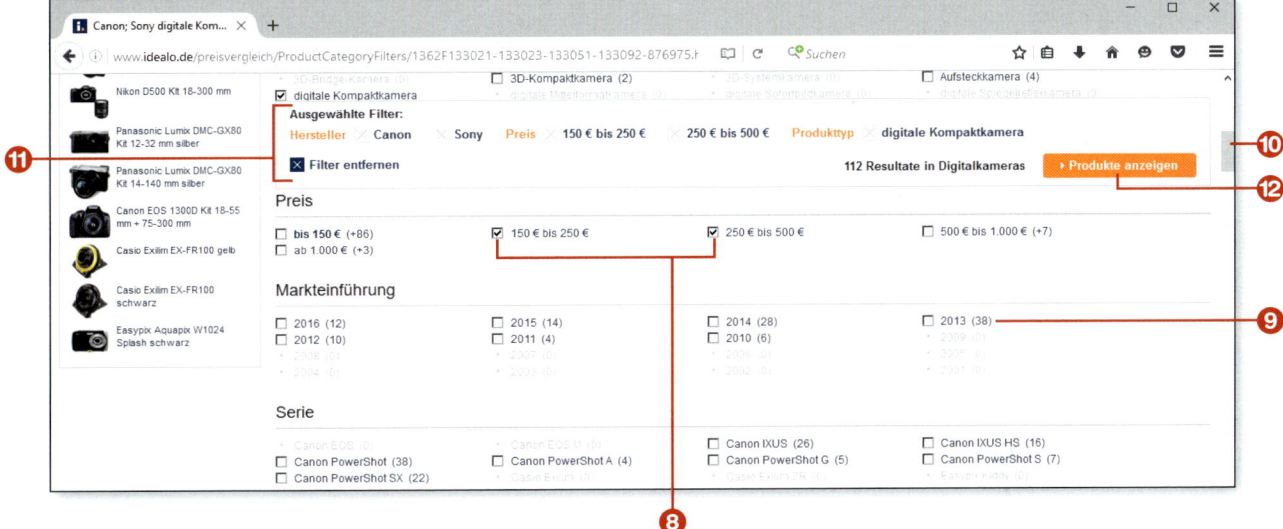

9. Wenn Sie ganz nach unten blättern, werden bereits die ersten Suchergebnisse aufgeführt. Eine noch bessere Übersicht erhalten Sie nach einem Klick auf **Produkte anzeigen** ⓬.

10. Die Darstellung der Suchergebnisse – **Liste** (⓭ auf Seite 148) oder **Raster** ⓮ – können Sie selbst über einen Klick auf die entsprechenden Symbole zu Beginn der Suchergebnisse festlegen. Gegebenenfalls müssen Sie die Sortierung nochmals neu durchführen, wie in Schritt 4 und 5 gezeigt. Wählen Sie nun beispielsweise **Beste Testnote zuerst** ⓯, werden die am besten bewerteten Produkte zuerst eingeblendet.

11. Pro Seite werden 20 Treffer aufgeführt. Wenn mehr Produkte Ihren Suchkriterien entsprechen, finden Sie am Ende der Produktliste die Schaltfläche **Weiter**. Mit einem Klick hierauf gelangen Sie zu den nächsten 20 Produkten, mit **Zurück** wieder zu den vorherigen Ergebnissen.

Kapitel 5: Sicher einkaufen im Internet

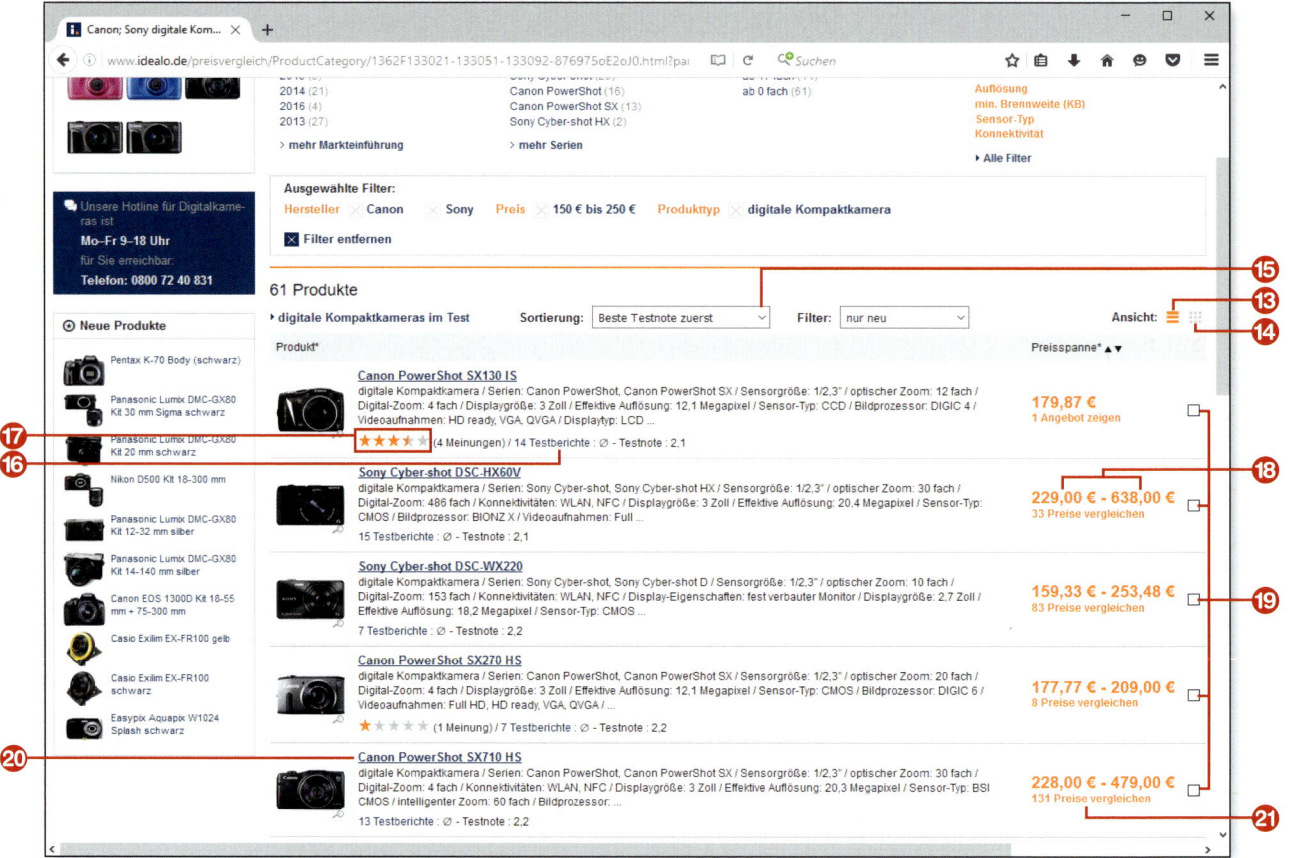

▲ *In der Übersicht erfahren Sie bereits, ob Testberichte vorliegen und zu welchen Preisen eine Digitalkamera angeboten wird.*

Zu jedem Produkt, im Beispiel also zu jeder Digitalkamera, wird ein Foto angezeigt sowie eine Kurzbeschreibung. Finden Sie bei einem Produkt den Hinweis … **Testberichte** ⓰, wurde es bereits von einem Unternehmen oder einer Zeitschrift wie Stiftung Warentest oder CHIP getestet. Sterne ⓱ zeigen, dass ein oder mehrere Kunden das Produkt bei Idealo.de bewertet haben; auf dieses Thema gehe ich aber gleich noch näher ein.

Wichtig sind natürlich die Preisangaben, genauer gesagt, die Preisspanne, denn Idealo.de zeigt Ihnen hier sowohl den günstigsten als auch den teuersten Preis an ⓲.

Preise und Bewertungen vergleichen

➕ Produkte miteinander vergleichen

Zwei oder mehr Produkte interessieren Sie besonders, und Sie würden gerne wissen, in welchen Punkten sich die Geräte voneinander unterscheiden? Für solche Fälle bietet Idealo.de eine besondere Funktion: Stellen Sie in der Übersicht das Layout **Liste** ⑬ ein, finden Sie jeweils am rechten Rand eines Produkts ein Kontrollkästchen ⑲. Versehen Sie nun jeweils die Produkte mit einem Häkchen, die Sie miteinander vergleichen möchten. Blättern Sie bis zum Ende der Liste, und klicken Sie dort auf **markierte vergleichen**. In einer übersichtlichen Tabelle können Sie jetzt die Funktionen der ausgewählten Produkte miteinander vergleichen. Über die **Zurück**-Schaltfläche Ihres Browsers gelangen Sie wieder zur allgemeinen Produktübersicht.

Wenn ein Produkt Ihr Interesse geweckt hat, möchten Sie natürlich weitere Informationen hierzu erhalten, z. B. bei welchen Online-Shops es erhältlich ist. Falls Testberichte oder Einschätzungen von Kunden zum Produkt vorliegen: Wie wurde das Produkt bewertet? Im Beispiel werden wir die Digitalkamera Canon PowerShot SX710 HS genauer unter die Lupe nehmen.

1. Mit einem Klick auf den Produktnamen **Canon PowerShot SX710 HS** (⑳ auf Seite 148) oder auch den Link **Preise vergleichen** ㉑ in der entsprechenden Produktzeile gelangen Sie zur Detailübersicht.

2. Finden Sie die Kamera nicht in der Übersicht, können Sie den Namen auch direkt in das Suchfeld am oberen Seitenrand eingeben. Dieser Weg bietet sich natürlich immer an, wenn Sie ganz gezielt nach einem Produkt suchen, wie zu Beginn dieses Abschnitts bereits erwähnt. Nach einem Klick auf **Suchen** werden Sie auf die gleiche Webseite geführt, die auch nach Schritt 1 angezeigt wird.

Canon PowerShot SX710 HS	🔍 **Suchen**

3. Auf dieser Webseite finden Sie am oberen Seitenrand zunächst ein paar Informationen zum Produkt. Wenn Sie an zusätzlichen technischen Details interessiert sind, klicken Sie auf **Produktdatenblatt** ❶. Sie werden automatisch zu den Produktinformationen in der unteren Seitenhälfte

Kapitel 5: Sicher einkaufen im Internet

geführt. Mithilfe der Bildlaufleiste oder per Klick auf die **Zurück**-Schaltfläche ⬅ des Browsers kehren Sie wieder zum Seitenanfang zurück.

4. Wenn das Produkt bereits getestet oder bewertet wurde, finden Sie unterhalb der Kurzbeschreibung der Digitalkamera das Register ... **Tests, Bewertung schreiben** ❷. Für unser Beispiel liegen einige Testberichte vor. Wechseln Sie dorthin per Mausklick auf den Registerreiter.

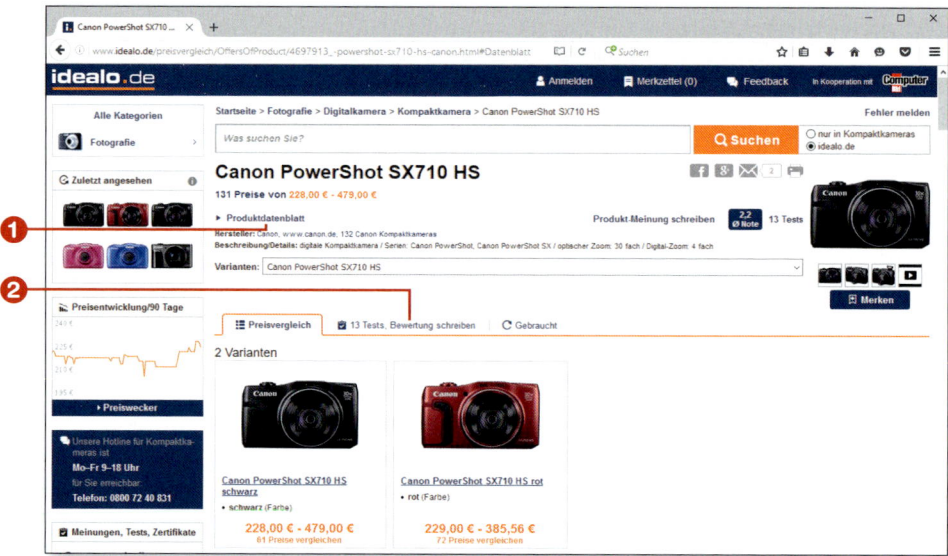

5. Sie erhalten nun eine Übersicht über alle Zeitschriften, in denen ein Testbericht über das Produkt veröffentlicht wurde.

Die Verknüpfung zu den ausführlichen Testberichten ist bei Idealo.de sehr unterschiedlich gestaltet: In manchen Fällen führt Sie der Klick auf den Zeitschriftennamen oder auf die Ausgabe, in der der Bericht erschienen ist ❸, direkt zur Webseite des Magazins. Diese wird meist in einer neuen Registerkarte ❹ geöffnet. Manchmal bleiben Sie aber auch auf der Webseite von Idealo.de und erhalten hier eine Übersicht über die Testergebnisse. Probieren Sie es einfach aus.

6. Haben Sie den Testbericht gelesen, können Sie über die **Zurück**-Schaltfläche ⬅ wieder zur vorherigen Webseite zurückkehren. Wurde eine neue Registerkarte geöffnet, schließen Sie diese wie üblich über die Schaltfläche ✕.

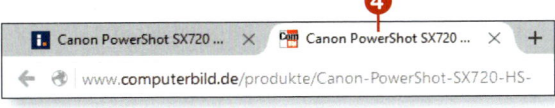

7. Wenn Kunden oder auch Redaktionsmitglieder von Idealo.de eine Produktbewertung abgegeben haben, finden Sie diese unterhalb der offiziellen Testberichte.

> **Ausführliche Testberichte lesen**
>
> Sie müssen natürlich nicht jedes Mal den Weg über Idealo.de gehen, wenn Sie sich für Testberichte über ein Produkt interessieren. Die Website von Stiftung Warentest z. B. erreichen Sie über die Internetadresse *www.test.de*. Computer, Handys, Digitalkameras, Fernseher und noch viel mehr werden von der Computerzeitschrift CHIP (*www.chip.de*) auf Herz und Nieren geprüft. Für Ihre Recherche können Sie jeweils das Suchfeld am oberen Rand der Webseite nutzen. Interessant ist auch die Website Testberichte.de (*www.testberichte.de*), die eine Vielzahl veröffentlichter Testberichte aus den unterschiedlichsten Magazinen und Online-Portalen zusammenfasst. Auch die Online-Shops selbst, wie etwa Amazon, Zalando oder das Versandhaus Otto, bieten ihren Kunden an, Produkte zu bewerten.

Mithilfe der Testberichte und Kundenbewertungen können Sie sich bereits einen guten Eindruck von einem Produkt verschaffen. Nachdem Sie sich für ein Produkt entschieden haben, stellt sich als Nächstes die Frage, wo Sie es kaufen sollten. Auch hier hält Idealo.de wieder viele Informationen für Sie bereit.

1. Befinden Sie sich noch im Register … **Tests**, **Bewertung schreiben**, klicken Sie auf die Registerlasche **Preisvergleich** (❶ auf Seite 152).

2. Die Digitalkamera Canon PowerShot SX710 HS wird in zwei verschiedenen Farben angeboten. Wenn Sie möchten, entscheiden Sie sich bereits hier für ein Modell, indem Sie unterhalb des entsprechenden Fotos auf den orangefarbenen Link **Preise vergleichen** ❷ klicken. Meist ist eine Farbauswahl aber auch später noch im ausgewählten Online-Shop möglich.

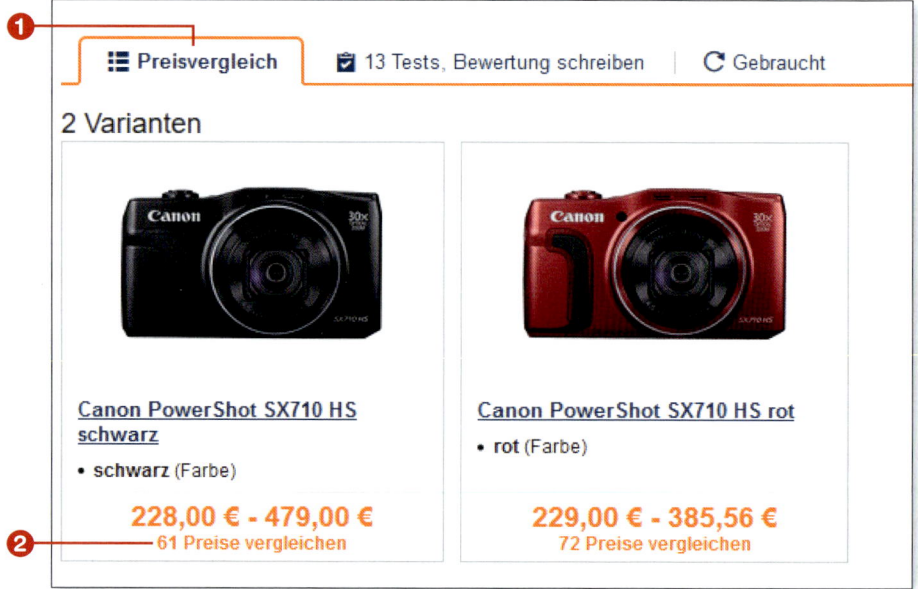

Es werden nun alle Online-Shops aufgelistet, in denen Idealo.de das gewünschte Produkt gefunden hat. Je nach Anzahl der Shops werden die Treffer ggf. wieder über mehrere Seiten hinweg angezeigt. Die Trefferliste ist zunächst nach dem Preis für die Digitalkamera sortiert. Dies ist aber nicht immer der Gesamtpreis, den Sie letztendlich auch zahlen müssen. Werfen Sie einen Blick auf die zweite Spalte, **Preis/Versand/Gesamtpreis** ❸, sehen Sie, welche Beträge hier teilweise noch für die Versandkosten oder auch das Bezahlsystem (z. B. Kreditkarte) hinzugerechnet werden.

3. Um die Liste nach dem Gesamtpreis zu sortieren, klicken Sie zu Beginn der Liste auf den Pfeil rechts vom Feld **Sortierung** ❹ und wählen in der aufklappenden Liste **Gesamtpreis** aus. Vorsicht: Der in fetter und größerer Schrift angezeigte Preis bezieht sich immer noch auf das Produkt selbst; der Gesamtpreis ❺ wird dagegen recht klein in Klammern eingeblendet!

Preise und Bewertungen vergleichen

4. Wenn Sie das Produkt möglichst schnell benötigen, klicken Sie auf den Pfeil rechts vom Feld **alle Lieferzeiten** ❻ und wählen in der aufklappenden Liste **nur sofort lieferbares** aus. Die voraussichtliche Lieferzeit entnehmen Sie der dritten Spalte ❼.

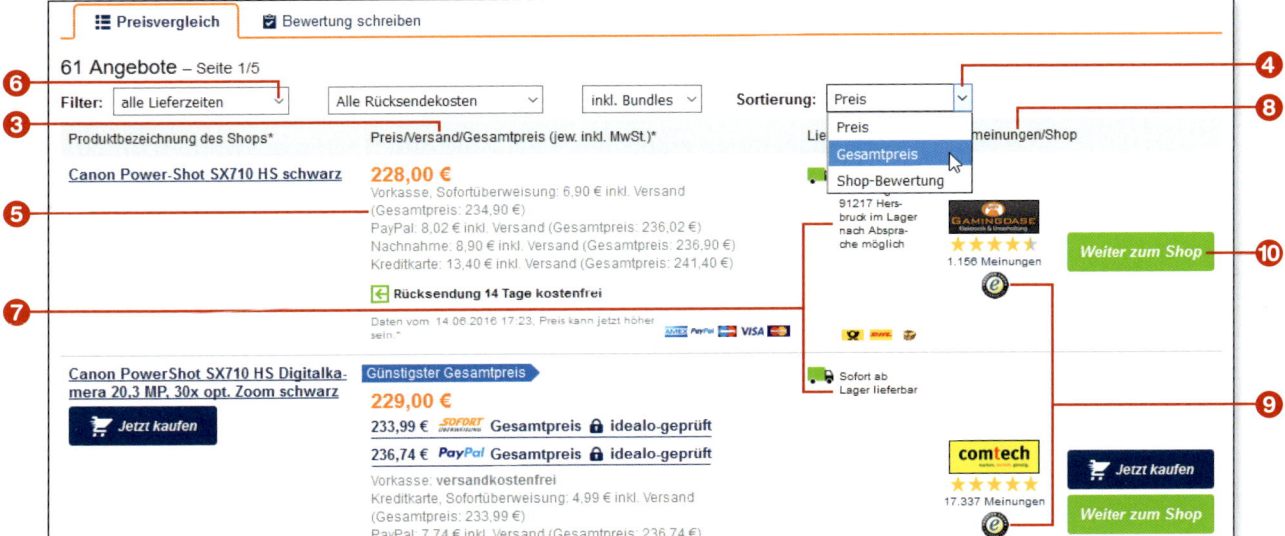

Der Name des Online-Shops wird in der Spalte ganz rechts angezeigt. Zwei Namen werden Sie hier immer wieder entdecken: *eBay* und *Amazon*. Bei eBay handelt es sich um ein Online-Auktionshaus, und Amazon ist einer der größten Online-Versandhändler der Welt. Beide Anbieter werde ich Ihnen im Laufe dieses Kapitels noch vorstellen.

Wichtig für die Auswahl eines Online-Shops ist die vierte Spalte, **Shopmeinungen/Shop** ❽. Hier erfahren Sie, wie Kunden den Händler bewerten: je mehr gelbe Sterne, desto besser die Meinung. Berücksichtigen Sie dabei aber bitte auch die Anzahl der abgegebenen Meinungen: Über 5.000 »3-Sterne-Bewertungen« sagen mehr über die Qualität und Zuverlässigkeit eines Händlers aus als eine einzelne »5-Sterne-Bewertung«. Einige Online-Shops verfügen über ein besonderes Gütesiegel. Sofern vorhanden, wird dieses ebenfalls in der vierten Spalte eingeblendet ❾. Mehr zu diesem Thema erfahren Sie im Abschnitt »Allgemeine Tipps für sicheres Einkaufen« ab Seite 155. Dort werden Sie auch die diversen Zahlungsmethoden kennenlernen und erfahren, welche sicher sind und welche Sie auf gar keinen Fall nutzen sollten.

Mithilfe der Preissuchmaschine Idealo.de konnten Sie bereits einen guten Eindruck von einem Produkt gewinnen und abschätzen, wie viel Sie bei welchem Shop zahlen müssen. Wenn Sie sich für einen Shop entschieden haben, gelangen Sie mit einem Klick auf **Weiter zum Shop** (❿ auf Seite 153) zu seiner Webseite. Dort findet der eigentliche Einkauf statt. Mein Tipp aber: Prüfen Sie unbedingt, ob der hier angegebene Preis auch dem entspricht, der Ihnen zuvor in der Preissuchmaschine angezeigt wurde. Ich empfehle Ihnen außerdem, die Preise bei weiteren Preissuchmaschinen zu prüfen, bevor Sie einen Shop auswählen und das Produkt dort erwerben. Nicht alle Suchmaschinen führen die gleichen Händler auf, und so lässt sich ab und an durch eine weitere Recherche noch ein besseres Schnäppchen finden. Wenn ein Händler auch bei anderen Preissuchmaschinen aufgeführt wird, können Sie außerdem prüfen, wie er dort von Kunden bewertet wurde. Weitere empfehlenswerte Suchmaschinen sind etwa Billiger.de (*www.billiger.de*), Geizkragen.de (*www.geizkragen.de*), Guenstiger.de (*www.guenstiger.de*), Preis.de (*www.preis.de*) oder auch Preissuchmaschine.de (*www.preissuchmaschine.de*). Viele Testberichte und Bewertungen finden Sie außerdem auf der Website Ciao! (*www.ciao.de*). Die Suchmaschinen funktionieren alle nach einem ähnlichen Schema, wie Sie es hier am Beispiel von Idealo.de gesehen haben.

> **Der Preiswecker für besonders günstige Angebote**
>
> Je länger ein Produkt auf dem Markt ist, desto günstiger wird es meist im Laufe der Zeit. Bei Idealo.de sehen Sie auf der Produktseite in der linken oberen Ecke anhand einer kleinen Grafik, wie sich der Preis in den letzten drei Monaten entwickelt hat. Ist Ihnen der aktuelle Preis immer noch zu hoch, steht Ihnen eine pfiffige Funktion zur Verfügung: der »Preiswecker«. Nach einem Klick auf den Link **Preiswecker** geben Sie in den entsprechenden Feldern den Wunschpreis an und tragen Ihre E-Mail-Adresse ein. Versehen Sie die beiden Kontrollkästchen **inkl. Versandkosten** und **Datenschutzhinweise** mit einem Häkchen, und klicken Sie dann auf **Aktivieren**. Sobald Idealo.de einen Händler findet, der das Produkt zu Ihrem Wunschpreis anbietet, werden Sie per E-Mail darüber informiert. Einen ähnlichen Service finden Sie auch bei anderen Preissuchmaschinen. Bei Geizkragen.de nennt er sich beispielsweise »Wunschpreis«, und bei Billiger.de »Preisalarm«.

Allgemeine Tipps für sicheres Einkaufen

Die Anzahl der Online-Shops ist mittlerweile riesig. Neben den großen Versandhändlern wie Amazon oder Otto nutzen auch viele kleine Händler die Chance, ihre Ware über das Internet zu vertreiben. Der Bestellprozess erfolgt immer nach einem ähnlichen Schema: Zunächst legt der Kunde die gewünschten Produkte in den sogenannten *Warenkorb*. Anschließend werden die Liefer- und Rechnungsadresse festgelegt. Bei vielen Internethändlern wird hierzu ein entsprechendes Benutzerkonto angelegt. Als Nächstes wählt der Kunde die Zahlungsmodalitäten aus. Bevor er den Kauf endgültig abschließt, erhält er in einem seriösen Online-Shop die Möglichkeit, alle Daten zu prüfen.

Doch wie erkennen Sie einen seriösen Internethändler? Ein zuverlässiges Indiz stellen z. B. bestimmte Gütesiegel dar (siehe die Abbildung auf der folgenden Seite). Von der Initiative D21 (*www.initiatived21.de*) als verlässlich eingestuft wurden s@fer-shopping von TÜV Süd (*www.safer-shopping.de*), Trusted Shops (*www.trustedshops.de*), EHI-Siegel (*www.shopinfo.net*) sowie das Internetshopping-Gütesiegel ips (*www.datenschutz-cert.de*). Bevor ein Online-Shop eines dieser vier Gütesiegel erhält, wird er einer genauen Überprüfung unterzogen. Dabei werden beispielsweise Datensicherheit, Datenschutz sowie die benutzerfreundliche Bedienung des Shops unter die Lupe genommen. Nur wer alle Regeln erfüllt, erhält auch das entsprechende Zertifikat. Die Überprüfung erfolgt jedes Jahr erneut.

> **i   Gültigkeit des Prüfsiegels überprüfen**
>
> Das Bild eines Gütesiegels ist schnell in eine Webseite eingefügt. Doch ist dieses Siegel auch echt, oder handelt es sich um eine Fälschung? Um dies zu überprüfen, sollten Sie auf das Gütesiegel klicken. Wenn es sich um ein echtes Gütesiegel handelt, werden Sie auf die entsprechende Webseite des Unternehmens geführt, das das Zertifikat erteilt hat. Auf der Webseite erhalten Sie dann einige Informationen zum Online-Shop. Wird dagegen nicht auf diese Webseite des Unternehmens »verlinkt«, wie man das Verknüpfen der Seiten auch nennt, dann handelt es sich wahrscheinlich um eine Fälschung. Am besten fragen Sie in diesem Fall direkt bei dem Unternehmen nach, das das Zertifikat erteilt, ob der Online-Shop tatsächlich über das Gütesiegel verfügt.

Kapitel 5: Sicher einkaufen im Internet

∧ *Online-Shops, die eines dieser vier Gütesiegel tragen, wurden genau geprüft.*

Für die Zertifizierung muss ein Internethändler selbstverständlich bezahlen, und das teilweise nicht zu knapp. Solche Beträge kann sich aber nicht jeder Online-Shop leisten. Finden Sie auf der Webseite also kein Gütesiegel, muss dies nicht unbedingt heißen, dass es sich um ein unseriöses Unternehmen handelt. Bevor Sie einen Kauf bei einem Online-Shop ohne Gütesiegel tätigen, sollten Sie folgende Angaben überprüfen:

- Wird auf der Website die vollständige Adresse inklusive Name, Anschrift, Telefonnummer und E-Mail-Adresse aufgeführt? Solche Informationen finden sich meist unter Angaben wie **Kontakt** oder auch **Impressum** und sind für Sie wichtig, falls es zu Problemen mit der Lieferung kommt.

- Sind die allgemeinen Geschäftsbedingungen, kurz AGB, einsehbar?

- Persönliche Daten wie Adresse oder auch Bankverbindungen gehören nicht in die Hände Dritter. Eine entsprechende Klausel sollte in den Datenschutzbestimmungen aufgeführt werden.

- Erhalten Sie alle nötigen Informationen zu Ihrem Widerrufs- sowie Rückgaberecht? Meistens werden diese in den allgemeinen Geschäftsbedingungen aufgeführt.

- Stehen Ihnen mehrere Zahlungsmöglichkeiten zur Auswahl, und sind diese als sicher einzustufen?

Wenn ein Internethändler all diese Informationen transparent darstellt, deutet dies darauf hin, dass ihm der faire und ehrliche Umgang mit dem Kunden wichtig ist.

Allgemeine Tipps für sicheres Einkaufen

◀ Seriöse Online-Shops führen alle wichtigen Angaben wie Impressum, die Datenschutzbestimmungen, Versandkosten und AGB auf.

Bei Online-Shops, die ihren Sitz im Ausland haben, sollten Sie sich vor dem Kauf unbedingt über mögliche Zusatzkosten wie etwa Zollgebühren oder Gebühren für Auslandsüberweisungen informieren.

Besonders wichtig ist die Zuverlässigkeit eines Unternehmens natürlich im Zusammenhang mit der Bezahlung. Ein guter Online-Shop stellt seinen Kunden mehrere Zahlungsmethoden zur Auswahl. Der sicherste Weg für Sie als Kunde ist natürlich die klassische Rechnung. In diesem Fall bezahlen Sie die Ware erst nach Erhalt und können somit prüfen, ob sie auch unbeschädigt ist. Dies ist bei der Bezahlung per Nachnahme nicht möglich, denn hier müssen Sie den Betrag direkt bei Lieferung an den Postzusteller bezahlen.

Der Vorteil beider Verfahren – Rechnung und Nachnahme – ist, dass Sie keinerlei Bankdaten an den Händler übermitteln müssen. Entscheiden Sie sich für die Bezahlung per Lastschrift oder Bankeinzug, lässt sich dies leider nicht vermeiden. In diesem Fall müssen Sie Ihre Kontonummer, Bankleitzahl und den Namen des Geldinstituts angeben bzw. seit 1. Februar 2016 die IBAN und bei Auslandsüberweisungen die BIC. Achten Sie unbedingt darauf, dass die Daten nur über eine sichere, verschlüsselte Datenverbindung übertragen werden. Am leichtesten überprüfen Sie dies mit einem Blick auf die Adresszeile des Browserfensters: Beginnt die Internetadresse mit der Protokollangabe **https** ❶ statt *http*, werden die Daten verschlüsselt übertragen. Das kleine Schlosssymbol, das links von der Internetadresse angezeigt wird ❷, sollte außerdem geschlossen sein, wie am Beispiel des Mozilla-Firefox-Browsers in der folgenden Abbildung zu sehen ist.

Kapitel 5: Sicher einkaufen im Internet

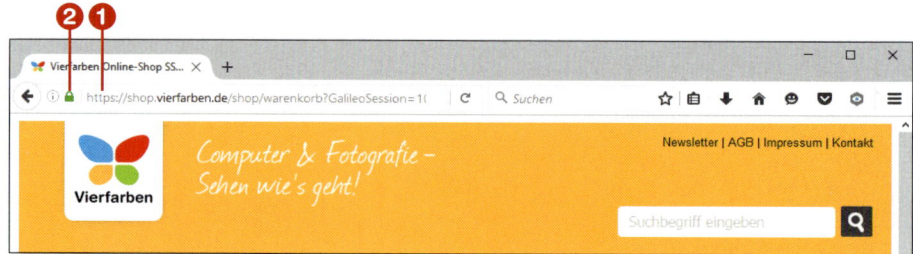

> *Die Protokollangabe »https« und das geschlossene Schlosssymbol zeigen: Die Verbindung ist sicher.*

! Vorsicht vor Betrügern

Bei Betrügern sind Bankdaten wie Bankleitzahl (BIC) und Kontonummer (IBAN) oder auch die Kreditkarteninformationen heiß begehrt. Die größte Gefahr lauert in sogenannten *Phishing-Mails*. In diesen Nachrichten werden Sie aufgefordert, Ihre Bankdaten auf einer in der E-Mail angegebenen Webseite einzugeben. Reagieren Sie auf keinen Fall auf derartige Mails. Geben Sie auch keine Passwörter, PINs o. Ä. preis. Seriöse Internethändler werden Sie nie nach diesen Daten fragen, weder per E-Mail noch per Telefon. Weitere Informationen erhalten Sie im Abschnitt »Geheimhaltung hat höchste Priorität« auf Seite 202 sowie in Kapitel 14, »Auf einen Blick – Sicherheit im Internet«, ab Seite 361.

Eine sichere Datenverbindung sollte auch vorliegen, wenn Sie die Bezahlung per Kreditkarte wählen. Hier geben Sie neben dem Kreditkarteninstitut die Kreditkartennummer sowie die Sicherheitsnummer ein. Diese drei- oder vierstellige Ziffer finden Sie meist auf der Kartenrückseite. Wenn Sie mit der Ware nicht zufrieden sind oder das Paket womöglich gar nicht erhalten haben, können Sie beim Kreditkarteninstitut eine entsprechende Rückbuchung fordern.

Viele Online-Shops bieten als weitere Zahlungsmethode sogenannte *Bezahlsysteme* an. In diesem Fall richten Sie ein Benutzerkonto bei dem Bezahlsystem-Anbieter ein, z. B. PayPal oder Click & Buy. Im Benutzerkonto sind Ihre Bankdaten oder Kreditkarteninformationen hinterlegt. Die Vorteile für Sie: Sie müssen nur ein einziges Mal Ihre Daten angeben. Der Internethändler, bei dem Sie einkaufen, bekommt Ihre Daten nie zu Gesicht. Wenn Sie sich in einem Online-Shop für dieses Bezahlsystem entscheiden, werden Sie nach einem Klick auf die entsprechende Schaltfläche von der Webseite des Online-Shops zur Webseite des Bezahlsystem-Anbieters geführt. Nachdem Sie sich hier angemeldet und die

Allgemeine Tipps für sicheres Einkaufen

Zahlung veranlasst haben, reicht der Bezahlsystem-Anbieter diese Information an den Online-Shop weiter, der Ihnen dann die Ware zuschickt.

◂ *Seriöse Online-Shops bieten Ihnen verschiedene sichere Zahlungsmethoden an.*

Im Folgenden zeige ich Ihnen, wie Sie bei PayPal ein Benutzerkonto anlegen. PayPal ist eine beliebte Zahlungsmethode bei eBay, das ich Ihnen im Abschnitt »Das Auktionshaus eBay« ab Seite 177 noch näher vorstellen werde. Aber auch viele Online-Shops bieten eine Bezahlung über PayPal an.

1. Geben Sie in die Adresszeile des Browsers (z. B. Mozilla Firefox) die Internetadresse »www.paypal.de« ein. Nach Drücken der Taste ⏎ werden Sie zur Startseite des Bezahlsystem-Anbieters geführt.

2. Klicken Sie rechts oben auf die Schaltfläche **Neu anmelden**.

3. Stellen Sie sicher, dass auf der folgenden Webseite die Option **Privat** aktiviert ist, bevor Sie auf **Weiter** klicken.

4. Wenn Sie nicht in Deutschland leben, wählen Sie auf der nächsten Webseite nach einem Klick auf den Pfeil rechts von **Deutschland** das gewünschte Land aus. Geben Sie außerdem Ihre E-Mail-Adresse an. Das Passwort legen Sie selbst fest. Wählen Sie eine Kombination aus Groß- und Kleinbuchstaben, Ziffern und Sonderzeichen. Tipps hierzu erhalten Sie auch im Kasten »So wählen Sie ein sicheres Passwort« auf Seite 117. Das Passwort sollten Sie ausschließlich für die Anmeldung bei PayPal verwenden und in keinem anderen Online-Shop oder zur Anmeldung am E-Mail-Konto. Bestätigen Sie die Angaben mit **Weiter**. Alle Ihre Angaben erfolgen hier übrigens bereits über eine sichere Datenverbindung.

5. Ergänzen Sie auf der nächsten Webseite in den entsprechenden Feldern Ihren Namen sowie Ihre Adresse. Zusätzlich müssen Sie Ihre

Handynummer oder die Festnetznummer angeben. Versehen Sie das Kontrollkästchen **Ich bin volljährig, …** mit einem Häkchen, bevor Sie auf **Weiter** klicken.

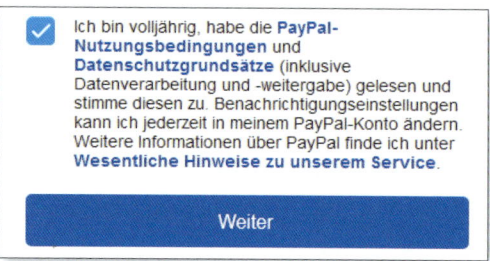

6. Auf der nächsten Webseite füllen Sie die Felder mit den geforderten Daten wie Geburtsdatum sowie Bankleitzahl und Kontonummer (IBAN) aus und klicken auf **Weiter**. Möchten Sie lieber Ihre Kreditkartendaten hinterlegen, klicken Sie auf **Stattdessen Kreditkarte hinzufügen**. Auch hier füllen Sie die Felder mit den geforderten Daten wie Kreditkartennummer und Gültigkeit aus, bevor Sie auf **Weiter** klicken. Im Falle eines Bankkontos müssen Sie als Nächstes noch dem SEPA-Lastschriftmandat über die Schaltfläche **Akzeptieren und weiter** zustimmen. Zusätzlich ist die Bestätigung des Bankkontos erforderlich, wie im Kasten »Bankkonto bei PayPal bestätigen« auf Seite 161 beschrieben. Die Bestätigung veranlassen Sie mit einem Klick auf **Weiter**.

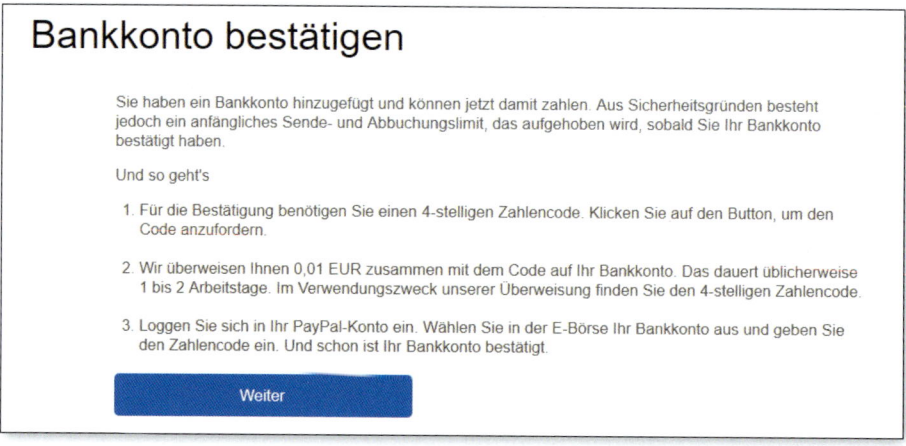

7. Haben Sie alle Daten erfolgreich angegeben, können Sie sich zunächst über die Schaltfläche **Ausloggen** bei PayPal abmelden.

PayPal schickt Ihnen an die angegebene E-Mail-Adresse eine Nachricht zur Bestätigung des Benutzerkontos. Diese E-Mail enthält die Schaltfläche **E-Mail-Adresse bestätigen**. Ein Klick hierauf und es wird automatisch der Browser mit der Webseite von PayPal geöffnet. Melden Sie sich hier nach einem Klick auf **LogIn** mit Ihrer E-Mail-Adresse sowie dem Passwort an.

Bevor Sie die Webseite von PayPal verlassen oder den Browser schließen, sollten Sie sich unbedingt bei PayPal abmelden. Hierzu reicht ebenfalls ein Klick auf die Schaltfläche **Ausloggen** am oberen Seitenrand.

Wenn Sie sich zu einem späteren Zeitpunkt wieder bei PayPal anmelden möchten, rufen Sie die Internetseite »www.paypal.de« auf. Auf der Startseite von PayPal geben Sie nach einem Klick auf **Einloggen** Ihre E-Mail-Adresse sowie das Passwort in den entsprechenden Feldern an und bestätigen Ihre Angaben mit einem Klick auf **Einloggen**.

> **Bankkonto bei PayPal bestätigen**
>
> Bei der Registrierung des Bankkontos geben Sie zunächst nur Geburtsdatum, Kontonummer und Bankleitzahl an. An diese Daten können auch Unbefugte schnell gelangen. Damit sichergestellt wird, dass Sie persönlich das Benutzerkonto bei PayPal angelegt haben, überweist Ihnen PayPal einen kleinen Betrag auf das angegebene Bankkonto. Bis der Betrag Ihrem Konto gutgeschrieben ist, können zwei bis drei Werktage vergehen. Als Verwendungszweck wird im Kontoauszug eine vierstellige Ziffer angegeben. Um Ihr Bankkonto nun zu bestätigen, melden Sie sich auf der Startseite von PayPal mit Ihrer E-Mail-Adresse und dem Passwort an. Nach der Anmeldung klicken Sie auf **Bestätigen Sie jetzt Ihr Bankkonto** und geben die vierstellige Ziffer ein. Nun noch ein Klick auf **Bankkonto bestätigen** und Ihr Konto ist für alle Bezahlungen im Internet freigeschaltet.

Mit den Zahlungsmethoden Rechnung, Nachnahme, Lastschrift, Kreditkarte oder auch Bezahlsystem haben Sie die wichtigsten Verfahren für das Bezahlen im Internet kennengelernt. Jedes dieser Verfahren bringt Vor- und Nachteile mit sich. Wie bei allen Bankgeschäften sollten Sie natürlich auch bei Online-Geschäften regelmäßig die Kontoaktivitäten prüfen. Eine hundertprozentige Sicherheit gibt es bei keiner Zahlungsmethode. Von einer Methode ist aber ganz abzuraten: dem Bargeld-Transferservice. In diesem Fall zahlt der Kunde, also Sie, den Betrag bei dem Transferservice, z. B. MoneyGram, ein. Der Empfänger kann sich diesen Betrag schon kurze Zeit später bar auszahlen lassen. Wenn Sie den Anbieter nicht persönlich kennen, sollten Sie diese Zahlungsmethode unbedingt meiden. Schnell sind hier die Verkäufer im Nirwana verschwunden, und leider auch Ihre bereits bezahlte Ware.

Bei allen Einkäufen in Online-Shops gilt übrigens der sogenannte *Fernabsatzvertrag*. Laut § 312b des Bürgerlichen Gesetzbuchs (BGB) können Sie innerhalb von 14 Tagen nach Erhalt der Ware vom Kauf zurücktreten. Dieses Recht tritt nur dann nicht in Kraft, wenn Sie die Ware bei einem Privatverkäufer, etwa bei einer eBay-Auktion, erstanden haben. Auch DVDs, CDs oder Software sind von dieser Regelung ausgeschlossen. Prüfen Sie die Widerspruchs- und Rückgaberegelungen am besten noch vor dem Kauf. Wenn Sie Zweifel oder Fragen haben, kontaktieren Sie zur Sicherheit den Verkäufer.

Als Nächstes stelle ich Ihnen einen der größten weltweiten Online-Versandhändler vor: Amazon.

Einkaufen bei Amazon

Vom Online-Shop Amazon werden sicherlich viele von Ihnen bereits gehört haben, und das nicht immer in einem positiven Zusammenhang. Im Jahr 2013 wurde Amazon in den Medien wegen seiner schlechten Arbeitsbedingungen in den Versandzentren kritisiert. Nichtsdestoweniger ist das Unternehmen einer der größten Online-Versandhändler der Welt und darf als solcher in einem Buch über das Internet nicht fehlen.

Als Amazon im Jahr 1994 gegründet wurde, startete es zunächst mit einem reinen Online-Buchhandel. Mittlerweile wurde das Angebot stark erweitert: Von DVDs über Elektronikartikel bis hin zu Kleidung und Lebensmitteln können Sie bei Amazon alles kaufen. Der sogenannte *Amazon Marketplace* bietet außerdem anderen Händlern sowie Privatpersonen die Möglichkeit, neue und gebrauchte Produkte über Amazon zu vertreiben. Hierzu später aber noch mehr. Werfen wir zunächst einen Blick in den Online-Shop Amazon.

1. Rufen Sie im Browser Ihrer Wahl über die Adresszeile die Internetadresse »www.amazon.de« ❶ auf.

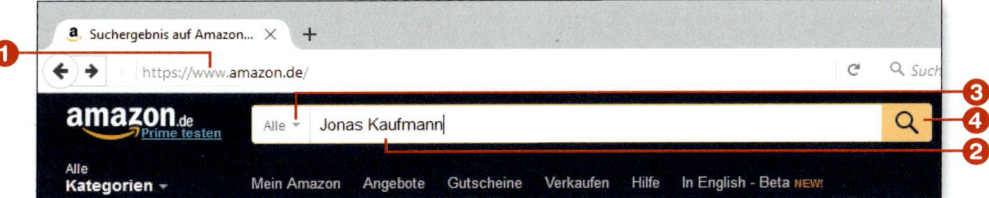

2. Am oberen Rand der Website von Amazon finden Sie ein Suchfeld. Wenn Sie gezielt nach einem Buch, einer DVD oder anderen Produkten suchen möchten, geben Sie hier den Suchbegriff ❷ ein, z. B. den Titel, Autor, Künstler oder auch eine Produktbezeichnung wie »Samsung Galaxy S7« für das Smartphone. Wie bei Google erhalten Sie während der Eingabe bereits einige Vorschläge. Ist der gesuchte Artikel dabei, wählen Sie ihn per Mausklick aus.

3. Nach einem Klick auf den Pfeil rechts vom Feld **Alle** ❸ klappt eine Liste auf, über die Sie die Suche auf bestimmte Kategorien eingrenzen, wie etwa **DVD & Blu-ray**, falls Sie z. B. nach einem Spielfilm auf DVD suchen. Mithilfe der Bildlaufleiste blättern Sie innerhalb der Liste. Wenn Sie sich nicht sicher sind, welche Kategorie Sie auswählen sollen, belassen Sie die Einstellung bei **Alle Kategorien**.

4. Mit einem Klick auf das Lupensymbol ❹ starten Sie die Suche.

5. Auf der folgenden Webseite werden rechts bereits die ersten Ergebnisse Ihrer Suche eingeblendet. Wurden mehr Produkte gefunden, als auf einer Seite angezeigt werden können, klicken Sie unterhalb der Produktübersicht auf die Schaltfläche **Nächste Seite**, um zu den nächsten Ergebnissen zu gelangen. Mit einem Klick auf **Vorherige Seite** kehren Sie wieder zurück.

6. Wenn zu viele Ergebnisse angezeigt werden, sollten Sie die Suche über die Filter in der linken Fensterhälfte weiter einschränken. Vor manchen Suchkriterien finden Sie ein Kontrollkästchen. Zum Aktivieren eines solchen Filters versehen Sie das Kästchen einfach per Mausklick mit einem Häkchen. Möchten Sie die Suche auf eine bestimmte Kategorie einschränken, klicken Sie am oberen Rand der linken Spalte auf den gewünschten Link ❺.

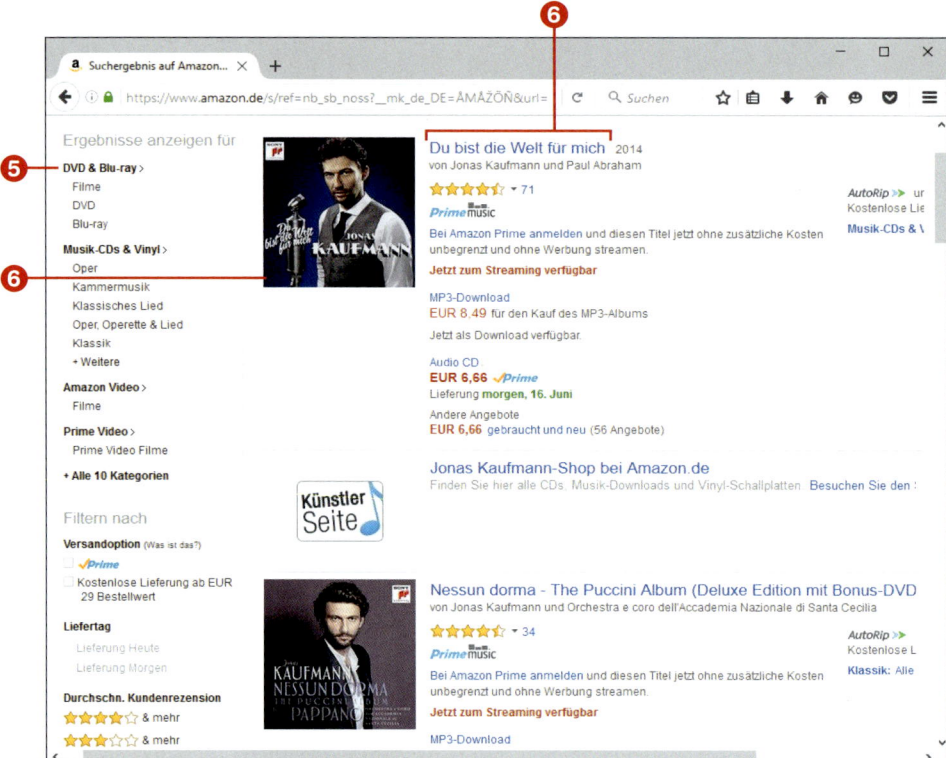

7. Um sich einen Artikel genauer anzusehen, klicken Sie beispielsweise auf das dazugehörige Foto oder die Produktbezeichnung ❻.

Gemütlich stöbern bei Amazon

Sie haben noch kein bestimmtes Produkt im Auge, sondern möchten einfach nur ein bisschen im Angebot von Amazon stöbern? Auch das ist selbstverständlich möglich: Bewegen Sie den Mauszeiger in die linke obere Ecke auf den Schriftzug **Alle Kategorien**, finden Sie im aufklappenden Menü diverse Kategorien. Positionieren Sie den Mauszeiger auf einem der Einträge (z. B. **Bücher & Audible**, wenn Sie auf der Suche nach einer schönen Urlaubslektüre sind), klappt ein Untermenü auf, in dem Sie per Mausklick eine Rubrik auswählen. Über die Filter in der linken Spalte lässt sich die Suche weiter verfeinern.

Einkaufen bei Amazon

Der folgenden Produktübersicht können Sie sowohl den Preis als auch die Verfügbarkeit ❶ entnehmen. Außerdem erfahren Sie, ob das Produkt von Amazon selbst oder einem anderen Händler verkauft wird ❷. Erfahren Sie hierzu Näheres im Kasten »Einkaufen im Amazon Marketplace« auf Seite 170.

Wenn das Produkt von anderen Kunden bewertet wurde, wird ein entsprechender Hinweis in Form von Sternen beim Produktnamen eingeblendet ❸. Fünf gelbe Sterne sind die bestmögliche Bewertung. Verlassen Sie sich aber nicht nur auf die Anzahl der Sterne, sondern lesen Sie sich auch die ausführlichen Kundenrezensionen durch, die Sie am Seitenende finden.

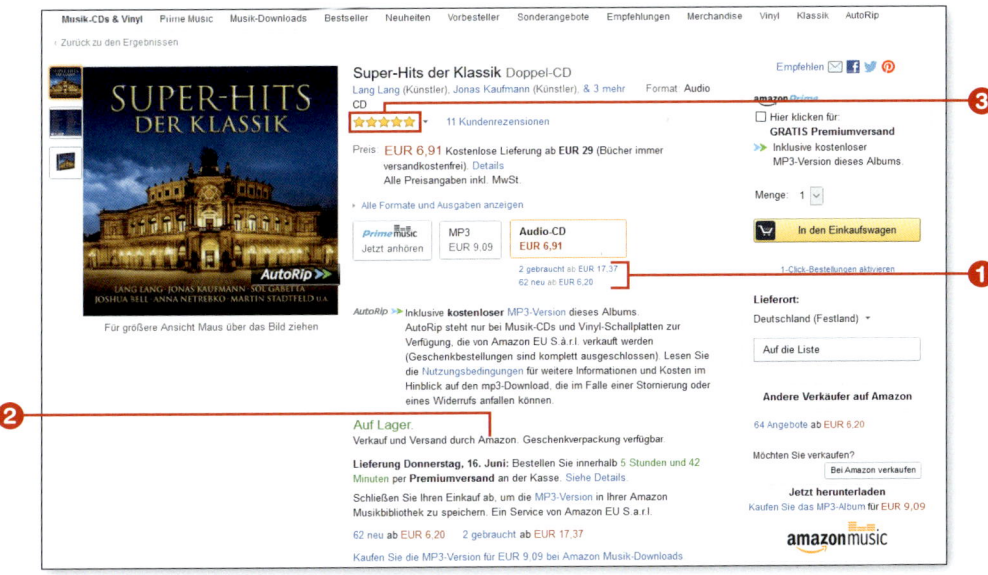

∧ Preis, Kundenbewertung und Liefertermin: Auf der Produktseite erfahren Sie alles Wichtige.

Wenn Sie auf der Produktseite nach unten blättern, finden Sie noch viele weitere interessante Informationen, wie etwa den **Amazon Bestseller-Rang**. Befinden Sie sich auf der Produktseite einer Musik-CD, können Sie sogar in die Musiktitel des Albums hineinhören. Schalten Sie hierzu einfach den Lautsprecher Ihres PCs ein, und klicken Sie dann auf das Wiedergabesymbol links von **Dieses Album probehören** ❹ (siehe hierzu auch den Kasten »MP3-Songs bei Amazon kaufen« auf Seite 166).

Kapitel 5: Sicher einkaufen im Internet

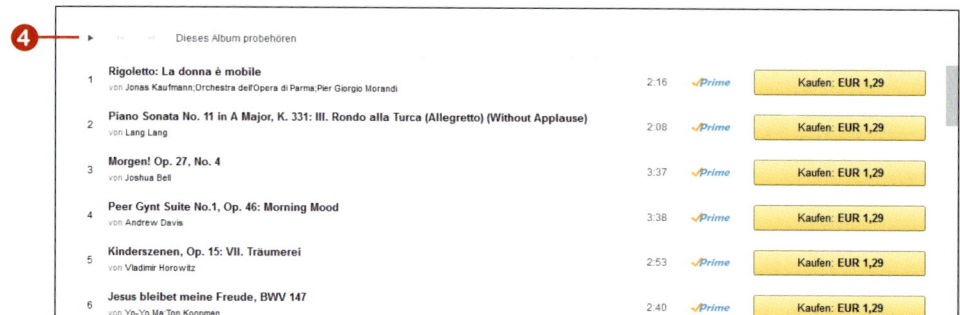

> *Bevor Sie eine Musik-CD kaufen, können Sie sich die Titel anhören.*

MP3-Songs bei Amazon kaufen

Viele nutzen ihr Tablet und Smartphone nicht nur zum Telefonieren oder Surfen im Internet, sondern auch zum Musikhören. Die Musiktitel müssen hierzu im MP3-Dateiformat vorliegen. Im Online-Shop Amazon werden viele Musikalben bereits in diesem Format angeboten. Statt sich eine CD zuschicken zu lassen, können Sie sich die Musiktitel nach der erfolgreichen Bestellung auch direkt auf Ihren PC, Ihr Notebook, Tablet oder auch Smartphone herunterladen. Ausführliche Informationen zum Kauf der MP3-Dateien und zum *Cloud Player*, über den Sie die MP3-Songs anhören können, erhalten Sie in der Hilfe von Amazon. Zur Anzeige der Hilfe wählen Sie links vom Suchfeld die Kategorie **Musik-Downloads** aus. Das Suchfeld belassen Sie leer und klicken dann auf das Lupensymbol. In den Kategorien, die nun in der linken Spalte aufgeführt werden, finden Sie unter **Amazon Music** den Eintrag **Hilfe und FAQs**. Nach einem Klick hierauf erfahren Sie alles Wissenswerte rund um das Kaufen und Herunterladen digitaler Musik.

Über die **Zurück**-Schaltfläche des Browsers gelangen Sie wie gewohnt zur vorherigen Webseite zurück. Wenn Sie ein Produkt gefunden haben, das Sie gerne kaufen möchten, legen Sie es in den Einkaufswagen. Die nächsten Schritte Ihrer Bestellung sehen dann folgendermaßen aus:

1. Wenn Sie ein Produkt kaufen möchten, klicken Sie auf der Produktseite auf die Schaltfläche **In den Einkaufswagen**. Auf der folgenden Webseite erhalten Sie eine entsprechende Bestätigung.

Einkaufen bei Amazon

2. Möchten Sie weiter im Angebot von Amazon stöbern, nutzen Sie, wie zuvor beschrieben, das Suchfeld, oder gehen Sie den Weg über die Kategorien, um den nächsten Artikel auszuwählen. Haben Sie das Gewünschte gefunden, klicken Sie wieder auf **In den Einkaufswagen**. Wiederholen Sie dies mit allen weiteren Artikeln, die Sie erwerben möchten.

3. Haben Sie alle Artikel ausgesucht, werfen Sie nochmals einen Blick in den Einkaufswagen. Klicken Sie hierzu nach dem letzten in den Warenkorb gelegten Artikel auf **Einkaufswagen** ❶. Wird der Hinweis nicht angezeigt, klicken Sie auf das Einkaufswagensymbol ❷ in der rechten oberen Fensterecke.

4. Sie sehen nun eine Übersicht über alle Ihre Artikel im Einkaufswagen. Wenn Sie möchten, verändern Sie hier die Mengenangaben. Wollen Sie einen Artikel doch nicht kaufen, klicken Sie auf **Löschen**.

5. Wenn Sie alle im Einkaufswagen befindlichen Artikel erwerben möchten, klicken Sie auf **Zur Kasse gehen**.

6. Auf der folgenden Webseite geben Sie Ihre E-Mail-Adresse ein. Wenn Sie bereits Kunde bei Amazon sind, können Sie sich direkt mit dem Passwort anmelden. Ist dies Ihr erster Einkauf bei Amazon, klicken Sie stattdessen auf **Erstellen Sie Ihr Amazon-Konto** ❸.

7. Füllen Sie als Nächstes alle Felder mit Ihren persönlichen Daten aus. Das Passwort bestimmen Sie wieder selbst. Wählen Sie bitte ein Passwort aus, das Sie für keinen anderen Online-Shop oder Internetdienst (z. B. E-Mail) nutzen. Bestätigen Sie die Angabe mit einem Klick auf **Erstellen Sie Ihr Amazon-Konto**.

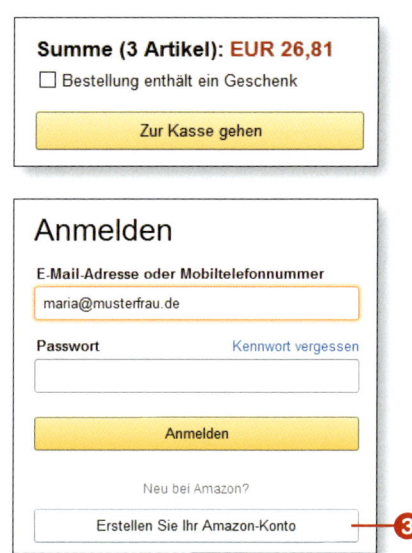

Kapitel 5: Sicher einkaufen im Internet

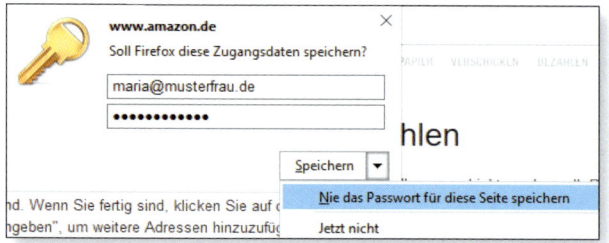

8. Sollte sich der Browser mit einem Hinweisfenster zu Wort melden und Ihnen anbieten, das Passwort zu speichern, lehnen Sie dies bitte ab. Im Browser Mozilla Firefox klicken Sie hierzu im Hinweisfenster auf den Pfeil rechts von **Speichern** und in der aufklappenden Liste auf **Nie das Passwort für diese Seite speichern**.

9. Jetzt geht es daran, die Versandadresse anzugeben. Einige Informationen hierzu finden Sie zu Beginn der Webseite, die sich nun neu geöffnet hat. Die Felder, in die Sie Ihren Namen, Ihre Anschrift und Telefonnummer eintragen, befinden sich etwas weiter unten. Wenn Sie alle Daten ergänzt haben, bestätigen Sie mit **Weiter**.

10. Auf der nächsten Webseite haben Sie die Möglichkeit, Ihre Adresse zu **bearbeiten**, falls sie nicht korrekt ist. Sind die Angaben richtig, klicken Sie auf **An diese Adresse senden**.

11. Bestimmen Sie nun, wie die Artikel verschickt werden sollen. Je schneller die Ware geliefert werden soll, desto teurer wird der Versand. Da der **Standardversand** ❹ innerhalb Deutschlands in den meisten Fällen innerhalb von drei bis vier Tagen erfolgt, rentiert sich die erhöhte Gebühr für den **Premiumversand** ❺ nur selten. Wenn Sie Bücher oder Artikel im Gesamtwert von über 20 Euro bestellt haben, erfolgt der Standardversand kostenlos.

Amazon wirbt mit einer besonderen Amazon-Prime-Mitgliedschaft ❻. Bevor Sie sich hierfür entscheiden, sollten Sie sich besser per Klick auf **Siehe Details** ❼ weitere Informationen zum Thema ansehen.

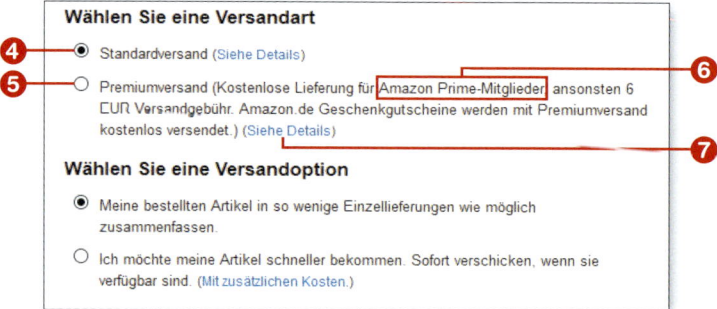

12. Haben Sie die gewünschte Versandart schließlich ausgewählt, klicken Sie auf **Weiter**.

13. Als Nächstes wird die Zahlungsweise festgelegt. Amazon bietet Ihnen die Bezahlung per Bankeinzug, Kreditkarte oder auch Rechnung an. Nach einem Klick auf die Schaltfläche **Weitere Informationen** können Sie sich in einem neuen Registerfenster über die jeweilige Zahlungsweise informieren. Das Fenster schließen Sie wie gewohnt per Klick auf das Kreuzsymbol ⨯.

14. Wenn Sie sich für die Bezahlung per Bankeinzug oder Rechnung entscheiden, klicken Sie auf die entsprechende Schaltfläche **Bankeinzug hinzufügen** ❽ bzw. **Rechnungskonto hinzufügen** ❾. Füllen Sie die nun sichtbaren Felder mit den nötigen Daten aus. Für die Bezahlung per Rechnung verlangt Amazon eine Gebühr von 1,50 Euro. Bestätigen Sie die Angaben nochmals mit einem Klick auf ... **hinzufügen**. Im Falle der Kreditkartenbezahlung müssen Sie die Felder nicht extra einblenden – Sie können die Daten gleich in die entsprechenden Felder ❿ eingeben. Bestätigen Sie Ihre Angaben mit **Weiter** ⓫.

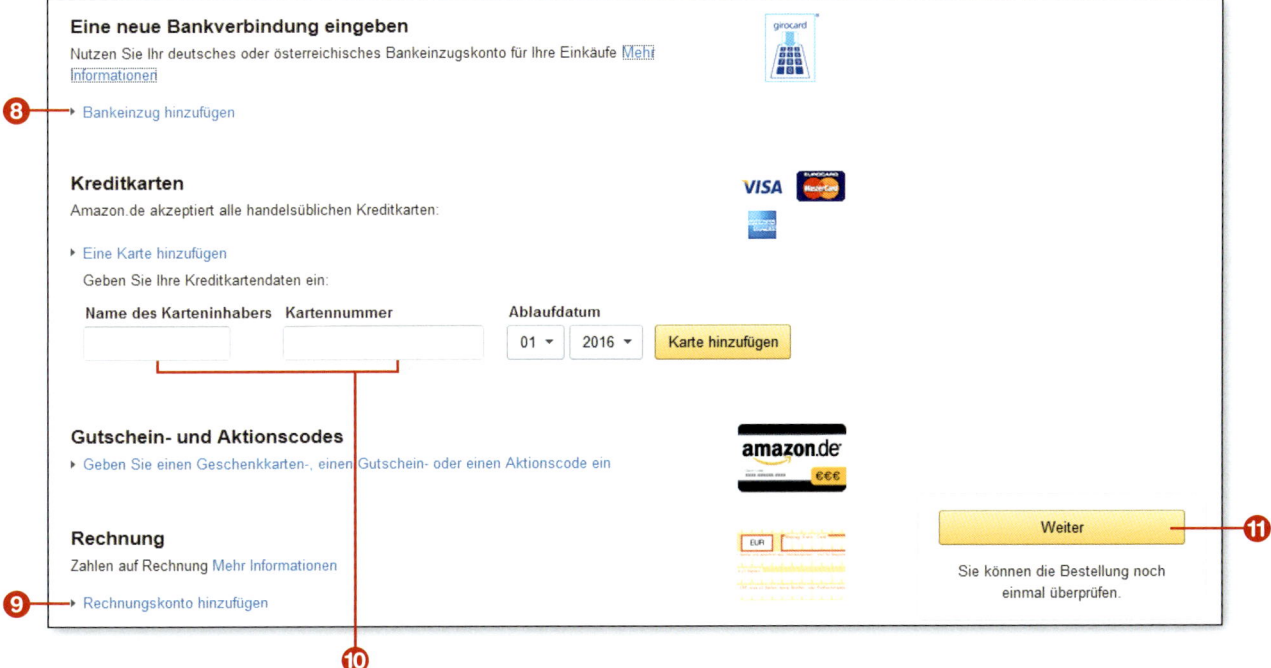

15. Sie erhalten nun nochmals eine Übersicht über alle ausgewählten Artikel sowie die Versandart. Mit einem Klick auf **Jetzt kaufen** schließen Sie den Einkauf bei Amazon ab. Sie erhalten eine Bestätigung Ihrer Bestellung an die angegebene E-Mail-Adresse. Das Gleiche gilt, sobald Ihre Warensendung von Amazon verschickt wird.

16. Wenn Sie keine weiteren Einkäufe bei Amazon mehr vornehmen möchten, klicken Sie in der Menüleiste am oberen Seitenrand auf **Hallo! ... Mein Konto** und in der aufklappenden Liste auf **Nicht ...? Abmelden**. Diesen Schritt sollten Sie am Ende eines Einkaufs nie vergessen.

> **Einkaufen im Amazon Marketplace**
>
> Amazon bietet sowohl Privatleuten als auch anderen Händlern die Möglichkeit, ihre Produkte über den Online-Shop zu verkaufen. Der Name des Verkäufers wird auf der jeweiligen Produktseite angezeigt. In Preissuchmaschinen wie etwa Idealo.de, die Sie im Abschnitt »Preise und Bewertungen vergleichen« ab Seite 143 kennengelernt haben, werden diese Anbieter mit dem Hinweis **Amazon Marketplace** gekennzeichnet. Für Sie als Kunde ändert sich – abgesehen von ggf. abweichenden Versandkosten und Zustellbedingungen – nichts, egal, ob Sie direkt bei Amazon kaufen oder bei einem der Marketplace-Händler. Der Bestellprozess erfolgt also genauso wie in diesem Abschnitt beschrieben. Bevor Sie sich für einen dieser Händler entscheiden, sollten Sie allerdings einen genauen Blick auf seine Bewertungen werfen, denn leider ist nicht jeder so zuverlässig, wie man es sich wünscht. Achten Sie außerdem darauf, ob der Artikel als **gebraucht** oder **neu** gekennzeichnet ist. Handelt es sich bei dem Verkäufer um einen Händler, gilt ebenfalls das im Abschnitt »Allgemeine Tipps für sicheres Einkaufen« auf Seite 162 erwähnte Fernabsatzgesetz, d. h., Sie haben ein 14-tägiges Rückgaberecht. Im Falle einer Privatperson gilt dies nicht.

Wenn Sie später den Status Ihrer Bestellung prüfen möchten oder Änderungen am Konto vornehmen müssen (z. B. die Angabe einer neuen Adresse, falls Sie umziehen), klicken Sie auf der Startseite von Amazon auf die Schaltfläche **Hallo! ... Mein Konto** und dann auf **Anmelden**. Nun können Sie sich mit Ihrer E-Mail-Adresse sowie dem Passwort bei Amazon anmelden.

Einkaufen beim Versandhandel Otto

Können Sie sich noch an die Zeiten erinnern, in denen Versandhäuser wie Otto, Neckermann oder auch Quelle zweimal im Jahr dicke Kataloge verschickten? Diese wurden dann tagelang von vorn bis hinten gewälzt, und anschließend bestellte man per Telefon, schriftlich auf dem Postweg oder direkt in einer Filiale des Versandhauses. Dank der Online-Shops geht die Bestellung mittlerweile weitaus bequemer, wie ich Ihnen am Beispiel der Internetpräsenz von Otto zeigen werde. Besonders praktisch an der Online-Bestellung ist, dass Sie sofort sehen, ob die Ware lieferbar ist oder nicht.

Rufen Sie im Browser Ihrer Wahl die Internetadresse »www.otto.de« auf. Auf der Startseite wirbt Otto mit einigen Empfehlungen und besonderen Schnäppchen. Wenn Sie eines der Angebote interessiert, gelangen Sie mit einem Klick auf das dazugehörige Foto zur Produktübersicht. Suchen Sie ganz gezielt nach einem bestimmten Produkt, können Sie es in das Suchfeld am oberen Seitenrand eingeben. Möchten Sie einfach nur ein bisschen im Angebot stöbern, nutzen Sie am besten die Menüleiste am oberen Seitenrand. Sobald Sie den Mauszeiger auf einen der Menüpunkte bewegen, etwa **Damen** ❶, klappt ein Untermenü auf, das weitere Auswahlmöglichkeiten bietet. Wer auf der Suche nach Schnäppchen ist, klickt am besten auf **% Sale** ❷, wer dagegen an den neuesten Trends der nächsten Saison interessiert ist, sollte einen Blick in die **Neuheiten** ❸ werfen.

▼ *Die Untermenüs klappen auf, sobald Sie den Mauszeiger auf einen Menüpunkt setzen.*

Egal, wofür Sie sich entscheiden, das weitere Vorgehen ist ähnlich: Sobald Sie einen Untermenüpunkt ausgewählt haben, erscheinen in der rechten Fensterhälfte bereits die ersten Produktkategorien. Mithilfe der Bildlaufleiste blättern Sie auf der Webseite nach unten. Über die diversen Filter am linken Seitenrand lässt sich die Zahl der Produkte eingrenzen. Zu Beginn der Liste finden Sie meist einige Kategorien. Haben Sie zuvor den Menüpunkt **Damen ▸ Neuheiten** gewählt, sind dies beispielsweise Schuhe, Hosen, Blusen und mehr.

Angenommen, Sie haben sich für die Blusen entschieden. Was darf es sein: eine Chiffonbluse, Longbluse oder klassische Bluse? Sobald Sie die gewünschte Blusenart per Mausklick ausgewählt haben ❶, werden rechts nur noch diese Blusen angezeigt. Benötigen Sie eine Bluse in einer bestimmten Farbe? Dann markieren Sie einfach den gewünschten Farbton per Mausklick ❷. Sie können auch mehrere Farben auswählen. Die markierten Farben sind mit einem Häkchen versehen.

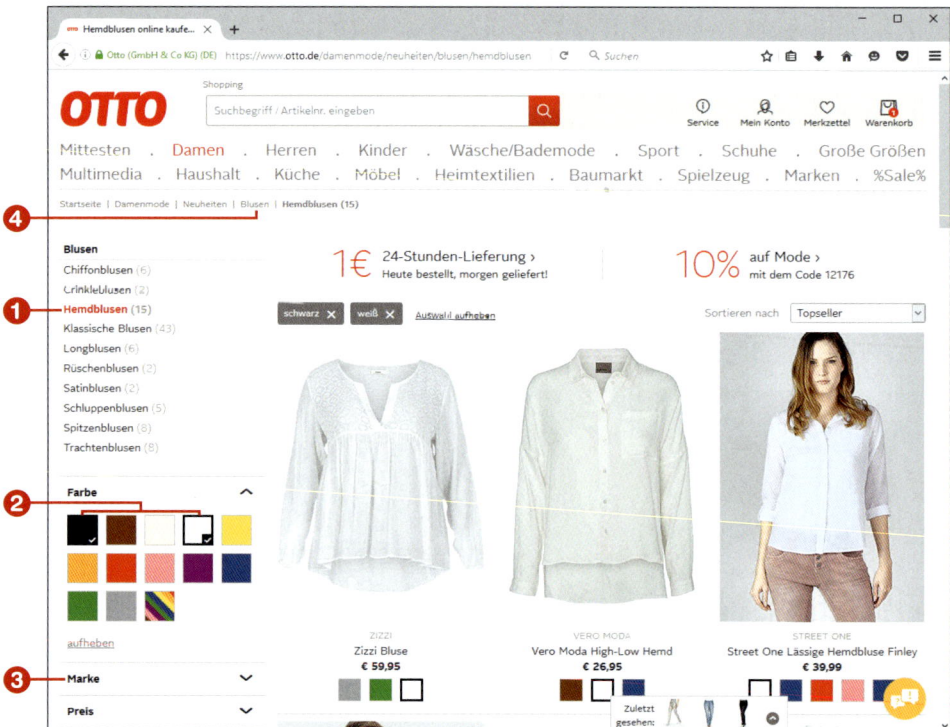

> *Über die Filter in der linken Spalte grenzen Sie die Suche weiter ein.*

Damit ist aber noch nicht genug der Filtermöglichkeiten. Wenn Sie Fan einer bestimmten Produktmarke sind, klicken Sie auf den Eintrag **Marke** ❸. In der aufklappenden Liste finden Sie alle verfügbaren Marken. Ihre Lieblingsmarke fehlt? Dies liegt eventuell daran, dass Sie zuvor bereits einen Farb- oder anderen Filter gesetzt haben. Haben Sie den Filter über ein Kästchen gesetzt, entfernen Sie das Häkchen einfach wieder per

Mausklick, und schon ist der Filter aufgehoben. Im Falle der Kategorien am oberen Seitenrand klicken Sie auf den Oberbegriff, im Beispiel etwa **Blusen** ❹, und schon werden wieder alle Blusen eingeblendet.

Ähnlich, wie Sie die Suche auf bestimmte Marken eingrenzen können, lässt sich auch der **Preis**, das **Material** oder die **Größe** festlegen.

In der rechten Fensterhälfte werden alle Produkte angezeigt, die Ihren Suchkriterien entsprechen. Möchten Sie mehr über ein Produkt erfahren, klicken Sie auf das Foto. Auf der folgenden Webseite finden Sie meist weitere Fotos, die das Produkt von allen Seiten zeigen. Fahren Sie mit dem Mauszeiger über ein Miniaturbild ❺, erscheint es in einer größeren Ansicht ❻. Bei manchen Fotos steht eine spezielle Zoomfunktion zur Verfügung: Bewegen Sie den Mauszeiger über das große Foto ❼, wird ein Dialogfenster mit einer stark vergrößerten Ansicht ❽ eingeblendet. Sobald sich der Mauszeiger nicht mehr auf dem Foto befindet, verschwindet auch das Dialogfenster wieder.

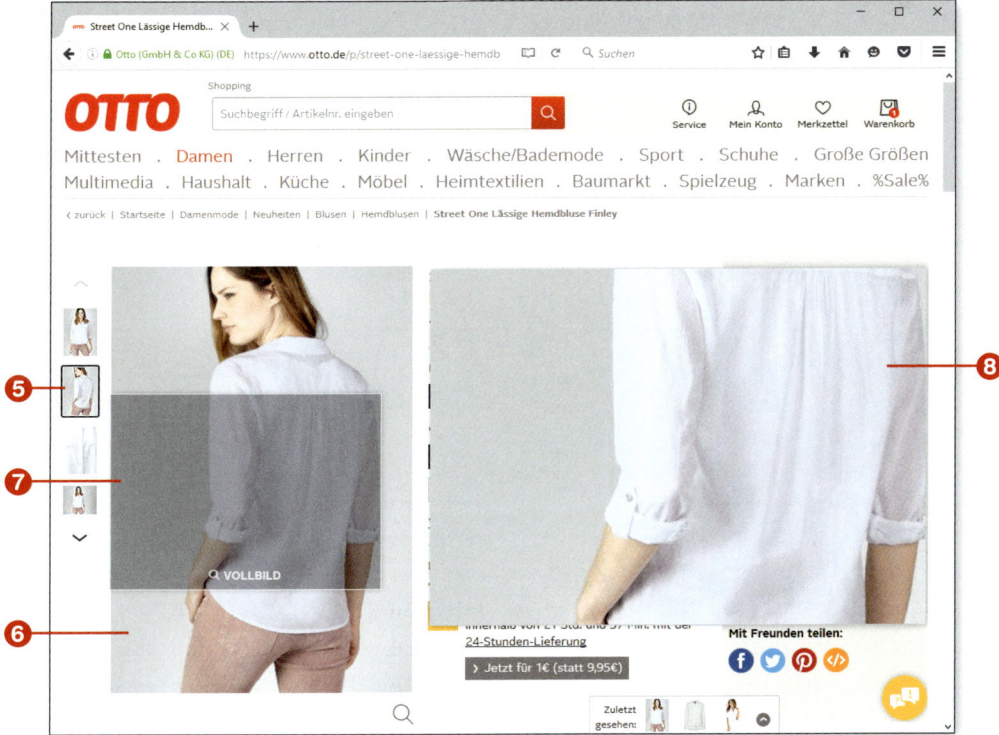

▲ *Mithilfe der Zoomfunktion können Sie Details genau prüfen.*

Wenn Sie noch mehr Informationen zum Produkt benötigen, blättern Sie etwas nach unten bis zum Bereich **Artikeldetails**. Per Klick auf ... **mehr Artikeldetails anzeigen** blenden Sie weitere Details zum Produkt ein. Wurde das Produkt bereits von anderen Kunden bewertet, können Sie sich die Kritiken nach einem Klick auf die Sterne durchlesen. Diese werden sowohl neben den Artikeldetails als auch zu Beginn der Seite angezeigt.

1. Um ein Produkt, etwa eine Bluse, zu bestellen, kehren Sie mithilfe der Bildlaufleiste ❶ zurück zum Seitenanfang. Sobald Sie per Mausklick die gewünschte **Farbe** ❷ und die **Größe** ❸ ausgewählt haben, wird die voraussichtliche Lieferzeit ❹ angezeigt. Eventuell müssen Sie etwas nach unten blättern, um den entsprechenden Hinweis zu sehen.

2. Wenn Sie alle erforderlichen Angaben gemacht haben, klicken Sie auf **In den Warenkorb** ❺.

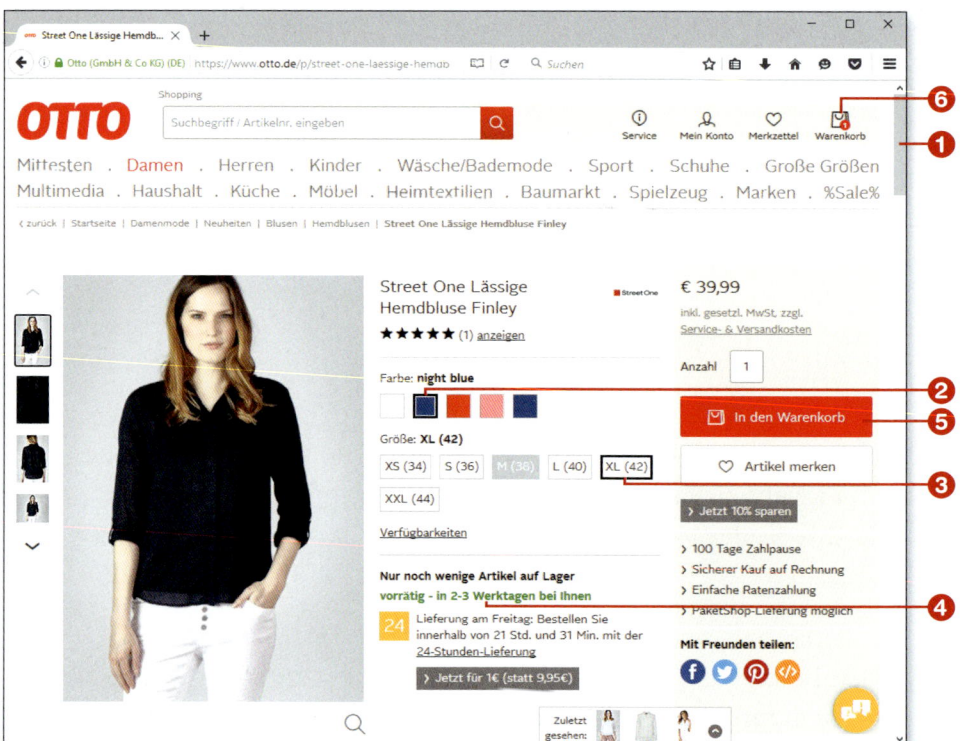

3. Möchten Sie **Weiter einkaufen**, klicken Sie im folgenden Hinweis auf den entsprechenden Link und fahren mit dem Einkauf fort. Benötigen

Sie keine weiteren Artikel, wechseln Sie **Zum Warenkorb**. Diesen können Sie, wenn der Schriftzug nicht angezeigt wird, auch per Klick auf die Schaltfläche **Warenkorb** ❻ in der rechten oberen Fensterecke aufrufen.

4. In der folgenden Übersicht überprüfen Sie nochmals, ob alle Angaben stimmen: Ist die Farbe korrekt, haben Sie die richtige Größe gewählt? Wenn Sie ein Produkt aus dem Warenkorb entfernen möchten, klicken Sie einfach auf das entsprechende Kreuzsymbol ❼ in der Spalte **Löschen**. Entsprechen alle Produkte Ihren Wünschen, gehen Sie **Zur Kasse** ❽.

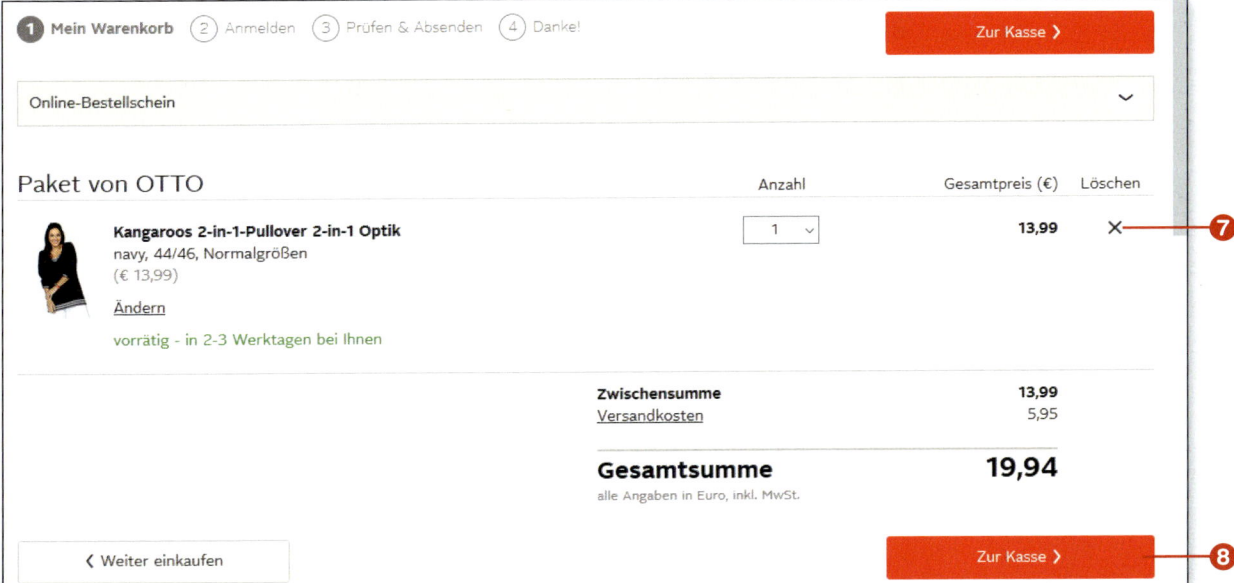

5. Wenn Sie bereits über ein Kundenkonto bei Otto verfügen, können Sie sich im folgenden Fenster mit der E-Mail-Adresse sowie dem Passwort anmelden. Falls Sie neu bei Otto sind, geben Sie im entsprechenden Feld Ihre E-Mail-Adresse ein und klicken dann auf **Neu bei OTTO? Jetzt registrieren**.

6. Füllen Sie auf der folgenden Webseite alle Felder mit Ihren persönlichen Daten aus. Das Passwort können Sie wieder selbst festlegen. Denken Sie daran, auch hier ein neues Kennwort zu wählen und nicht eines zu verwenden, das Sie bereits für einen anderen Online-Shop oder Dienst nutzen. Möchten Sie regelmäßig per E-Mail über Produktneuheiten oder

Kapitel 5: Sicher einkaufen im Internet

auch Schnäppchen informiert werden, versehen Sie das entsprechende Kästchen mit einem Häkchen, bevor Sie auf **Weiter** klicken.

7. Sie erhalten nun nochmals eine Übersicht über Ihre Bestelldaten. In der linken Spalte werden die Lieferanschrift sowie die Zahlungsart eingeblendet. Möchten Sie hier noch Änderungen vornehmen, klicken Sie auf die entsprechende Schaltfläche und korrigieren die Angaben. Erst mit einem Klick auf die Schaltfläche **Jetzt zum genannten Preis bestellen** schicken Sie die Bestellung wirklich ab.

8. Wenn Sie die Website von Otto verlassen möchten, melden Sie sich zuvor über die Schaltfläche **Mein Konto** und dann **Abmelden** beim Online-Shop ab.

Zukünftig können Sie sich mit Ihrer E-Mail-Adresse sowie dem Passwort bei Otto wieder anmelden. Über die Schaltfläche **Mein Konto**, die Sie nach der Anmeldung am oberen Seitenrand finden, ist es Ihnen möglich, den Status der Bestellung zu verfolgen. Zusätzlich wird Ihnen per E-Mail eine Bestätigung Ihrer Bestellung zugeschickt. Auch der Versand der Artikel wird per E-Mail bestätigt.

> **Weitere Versandhäuser im Internet**
>
> Sie sind bereits Kunde bei einem anderen Versandhaus wie etwa Neckermann, Schwab, Baur oder Bon Prix? Selbstverständlich sind auch diese mit einem eigenen Online-Shop im Internet vertreten. Sie erreichen sie über die Internetadressen *www.neckermann.de*, *www.schwab.de*, *www.baur.de* sowie *www.bonprix.de*. Nutzen Sie einen anderen Versandhandel, können Sie die Internetadresse über die Suchmaschine Google ausfindig machen. In diesen Online-Shops kaufen Sie ähnlich wie in unserem Beispiel, dem Versandhaus Otto, ein.

Mit Amazon und dem Versandhaus Otto haben Sie zwei große Online-Shops kennengelernt. Als Nächstes stelle ich Ihnen das sehr beliebte Auktionshaus eBay vor. Auch dieses wird häufig in Preissuchmaschinen wie Idealo.de aufgeführt.

Das Auktionshaus eBay

Wenn das Stichwort »Auktion« fällt, denken viele zunächst an die Versteigerung von Kunstwerken. Beim Online-Auktionshaus eBay finden Sie aber bei Weitem mehr. Sammeln Sie beispielsweise besondere Tassen, Teddybären oder andere Kuriositäten, können Sie hier häufig das ein oder andere Schmuckstück für Ihre Sammlung entdecken. eBay bietet aber auch einen großen Fundus für diejenigen, die verzweifelt nach einem Ersatzteil suchen, das beim Hersteller selbst nicht mehr verfügbar ist. Was auch immer Sie suchen: Die Chance, bei eBay fündig zu werden, ist sehr groß. Natürlich können auch Sie selbst nicht mehr Gebrauchtes bei eBay versteigern.

Egal, ob Sie etwas bei eBay erwerben oder selbst als Auktionator tätig werden möchten: In beiden Fällen benötigen Sie ein Benutzerkonto bei eBay. Dieses ist recht schnell eingerichtet:

1. Rufen Sie die Startseite von eBay durch die Eingabe der Internetadresse »www.ebay.de« auf, und klicken Sie oben links auf **neu anmelden** ❶.

2. Auf der nächsten Webseite geben Sie die E-Mail-Adresse sowie Ihren Vor- und Nachnamen in die entsprechenden Felder ein. Die E-Mail-Adresse muss in zwei Felder eingetragen werden ❷.

3. Das Passwort legen Sie wieder selbst fest ❸. Denken Sie daran: Dieses Online-Passwort sollten Sie für kein anderes Auktionshaus, für keinen anderen Shop oder Dienst verwenden. Das eingegebene Passwort wird wie üblich nur in Form von Punkten angezeigt. Wenn Sie Ihre Eingabe prüfen möchten, versehen Sie das Kästchen **Anzeigen** ❹ mit einem Häkchen. Anschließend sollten Sie das Häkchen wieder entfernen.

4. Bestätigen Sie Ihre Angaben schließlich mit einem Klick auf **Neu anmelden** ❺.

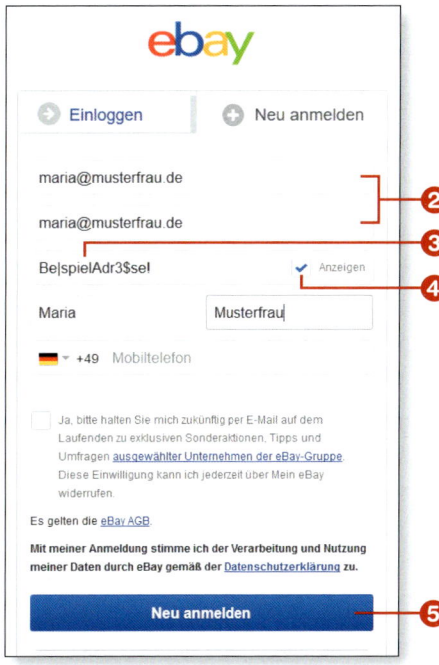

5. eBay legt nun automatisch einen Nutzernamen für Sie an. Wie Sie diesen ändern können, erfahren Sie im Kasten »Persönliche Daten und Einstellungen anpassen« auf Seite 181. Auf der aktuellen Seite klicken Sie zunächst auf **Weiter**. eBay bestätigt Ihnen die erfolgreiche Anmeldung zusätzlich per E-Mail.

6. Sie können nun bei eBay stöbern oder auch selbst eine Auktion starten. Wenn Sie nichts mehr zu erledigen haben, sollten Sie sich abmelden. Klicken Sie hierzu in der linken oberen Ecke auf Ihren Benutzernamen und in der aufklappenden Liste auf **Ausloggen**.

7. Wenn Sie sich später wieder anmelden möchten, reicht ein Klick auf **Einloggen**. Geben Sie dann Ihre E-Mail-Adresse und das Passwort an. Entfernen Sie das Häkchen vor **Eingeloggt bleiben**, und klicken Sie auf **Einloggen**. Blendet der Browser die Frage ein, ob das Passwort gespeichert werden soll, lehnen Sie dies ab (siehe auch die Abbildung auf Seite 168).

8. eBay möchte nun gerne Ihre Mobiltelefonnummer erfahren. Wenn Sie diese nicht angeben und dann **Bestätigen** möchten, klicken Sie stattdessen auf **Vielleicht später**.

Sobald Sie über ein Benutzerkonto bei eBay verfügen, können Sie mit dem Ersteigern oder Verkaufen im Online-Auktionshaus loslegen. Die Suche nach einem Produkt funktioniert ähnlich wie bereits ausführlich für die Online-Shops Amazon und Otto gezeigt. Auch bei eBay können Sie gemütlich über die Kategorien, die in der linken Spalte aufgeführt werden, im Angebot stöbern. Wissen Sie bereits genau, was Sie suchen, nutzen Sie das Suchfeld am oberen Seitenrand. Wenn Sie einen Suchbegriff eingegeben und die Suche mit einem Klick auf **Finden** gestartet haben, werden Ihnen auf der folgenden Webseite die Treffer angezeigt. Sollte die Suche zu viele Treffer ergeben, lässt sie sich über die Filter am linken Seitenrand wie üblich noch verfeinern. Über das Feld **Sortieren** ❶ zu Beginn der Trefferliste können Sie bestimmen, in welcher Reihenfolge die Artikel angezeigt werden sollen.

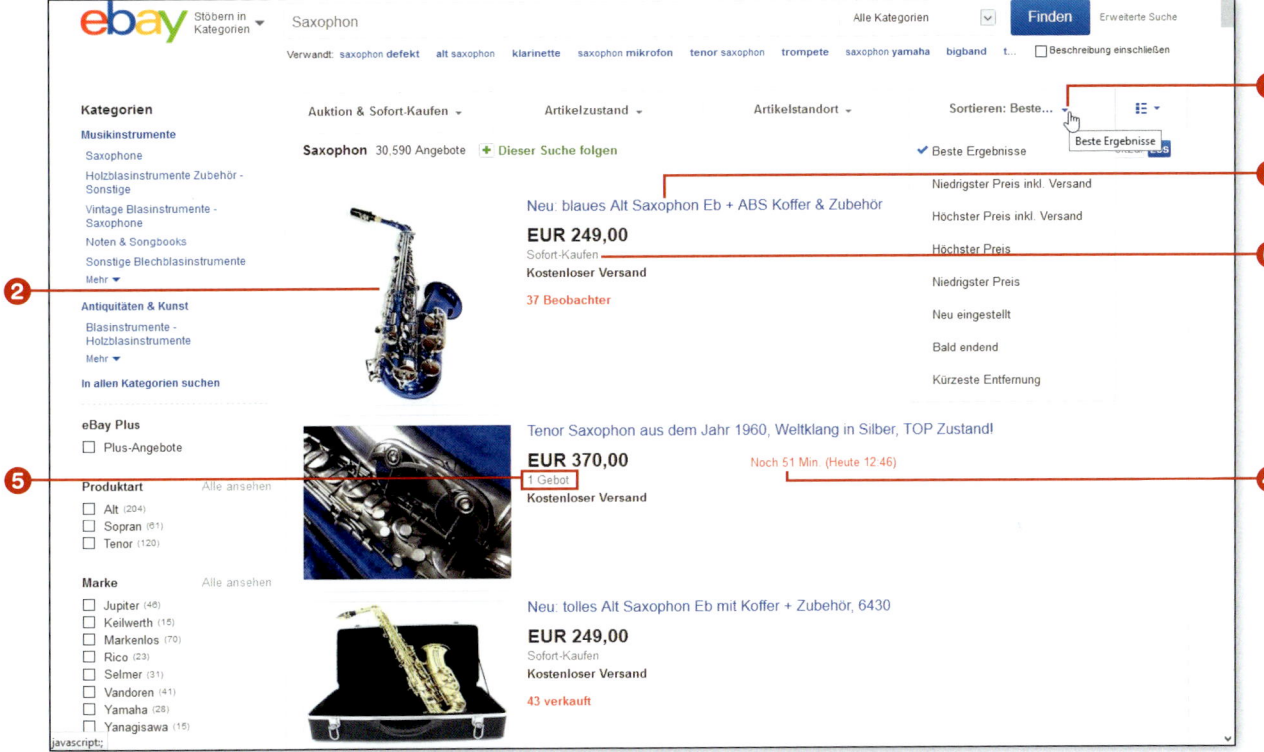

Sehen wir uns die Trefferliste kurz an. Neben einem Foto ❷ finden Sie auch eine kurze Produktbeschreibung ❸. Die meisten Artikel werden bei eBay versteigert. Für die Auktionen gilt dabei ein fest vorgegebener Zeitraum. Wie lange eine Auktion noch andauert, wird unterhalb der Produktbeschreibung angezeigt ❹. Hier erfahren Sie auch, wie hoch das aktuelle Gebot ist und wie viele Gebote bereits abgegeben wurden ❺. Manche Artikel können Sie auch sofort kaufen, wie der gleichnamige Hinweis zeigt ❻. In diesem Fall zahlen Sie den fest vorgegebenen Preis sowie eine eventuell hinzukommende Versandgebühr.

⌃ *Bei eBay können Sie Artikel ersteigern oder sofort kaufen.*

Wenn Sie sich für einen Artikel interessieren, gelangen Sie per Klick auf das Foto oder die Kurzbeschreibung zur entsprechenden Produktseite. Lesen Sie sich hier alle Details genau durch. In welchem Zustand befindet sich das Produkt? Werfen Sie in diesem Zusammenhang auch einen

Kapitel 5: Sicher einkaufen im Internet

genauen Blick auf die Fotos. Um zur Beschreibung des Produkts zu gelangen, nutzen Sie die Bildlaufleiste am Seitenrand. Wenn es sich bei dem Verkäufer um eine Privatperson handelt, können Sie den Artikel bei Nichtgefallen nicht zurückgeben ❶. Nur bei Händlern, die ihre Artikel über eBay verkaufen, greift der Fernabsatzvertrag mit einer 14-tägigen Rückgabemöglichkeit. Achten Sie bei der Artikelbeschreibung auch auf die Versandkosten ❷ sowie die Zahlungsmethoden ❸, die der Verkäufer zur Auswahl stellt.

Sehr wichtig sind auch die Angaben zum Verkäufer selbst. Rechts vom Mitgliedsnamen wird in Klammern die Bewertung angezeigt, die der Anbieter von anderen eBay-Mitgliedern erhalten hat ❹. Nach einem Klick auf den Mitgliedsnamen können Sie sich die positiven, neutralen oder negativen Beurteilungen ansehen. Überwiegen hier die negativen Bewertungen, sollten Sie von einem Kauf bei diesem Verkäufer besser absehen. Über die **Zurück**-Schaltfläche ⬅ Ihres Browsers gelangen Sie immer wieder zur vorherigen Webseite zurück.

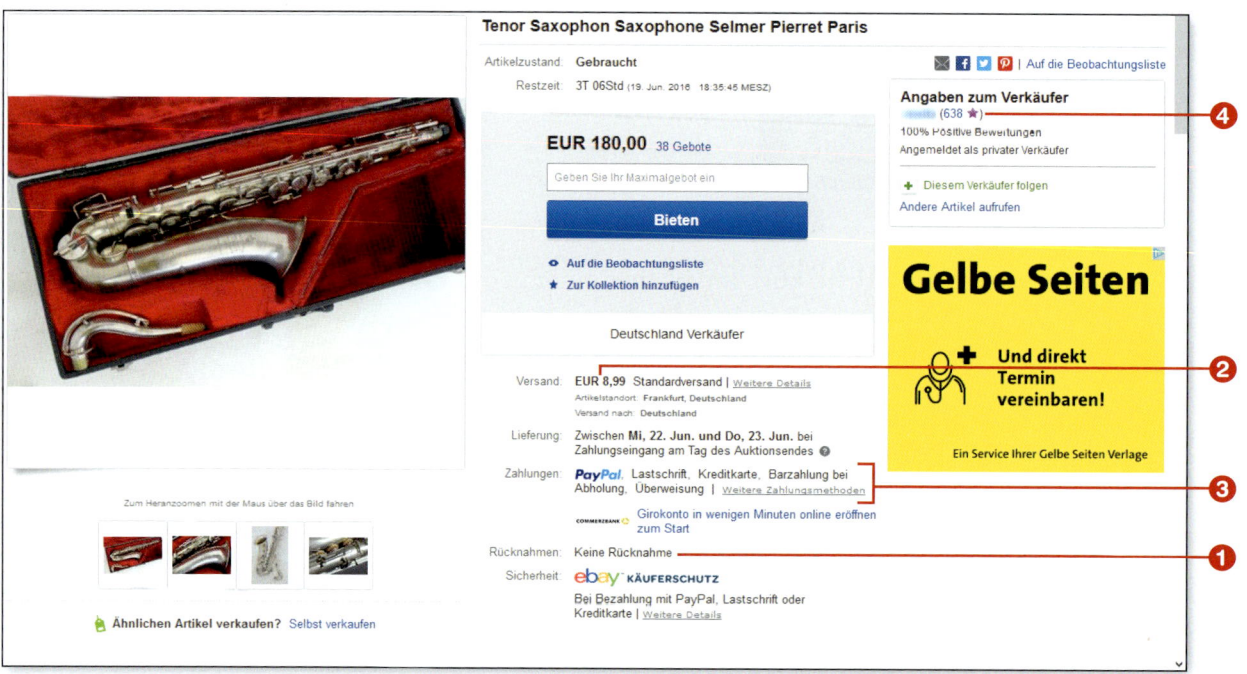

∧ *Prüfen Sie die Artikelbeschreibung genau.*

Das Auktionshaus eBay

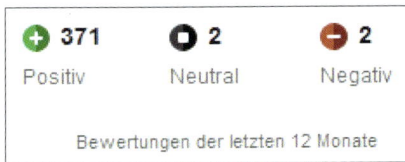

◂ *Hier überwiegen die positiven Bewertungen.*

Wenn Sie einen Artikel gefunden haben, den Sie gerne ersteigern möchten, rufen Sie die Produktseite auf. Gleich zu Beginn der Seite erfahren Sie, wie hoch das aktuelle Gebot ist und wie viele Gebote bereits abgegeben wurden. Das aktuelle Gebot müssen Sie um mindestens 50 Cent überbieten. Sie können hier allerdings auch schon den Wert eingeben, den Sie maximal bieten möchten, da eBay mit einem automatischen Bietsystem arbeitet. Wie dies funktioniert, erfahren Sie im Kasten »Das sollten Sie beim Bieten beachten« auf Seite 182.

➕ Persönliche Daten und Einstellungen anpassen

eBay legt bei der Anmeldung automatisch einen Nutzernamen fest. Nur dieser wird bei den Auktionen, an denen Sie teilnehmen, angezeigt; Ihren wahren Namen bekommt niemand zu Gesicht. Allerdings lässt der automatisch erstellte Nutzername häufig Rückschlüsse auf Ihren Namen zu. Um einen eigenen Mitgliedsnamen zu bestimmen, bewegen Sie den Mauszeiger oben links auf Ihren Benutzernamen und klicken in der aufklappenden Liste auf **Kontoeinstellungen**. Auf der nächsten Webseite klicken Sie links unter **Ansichten** auf **Persönliche Daten** und dann rechts in der Zeile **Nutzername** auf **Bearbeiten**. Nachdem Sie sich erneut mit Ihrer E-Mail-Adresse sowie dem Passwort eingeloggt, sprich angemeldet haben, können Sie einen neuen eBay-Mitgliedsnamen angeben und **Speichern**. Da es bereits viele eBay-Mitglieder gibt, sollten Sie einen möglichst ausgefallenen Namen wählen, der nicht nur aus Buchstaben, sondern auch aus Zahlen besteht. Sollte der gewählte Name bereits vergeben sein, erhalten Sie einen entsprechenden Hinweis. Probieren Sie in diesem Fall einen neuen Namen aus. eBay versendet übrigens gerne Werbemails. Wenn Sie diese nicht mehr erhalten möchten, klicken Sie in der Leiste **Ansichten** auf **Benachrichtigungseinstellungen**. Blättern Sie nun etwas nach unten, und klicken Sie unter **Newsletter, Werbung und Umfragen** auf **Einblenden**. Entfernen Sie per Mausklick alle Häkchen, und **Speichern** Sie die Einstellungen. Per Klick auf das eBay-Logo am Seitenanfang kehren Sie wieder zur Startseite von eBay zurück.

Das sollten Sie beim Bieten beachten

Wenn Sie bei eBay einen Artikel ersteigern möchten, können Sie bereits zu Beginn Ihr Maximalgebot abgeben, sprich den Preis angeben, den Sie maximal bezahlen möchten. Keine Sorge: Dieses Gebot bekommen weder Verkäufer noch andere Bieter zu Gesicht. Hierfür sorgt das automatische Bietsystem von eBay: Ihr Gebot wird automatisch nur so weit erhöht wie nötig, damit Sie Höchstbietender bleiben. Um welchen Betrag das Gebot erhöht wird, hängt von der aktuellen Gebotshöhe ab. Wenn der Preis unter 50 Euro liegt, wird z. B. jeweils in 50-Cent-Schritten erhöht. Sollte Ihr Maximalgebot erreicht sein, werden Sie per E-Mail informiert. Bevor Sie Ihr nächstes Höchstgebot eintragen, sollten Sie genau prüfen, ob der Betrag für den Artikel gerechtfertigt ist. Die Gefahr, sich in letzter Sekunde zu einem Gebot hinreißen zu lassen, das den Wert des Artikels bei Weitem übersteigt, ist im Eifer des Gefechts sehr groß. Mithilfe der Preissuchmaschinen, die Sie zu Beginn des Kapitels kennengelernt haben, können Sie beispielsweise den Neupreis für ein Produkt ermitteln. Berücksichtigen Sie außerdem, dass zum Kaufpreis noch die Versandkosten hinzukommen.

Wenn Sie einen Artikel ersteigern möchten, gehen Sie wie im Folgenden beschrieben vor:

1. Geben Sie in das weiße Feld das Maximalgebot ein. Prüfen Sie genau, dass Sie sich nicht vertippt haben, und klicken Sie dann auf **Bieten**. Profis geben übrigens relativ spät, also erst kurz vor Ende einer Auktion, ihr Gebot ab, um den Preis nicht zu früh in die Höhe zu treiben.

2. Sollten Sie noch nicht angemeldet sein, werden Sie nun aufgefordert, sich mit Ihrem Mitgliedsnamen und dem Passwort einzuloggen. Haben Sie sich zwar angemeldet, aber noch keine Adresse hinterlegt, müssen Sie diese nun angeben. Ebenso ist die Eingabe der Telefonnummer sowie des Geburtsdatums erforderlich. Erst dann geht es **Weiter**. Sie gelangen nun wieder zur Gebotsübersicht.

3. Wenn alle Angaben korrekt sind, klicken Sie auf **Gebot bestätigen**. Sie erfahren sofort, ob Sie schon jetzt überboten wurden. In diesem Fall können Sie einen neuen Betrag angeben und das **Maximalgebot erhöhen**. Ist Ihnen der Preis zu hoch, **schließen** Sie den Dialog.

4. Sind Sie Höchstbietender, erhalten Sie von eBay eine E-Mail. Dies gilt auch, falls Sie im Laufe der Auktion doch noch überboten werden. Sie müssen also nicht die ganze Zeit bei eBay angemeldet bleiben.

5. Solange die Auktion noch läuft, haben Sie immer die Möglichkeit, ein höheres Gebot abzugeben. Gewinnen Sie die Auktion, informiert eBay Sie ebenfalls per E-Mail. In dieser E-Mail erhalten Sie alle nötigen Daten des Verkäufers, um den Artikel zu bezahlen.

Bezahlen sollten Sie so schnell wie möglich. Dies gilt auch für die Bewertung des Verkäufers, sobald der Artikel bei Ihnen eingetroffen ist. Der Verkäufer wird Sie umgekehrt ebenfalls bewerten. Die Bewertung erfolgt über das Menü **Mein eBay** ❶, das Sie am oberen rechten Seitenrand finden. Entsprechende Informationen hierzu erhalten Sie aber auch per E-Mail.

Wie zu Anfang erwähnt, können Sie natürlich auch selbst als Verkäufer bei eBay aktiv werden. Während das Kaufen bei eBay für Sie als Kunde kostenlos ist, müssen Sie als Verkäufer für jede erfolgreiche Auktion eine Gebühr an eBay entrichten. Die Höhe hängt vom Verkaufspreis des Artikels ab. Um selbst eine Auktion zu starten, melden Sie sich zunächst bei eBay an, wie zu Beginn dieses Abschnitts ab Seite 177 gezeigt. Anschließend gehen Sie folgendermaßen vor:

1. Bewegen Sie den Mauszeiger auf das Menü **Verkaufen** ❷ am oberen Seitenrand.

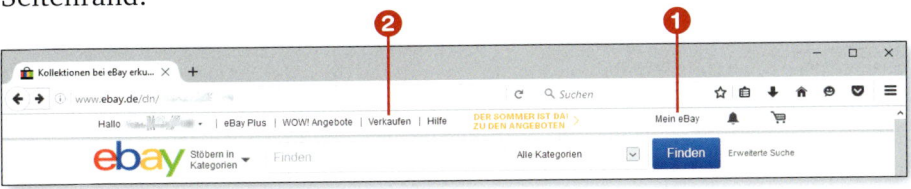

2. Geben Sie als Nächstes eine Artikelbezeichnung ein, etwa »Musik-CD«, »Hörbuch«, »Sammelfigur« o. Ä. Klicken Sie anschließend auf die Schaltfläche **Jetzt verkaufen**.

Kapitel 5: Sicher einkaufen im Internet

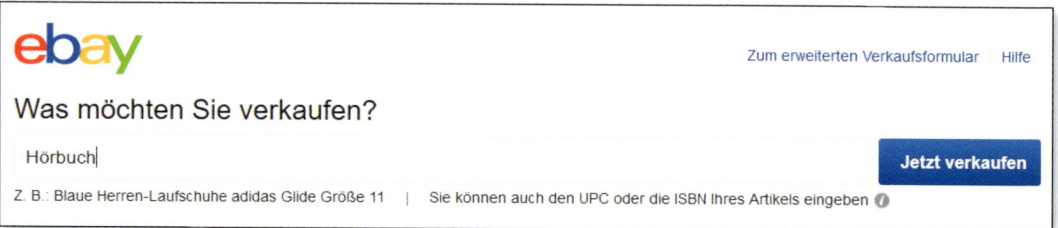

Die weiteren Schritte hängen von dem Artikel ab, den Sie verkaufen möchten, und können deshalb nur allgemein beschrieben werden.

3. Auf der nächsten Webseite werden Ihnen meist einige Artikel vorgeschlagen. Ist Ihr Artikel bereits dabei, können Sie das Angebot als Vorlage verwenden. Mit einem Klick auf **Angebot erstellen** geht es für Sie weiter.

4. Nun haben Sie die Möglichkeit, den Artikel ausführlich zu beschreiben. Je mehr Informationen Sie potenziellen Kunden geben, desto größer sind die Chancen, dass Sie den Artikel zu einem guten Preis versteigern. Geben Sie auf jeden Fall eine faire Einschätzung des Artikelzustands ab. Reden Sie die Ware hier schön, bringt Ihnen das später nur viel Ärger ein.

5. Nach einem Klick auf **Fotos hinzufügen** können Sie ein Bild des Artikels hinzufügen (siehe auch den folgenden Kasten »Die richtige Bildauswahl«). Wechseln Sie dazu im folgenden Dialog in den Ordner auf Ihrem Computer, in dem sich das Foto befindet, markieren Sie die Datei, und klicken Sie auf **Öffnen**.

> **Die richtige Bildauswahl**
>
> Ein Bild sagt bekanntlich mehr als tausend Worte. Deshalb sollten Sie auch ein Foto des Artikels hinzufügen. Achten Sie darauf, dass auf dem Bild nur der Gegenstand zu sehen ist, den Sie verkaufen möchten. Wenn ein Produkt Mängel, z. B. Kratzer, aufweist, versuchen Sie, diese auch im Bild zu zeigen, denn von einem verärgerten Käufer erhalten Sie später auch eine schlechte Bewertung. Das wiederum hat negative Auswirkungen auf alle Ihre folgenden Auktionen. Beachten Sie bei den Fotos, die Sie veröffentlichen, das Urheberrecht; verwenden Sie also keine Bilder, die Sie nicht selbst aufgenommen haben. Auch wenn es bequem ist, ein Foto etwa von der Herstellerseite oder von einer anderen Auktion zu verwenden: Gehört das Bild nicht Ihnen, ist dies strafbar.

6. Wenn Sie möchten, fügen Sie weitere Artikelmerkmale hinzu. Auf jeden Fall sollten Sie im Feld **Details** den Artikel ausführlich beschreiben. Wenn der Artikel Mängel aufweist, erwähnen Sie diese hier unbedingt.

7. Im nächsten Abschnitt legen Sie das Angebotsformat (**Auktion** ❸ oder, im Falle eines Sofortkaufs, **Festpreis**) und den **Startpreis** ❹ für Ihre Auktion fest. Im Feld **Angebotsdauer** ❺ bestimmen Sie, nach welchem Zeitraum die Auktion auslaufen soll. Je länger die Auktion läuft, desto höher sind Ihre Verkaufschancen.

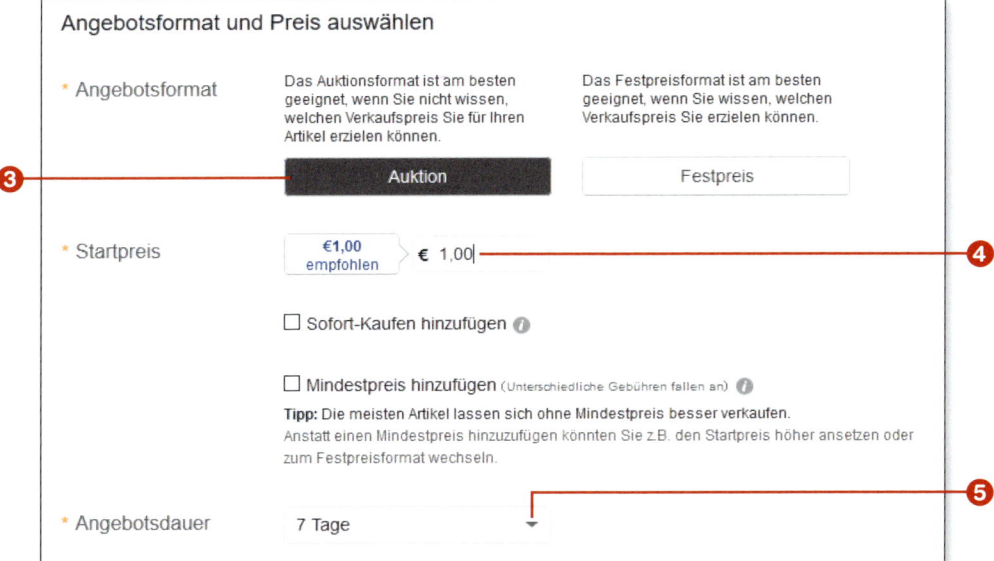

8. Blättern Sie auf der Seite etwas nach unten. Als Nächstes wählen Sie die Versandart aus. Im Fall einer CD oder DVD schlägt Ihnen eBay bereits den Versand per Maxibrief vor. Sie können aber auch den **Versand selbst auswählen**. Die Versandgebühren muss der Käufer später übernehmen. Stellen Sie daher sicher, dass Sie auch die Versandart angegeben haben, mit der Sie den Artikel später verschicken werden.

9. Weiter unten auf der Webseite geben Sie im Bereich **Einstellungen überprüfen** an, welche Zahlungsmethoden Sie akzeptieren. Indem Sie den Mauszeiger auf die kleinen Info-Zeichen ❻ bewegen, werden Ihnen in einem kleinen Hinweisfenster weitere Informationen angezeigt. Das Bezahlsystem PayPal haben Sie bereits im Abschnitt »Allgemeine Tipps für sicheres Einkaufen« ab Seite 159 kennengelernt.

Kapitel 5: Sicher einkaufen im Internet

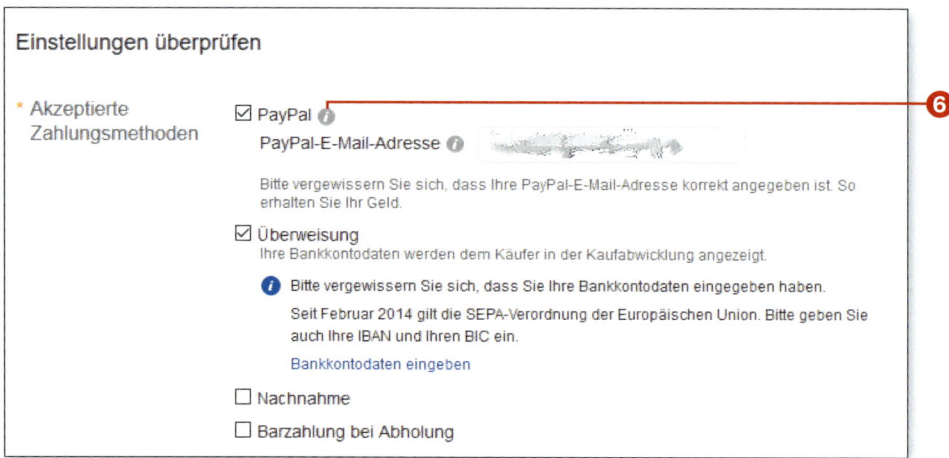

10. Bieten Sie die Zahlungsmethode **Überweisung** an, müssen Sie nach einem Klick auf **Bankkontodaten eingeben** Ihre Bankdaten ergänzen. eBay öffnet hierzu im Browser eine neue Registerkarte. Nachdem Sie sich mit der E-Mail-Adresse und dem Passwort eingeloggt, also angemeldet haben, gelangen Sie zu einem Formular, in dem Sie die Bankdaten eintragen. Bestätigen Sie die Angaben mit **Senden**. Sollten Sie nicht automatisch zur Registerkarte **Bei eBay verkaufen** zurückgeführt werden, wechseln Sie selbst dorthin per Klick auf den Registerreiter ❼.

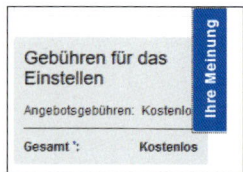

11. Wenn Sie alle Angaben vorgenommen haben, werfen Sie in der rechten Spalte zur Sicherheit einen Blick auf den Kasten **Gebühren für das Einstellen**. Die meisten Funktionen bietet eBay kostenlos an, für manch eine wird eine kleine Gebühr verlangt. Dies ist beispielsweise der Fall, wenn Sie mehr als zwölf Bilder des Produkts veröffentlichen.

12. Sind alle Angaben korrekt, klicken Sie auf **Zu genannten Gebühren einstellen**.

Damit beginnt Ihre eigene Auktion. eBay sendet Ihnen nochmals eine E-Mail mit allen Details zu Ihrem Artikel. Eine Übersicht über all Ihre laufenden Auktionen – egal, ob als Käufer oder Verkäufer – erhalten Sie nach einem Klick auf **Mein eBay** ❽ am oberen Seitenrand. Vergessen Sie nicht, sich bei eBay abzumelden, sprich auszuloggen, wenn Sie nichts mehr auf der Webseite zu erledigen haben.

Wenn Sie einen Artikel erfolgreich verkauft haben, erhalten Sie von eBay eine entsprechende E-Mail mit Informationen zum Käufer. Haben Sie als Zahlungsmethode PayPal angeboten und hat der Käufer diese gewählt, erhalten Sie von PayPal einen Hinweis, sobald der Käufer die Bezahlung veranlasst hat. Erst dann sollten Sie den Artikel zu den festgelegten Vereinbarungen versenden.

Im nächsten Abschnitt stelle ich Ihnen noch andere beliebte Online-Shops vor.

Weitere beliebte Online-Shops

Das Einkaufen im Internet wird immer beliebter. Ein paar klassische Online-Shops haben Sie bereits im Verlauf dieses Kapitels ausführlich kennengelernt. Fast jede große Einkaufskette ist mittlerweile im Internet vertreten. Wenn Sie Ihre Schuhe beispielsweise gerne bei Deichmann kaufen, müssen Sie hierzu nicht extra in eine der Filialen gehen. Unter der Internetadresse *www.deichmann.de* finden Sie eine große Auswahl. Sollten die Schuhe nicht passen, schicken Sie sie einfach innerhalb von 14 Tagen zurück. Die Versandgebühr müssen Sie übrigens trotzdem bezahlen – wie bei fast jedem anderen Online-Shop oder Versandhandel auch.

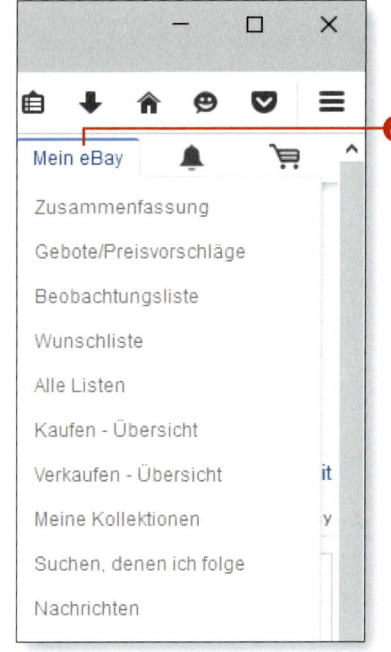

︿ *Über die Einträge im Menü »Mein eBay« gelangen Sie zu Ihren laufenden Auktionen.*

Auch Parfümerien wie Douglas sind natürlich im Internet vertreten. Wer auf der Suche nach einem schönen Geschenk ist, kann ganz in Ruhe unter *www.douglas.de* im großen Sortiment stöbern. Eine pfiffige Geschenkidee bietet übrigens auch Tchibo (*www.tchibo.de*): Wenn Sie einem Kaffeeliebhaber eine Freude machen möchten, können Sie hier einen eigenen Kaffee mischen, die Filterstärke bestimmen und dann – der Clou – eine selbst gestaltete Verpackung mit eigener Beschriftung wählen. Im Online-Shop finden Sie aber nicht nur Kaffee. Alle Artikel, die bei Aktionen angeboten werden, von der Bettwäsche über das Kochgeschirr bis hin zu den Gartenmöbeln, können Sie auch online bestellen. Der Bereich »Sale« bietet außerdem so manch ein reduziertes Angebot.

Kapitel 5: Sicher einkaufen im Internet

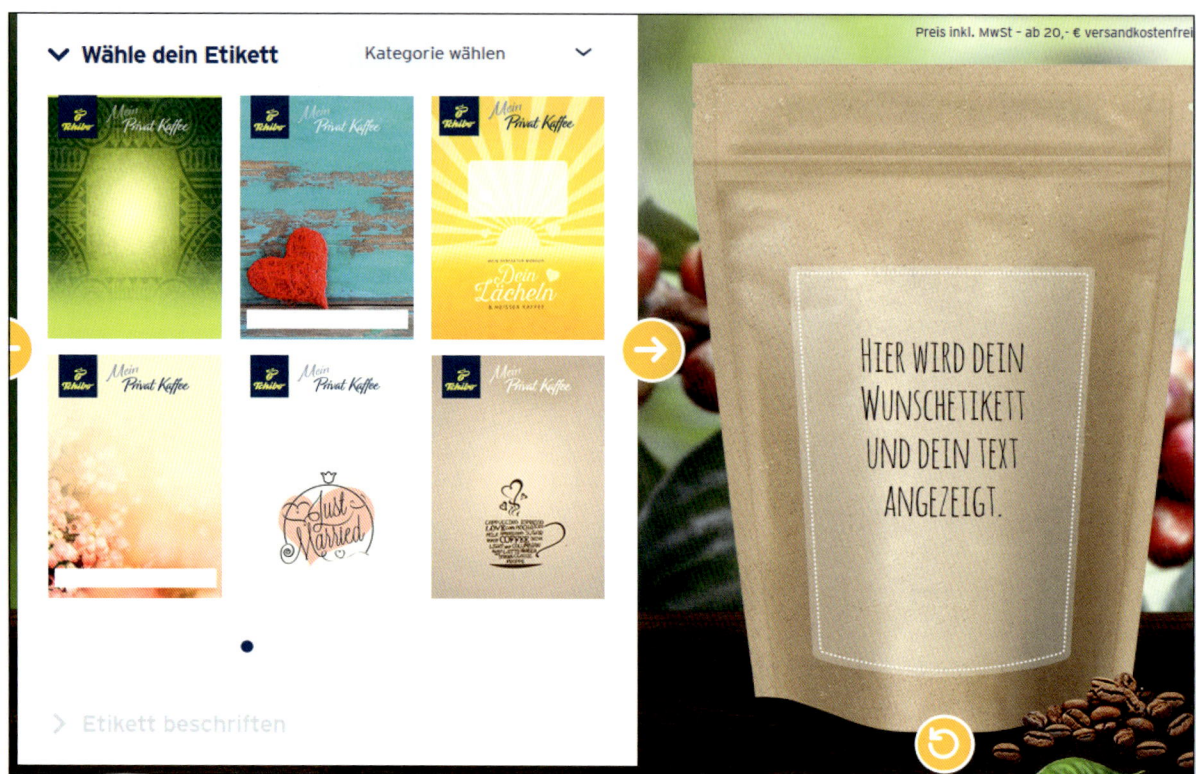

▲ *Bei Tchibo können Sie die Verpackung für Ihren Kaffee selbst auswählen.*

Unter *www.cyberport.de* und *www.notebooksbilliger.de* finden Computerfans ein großes Angebot an PCs, Tablets, Notebooks, Smartphones sowie das entsprechende Zubehör. Eine wahre Oase für Bastler bietet wiederum Conrad (*www.conrad.de*). Vom Zubehör für die Modellbahn über Werkzeuge bis hin zum Kfz-Zubehör ist hier alles dabei.

Ob Sie, wie früher in der Werbung immer wieder zu sehen und vor allem zu hören war, vor Glück schreien, wenn Sie ein Paket von Zalando bekommen, können Sie selbst ausprobieren. Den Online-Shop rufen Sie über die Internetadresse *www.zalando.de* auf. Ähnlich wie bei Otto finden Sie hier vor allem Bekleidung, Accessoires und Markenartikel.

Letzteres, also die Markenartikel, sind beliebte Mitbringsel aus dem Ausland. Nicht immer gelingt es den Käufern aber, diese Ware am Zoll vorbeizuschmuggeln. So manches bleibt hier an der Zollschranke hängen. Doch wo soll die Bundeszollverwaltung mit all den beschlagnahmten und gepfändeten Sachen hin? Ganz pfiffig: Die Sachen werden schlicht versteigert. Die Zoll-Auktionen erreichen Sie über die Internetadresse *www.zoll-auktion.de*. In der Justiz-Auktion (*www.justiz-auktion.de*) finden Sie die von Gerichtsvollziehern beschlagnahmten Gegenstände. Auch hier lässt sich die ein oder andere Kuriosität finden. Das Prozedere, um an einer Auktion teilzunehmen, verläuft bei beiden Auktionshäusern ähnlich wie bei eBay.

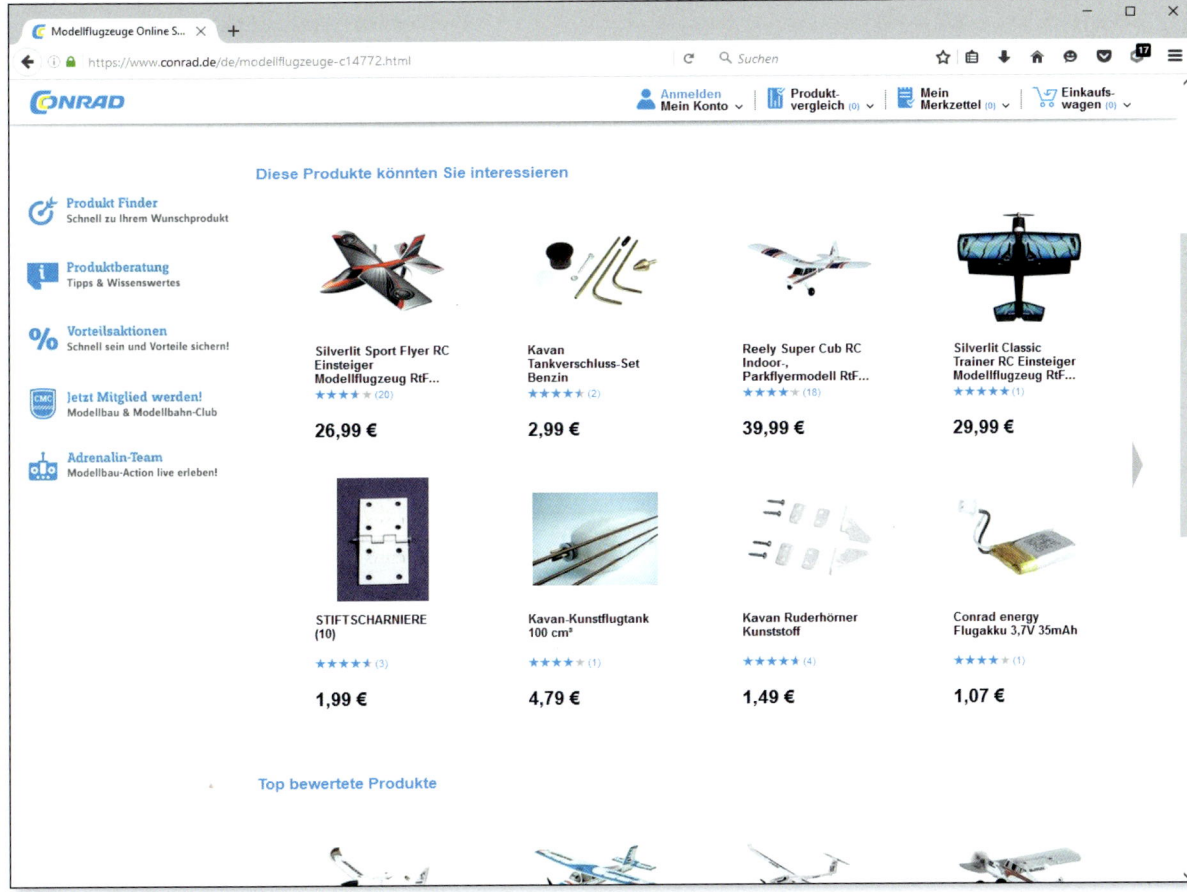

△ *Conrad lässt die Herzen von Bastlern höherschlagen.*

Wo immer Sie im Internet einkaufen, eines ist stets gleich: Die Ware wird Ihnen direkt nach Hause geliefert. Gerade bei großen, schweren Gegenständen ist dies für manch einen sehr angenehm. Haben Sie beispielsweise ein Haustier und müssen regelmäßig schwere Futterdosen oder Säcke mit Katzenstreu heranschaffen, sollten Sie dem Online-Shop Zooplus (*www.zooplus.de*) einen Besuch abstatten. Hier finden Sie vom Futter über Spielzeug bis hin zu Transportboxen alles für Ihre Lieblinge.

Kapitel 5: Sicher einkaufen im Internet

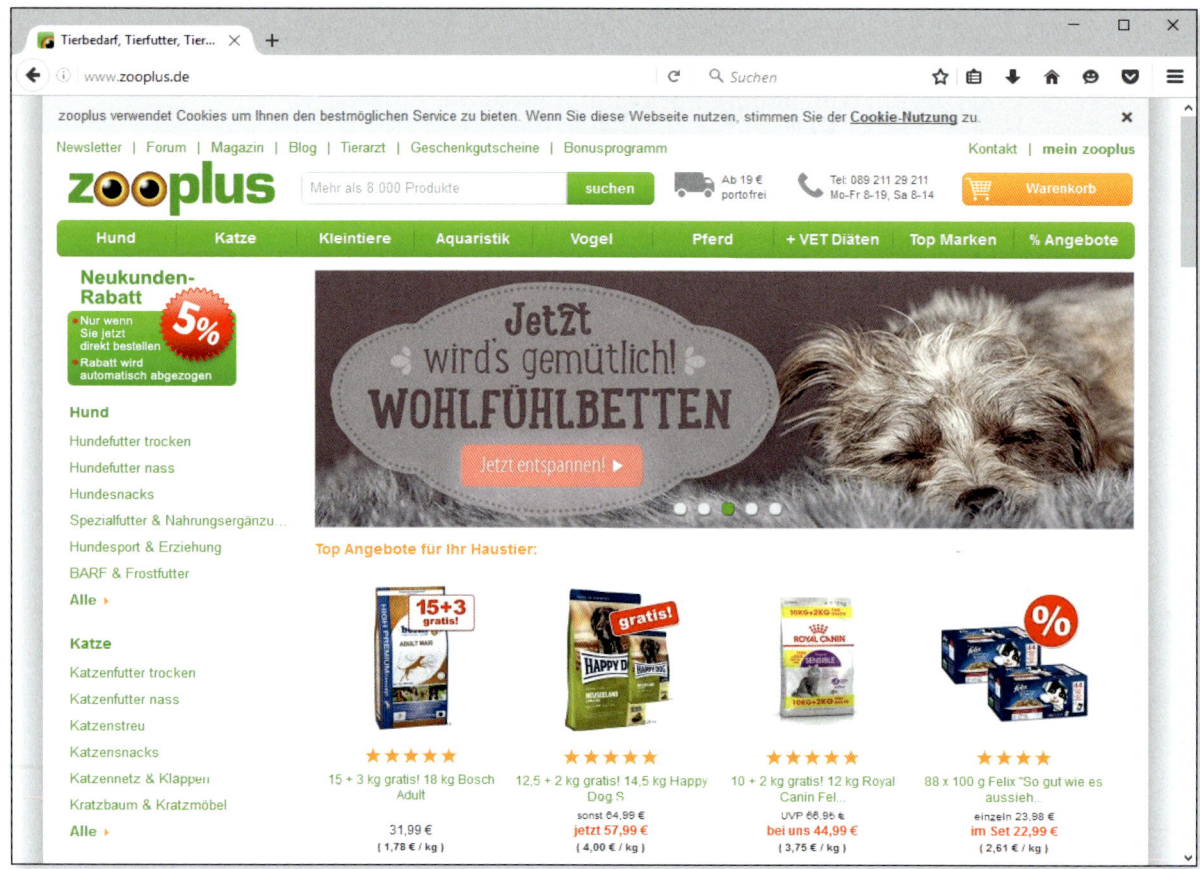

△ Haustierbesitzer sind bei Zooplus richtig.

Nahrungsmittel nicht fürs Haustier, sondern für sich selbst können Sie bei Saymo (*www.saymo.de*) bestellen. All die Leckereien – von Feinkost über Süßigkeiten bis hin zu asiatischen Produkten – lassen einem schon beim Blick auf die Produktbilder das Wasser im Mund zusammenlaufen.

Wie Sie sehen, ist im Internet fast alles zu finden. Begeben Sie sich selbst auf die Suche. Vielleicht besitzt auch Ihr Lieblingsgeschäft mittlerweile schon einen Online-Shop. Denken Sie dabei aber immer an Ihre Sicherheit, und überprüfen Sie die Seriosität des Händlers, bevor Sie bestellen. Die Sicherheit spielt auch beim nächsten Thema, dem Online-Banking, eine große Rolle.

Kapitel 6
Sicheres Online-Banking

Schnell eine Überweisung tätigen oder den aktuellen Kontostand abfragen: Mit dem Online-Banking erledigen Sie solche Aktionen ganz bequem von daheim aus über das Internet, sprich online. Damit sparen Sie sich nicht nur den Weg zu Ihrer Bank, Sie können Ihre Bankgeschäfte abwickeln, wann immer Sie möchten, und müssen nicht auf die Öffnungszeiten Ihrer Bankfiliale achten.

Was Sie zum Online-Banking benötigen, sind lediglich ein Computer mit Internetverbindung sowie ein Browser wie etwa Mozilla Firefox (siehe dazu den Abschnitt »Der Browser Mozilla Firefox« ab Seite 76). Gerade bei solch einem heiklen Thema wie Bankgeschäften steht natürlich die Sicherheit an höchster Stelle. Der Einsatz eines Antivirenprogramms und einer Firewall, wie im Abschnitt »Ist Ihr Computer gut geschützt?« ab Seite 22 beschrieben, sollte eine Selbstverständlichkeit sein. Das gilt ebenso für die regelmäßige Durchführung des Windows Updates. Neben diesen Sicherheitsmaßnahmen tun auch die Banken ihrerseits einiges, damit das Online-Banking für Sie so sicher wie möglich ist. Welche Verfahren hierbei zum Einsatz kommen und wie Sie Ihr Bankkonto für das Online-Banking freischalten, zeige ich Ihnen im nächsten Abschnitt. Am Beispiel eines Demokontos können Sie im Abschnitt »Finanzielles sicher im Internet abwickeln« ab Seite 196 selbst ausprobieren, wie das Online-Banking funktioniert.

Für das Online-Banking anmelden

Für das Online-Banking stellen Ihnen die meisten Banken zwei Verfahren zur Auswahl: das PIN/TAN-Verfahren und die sogenannte HBCI-Chipkarte (dazu weiter unten mehr). Beide Verfahren stellen sicher, dass nur Sie auf Ihr Konto zugreifen können.

▲ Die eingegebene PIN wird nur durch Punkte symbolisiert.

Für das PIN/TAN-Verfahren benötigen Sie einen klassischen Browser wie etwa Mozilla Firefox. Nachdem Sie die Website Ihrer Bank aufgerufen haben, melden Sie sich beim PIN/TAN-Verfahren als Erstes über Ihren Anmeldenamen (häufig Ihre Kontonummer) sowie eine persönliche Identifikationsnummer, kurz PIN, an. Die PIN ist meist fünfstellig und besteht aus einer Kombination aus Buchstaben und Ziffern. Aus Sicherheitsgründen wird die PIN nach der Eingabe nur in Form von Punkten angezeigt.

Sobald Sie angemeldet sind, können Sie Ihre Umsätze einsehen oder auch Kontoauszüge ausdrucken. Wenn Sie eine Transaktion, beispielsweise eine Überweisung, tätigen wollen, ist die Eingabe einer sogenannten *Transaktionsnummer*, kurz *TAN*, nötig. Die TAN ist eine sechsstellige Ziffernfolge. In den Anfangszeiten des Online-Bankings wurde den Kunden eine ausgedruckte Liste zugeschickt, die meist 50 TANs enthielt. Bei jeder Transaktion musste eine dieser TANs auf der Webseite eingegeben werden. Jede TAN ließ sich nur einmal verwenden.

Diese Papiervariante war nicht sehr sicher und wurde mittlerweile bei den meisten Banken durch drei andere Verfahren komplett ersetzt: *smsTAN*, *pushTAN* und *chipTAN*.

Beim smsTAN-Verfahren (teilweise auch *mTAN* oder *mobileTAN* genannt) wird Ihnen die für eine Transaktion erforderliche TAN per SMS über Ihr Mobiltelefon zugeschickt. Voraussetzung hierfür ist natürlich, dass Sie Ihre Mobilfunknummer bei der Bank hinterlegt haben. Bei einigen Banken ist die Zusendung der SMS kostenpflichtig. Wenn Sie viele Transaktionen per Online-Banking abwickeln möchten, sollten Sie diesen Kostenpunkt im Auge behalten.

Beim pushTAN-Verfahren kommt zusätzlich zum Browser ebenfalls das Smartphone oder alternativ ein Tablet zum Einsatz. In diesem Fall installieren Sie eine spezielle Banking-App Ihrer Sparkasse oder Bank auf dem

Mobilgerät. Wenn Sie nun online, also über die Website Ihres Bankinstituts, eine Transaktion wie z. B. eine Überweisung vornehmen möchten, starten Sie zusätzlich die App auf Ihrem Mobilgerät. In dieser App wird Ihnen die TAN angezeigt, die Sie nun auf der Website der Sparkasse oder Bank eingeben. Wo Sie für Ihr Tablet oder Smartphone die Banking-App erhalten, erfahren Sie bei Ihrer Bank. Aus Sicherheitsgründen sollten Sie sowohl beim smsTAN- als auch beim pushTAN-Verfahren zwei Geräte nutzen: Auf einem Gerät, also etwa einem Desktop-PC, Notebook oder Tablet, rufen Sie die Website Ihres Bankinstituts auf. Das zweite Gerät – ein Mobilgerät, auf dem Sie SMS empfangen oder eine App installieren können – dient der Zusendung der TAN.

⌃ Ihre Bank informiert Sie, wo Sie die Banking-App beziehen können.

Beim Verfahren chipTAN ist kein Smartphone oder Tablet erforderlich. Stattdessen wird eine TAN über ein kleines Gerät, den sogenannten *TAN-Generator*, erzeugt. Diesen TAN-Generator erwerben Sie für rund 10 Euro bei Ihrer Sparkasse oder Bank. Für den Einsatz des TAN-Generators benötigen Sie außerdem die ec-Karte des Bankkontos, das für das Online-Banking freigeschaltet wurde.

Bei allen drei PIN/TAN-Varianten – smsTAN, pushTAN und chipTAN – ist die erzeugte TAN zeitlich begrenzt gültig. Außerdem lässt sich die TAN nur für die eine Transaktion nutzen, für die sie generiert wurde. Wenn Ihnen die Erklärungen zu den drei Verfahren zu theoretisch waren: Im nächsten Abschnitt können Sie am Beispiel eines Demokontos selbst ausprobieren, wie das PIN/TAN-Verfahren funktioniert. Doch zunächst stelle ich Ihnen das zweite zu Beginn des Abschnitts erwähnte Verfahren vor: Das Online-Banking mit HBCI-Chipkarte (HBCI ist die Abkürzung für *Home Banking Computer Interface*), was so viel bedeutet wie »Schnittstelle im Computer für die Heim-Bankgeschäfte«.

Beim HBCI-Verfahren wird kein Browser benötigt, über den die Website der Sparkasse oder Bank aufgerufen wird. Stattdessen kommt eine spezielle Banking-Software zum Einsatz, die Sie auf Ihrem Computer installieren. Ein bekanntes Beispiel für solch eine Software ist StarMoney. Welche Software Ihr Bankinstitut einsetzt und wie viel sie kostet, erfahren Sie in Ihrer Bankfiliale. Neben der Software benötigen Sie außerdem eine spezielle HBCI-Chipkarte, einen Kartenleser, der an den Computer angeschlossen wird, und eine persönliche HBCI-Geheimzahl.

Kapitel 6: Sicheres Online-Banking

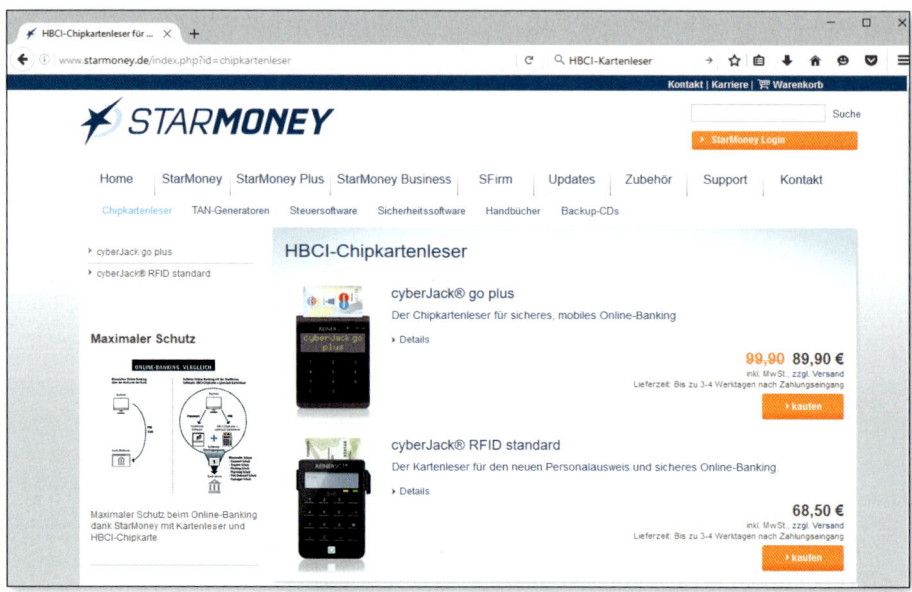

> *Für das HBCI-Verfahren benötigen Sie neben einer Software und einer HBCI-Chipkarte ein spezielles Kartenlesegerät.*

Wenn Sie z. B. eine Überweisung vornehmen möchten, starten Sie die Banking-Software auf Ihrem Computer und geben dort in die entsprechenden Felder alle wichtigen Überweisungsdaten wie den Empfänger, die IBAN und den Betrag ein. Während dieser Vorbereitungen muss Ihr Computer noch nicht mit dem Internet verbunden sein. Dies ist erst dann nötig, wenn Sie die Daten an die Bank oder Sparkasse senden möchten. Sobald dies der Fall ist, verbinden Sie den HBCI-Kartenleser mit dem Computer und stecken dann die HBCI-Chipkarte in den Kartenleser. Nun geben Sie über die Tastatur des Kartenlesers Ihre HBCI-Geheimzahl ein, um sich zu identifizieren. Veranlassen Sie in der Banking-Software dann die Sendung Ihrer Überweisung an die Bank oder Sparkasse, wird Ihr Auftrag durch die HBCI-Chipkarte mit einer digitalen Unterschrift versehen und zusätzlich verschlüsselt. Trifft Ihr Auftrag, im Beispiel also die Überweisung, bei Ihrem Bankinstitut ein, entschlüsselt dieses den Auftrag. Außerdem wird die digitale Unterschrift mit der Signatur verglichen, die bei der Bank hinterlegt ist. Stimmen die Daten überein, wird der Auftrag durchgeführt.

Das HBCI-Verfahren gilt derzeit als das sicherste Verfahren beim Online-Banking. Durch den Kauf der Banking-Software ist es im Vergleich zu den PIN/TAN-Verfahren allerdings auch teurer. Ein weiterer Nachteil ist, dass Sie Ihre Bankgeschäfte nur über den Computer tätigen können, auf

Für das Online-Banking anmelden

dem die Banking-Software installiert ist. Weitere Sicherheitshinweise zum Thema Online-Banking lesen Sie im Abschnitt »Geheimhaltung hat höchste Priorität« ab Seite 202.

Welches der gerade vorgestellten Verfahren zum Online-Banking Ihre Bank einsetzt, erfahren Sie entweder direkt bei Ihrer Bank- oder Sparkassen-Filiale oder auch auf der Website Ihrer Bank. Dort können Sie sich meist auch für das Online-Banking anmelden. Ist Ihnen die Internetadresse Ihrer Bank nicht bekannt, nutzen Sie die Suchmaschine Google. Nach Eingabe des Banknamens, etwa »Sparkasse Bremen«, wird Ihre Bank meist als erstes Suchergebnis aufgeführt. Wie üblich rufen Sie die Webseite dann per Klick auf den entsprechenden Treffer auf.

Direkt auf der Startseite einer Bank oder etwas versteckt in einem Menü findet sich meist ein Bereich **Online-Banking** ❶ oder zumindest ein gleichnamiger Link, der Sie zum entsprechenden Bereich leitet. Suchen Sie hier dann nach einem Link, der Sie zur Registrierung für das Online-Banking führt. Solch ein Link trägt beispielsweise die Beschriftung **Jetzt beantragen** ❷, **Online-Kunde werden** oder **Konto für Online-Banking freischalten**.

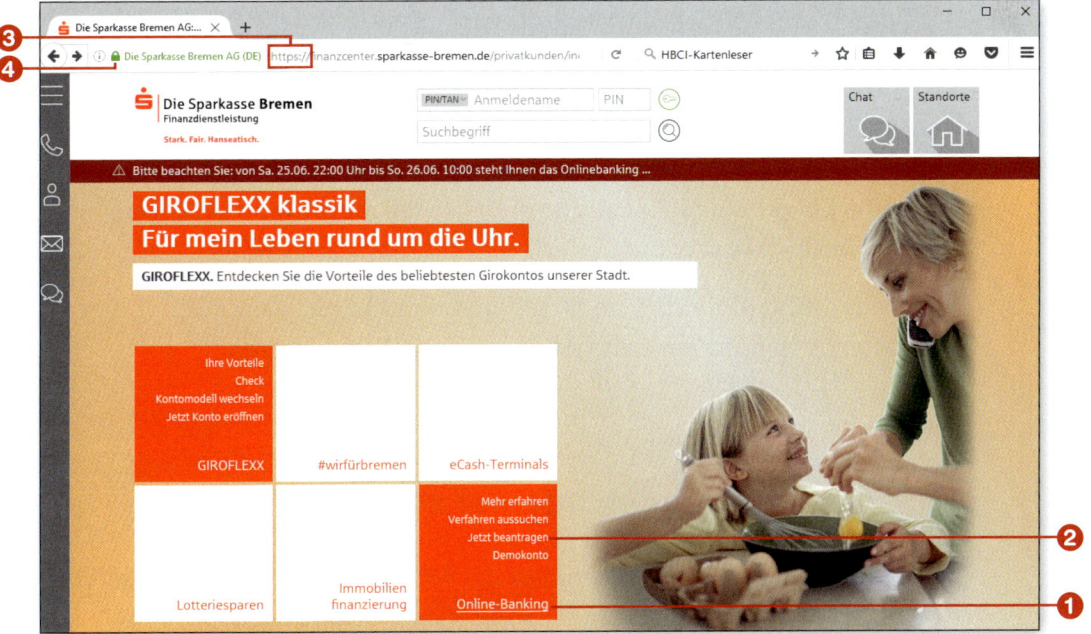

⌃ *Meist finden Sie den Bereich für das Online-Banking bereits auf der Startseite Ihrer Bank.*

Kapitel 6: Sicheres Online-Banking

> **Verschlüsselte Datenübertragung**
>
> Egal, ob Sie sich zunächst nur für das Online-Banking registrieren oder sich bereits anmelden, um dann Ihre Bankgeschäfte online zu tätigen: Die Datenübertragung selbst sollte immer über eine verschlüsselte Verbindung stattfinden. Zu erkennen ist eine solche am Kürzel **https** (❸ auf Seite 195) zu Beginn der Internetadresse in der Adresszeile. Wenn dieses Kürzel nicht zu sehen ist, sondern nur *http*, geben Sie bitte keine Daten ein, sondern kontaktieren Ihre Bank. Zusätzlich erkennen Sie die sichere Verbindung auch an dem grünen geschlossenen Schlosssymbol links von der Internetadresse ❹.

Als Nächstes werden einige Ihrer persönlichen Daten abgefragt. Ergänzen Sie alle mit einem Stern gekennzeichneten Felder mit Ihrem Namen, Ihrer Adresse etc. Wenn Sie alle nötigen Felder ausgefüllt haben und die Daten an Ihre Bank übertragen wurden, erhalten Sie nach wenigen Tagen einen oder auch mehrere Briefe von Ihrer Bank. Diese enthalten die Zugangsdaten zum Online-Banking sowie das ggf. benötigte Gerät, also z. B. den TAN-Generator. Sie können sich nun mit Ihren Zugangsdaten auf der Webseite Ihrer Bank im Bereich Online-Banking anmelden. Bei der ersten Anmeldung werden Sie meist aufgefordert, die PIN zu ändern. Dies sollten Sie aus Sicherheitsgründen nicht nur zu Anfang, sondern in regelmäßigen Abständen tun. Haben Sie alle gewünschten Bankgeschäfte online erledigt, sollten Sie auf keinen Fall das Abmelden vergessen. Entsprechende Schaltflächen sind meist mit Begriffen wie *Logout* oder auch *Abmelden* beschriftet.

Wie das Online-Banking im Detail aussehen kann, werde ich Ihnen im nächsten Abschnitt am Beispiel eines Demokontos zeigen.

Finanzielles sicher im Internet abwickeln

Viele Banken geben ihren Kunden die Möglichkeit, die Funktionen des Online-Bankings an einem sogenannten Demokonto auszuprobieren. Die Oberfläche, die der Kunde zu sehen bekommt, und auch alle Schritte, die sich ausführen lassen, entsprechen denen des realen Online-Bankings. Allerdings werden die Transaktionen, wie etwa eine Überweisung, nicht

Finanzielles sicher im Internet abwickeln

wirklich ausgeführt. Am Beispiel des Demokontos der Sparkasse Hannover zeige ich Ihnen nun, wie Sie über das Internet Ihre Kontoauszüge abfragen und eine Überweisung tätigen.

1. Rufen Sie die Internetseite »www.sparkasse-hannover.de« auf. Klicken Sie auf der Startseite in der linken Spalte auf **Demokonto** ❶.

2. Wie beim »echten« Online-Banking werden nun zwei Felder eingeblendet, in die Sie den Anmeldenamen, hier »smsDEMO« ❷, sowie die PIN, im Beispiel »12345« ❸, eingeben. Die eingegebene PIN wird wie üblich nicht im Klartext angezeigt, sondern nur durch Punkte symbolisiert. Klicken Sie dann auf **Anmelden** ❹.

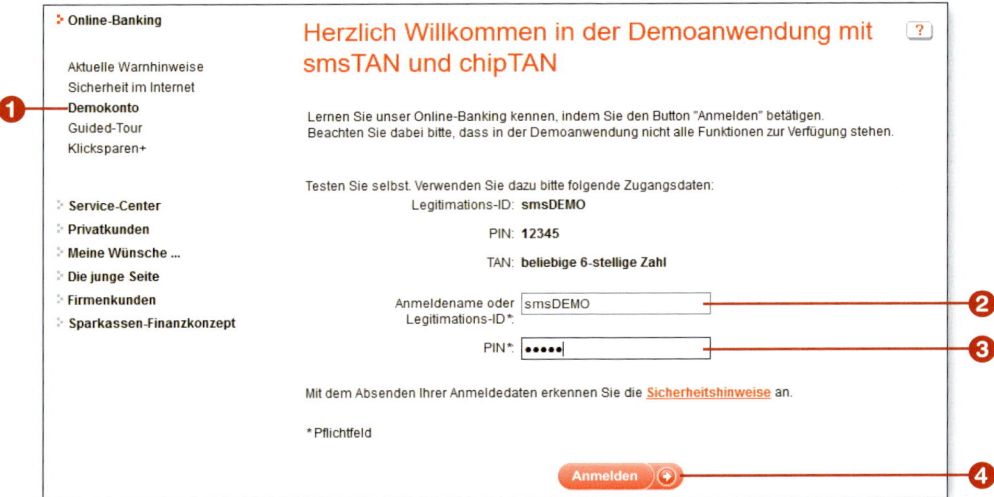

3. Der Browser fragt nun nach, ob Sie das Kennwort speichern möchten. Lehnen Sie dies auf jeden Fall ab. In Mozilla Firefox klicken Sie hierzu im aufklappenden Hinweisfenster auf den Pfeil rechts von **Speichern** und in der Liste auf **Nie das Passwort für diese Seite speichern**.

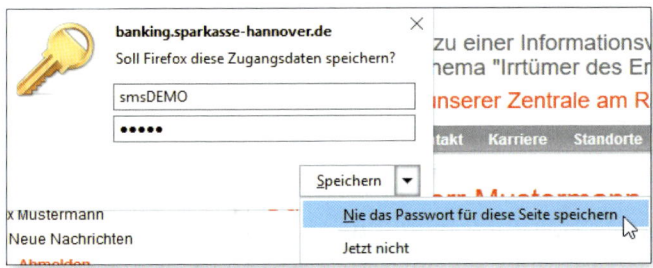

197

Kapitel 6: Sicheres Online-Banking

Sie erhalten nun eine tabellarische Übersicht über alle Konten, die die Testperson, hier ein Herr Mustermann, bei der Sparkasse Hannover besitzt. Die ersten drei Spalten mit den Bezeichnungen **Konto**, **Kontonummer** sowie **Kontostand** sind sicherlich selbsterklärend. Interessant ist aber die rechte Spalte ❺.

4. Wenn Sie den Mauszeiger auf eines der kleinen Symbole in der rechten Spalte bewegen, wird ein Informationstext eingeblendet. Anhand dieser sogenannten *Quickinfo* sehen Sie sofort, welche Funktion sich über das entsprechende Symbol aufrufen lässt.

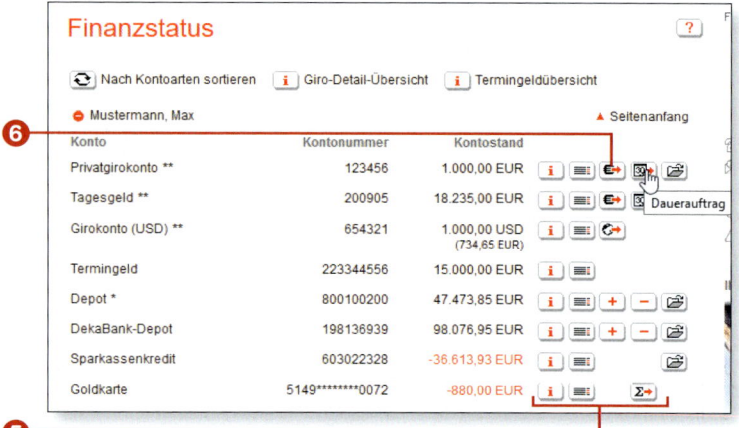

5. Wenn Sie vom Privatgirokonto aus eine Überweisung tätigen möchten, klicken Sie auf das Symbol in der entsprechenden Zeile ❻.

6. Auf der folgenden Webseite (siehe Seite 199) ergänzen Sie in den jeweiligen Feldern den Namen des Zahlungsempfängers (hier **Begünstigter** genannt) ❼ sowie die **IBAN** ❽. Bei inländischen Überweisungen ist die Angabe der sogenannten BIC (des Bank Identifier Codes) nicht notwendig – der Name des Kreditinstituts wird aufgrund der Angaben zur IBAN automatisch ergänzt ❾. Im Feld **Betrag** ❿ geben Sie die Geldsumme ein, die überwiesen werden soll. Das Feld **Verwendungszweck** ⓫ bietet Platz für Rechnungs-, Kundennummer oder andere Hinweise. Gerade bei der Bezahlung von Rechnungen sollten Sie diese Angaben nicht vergessen. Wenn die Überweisung nicht sofort, sondern z. B. erst in einer Woche durchgeführt werden soll, tragen Sie in das Feld **Ausführung** ⓬ das gewünschte Datum ein.

7. Fallen für die Firma oder auch Person regelmäßig Überweisungen an, ist es praktisch, die eingetragenen Daten als Vorlage zu speichern. Aktivieren Sie hierzu das entsprechende Kontrollkästchen ⓭. Bei der nächsten fälligen Überweisung müssen Sie in diesem Fall nicht mehr alle Bankdaten erneut eingeben. Ein Klick auf das Symbol ⓮ und dann die Auswahl des gewünschten Empfängers mit einem Klick auf das Symbol ⓯ reichen, und schon werden die Bankdaten automatisch ergänzt.

8. Haben Sie alle Felder ausgefüllt, klicken Sie auf **Weiter** ⓰.

Auf der folgenden Webseite können Sie nochmals alle angegebenen Daten prüfen. Das Demokonto zeigt das Vorgehen beim smsTAN-Verfahren. Im wahren Leben hätte die Bank Ihnen also jetzt eine SMS an die bei der Bank angegebene Mobilfunknummer geschickt. Eine solche SMS enthält neben der Kontonummer des Empfängers sowie dem angegebenen Überweisungsbetrag eine sechsstellige TAN. Sind Kontonummer und Betrag korrekt, tragen Sie diese TAN nun in das entsprechende Feld ein. Stimmen die Angaben nicht, klicken Sie auf **Abbrechen**, und die Überweisung wird nicht ausgeführt.

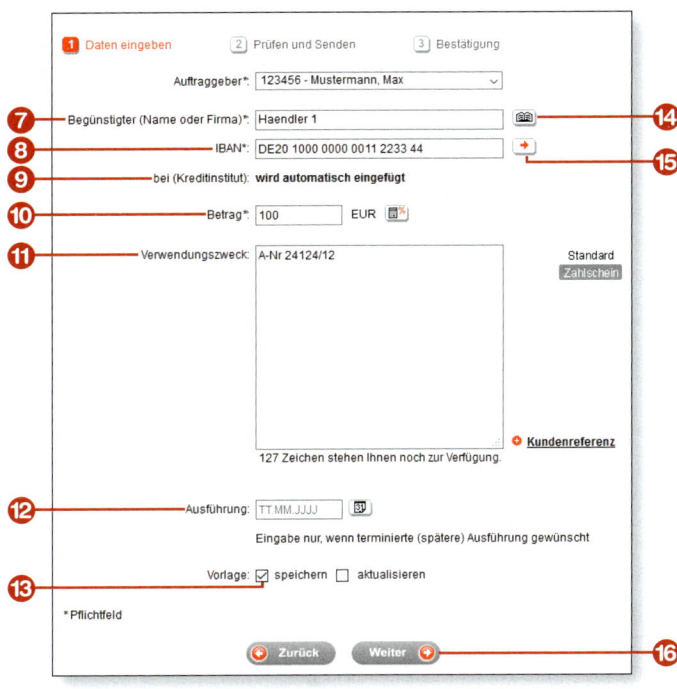

ℹ TAN erzeugen mit dem TAN-Generator

Haben Sie sich für das chipTAN-Verfahren entschieden, ist das Vorgehen zur Erzeugung der TAN nach Schritt 8 etwas anders. Stecken Sie zunächst die ec-Karte in den TAN-Generator. Auf der Webseite selbst erfahren Sie, welche Taste Sie nun auf dem Generator drücken müssen. Wenn der Generator bereit ist, halten Sie ihn vor den Bildschirm. Hier sehen Sie ein Feld, in dem in schneller Folge wechselnde Muster in Schwarz-Weiß zu sehen sind. Rechts und links von diesen Mustern befinden sich zwei kleine Pfeile. Diese finden Sie auch auf dem Generator. Platzieren Sie den Generator nun so vor dem Bildschirm, dass die Pfeile direkt aufeinander zeigen. Über die kleinen Plus- und Minussymbole können Sie den Abstand der Pfeile auf dem Bildschirm etwas korrigieren. Ist die Platzierung korrekt, beginnt der Generator mit der Erzeugung der TAN. Auch hier werden zuvor die Kontonummer sowie der Betrag eingeblendet, die Sie jeweils mit einem Klick auf die OK-Taste des Generators bestätigen. Erst dann wird die TAN eingeblendet. Klicken Sie die angezeigte Ziffernfolge nun auf den Ziffern, die auf dem Bildschirm eingeblendet werden, nach, oder geben Sie sie auf Ihrer Tastatur ein – das hängt ganz von der Website Ihrer Bank ab.

9. Für das Demokonto reicht an dieser Stelle die Eingabe einer beliebigen sechsstelligen Zahlenkombination, etwa »123456«. Klicken Sie dann auf **Weiter**.

10. Die Überweisung wird nun durchgeführt. Nach einem Klick auf **Druckansicht** haben Sie die Möglichkeit, alle wichtigen Daten zur Einzelüberweisung auszudrucken. Die entsprechende Übersicht wird auf einer neuen Registerkarte angezeigt. Mit einem Klick auf **Drucken** und nochmals **Drucken** bringen Sie die Übersicht zu Papier. Klicken Sie auf **Fenster schließen** und dann auf **Ja**.

Viele der banküblichen Transaktionen, wie das Einrichten eines Dauerauftrags, folgen dem Schema, das ich gerade für die Überweisung gezeigt habe. Übrigens: Auch wenn bei einer Online-Überweisung der Betrag sofort von Ihrem Konto abgezogen wird, dauert es möglicherweise trotzdem drei bis vier Werktage, bis er dem Konto des Empfängers gutgeschrieben wird.

Werfen wir noch einen kurzen Blick auf das Ausdrucken von Kontoauszügen. Die entsprechende Funktion muss bei den meisten Banken zuvor freigeschaltet werden. Anschließend ist es normalerweise nicht mehr möglich, einen Kontoauszug am Kontoauszugsdrucker Ihrer Bank zu ziehen. Doch dafür ist dies dann online möglich:

1. Im Falle des Demokontos finden Sie den entsprechenden Link **Kontoauszug** in der linken Spalte. Klicken Sie ihn an.

2. Auf der nächsten Webseite können Sie nach einem Klick auf den Pfeil rechts vom Feld **Konto** das gewünschte Konto auswählen, sofern Sie mehrere Konten besitzen. Bei Herrn Mustermann in unserem Beispiel ist dies der Fall. Für den **aktuellen Auszug** lassen Sie die gleichnamige Option aktiviert. Für zurückliegende Auszüge berechnen die Banken teilweise eine kleine Gebühr. Klicken Sie auf **Weiter**.

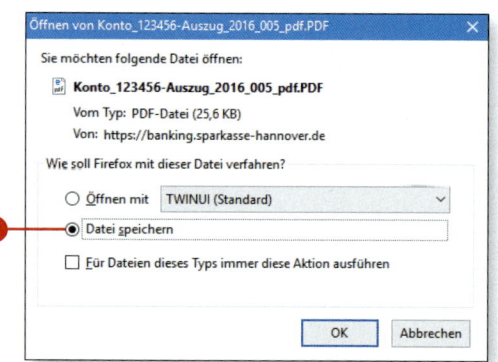

3. Nach einem Klick auf **Speichern** klappt im Falle des Browsers Mozilla Firefox ein Dialogfenster auf. Belassen Sie die bereits aktivierte Option **Datei speichern** ❶, und bestätigen Sie mit einem Klick auf **OK**.

Finanzielles sicher im Internet abwickeln

4. Wenn das Dokument erfolgreich gesichert wurde, erscheint in Mozilla Firefox oben rechts ein Hinweis, in dem Sie auf den Namen der gerade heruntergeladenen Datei klicken ❷. Wurde der Hinweis bei Ihnen zu schnell ausgeblendet, blenden Sie ihn per Klick auf den nach unten weisenden Pfeil ❸ wieder ein.

5. Unter Windows 10 erscheint nun ein Hinweis, in dem Sie gefragt werden, mit welcher App Sie ein PDF-Dokument öffnen möchten. Zur Auswahl stehen Ihnen z. B. der Browser **Microsoft Edge** ❹ oder auch – sofern Sie ihn installiert haben – der Browser (Mozilla) **Firefox** ❺. Markieren Sie die gewünschte App, und bestätigen Sie die Auswahl mit **OK**.

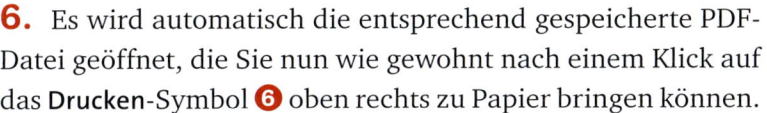

6. Es wird automatisch die entsprechend gespeicherte PDF-Datei geöffnet, die Sie nun wie gewohnt nach einem Klick auf das **Drucken**-Symbol ❻ oben rechts zu Papier bringen können.

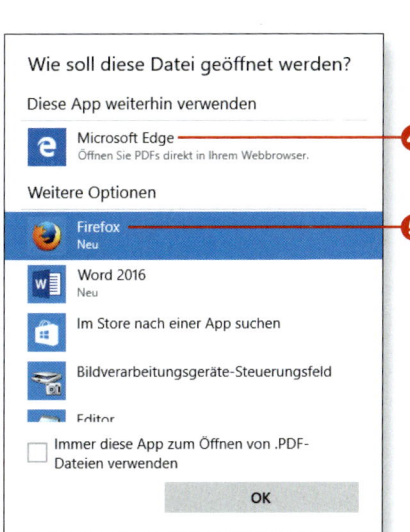

Probieren Sie selbst noch weitere Funktionen des Online-Bankings am Beispiel des Demokontos aus. Mit einem Klick auf den Pfeil [icon] rechts vom Feld **Finanzstatus** am linken Seitenrand gelangen Sie immer wieder zur Kontenübersicht zurück. Vergessen Sie zum Schluss nicht das **Abmelden**. Wenn Sie über mehrere Minuten keinerlei Aktionen beim Online-Banking durchführen, werden Sie aus Sicherheitsgründen übrigens automatisch abgemeldet. Sollten Sie also bei Ihren Bankgeschäften durch ein längeres Telefonat unterbrochen werden, müssen Sie sich erneut anmelden.

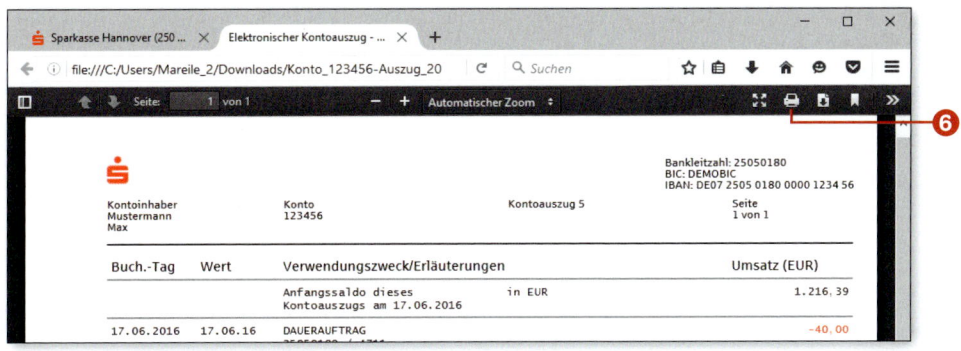

201

Geheimhaltung hat höchste Priorität

So, wie Sie sicherlich niemandem die PIN Ihrer ec-Karte oder Kreditkarte verraten werden, sollten Sie auch die PIN des Online-Bankings für sich behalten. Leider gibt es auch im Internet zahlreiche Betrüger, die beispielsweise durch gefälschte, aber täuschend echt wirkende E-Mails versuchen, Zugriff auf Ihr Bankkonto zu erhalten. Diese meist in einem sehr dramatischen Ton verfassten Nachrichten enthalten Links, die Sie auf gefälschte Webseiten führen. Auf diesen werden Sie wiederum aufgefordert, Ihre Zugangsdaten einzugeben. Diese E-Mails werden übrigens auch *Phishing-Mails* genannt. Viele E-Mail-Programme enthalten bereits einen speziellen Filter, der diese Art von E-Mails abfängt. Sollten Sie eine entsprechende E-Mail erhalten (siehe die Abbildung unten), löschen Sie sie sofort. Falls Sie doch einmal auf eine Phishing-Mail hereingefallen sind und Ihre Daten auf einer gefälschten Webseite eingegeben haben, kontaktieren Sie sofort Ihre Bank, und lassen Sie Ihr Konto sperren. Lesen Sie zum Thema Sicherheit bitte auch Kapitel 14, »Auf einen Blick – Sicherheit im Internet«.

^ *Ein typisches Beispiel für eine Phishing-Mail.*
Auf diesen Link sollten Sie auf gar keinen Fall klicken.

Kapitel 7
Reisen und Ausflüge planen und buchen

Für viele ist der Urlaub die schönste Zeit des Jahres. Fast so viel Spaß wie der Urlaub selbst bereitet aber auch die Reiseplanung. Welches Hotel sollte man wählen? Welcher Reiseanbieter ist am günstigsten? Auch bei diesen Fragen finden Sie wieder viel Unterstützung im Internet. Selbstverständlich können Sie die komplette Reise nicht nur über das Internet planen, sondern dort auch buchen und bezahlen. Hier sollten Sie allerdings besonders wachsam sein, denn so manch ein schwarzes Schaf unter den Reiseanbietern versucht, seine Kunden über den Tisch zu ziehen. Mit den Tipps auf den folgenden Seiten sind Sie aber gut gewappnet. So erfahren Sie u. a., wie Sie Flugpreise vergleichen, ein Bahnticket erwerben, den passenden Reiseveranstalter auswählen und sich bereits daheim die schönsten Ausflüge am Urlaubsort zusammenstellen. Beginnen wir mit der Auswahl des passenden Hotels.

Hotels vergleichen mit HolidayCheck

Jeder von uns hat seine eigenen Vorstellungen vom perfekten Hotel. So sucht manch einer beispielsweise eine Unterkunft möglichst in Zentrumsnähe, während andere eine abgeschiedene, ruhige Lage vorziehen. Das passende Hotel zu finden ist gar nicht so einfach, zumal die Hotelbeschreibungen in Reiseprospekten nicht immer der Realität entsprechen. Gerne wird hier einmal der sanierungsbedürftige Zustand der Hotelanlage verschwiegen. Auch die geschickte Manipulation von Fotos ist durchaus üblich, sodass etwa von den Hochhäusern in direkter Umgebung nichts mehr zu sehen ist. Wenn Sie sich von den beschönigten Beschreibungen nicht hinters Licht führen lassen wollen, sollten Sie noch vor der Buchung einen Blick ins Internet werfen und prüfen, welchen Eindruck ein Hotel bei anderen Reisenden hinterlassen hat.

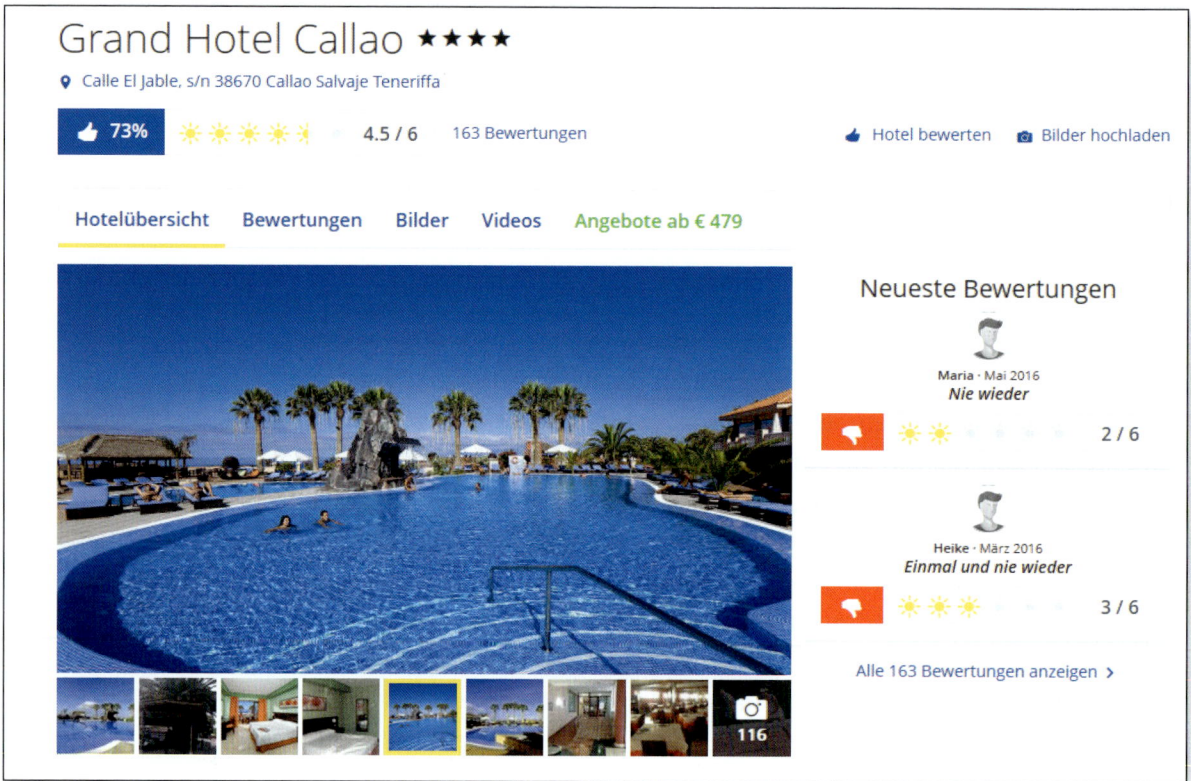

▲ Ein eindrucksvolles Foto sagt noch lange nichts über die Qualität eines Hotels aus.

Am Beispiel des Reiseportals *HolidayCheck* zeige ich Ihnen, wie Sie von den Erfahrungen anderer Urlauber anhand von Hotelbewertungen und Fotos profitieren können. Selbstverständlich können auch Sie selbst Ihre Urlaubsunterkünfte bewerten und somit anderen bei ihrer Hotelwahl helfen.

Um einen ersten Blick auf das Reiseportal zu werfen, starten Sie den Browser Ihrer Wahl und rufen die Internetseite »www.holidaycheck.de« ❶ auf. Über das Suchfeld ❷ am oberen Seitenrand können Sie auf der Startseite von HolidayCheck bereits ganz gezielt nach einem bestimmten Hotel suchen. Voraussetzung hierfür ist natürlich, dass Ihnen der Name bekannt ist.

Hotels vergleichen mit HolidayCheck

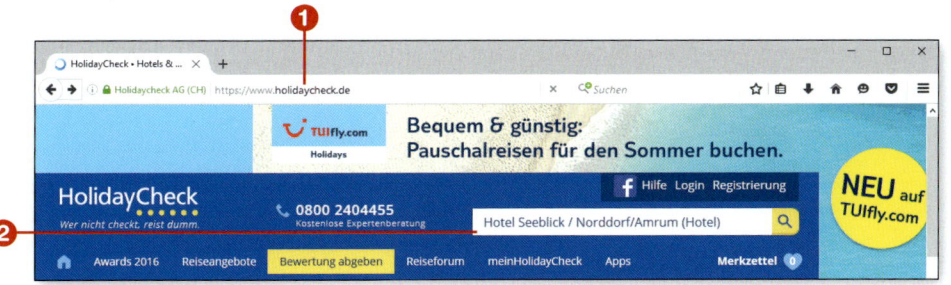

◂ Über das Suchfeld können Sie gezielt nach Hotelnamen suchen.

Da dies zu Beginn einer Reiseplanung eher selten der Fall ist, zeige ich Ihnen am Beispiel des beliebten Reiseziels Mallorca, wie Sie nach Hotels in einer bestimmten Region suchen.

1. Blättern Sie auf der Startseite von HolidayCheck etwas nach unten, bis Sie die Landkarte sehen.

2. Klicken Sie auf den gewünschten Kontinent, im Beispiel **Europa**. Auf den beiden nächsten Seiten grenzen Sie das Urlaubsziel weiter ein, indem Sie auf **Spanien** klicken und dann auf **Mallorca**.

HolidayCheck findet für Mallorca über 4.200 Hotels (Stand September 2016). Diese alle im Detail zu prüfen wäre definitiv zu aufwendig. Daher sollten Sie als Nächstes Filter setzen, um die Suchergebnisse weiter einzugrenzen. Die entsprechenden Einstellungen nehmen Sie in der linken Spalte vor.

3. Wenn Sie bereits einen bestimmten Ort im Auge haben, sollten Sie ihn auch angeben. Blättern Sie hierzu mithilfe der Bildlaufleiste Ihres Browsers etwas nach unten, bis links das Feld **alle Orte anzeigen** zu sehen ist. Klicken Sie auf den Pfeil links von **alle Orte anzeigen**. Es klappt nun eine größere Ortsliste auf, in der Sie mithilfe der kleinen Bildlaufleiste am rechten Rand der Liste blättern. Markieren Sie den gewünschten Ort, im Beispiel **Colonia Sant Jordi** ❶.

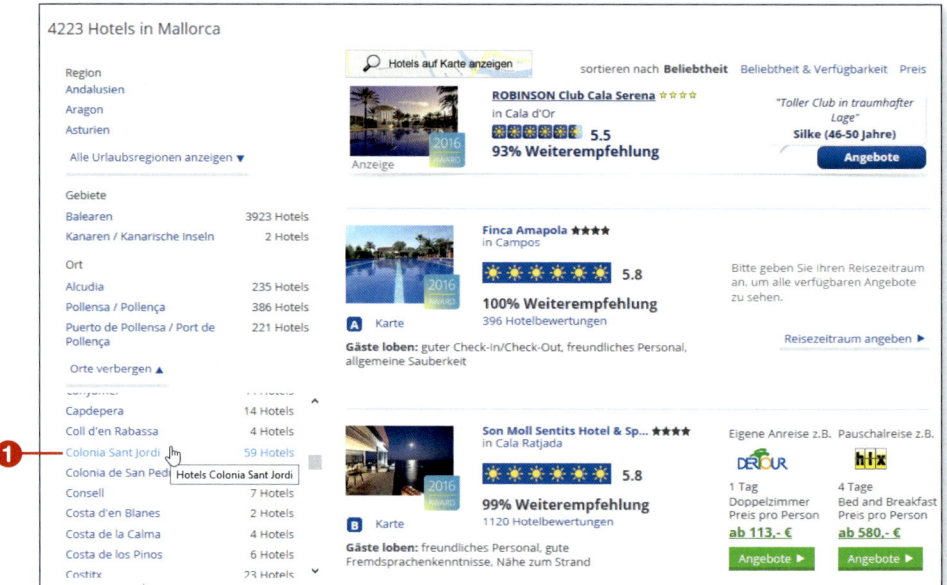

4. Blättern Sie weiter nach unten bis zum Bereich **Filtern nach** ❷. In der folgenden Liste können Sie weitere Filter setzen. Das Prinzip ist jeweils gleich: Sobald Sie ein Kästchen vor einem Eintrag anklicken, erscheint ein Häkchen, und der entsprechende Filter ist aktiv ❸. Wenn Sie einen Filter versehentlich gesetzt haben, reicht ein erneuter Klick auf das Kästchen, um ihn wieder zu deaktivieren.

In dem Moment, in dem Sie einen Filter gesetzt haben, wird die Hotelliste rechts auch schon entsprechend angepasst. Gehen Sie die Filterliste Punkt für Punkt durch, und wählen Sie aus, was Ihnen bei Ihrer Hotelwahl besonders wichtig ist. Interessant ist beispielsweise der Bereich **Die Beliebtesten** ❹. Aktivieren Sie hier die **Weiterempfehlung über 85 %** sowie **Bewertung über 5,0 von 6**, werden rechts nur die Hotels angezeigt, die von anderen Urlaubern sehr gut eingeschätzt wurden.

Bei manchen Themen, wie etwa der **Zimmerausstattung**, finden Sie den Link **mehr anzeigen**. Wenn Sie hierauf klicken, werden weitere Auswahlmöglichkeiten angezeigt.

Hotels vergleichen mit HolidayCheck

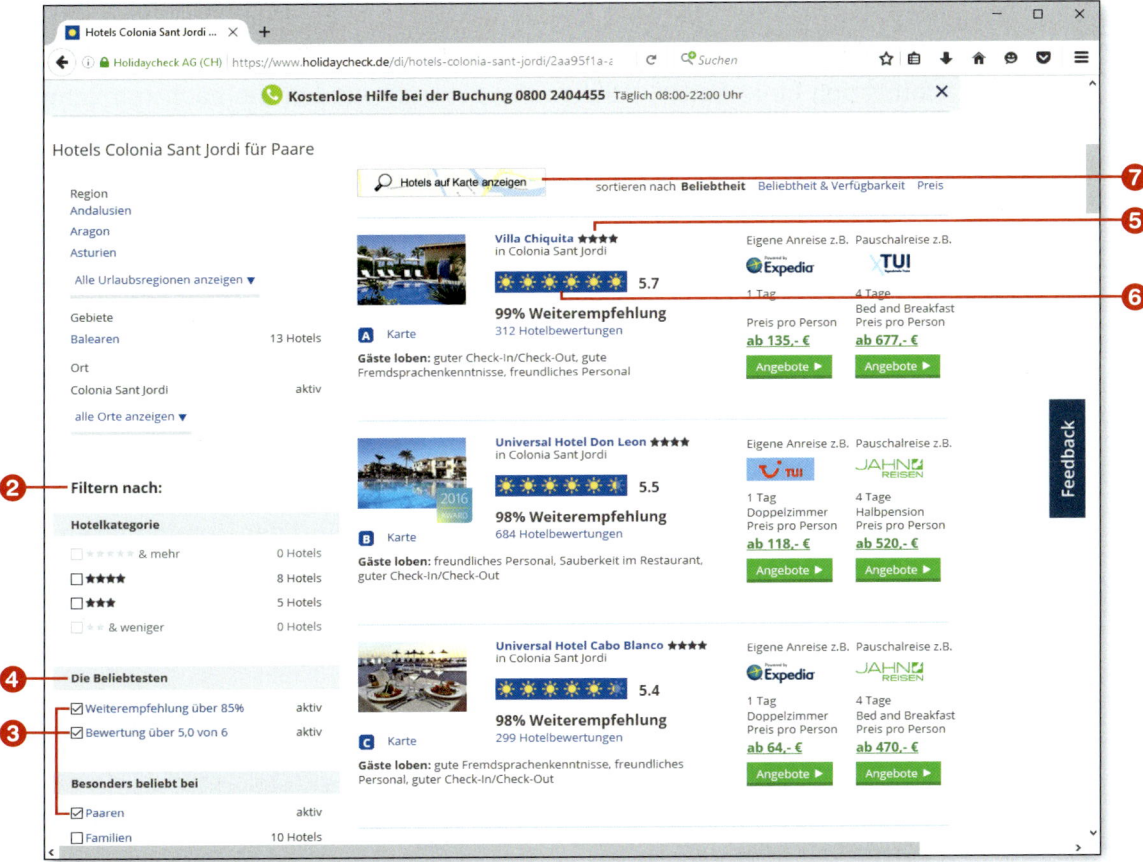

In der rechten Spalte sehen Sie nun nur noch die Hotels, die Ihren Suchkriterien entsprechen. Je beliebter ein Hotel ist, desto weiter oben erscheint es in der Liste. Die schwarzen Sternchen rechts von einem Hotelnamen stellen die offiziell vergebene Anzahl Sterne einer Hotelkategorie dar ❺. Wie gut ein Hotel von Gästen bewertet wurde, geben die kleinen Sonnensymbole an ❻. Die Bestnote, die hier erzielt werden kann, ist 6.

> **Bewertungen und Angebote in einem**
>
> HolidayCheck ist nicht nur ein Bewertungsportal, sondern bietet auch die Möglichkeit, die Reisen direkt über das Portal zu buchen. Entsprechende Angebote werden jeweils rechts von der Kurzbeschreibung eines Hotels eingeblendet. Ausführliche Informationen rund um das Thema Reisebuchung finden Sie im Abschnitt »Von der Hotelbuchung bis zur Pauschalreise: Reiseportale im Internet« ab Seite 228.

Kapitel 7: Reisen und Ausflüge planen und buchen

Die Ergebnisliste zeigt zehn Hotels pro Webseite an. Wenn Ihre Suchanfrage zu mehr Hotels geführt hat, finden Sie unterhalb der ersten zehn Hotels den Link **Weiter**. Klicken Sie hierauf, werden die nächsten zehn Suchergebnisse eingeblendet. Über den Link **Zurück** am Ende dieser Liste gelangen Sie wieder zur vorherigen Seite.

Wenn Sie gerne wissen möchten, ob ein Hotel direkt am Meer oder im Ortszentrum liegt, klicken Sie oberhalb der Suchergebnisse auf **Hotels auf Karte anzeigen** (❼ auf Seite 207). Es erscheint nun ein kleiner Kartenausschnitt des ausgewählten Ortes. Um den Ausschnitt zu vergrößern, zu verkleinern oder auch zu verschieben, gehen Sie wie für Google Maps ab Seite 99 (Schritt 5) beschrieben vor.

Jedes Hotel wird auf der Landkarte durch eine kleine Pinnnadel gekennzeichnet. Bewegen Sie den Mauszeiger hierauf, wird der Hotelname eingeblendet. Wenn Sie mehr über das Hotel erfahren möchten, klicken Sie auf die Pinnnadel und anschließend auf das eingeblendete Foto oder den Hotelnamen.

> *Die Lage eines Hotels wird durch eine Pinnnadel auf der Karte gekennzeichnet.*

Alternativ können Sie auch in der Hotelliste unterhalb der Karte direkt auf einen Hotelnamen klicken, um mehr Informationen zu erhalten. Für die nächsten Schritte wähle ich als Beispiel das **Universal Hotel Don Leon**.

1. Nach dem Klick auf den Hotelnamen erhalten Sie zunächst eine Übersicht mit den wichtigsten Informationen.

2. Blättern Sie auf der Seite nach unten bis zum Abschnitt **Bewertungsübersicht**. Hier sehen Sie auf einen Blick, wie die sechs Kategorien **Hotel**, **Zimmer**, **Service**, **Lage**, **Gastronomie** und **Sport & Unterhaltung** von den Gästen bewertet wurden.

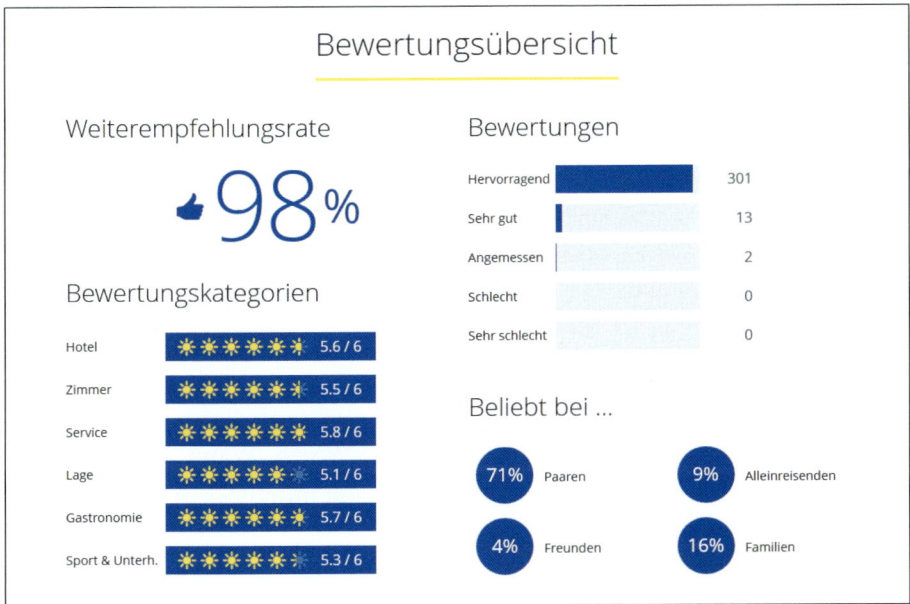

3. Wenn Sie auf der Webseite noch weiter nach unten blättern, gelangen Sie zu den ausführlichen Berichten der Gäste. Zunächst bekommen Sie hier nur einen Ausschnitt einer Hotelbewertung zu sehen. Wenn Sie den gesamten Beitrag eines Gastes lesen möchten, klicken Sie auf den Link **Bewertung lesen**.

4. Die Seite wird nun um die ausführliche Hotelbewertung des Gastes erweitert (siehe die Abbildung oben auf der folgenden Seite).

Jeder Urlauber hat natürlich seine eigenen Ansprüche an ein Hotel. So legt eine junge Familie das Augenmerk auf andere Details als ein älteres Paar. Um eine Bewertung richtig einschätzen zu können, sollten Sie daher immer auf die Altersangabe achten und auf die Angabe **Verreist als** ❶.

Prüfen Sie außerdem, wann eine Bewertung abgegeben wurde ❷. Wenn sich die schlechten Kritiken beispielsweise in letzter Zeit häufen, deutet dies meist auf einen renovierungsbedürftigen Zustand des Hotels hin.

Kapitel 7: Reisen und Ausflüge planen und buchen

5. Durch weiteres Blättern nach unten gelangen Sie zum nächsten Gastkommentar. Wenn Sie alle Hotelbewertungen studieren möchten, klicken Sie unterhalb der letzten Bewertung auf **Alle Bewertungen anzeigen**. Alternativ können Sie zu Beginn der Seite aber auch auf den Link **Bewertungen** klicken. In beiden Fällen wird Ihnen nun eine Übersicht über alle Bewertungen angezeigt.

Wurden mehr Bewertungen abgegeben, als auf einer Seite angezeigt werden können, gelangen Sie über den Link **Nächste Seite** zu den folgenden Bewertungen.

Ein Bild sagt bekanntlich mehr als tausend Worte. Wenn Sie sich nicht auf die Fotos in den Reiseprospekten verlassen möchten, sollten Sie sich die Bilder der Gäste ansehen.

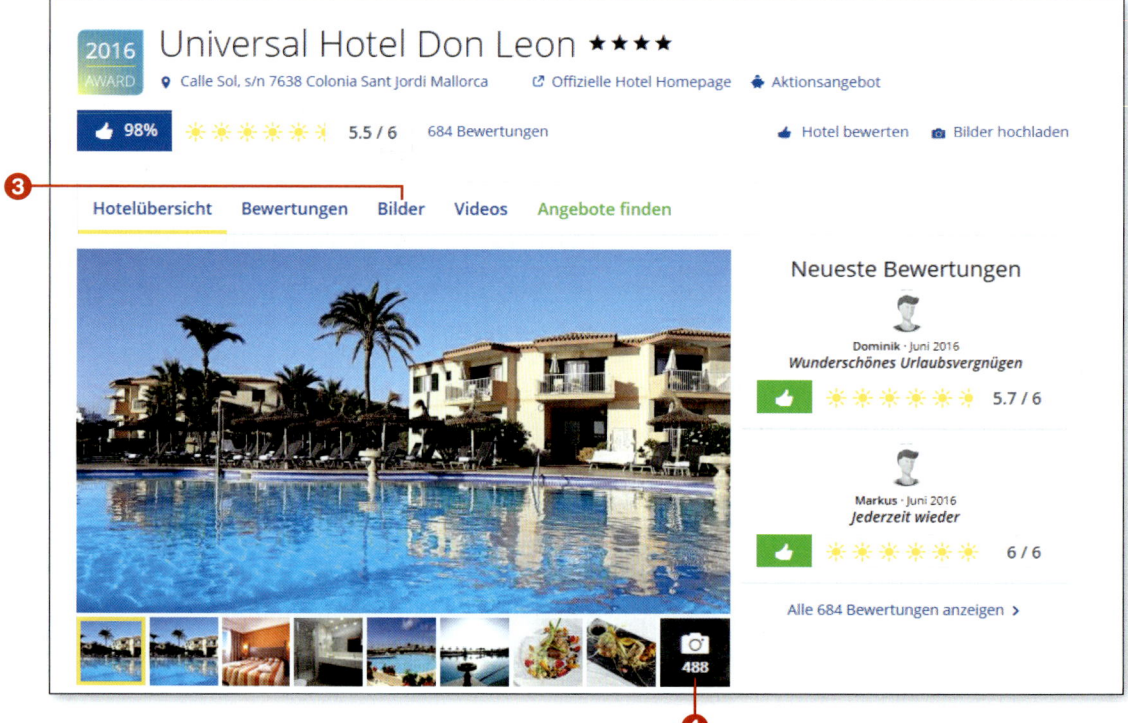

210

6. Die ersten Fotos werden bereits am Seitenanfang einer Hotelübersicht angezeigt. Klicken Sie auf den Link **Bilder** ❸ oder alternativ auf das Kamerasymbol ❹ unterhalb des großen Hotelfotos.

7. Es werden zunächst **Alle Bilder** ❺ angezeigt; je nach Anzahl der Bilder werden diese wieder auf mehrere Webseiten aufgeteilt. Blättern Sie auf der Seite etwas nach unten, finden Sie hier Seitenzahlen, über die Sie zu den nächsten Seiten gelangen.

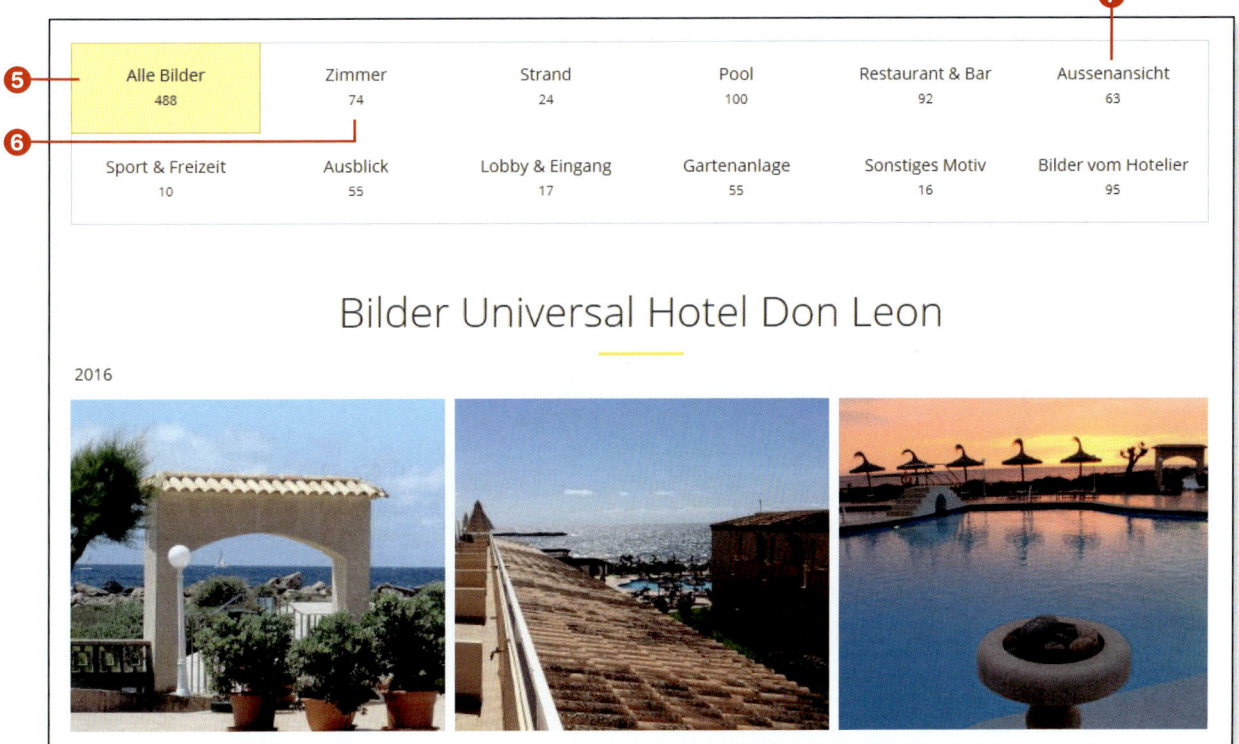

8. Wenn Sie nicht an allen Bildern, sondern beispielsweise nur an Aufnahmen der **Zimmer** ❻ oder der **Außenansicht** ❼ interessiert sind, wählen Sie einfach per Mausklick die gewünschte Kategorie aus. Es werden anschließend nur noch die Bilder der ausgewählten Gruppe angezeigt.

9. Doppelklicken Sie auf ein Foto, und es wird etwas größer angezeigt. Über die Pfeiltasten rechts und links vom Bild blättern Sie von Foto zu Foto. Mit einem Klick auf das kleine Kreuzsymbol rechts vom Hotelnamen (❽ auf Seite 212) gelangen Sie wieder zur Bildübersicht.

Kapitel 7: Reisen und Ausflüge planen und buchen

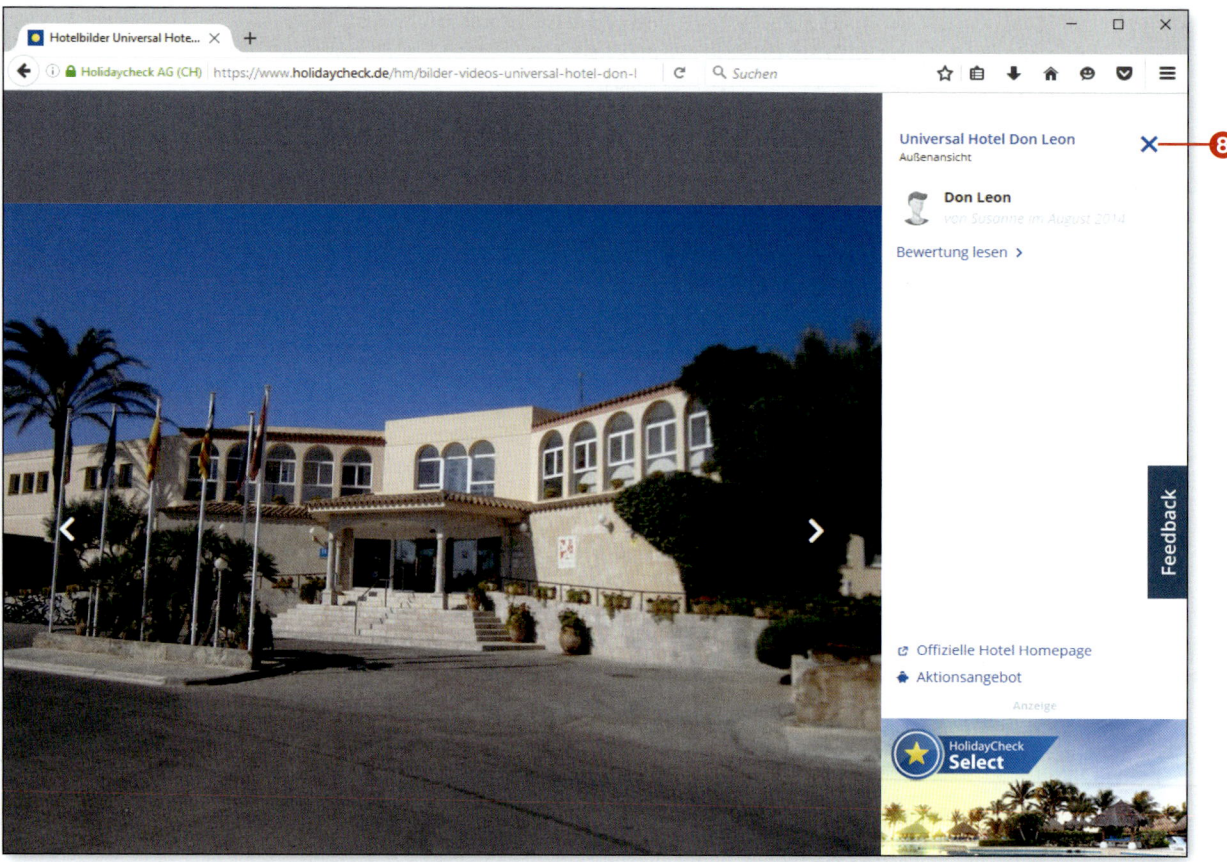

10. Zu einigen Unterkünften existieren auch kleine **Videos**. Zu der entsprechenden Übersicht gelangen Sie über den gleichnamigen Link am oberen Seitenrand.

11. Wenn Sie sich ein Video ansehen möchten, klicken Sie zunächst auf die kleine Miniaturansicht. Es erscheint nun eine größere Ansicht. Die Wiedergabe des Films beginnt meist sofort. Sollte dies bei Ihnen nicht der Fall sein, starten Sie den Film mit einem Klick auf das Wiedergabesymbol ❾ in der Mitte der Vorschau. Manche Reisende haben ihr Video vertont, ein Einschalten des Lautsprechers lohnt sich daher meist.

12. Auch bei den Videos gelangen Sie über die Pfeiltasten rechts und links eines Videos zum nächsten ❿ bzw. vorherigen ⓫ Film. Um zur Videoübersicht zurückzukehren, klicken Sie auf das kleine Kreuzsymbol ⓬ rechts vom Hotelnamen.

Hotels vergleichen mit HolidayCheck

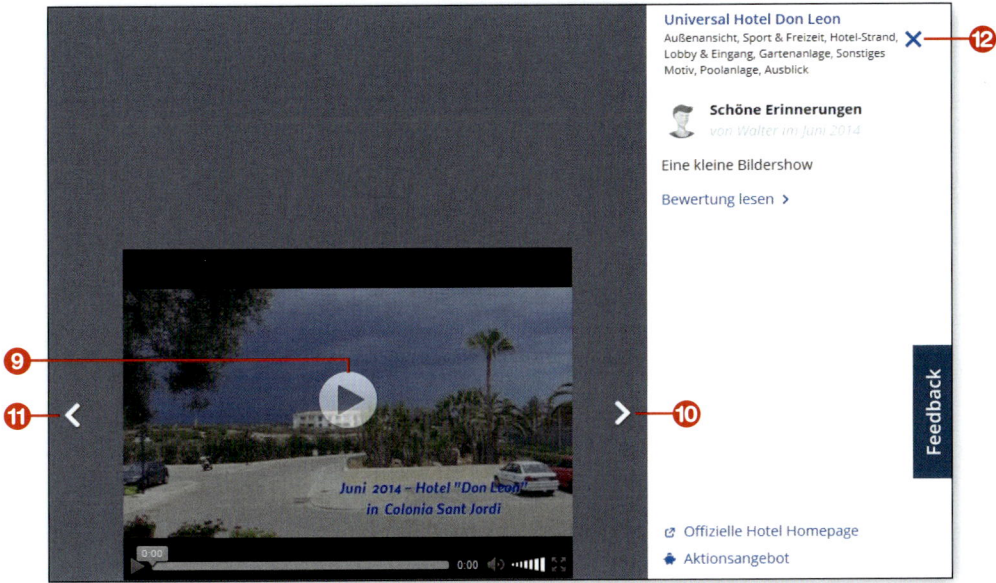

> **Wie seriös ist eine Bewertung?**
>
> Bei HolidayCheck kann jeder eine Bewertung abgeben. Woher wissen Sie nun, welche Bewertung seriös und damit ernst zu nehmen ist? Stammt die besonders positive Bewertung womöglich vom Hotelier selbst? Verbirgt sich hinter der ausgesprochen negativen Bewertung ein Konkurrent? Diese Fragen zu beantworten ist unmöglich. Hat ein Hotel viele Bewertungen erhalten, können Sie aber zumindest eine Tendenz ablesen. Kritisieren viele den schlechten Service, wird dies der Wahrheit entsprechen, ebenso natürlich, wenn viele vom Büfett schwärmen. Finden Sie in einer Bewertung vor dem Hinweis **Nachweis erbracht** ein Plussymbol, hat der Gast bei HolidayCheck etwa durch eine Reisebestätigung nachgewiesen, dass er tatsächlich im angegebenen Hotel seinen Urlaub verbracht hat.

Wie zu Anfang erwähnt, kann jeder bei HolidayCheck mitmachen und eine Hotelbewertung abgeben. Nehmen Sie diese Möglichkeit wahr, profitieren andere Reisende auch von Ihren Erfahrungen, denn je mehr Beurteilungen vorhanden sind, desto besser lässt sich auch die tatsächliche Qualität eines Hotels einschätzen.

Wenn Sie ein Hotel bewerten möchten, geben Sie in das Suchfeld am oberen Seitenrand den Hotelnamen ein und drücken die Taste ⏎. Auf

Kapitel 7: Reisen und Ausflüge planen und buchen

der nächsten Übersichtsseite finden Sie oben rechts den Link **Hotel bewerten**. Auf den nächsten Seiten bewerten Sie das Hotel zunächst. Anschließend ergänzen Sie ein paar Informationen über sich selbst, etwa zur Altersgruppe und dazu, mit wem Sie verreist sind, u. Ä.

Mit Ihrer E-Mail-Adresse machen Sie Ihre Angaben glaubhaft: An die angegebene Adresse wird eine Nachricht geschickt. Klicken Sie auf den darin enthaltenen Link, um zu bestätigen, dass Sie selbst die Hotelbewertung abgegeben haben. Übrigens: Wenn Sie im Besitz einer Bonuskarte wie etwa Miles & More von Lufthansa oder topbonus der Air Berlin sind, erhalten Sie als Dankeschön für die abgegebene Hotelbewertung Bonuspunkte gutgeschrieben. Voraussetzung hierfür ist, dass Sie die Servicekartennummer angeben. Die Datenübertragung findet bei HolidayCheck über eine sichere Verbindung statt, erkennbar am *https* zu Beginn der Internetadresse.

> *Wenn Sie an einem Bonusprogramm teilnehmen, bekommen Sie für Ihre Bewertung Bonuspunkte gutgeschrieben.*

HolidayCheck ist nur eines von vielen Bewertungsportalen, mit deren Hilfe Sie sich über Ihr Wunschhotel informieren können. Interessant ist auch das Portal TripAdvisor (*www.tripadvisor.de*). Weitere Reiseportale lernen Sie im Laufe dieses Kapitels noch kennen.

Im nächsten Abschnitt stelle ich Ihnen einige Flugportale vor und zeige Ihnen, worauf Sie beim Vergleich von Flugpreisen besonders achten müssen.

Flugpreise vergleichen

Wer im Internet nach einem günstigen Flugticket sucht, kann echte Schnäppchen finden. Während des Buchungsprozesses sollten Sie allerdings genau hinsehen, um am Ende nicht eine unangenehme Überraschung zu erleben.

Sowohl reine Flugportale als auch Preisvergleichsportale versprechen, automatisch den günstigsten Flugpreis für Sie zu ermitteln. Sobald Sie eine Suchanfrage mit den gewünschten Daten, etwa einem Flug von München nach Wien mit Angabe des Reisedatums, gestellt haben, prüfen die Flugportale die Internetseiten der Fluglinien. Preisvergleichsportale greifen zusätzlich die Daten der Flugportale ab. Das Ergebnis ist für Sie als Anwender bei beiden das gleiche: Sie bekommen eine Übersicht über die günstigsten Angebote, die das jeweilige Portal gefunden hat.

Vergleicht man die gefundenen Preise der Portale, lassen sich teilweise große Unterschiede feststellen. Doch Vorsicht: Entscheiden Sie sich für das vermeintlich günstigste Angebot eines Portals, kann es Ihnen passieren, dass der Flugpreis im Laufe der Buchung erheblich in die Höhe schießt.

Laut eines Beschlusses des Bundesgerichtshofs ist dies nicht zulässig. Der Kunde muss von Anfang an den Komplettpreis inklusive aller anfallenden Nebenkosten erkennen können. Die Realität zeigt jedoch, dass sich noch nicht jedes Portal an die Vorgaben hält.

So setzt manch ein Portal beispielsweise erst im Laufe einer Buchung eine teilweise recht hohe Gebühr für das Bezahlen per Kreditkarte an. Eine weitere beliebte Masche sind Zusatzversicherungen (z. B. Reiserücktrittsversicherungen) oder auch Services (z. B. Umbuchungsservice), die beim Buchungsvorgang bereits automatisch mit einem Häkchen versehen sind und von Ihnen erst ausdrücklich abgewählt werden müssen. All diese Verfahren sind, wie gesagt, längst nicht mehr zulässig, doch die Stiftung Warentest (*www.test.de*) oder auch Zeitschriften wie Clever Reisen (*www.clever-reisen-magazin.de*) finden immer wieder einmal schwarze Schafe. Rechnet man alle im Laufe des Buchungsvorgangs anfallenden Gebühren zusammen, wird das Flugticket des vermeintlich günstigsten Anbieters plötzlich schnell zum teuersten. Deshalb Augen auf bei der Buchung. Solange Sie einen Kauf noch nicht vollständig abgeschlossen haben, können Sie den Buchungsvorgang jederzeit abbrechen.

Am Beispiel einer Flugsuche von München nach Wien und zurück zeige ich Ihnen, wie Sie Flugschnäppchen ausfindig machen.

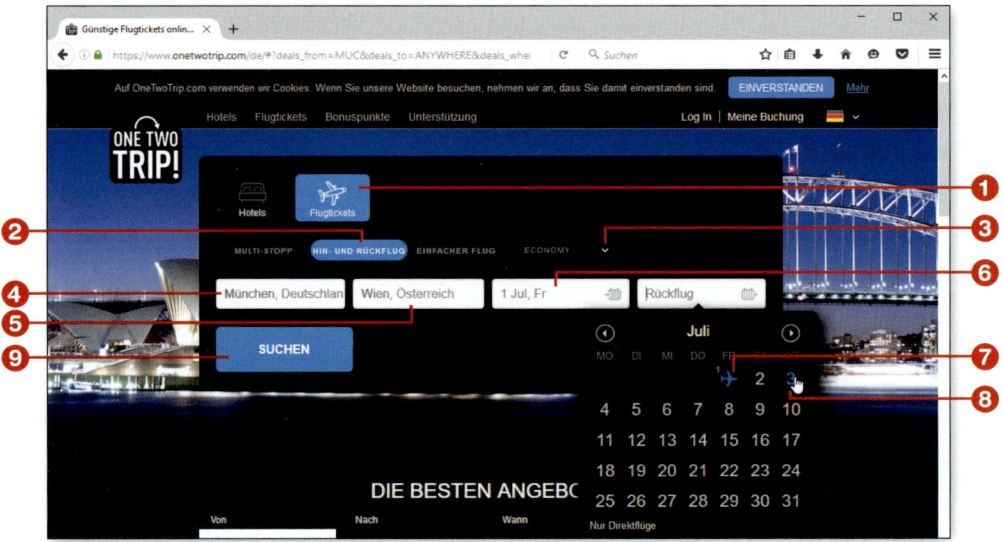

△ *Dass nicht immer hohe Gebühren hinzukommen müssen, zeigt u. a. das Flugportal OneTwoTrip.*

1. Rufen Sie die Internetadresse »www.onetwotrip.de« auf.

2. Stellen Sie sicher, dass in der Menüleiste am oberen Seitenrand der Button **Flugtickets** ❶ markiert ist, erkennbar am hellblauen Hintergrund.

3. Legen Sie als Nächstes per Mausklick fest, ob Sie einen **Hin- und Rückflug** ❷, **Einfachen Flug** oder **Multi-Stopp**, also einen Flug mit mehreren Zwischenstopps, suchen.

4. Die Flugklasse **Economy** ist bereits voreingestellt. Wenn Sie Business Class fliegen möchten, klicken Sie auf den Pfeil rechts von **Economy** ❸ und dann auf **Business**.

5. Geben Sie nun im Feld **Von** den Flughafen an, von dem Sie starten möchten, in unserem Beispiel **München** ❹. Sobald Sie die Eingabe beendet haben, springt die Einfügemarke bereits in das nächste Feld, **Nach**.

6. Tippen Sie nun das Ziel Ihrer Reise in das Feld **Nach** ein, im Beispiel Wien ❺.

7. Im Feld **Abflug** ❻ klappt jetzt ein kleiner Kalender auf, der den aktuellen Monat zeigt. Über die Pfeiltaste ▶ rechts von der Monatsangabe blättern Sie bis zu dem Monat, in dem die Reise starten soll. Markieren Sie per Mausklick das gewünschte Datum.

8. Sie gelangen nun automatisch zur Auswahl des Rückflugdatums. Im Kalender wird der Tag des Hinflugs durch ein kleines blaues Flugzeugsymbol gekennzeichnet ❼. Wählen Sie anschließend den Tag des Rückflugs aus ❽.

9. Sobald Sie auf **Suchen** ❾ klicken, startet OneTwoTrip die Suche nach den günstigsten Flügen.

Nach einem kurzen Moment erhalten Sie eine Übersicht über alle gefundenen Flüge (siehe die Abbildung auf Seite 218). Am oberen Seitenrand werden sowohl der günstigste Flug als auch der beste Direktflug angezeigt. Dies ist vor allem bei Fernreisen sehr interessant, denn hier muss der Reisende für ein günstiges Flugticket häufig lange Reisezeiten aufgrund von zeitaufwendigen Umstiegen in Kauf nehmen.

> ➕ **Günstigere Termine finden**
>
> Wenn Sie nicht auf ein bestimmtes Datum festgelegt sind, klicken Sie rechts auf **Preisdynamik ansehen** (❿ auf Seite 218), und prüfen Sie, ob sich zu einem anderen Termin nicht noch ein günstigeres Angebot finden lässt. Die alternativen Möglichkeiten werden in einem kleinen Fenster angezeigt. Ist ein interessantes Angebot dabei, notieren Sie sich den Termin. Schließen Sie das Fenster per Klick auf das Kreuzsymbol ✖ in der rechten oberen Fensterecke. Klicken Sie dann am oberen Seitenrand auf **Ändern** ⓫, und geben Sie in den bereits bekannten Suchfeldern die neuen Daten ein.

Unterhalb der beiden Top-Angebote werden alle Fluglinien aufgeführt, die die gewünschte Verbindung anbieten. Studieren Sie die einzelnen Vorschläge in Ruhe. Sie werden nicht nur über den Preis, sondern auch über Flugzeiten und mögliche Zwischenstopps informiert. Gerade auf Letzteres sollten Sie ein besonderes Augenmerk richten. Denn womöglich müssen Sie bei dem günstigen Ticket einen sehr langen Aufenthalt beim Umstieg ⑫ und somit eine vielfach längere Reisedauer in Kauf nehmen.

10. Angezeigt wird hier jeweils der günstigste Flug einer Fluglinie. Manchmal sind aber auch weitere Flüge mit etwas anderen Abflugzeiten zum gleichen Preis verfügbar. Um diese zu ermitteln, klicken Sie unterhalb der gewünschten Fluglinie, etwa **Lufthansa**, auf **Mehr** ⑬.

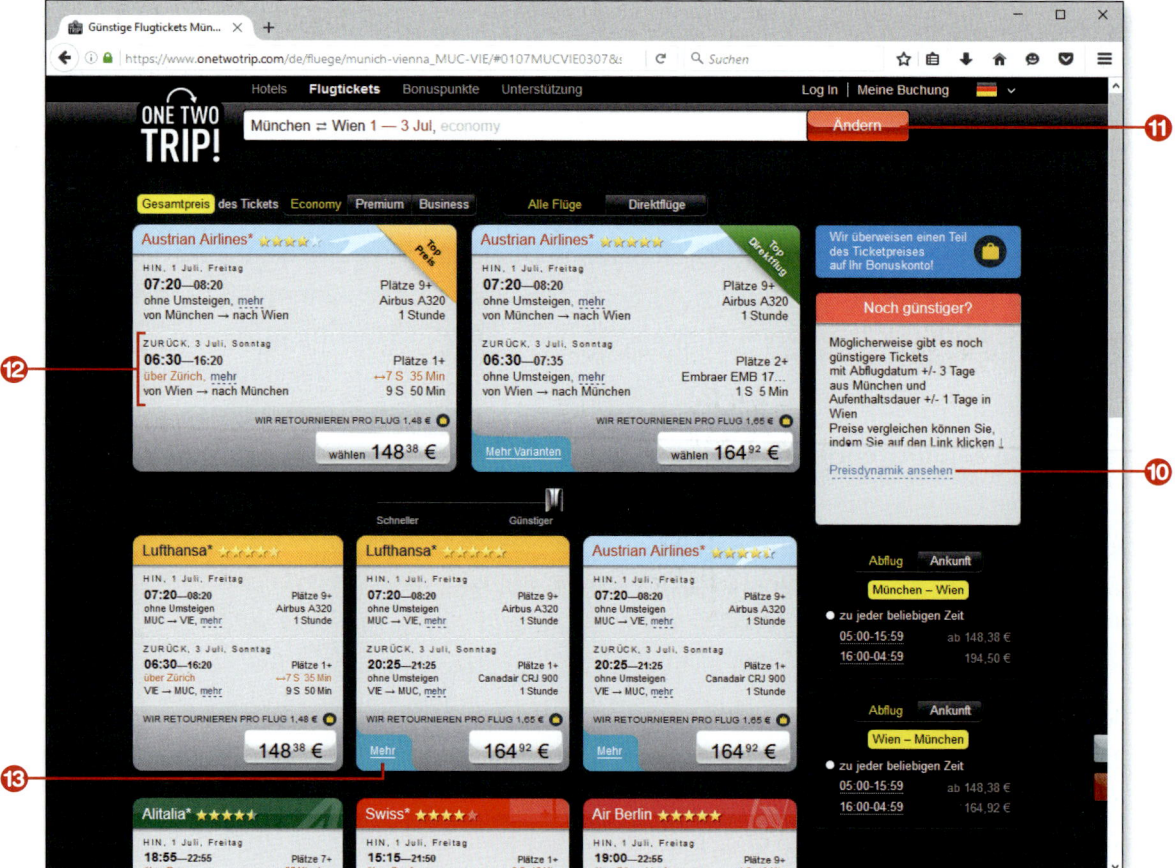

11. Sie sehen nun alle Termine, die die ausgewählte Fluglinie für die Flugstrecke anbietet. Wenn Sie den gewünschten Termin für den Hinflug per Mausklick auf **wählen** ⑭ markieren, erfahren Sie in der Spalte rechts neben den Rückflügen, wie viel Sie das Ticket in der gewählten Kombination kosten wird. Sie haben es also selbst in der Hand: Sind Ihnen die Abflugzeiten wichtiger oder der Preis des Tickets?

Flugpreise vergleichen

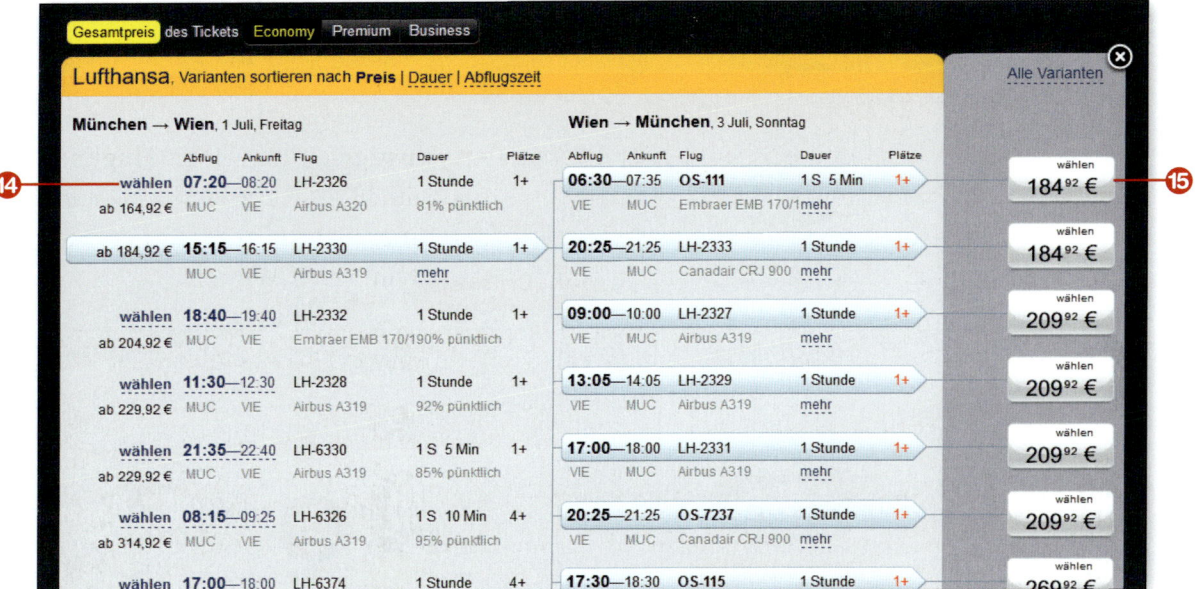

12. Wenn Sie die gewünschte Kombination aus Hin- und Rückflug ausgewählt haben, klicken Sie auf den Preis rechts vom gewünschten Rückflugtermin ⓯. Von diesem Schritt an beginnt die eigentliche Buchung bei OneTwoTrip. Der Flugpreis erhöht sich hier nur noch, falls Sie für mehr als eine Person Tickets kaufen. Zusatzgebühren fallen keine an.

Wenn Sie sichergehen möchten, dass Sie wirklich das günstigste Angebot gefunden haben, können Sie vor der Buchung noch bei anderen Portalen eine Preisprüfung durchführen. Interessant sind beispielsweise Fly.com (*www.fly.com*) oder auch Expedia (*www.expedia.de*).

Mein Tipp: Werfen Sie z. B. auch einen Blick auf die Websites der Fluglinien selbst, also etwa Lufthansa (*www.lufthansa.de*) oder Air Berlin (*www.airberlin.de*). Manchmal bieten diese sehr günstige Angebote an, die von Flugportalen oder Vergleichsportalen in ihrer Suchanfrage nicht erfasst werden. Bei Billiganbietern wie etwa Ryanair (*www.ryanair.de*) oder auch easyJet (*www.easyjet.de*) sollten Sie sich allerdings nicht vom ersten angezeigten Preis blenden lassen. Ähnlich wie bei manchen Flugportalen erhöht sich der Preis hier im Laufe der Buchung teilweise drastisch. So müssen Sie bei Ryanair beispielsweise für jedes kleine Extra zusätzlich bezahlen. Das beginnt bei der Mitnahme eines Koffers, geht über die Sitzplatzreservierung und reicht bis hin zur Bezahlgebühr.

Kapitel 7: Reisen und Ausflüge planen und buchen

> Wer auf dem Hin- und Rückflug einen Koffer mitnehmen oder gar einen Sitzplatz im Vorfeld buchen möchte, zahlt bei easyJet im Beispiel fast 60 Euro zusätzlich zum Ticketpreis.

Egal, wo Sie letztendlich Ihr Flugticket kaufen: Achten Sie bei der Angabe Ihrer Daten wie Name, Ausweisnummer, E-Mail-Adresse oder auch Kreditkartendaten unbedingt auf die korrekte Schreibweise. Wenn sich hier ein Tippfehler einschleicht, muss häufig das Ticket storniert und anschließend neu gebucht werden. Die Kosten hierfür tragen meist Sie. Weitere Tipps und Informationen rund um Stolperfallen bei der Reisebuchung finden Sie im Abschnitt »Von der Hotelbuchung bis zur Pauschalreise: Reiseportale im Internet« ab Seite 228.

Bahnverbindungen suchen und buchen

Früher gab es selbst an kleinen Bahnhöfen Ticketschalter, an denen man seine Fahrkarte direkt bei einem Mitarbeiter der Deutschen Bahn kaufen konnte. Heute findet man häufig nur noch Automaten vor, deren Bedienung schon fast ein Studium erfordert. Bevor Sie sich dies antun, buchen Sie Bahntickets doch lieber ganz bequem und sicher daheim über das Internet. Wie praktisch und einfach dies ist, zeige ich Ihnen im Folgenden. Rufen Sie hierzu zunächst die Internetadresse der Deutschen Bahn,

Bahnverbindungen suchen und buchen

»www.bahn.de«, auf. Bereits auf der Startseite finden Sie oben links den Bereich **Auskunft & Tickets** ❶, über den Sie nach einer geeigneten Bahnverbindung suchen können.

1. Klicken Sie in das Feld **Von Bahnhof/Haltestelle oder Ort, Straße …**, und geben Sie den Start Ihrer Bahnfahrt ein, etwa »München Hbf« ❷. Während der Eingabe klappt eine Liste mit Vorschlägen auf. Ist der gewünschte Bahnhof dabei, wählen Sie ihn per Mausklick aus.

2. Nach einem Klick in das Feld **… nach Bahnhof/Haltestelle oder Ort, Straße** tragen Sie analog das Ziel Ihrer Reise ein, etwa »Berlin Hbf« ❸.

3. Wenn Sie nicht nur hin-, sondern auch zurückfahren werden, aktivieren Sie per Mausklick die Option **Hin- und Rückfahrt** ❹.

4. Als Nächstes legen Sie den Tag Ihrer **Hinfahrt** fest. Voreingestellt sind das aktuelle Datum sowie die aktuelle Uhrzeit. Wenn Sie auf das Kalendersymbol klicken, klappt ein Kalender auf, in dem Sie das gewünschte Abreisedatum markieren. Über den kleinen Doppelpfeil rechts vom Monatsnamen ❺ wechseln Sie zum gewünschten Monat.

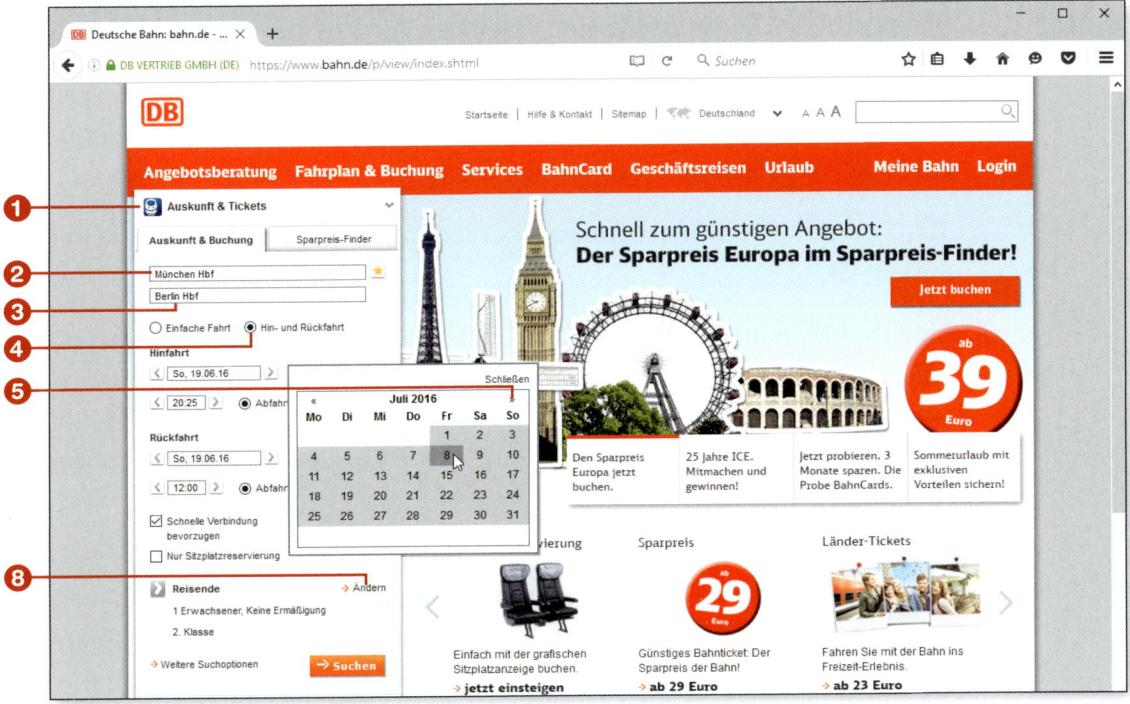

221

5. Wenn Sie zu einem bestimmten Zeitpunkt am Ziel ankommen müssen, aktivieren Sie die Option **Ankunft**. Andernfalls belassen Sie die Voreinstellung **Abfahrt** ❻.

6. Über die Pfeiltasten rechts und links der Uhrzeit stellen Sie die gewünschte Ankunfts- bzw. Abfahrtszeit ein. Statt die Pfeiltasten zu nutzen, können Sie auch auf die Stundenangabe ❼ doppelklicken und die Zeit mit Ihrer Wunschzeit überschreiben. Möchten Sie beispielsweise morgens um 9 Uhr abfahren, tragen Sie »09« ein. Wiederholen Sie dies anschließend für die Minutenangabe, geben Sie dort also »00« ein.

7. Wiederholen Sie nun die Schritte 4 bis 6 für die **Rückfahrt**. Dieser Abschnitt klappt nur auf, wenn Sie in Schritt 3 die Option **Hin- und Rückfahrt** ausgewählt haben.

8. Eine wichtige Angabe bei Bahntickets der Deutschen Bahn ist die Anzahl der Reisenden, denn je mehr fahren, desto günstiger wird das einzelne Ticket. Treten Sie die Bahnfahrt nicht allein an, klicken Sie rechts von **Reisende** auf **Ändern** (❽ auf Seite 221). Nach einem Klick auf den Pfeil rechts neben den drei nun sichtbaren Feldern ❾ wählen Sie jeweils die Anzahl der Reisenden in der jeweiligen Altersklasse aus.

9. Besitzt einer der Reisenden eine BahnCard, klicken Sie auf den Pfeil rechts vom Feld **1. Erwachsener** ❿ und wählen die gültige Ermäßigungskarte aus. Wiederholen Sie dies ggf. für weitere Reisende.

10. Wenn Sie alle Einstellungen vorgenommen haben, klicken Sie auf **Suchen** ⓫.

Sie erhalten nun eine Liste mit Verbindungen, die in etwa Ihren Zeitangaben entsprechen. Neben der (Fahrt-)**Dauer** ❶ können Sie in der Spalte **Umst.** ❷ ablesen, ob Sie umsteigen müssen. Die Spalte **Produkte** ❸ gibt Auskunft über die Art der Verbindung, etwa **ICE** oder Regionalzug, abgekürzt mit **RE**.

Manche Verbindungen sind stark frequentiert. Wenn Sie hinter der Produktangabe das Symbol R finden, wird die Zugverbindung sehr häufig genutzt. Benötigen Sie genau diese Verbindung, sollten Sie nicht zu lange mit der Buchung warten.

Bahnverbindungen suchen und buchen

Zu jeder Verbindung wird, sofern verfügbar, bereits ein Sparangebot sowie der Normalpreis eingeblendet. Der Preis gilt zunächst nur für die einfache Fahrt. Mein Tipp: Sind Sie zeitlich flexibel, werfen Sie doch einmal einen Blick auf die Verbindungen unter **Früher** ❹ und **Später** ❺. So manches Mal lässt sich hier ein günstigeres Angebot finden.

Wenn Sie noch mehr Details zu einer Verbindung, wie etwa die zum Umsteigen benötigte Zeit oder auch Gleisangaben, benötigen, klicken Sie auf das Pfeilsymbol ⌄ zu Beginn der Zugverbindung ❻.

Haben Sie eine Verbindung für Ihre Hinfahrt ausgewählt, klicken Sie auf **Rückfahrt** ❼ in der gleichen Zeile.

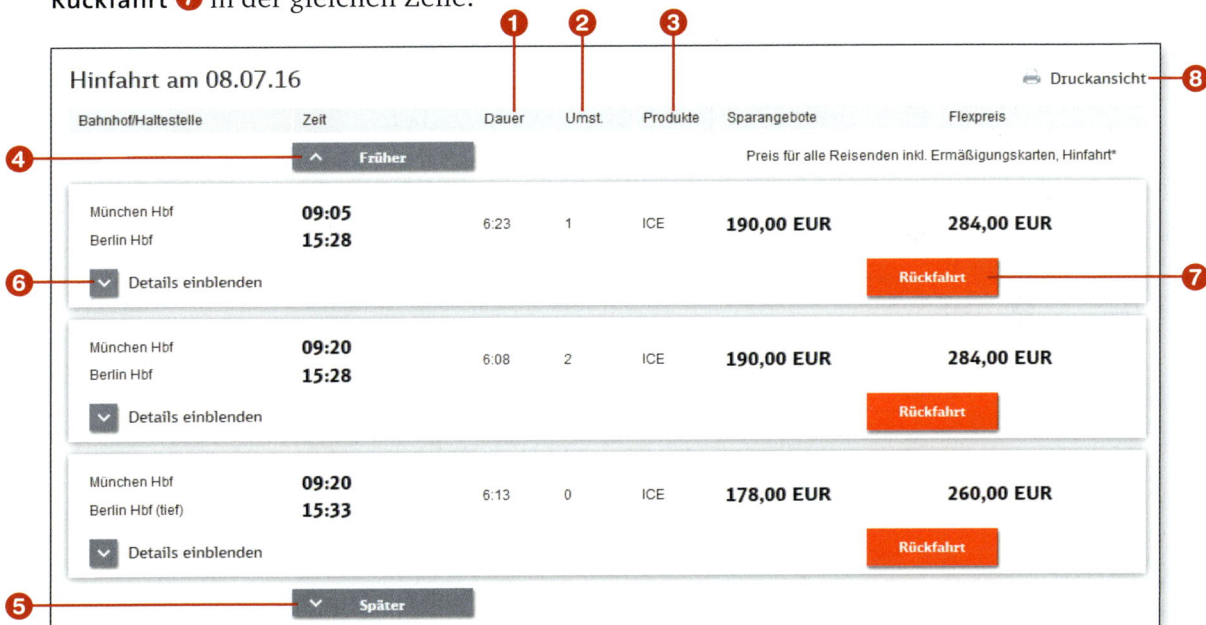

> **Fahrplan ausdrucken**
>
> Wenn Sie die Verbindungsübersicht ausdrucken möchten, klicken Sie am rechten oberen Rand der tabellarischen Übersicht auf **Druckansicht** ❽. In dem aufklappenden Dialogfenster legen Sie fest, welche Daten ausgedruckt werden sollen. Interessieren Sie sich z. B. auch für die **Zwischenhalte**, aktivieren Sie per Mausklick die gleichnamige Option. Die Verbindungsübersicht wird im unteren Fensterbereich entsprechend angepasst. Klicken Sie in diesem und auch dem nächsten Fenster auf **Drucken**, um den Druckvorgang zu starten.

Kapitel 7: Reisen und Ausflüge planen und buchen

Analog zur Hinfahrt erhalten Sie nun einige Verbindungsvorschläge für die Rückfahrt. Die beiden rechten Spalten informieren wieder über den Fahrpreis. Dieser Preis gilt bereits für alle angegebenen Reisenden sowie die Hin- und Rückfahrt. In den folgenden Schritten zeige ich Ihnen, wie Sie Ihr Bahnticket über das Internet kaufen.

1. Wenn Sie sich für eine Verbindung entschieden haben, klicken Sie auf **Zur Angebotsauswahl** ❶.

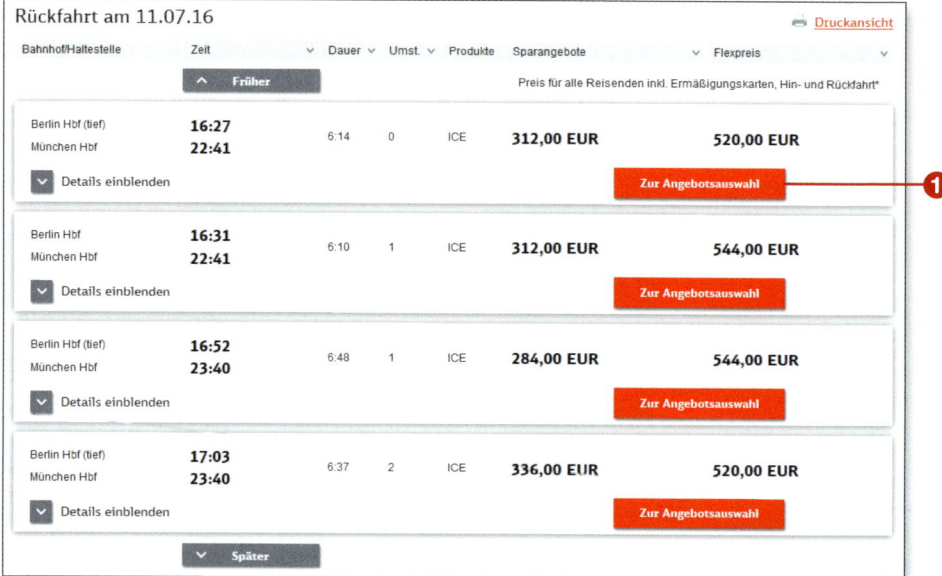

2. Sie erhalten nun eine Übersicht über die verfügbaren Angebote. In unserem Beispiel stehen der **Sparpreis** und der **Flexpreis** zur Auswahl. Lesen Sie sich genau die Konditionen sowie Informationen zum Umtausch bzw. zur Erstattung durch. Entscheiden Sie sich für eines der Angebote, und klicken Sie in der Zeile dieses Angebots auf **Weiter**.

3. Sind Sie noch nicht im Besitz einer BahnCard (siehe dazu Schritt 9 auf Seite 222), erhalten Sie nun die Möglichkeit, eine solche zu kaufen. Haben Sie kein Interesse an dem Angebot, belassen Sie die Option **Keine BahnCard kaufen** und klicken auf **Weiter**.

Welche Schritte als Nächstes folgen, hängt davon ab, ob Sie sich bereits bei der Deutschen Bahn angemeldet haben, dies nun tun möchten oder ohne Anmeldung das Bahnticket erwerben wollen. Im Beispiel zeige ich Ihnen, wie Sie sich zunächst anmelden und dann Ihr Ticket bezahlen.

4. Nachdem Sie die Option **Neu anmelden und buchen** ❷ aktiviert haben, klicken Sie auf **Weiter**.

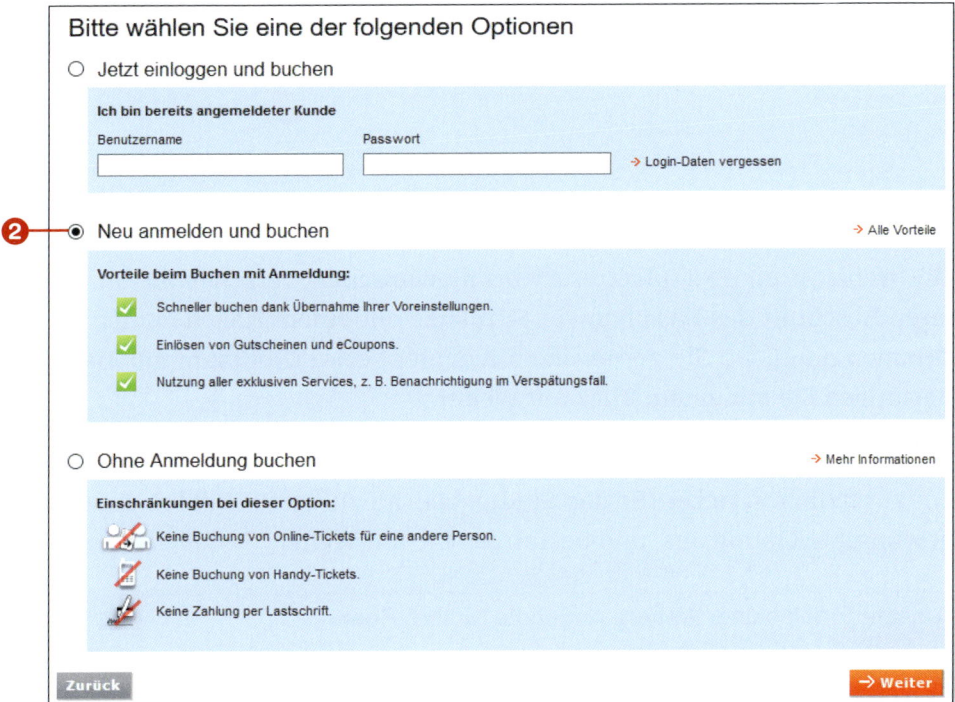

5. Auf der nächsten Webseite ergänzen Sie in den Feldern Ihre persönlichen Daten. Der Benutzername und das Passwort sind dabei frei wählbar. Alle mit einem Sternchen gekennzeichneten Felder müssen ausgefüllt werden. Schließen Sie Ihre Angaben dann mit einem Klick auf **Anmelden und weiter** ab.

6. Auf der folgenden Seite erhalten Sie eine Übersicht über Ihr Benutzerprofil, das Sie mit **Weiter** bestätigen.

7. Als Nächstes wählen Sie aus, ob Sie das Ticket selbst ausdrucken möchten (Option **Online-Ticket** ❸) oder ob es Ihnen per Post zugeschickt werden soll (**Fahrkarte per Post** ❹). Eine weitere Option ist das **Handy-Ticket** ❺, bei dem Sie sich das Ticket auf Ihr Smartphone schicken lassen können. Im Beispiel wähle ich das **Online-Ticket** zum Selbstausdrucken.

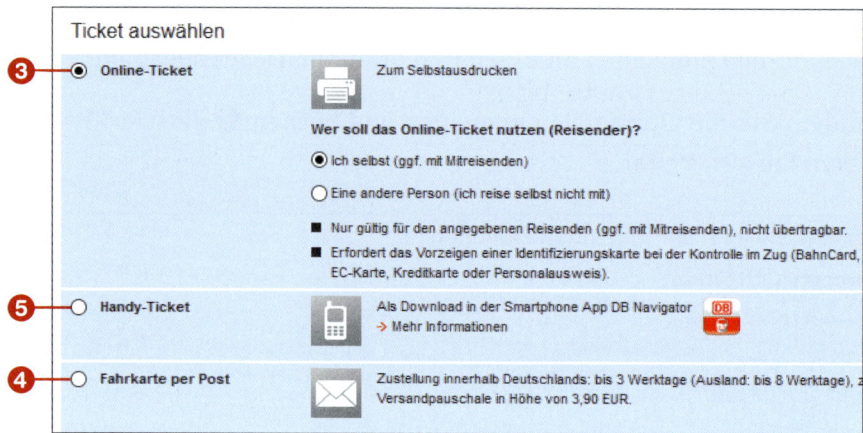

8. Wenn Sie eine Sitzplatzreservierung wünschen, versehen Sie im unteren Abschnitt das Kästchen vor **Sitzplätze** mit einem Häkchen und bestimmen dann, wo Sie gerne sitzen möchten, etwa **Großraum mit Tisch**. Bestätigen Sie mit einem Klick auf **Weiter**.

9. Wenn Sie als Zielort eine Stadt angegeben haben, können Sie nun ein zusätzliches Ticket für das Stadtgebiet hinzufügen. Wählen Sie die gewünschte Option aus, und bestätigen Sie mit **Weiter**.

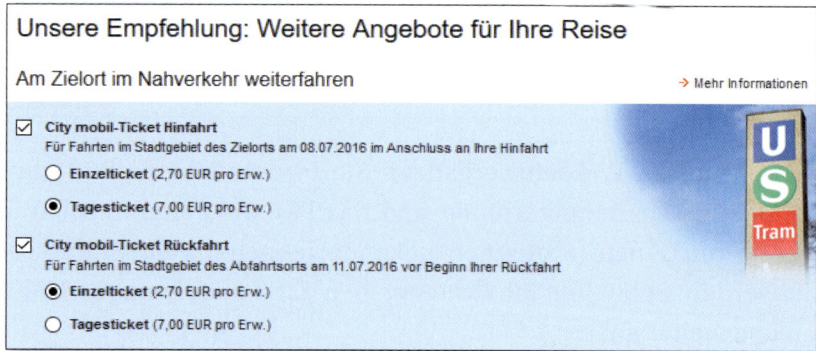

10. Während der Zugfahrt müssen Sie sich bei der Fahrkartenkontrolle identifizieren. Dies können Sie über Ihre BahnCard, Kreditkarte, ec-Karte oder auch den Personalausweis tun. Aktivieren Sie daher bei der Buchung die gewünschte Option, etwa **Personalausweis**.

11. Es klappt nun ein Bereich auf, in dem weitere Angaben wie Name, Geburtsdatum sowie Ausweisnummer abgefragt werden. Geben Sie anschließend im Bereich **Ihre persönlichen Daten** Ihre Adresse an.

12. Aktivieren Sie als Nächstes die drei Kontrollkästchen zur Adressangabe, zu Nutzungshinweisen sowie zur Zusendung des Online-Tickets per E-Mail, bevor Sie auf **Weiter** klicken.

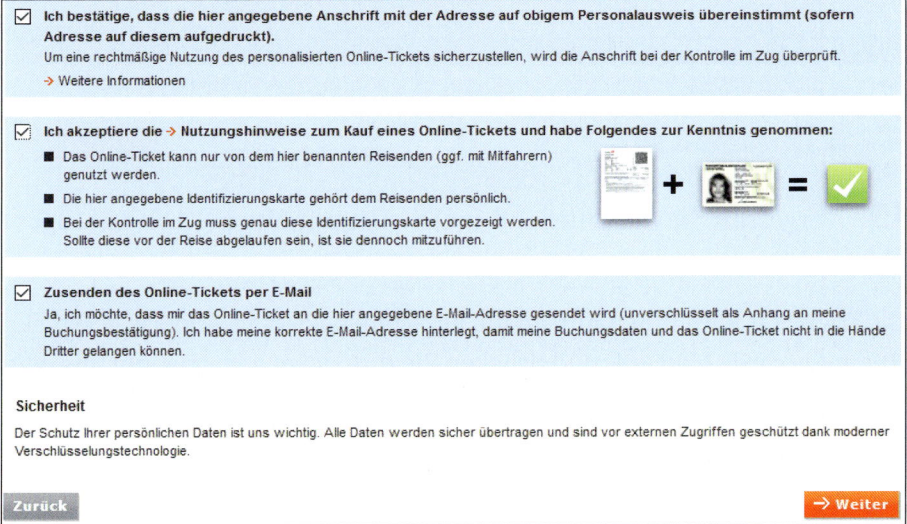

13. Wählen Sie die gewünschte Zahlungsweise aus. Ausführliche Informationen zu den einzelnen Möglichkeiten haben Sie bereits im Abschnitt »Allgemeine Tipps für sicheres Einkaufen« ab Seite 155 erhalten. Ergänzen Sie in den entsprechenden Feldern die geforderten Daten, und bestätigen Sie diese mit **Weiter**.

14. Sie erhalten nun noch eine Übersicht über Ihren Buchungswunsch. Blättern Sie nach unten, und prüfen Sie alle Angaben genau. Versehen Sie dann **Ich akzeptiere die Beförderungsbedingungen …** mit einem Häkchen, und schließen Sie die Buchung mit **Jetzt kaufen** ab.

15. Vergessen Sie abschließend nicht, sich mit einem Klick auf **Logout** abzumelden.

Ihr Zugticket wird Ihnen nun an die angegebene E-Mail-Adresse geschickt. Rufen Sie die E-Mail auf, und drucken Sie das Ticket wie gewohnt aus. Vergessen Sie am Tag der Reise nicht, die Karte mitzunehmen, die Sie ggf. statt Ihres Personalausweises zur Identifizierung angegeben haben.

Wie Sie gesehen haben, ist das Kaufen eines Zugtickets im Internet wirklich einfach. Der große Vorteil ist, dass Sie selbst die Preise vergleichen können und so die Chance haben, viel Geld zu sparen. Der Ticketkauf ist übrigens nicht auf Zugtickets beschränkt. Planen Sie beispielsweise eine Reise zu einer der wunderschönen deutschen Nordseeinseln, wie etwa Amrum, können Sie über die Internetseite der Bahn auch gleich das Fährticket dazubuchen. Im Beispiel geben Sie als Ziel einfach »Wittdün/Amrum« an. Genauso ist natürlich die Buchung von Zugtickets ins Ausland möglich.

Von der Hotelbuchung bis zur Pauschalreise: Reiseportale im Internet

Früher begann für viele die Urlaubsplanung mit dem Gang ins nächste Reisebüro. Mit zahlreichen Reiseprospekten beladen ging man dann nach Hause, um dort in Ruhe die verschiedenen Angebote zu prüfen. Heute lässt sich eine Reise weitaus komfortabler über das Internet planen und auch buchen. Schon seit vielen Jahren bieten bekannte Reiseveranstalter – wie etwa TUI, Neckermann Reisen, Jahn Reisen, DER Tour

Reiseportale im Internet

oder Meiers Weltreisen – ihre Angebote über das Internet an. Aus der Radio- und Fernsehwerbung sind Ihnen sicherlich auch Reisevermittler wie Weg.de, Expedia oder auch Travel Overland bekannt. Und damit ist nur ein Bruchteil an Reiseanbietern aufgeführt. Eine ausführlichere Übersicht finden Sie auf Seite 234.

Das Angebot der Reiseportale ist vielseitig und reicht von Last-Minute- über Städte- und Pauschalreisen bis hin zu Kreuzfahrten. Das Vorgehen ist bei allen meist ähnlich: Nachdem Sie die gewünschte Kategorie, also etwa die Pauschalreise, ausgewählt haben, geben Sie die Anzahl der Reisenden, das Reiseziel, das Datum sowie den Abflughafen an. Meist lässt sich die Suche auch auf bestimmte Hotelkategorien einschränken. Als Ergebnis Ihrer Suchanfrage werden nun alle Reiseangebote aufgelistet.

▼ *In der Suchmaske eines Reiseportals geben Sie alle wichtigen Reisedaten ein.*

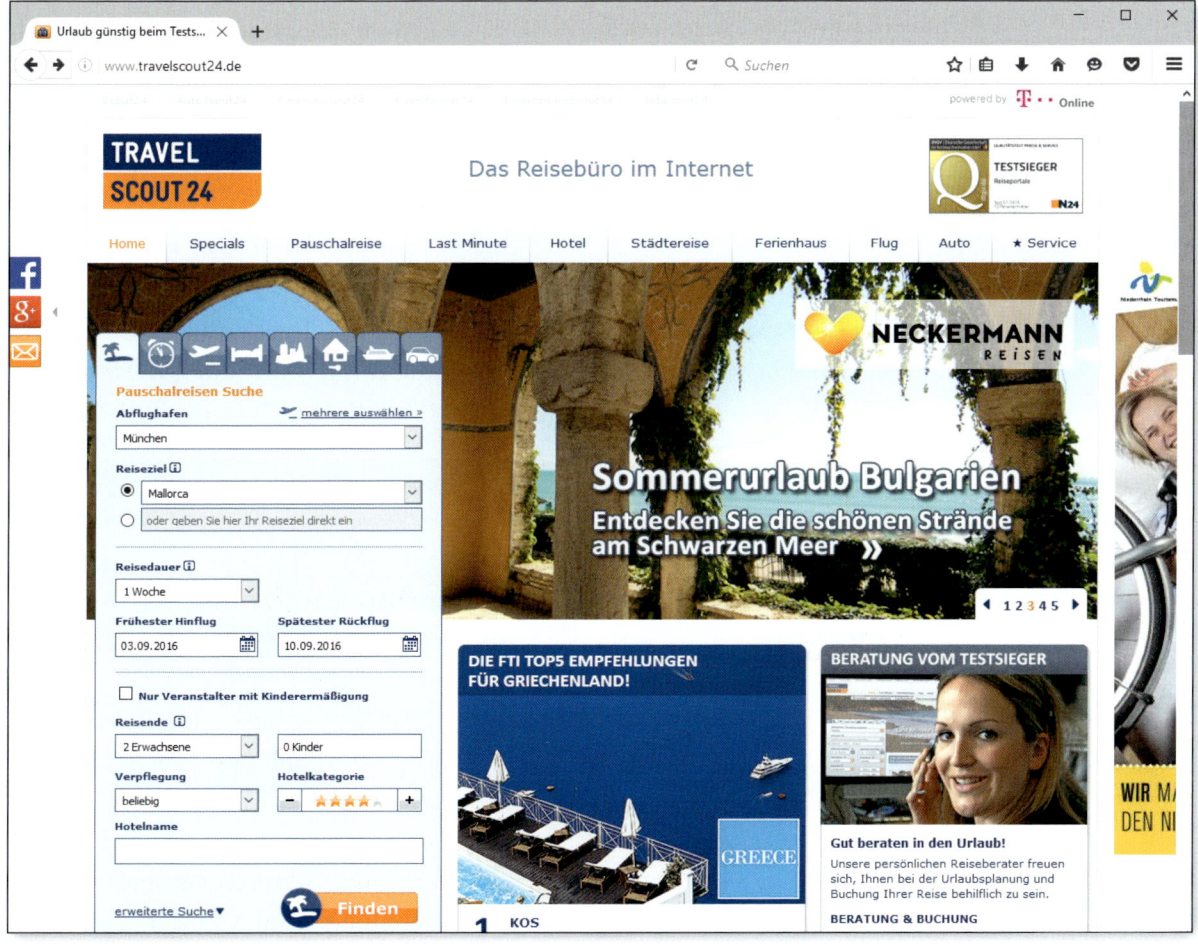

Kapitel 7: Reisen und Ausflüge planen und buchen

> **Günstige Preise dank Flexibilität**
>
> Wenn Sie die Suchmaske eines Reiseportals ausfüllen, müssen Sie meist feste Reisedaten angeben. Häufig lässt sich ein günstigeres Angebot finden, indem Sie eine weitere Suchanfrage mit etwas veränderten Daten starten. Sind Sie zeitlich flexibel, probieren Sie einen früheren oder späteren Reisetermin aus. Manchmal führt auch die Angabe eines anderen Flughafens zu einem besonderen Schnäppchen.

So verlockend ein Schnäppchen zunächst auch klingen mag, sollten Sie unbedingt die Preise der verschiedenen Portale miteinander vergleichen, bevor Sie eine Reise endgültig buchen.

Achten Sie vor allem auf die versteckten Kosten: Gilt der angegebene Hotelpreis beispielsweise nur für das Zimmer, oder ist bereits ein Frühstück enthalten? Viele Hotels berechnen hierfür eine horrende Gebühr, die gut über 20 Euro pro Person liegen kann. Bei einem 14-tägigen Urlaub mit einer vierköpfigen Familie kommt so schnell ein hübsches Sümmchen zusammen. Wenn Ihr Hotel in einem größeren Ort liegt, können Sie das Frühstück vielleicht in ein nahe gelegenes Café verlegen, bei einer abgelegenen Unterkunft ist dies meist nur schwer möglich.

Wer sich im Urlaub sportlich betätigen will, sollte prüfen, ob für die Nutzung der Sportanlagen wie Tennisplatz oder Schwimmbad eine zusätzliche Gebühr gefordert wird. Auch für die Kinderbetreuung muss ab und an extra bezahlt werden.

▲ Achten Sie bei den Preisangaben darauf, ob Frühstück und Hoteltransfer inklusive sind.

Ebenfalls wichtig für die Preisbeurteilung ist die Frage des Flughafentransfers, denn nicht immer ist dieser im Reisepreis enthalten. Wenn das Hotel nicht weit vom Flughafen entfernt oder das öffentliche Verkehrsnetz gut ausgebaut ist, lässt sich dieses Manko noch verschmerzen. Doch je weiter die Unterkunft entfernt ist, desto teurer wird die Fahrt dorthin.

> **Aufmerksam sein bei der Online-Buchung von Mietwagen**
>
> Viele mieten für ihren Urlaub einen Mietwagen, um die Umgebung besser erkunden zu können. Günstige Angebote finden sich zwar über das Internet, doch sehen Sie auch hier bei den Preisen genau hin. Prüfen Sie, ob alle Extras, die Sie benötigen – wie etwa Kindersitz oder Winterreifen – im Preis enthalten sind. Auch für weitere Fahrer wird gerne eine Zusatzgebühr verlangt.

Viele Reiseportale locken mit besonderen Schnäppchen. Was allerdings unerwähnt bleibt: Solche Angebote lassen sich meist nicht stornieren oder umbuchen. Wenn Sie die Reise verlegen müssen, weil ein wichtiger beruflicher Termin in die Quere gekommen ist oder ein Familienmitglied zur großen Geburtstagsfeier einlädt, übernimmt keine Reiserücktrittsversicherung die Kosten. Diese greift nur, wenn die Reise aus Krankheitsgründen storniert werden muss. Während des Buchungsverlaufs auf dem Reiseportal findet sich meist kein Hinweis auf die Umbuchungs- und Stornierungsbedingungen. Allerdings müssen diese in den *AGB*, den *allgemeinen Geschäftsbedingungen*, aufgeführt werden. Wenn es sich um ein seriöses Reiseportal handelt, finden Sie auf der Webseite einen entsprechenden Link zu den **AGB** (❶ auf Seite 232). Häufig wird dieser am unteren Seitenrand aufgeführt.

Reiseveranstalter und Reisevermittler gibt es mittlerweile wie Sand am Meer. Doch nicht jeder dieser Anbieter ist wirklich seriös. Einen ersten Hinweis, ob es sich womöglich um ein schwarzes Schaf handelt, bietet das **Impressum** ❷, das Sie meist ebenfalls über einen entsprechenden Link am unteren Seitenrand erreichen. Dem Impressum sollten Sie alle wichtigen Daten wie Firmenname, Anschrift, Telefon- und Faxnummer sowie E-Mail-Adresse entnehmen können. Ist stattdessen nur ein Postfach aufgeführt, und das womöglich mit einer ausländischen Adresse, ist Vorsicht geboten. Bei solch einem Veranstalter sollten Sie Ihre Reise besser nicht buchen!

Kapitel 7: Reisen und Ausflüge planen und buchen

▲ Links zu wichtigen Informationen wie AGB und Impressum finden Sie meist am Seitenende.

Ein eindeutiges Indiz für einen vertrauenswürdigen Reiseveranstalter stellt ein Gütesiegel dar. Finden Sie auf der Website also ein Siegel, wie etwa TÜV SÜD s@fer-shopping, Trusted Shops oder auch Euro-Label, können Sie Ihre Reise dort guten Gewissens buchen. Nur sicherheitsgeprüfte Unternehmen erhalten dieses Siegel (siehe auch den Abschnitt »Allgemeine Tipps für sicheres Einkaufen« ab Seite 155).

> **Wer ist im Fall der Fälle haftbar?**
>
> Achten Sie bei der Reisebuchung darauf, wer Ihr eigentlicher Vertragspartner ist. Buchen Sie beispielsweise bei einem Reiseportal lediglich einen Flug, haftet die Fluggesellschaft für Schäden. Bei Pauschalreisen – also Flug, Transfer und Unterkunft aus einer Hand – ist dagegen der Reiseveranstalter Ihr Vertragspartner. Wenn Sie während der Reise nicht zufrieden sind und Beschwerde einreichen möchten, muss dies übrigens innerhalb von vier Wochen nach Ende der Reise geschehen. Nach Ablauf dieses Zeitraums haben Sie keinen Anspruch mehr auf Schadensersatz. Viele Tipps und Tricks sowie Informationen rund um Ihre Rechte vor, während und nach der Reise erhalten Sie auf der Website des Verbands Internet Reisevertrieb e. V., kurz VIR genannt (*www.v-i-r.de*).

Wenn Sie alle Angebote miteinander verglichen und sich für einen Anbieter entschieden haben, kann es an die Reisebuchung gehen. Füllen Sie alle erforderlichen Felder sorgfältig und korrekt aus. Dies gilt vor allem für die Angabe Ihrer Kreditkartendaten, aber auch für Daten anderer Zahlungsvarianten. Wenn Ihnen hier ein Tippfehler unterläuft, kann es passieren, dass Ihre Kreditkarte nicht belastet wird. Achten Sie auch darauf, dass Ihr Kreditkartenlimit für die Reisebuchung ausreicht. In beiden Fällen ist Ihre Reise sonst nicht bezahlt. Für die Bezahlung steht Ihnen aber meist nur ein enger Zeitrahmen zur Verfügung. Im schlimmsten Fall können Sie die Reise nicht mehr zu den günstigen Konditionen buchen, sondern müssen beim zweiten Versuch tiefer in die Tasche greifen.

Alle vertraulichen Daten wie Personenangaben oder Bankdaten sollten selbstverständlich nur über eine sichere, verschlüsselte Verbindung übertragen werden. Eine solche Verbindung erkennen Sie beispielsweise an dem vorangestellten *https* in der Adresszeile des Browsers. Achten Sie außerdem auf die Datenschutzbedingungen des Reiseveranstalters. Keine der vertraulichen Daten gehört in die Hände Dritter.

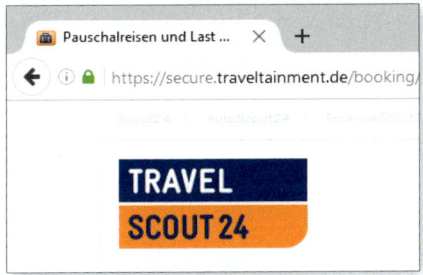

◁ *Die sichere Datenübertragung erkennen Sie an dem vorangestellten »https«.*

Wenn Sie alle für die Buchung wichtigen Daten angegeben haben, prüfen Sie Ihre Eingaben nochmals genau. Wichtig ist hier auch die korrekte Schreibweise Ihrer E-Mail-Adresse, denn wenn sich z. B. die Flugdaten ändern, verschickt der Reiseanbieter den entsprechenden Hinweis per E-Mail. Mein Tipp: Drucken Sie sich alle relevanten Webseiten aus. Somit haben Sie Ihre Buchungsdaten schwarz auf weiß.

Der Abschluss der Buchung ist übrigens nicht gleichbedeutend mit dem Vertragsabschluss. Dieser kommt erst dann zustande, wenn der Reiseveranstalter Ihnen die Flüge, Hotelreservierungen und andere Zusatzleistungen schriftlich bestätigt. Dies kann entweder per Brief oder per E-Mail geschehen, je nachdem, welche Vereinbarung Sie getroffen haben. Wenn Sie sich für E-Mail entschieden haben, sollten Sie vor Antritt der Reise regelmäßig in Ihr E-Mail-Postfach schauen. Vergessen Sie dabei nicht, einen Blick in den Ordner **Junk-E-Mail** zu werfen (siehe auch die Abschnitte »E-Mails lesen und verwalten« ab Seite 130 und »Die Alternative: E-Mails schreiben und empfangen mit Thunderbird« auf Seite 139).

Kapitel 7: Reisen und Ausflüge planen und buchen

alltours	www.alltours.de	opodo	www.opodo.com
DERTOUR	www.dertour.de	Thomas Cook	www.thomascook.com
ebookers.de	www.ebookers.de	Travel24	www.travel24.com
Expedia.de	www.expedia.de	TRAVEL OVERLAND	www.travel-overland.de
FTI	www.fti.de	TRAVEL SCOUT 24	www.travelscout24.de
JAHN REISEN	www.jahnreisen.de	tropo	www.tropo.de
lastminute.de	www.lastminute.de	TUI	www.tui.com
MEIER'S WELTREISEN	www.meiers-weltreisen.de	weg.de	www.weg.de
NECKERMANN	www.neckermann-reisen.de		

∧ *Einige bekannte Reiseveranstalter im Überblick*

Tipps rund um das Urlaubs- oder Ausflugsziel

Der Urlaub ist gebucht, nun kann die detaillierte Reiseplanung beginnen. Noch bevor Sie sich Gedanken über mögliche Ausflugsziele (siehe ab Seite 236) oder das Wetter vor Ort (siehe den Abschnitt »Wettermeldungen im Internet« ab Seite 239) machen, sollten Sie Ihre Reisedokumente prüfen. Für manch ein Reiseland ist es nämlich erforderlich, dass der Reisepass bis zu sechs Monate nach der Ausreise gültig ist. Wenn Ihre Rückreise aus dem Land also etwa für Dezember 2016 geplant ist, darf der Pass nicht vor Juni

Tipps rund um das Urlaubs- oder Ausflugsziel

2017 ablaufen. Prüfen Sie außerdem, ob für die Einreise in Ihr Urlaubsland ein Visum erforderlich ist, denn auch dieses muss rechtzeitig beantragt werden. Wertvolle Informationen rund um die Einreisebestimmungen bietet die Website des Auswärtigen Amts, die Sie über die Internetadresse »www.auswaertiges-amt.de« erreichen. Wenn Sie sich über Ihr Urlaubsland informieren möchten, gehen Sie folgendermaßen vor:

1. Klicken Sie auf der Startseite des Auswärtigen Amts zunächst auf das Menü **Reise & Sicherheit** ❶.

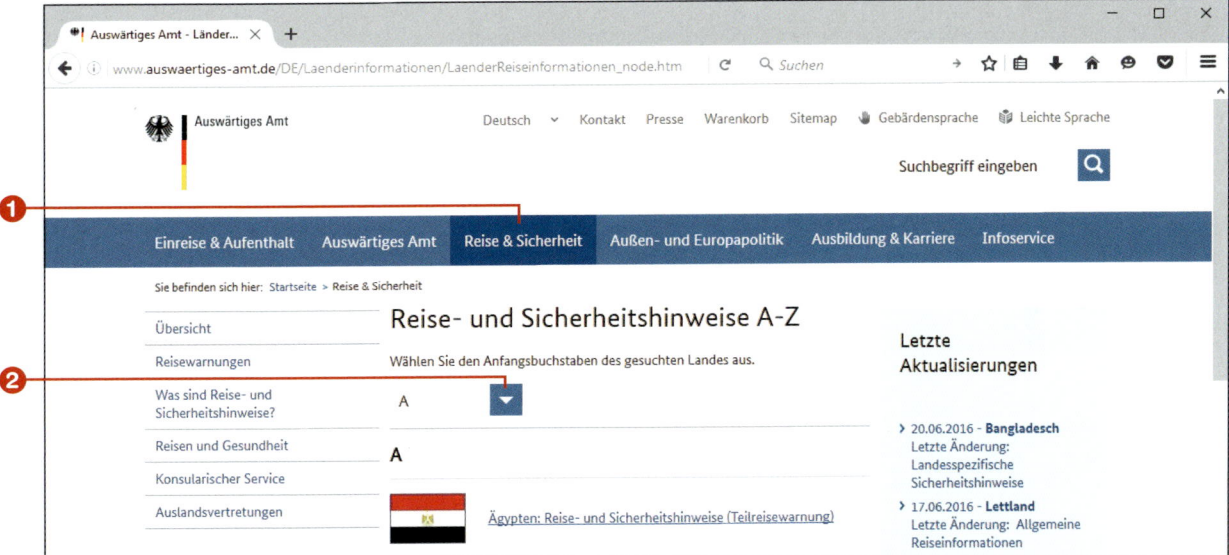

2. Klicken Sie auf den Pfeil rechts vom Buchstaben **A** ❷, und wählen Sie in der aufklappenden Liste den Buchstaben aus, mit dem Ihr Reiseziel beginnt. Blättern Sie nun auf der Seite nach unten, und wählen Sie per Mausklick das gewünschte Land aus.

3. Auf der nächsten Webseite erfahren Sie nun alles Wichtige rund um Ihr Urlaubsland. Besteht bei Ihrem Reiseziel ein Sicherheitsrisiko, etwa wegen Terroranschlägen oder Naturkatastrophen wie z. B. Erdbeben, weist Sie das Auswärtige Amt unter **Sicherheitswarnungen** darauf hin.

4. Wenn für die Einreise in das Land ein Visum erforderlich ist, finden Sie unter **Einreisebestimmungen für deutsche Staatsangehörige** ❸ die Adresse, unter der Sie das Visum beantragen können.

Kapitel 7: Reisen und Ausflüge planen und buchen

5. Unter der Überschrift **Medizinische Hinweise** ❹ lesen Sie, welche Impfungen für Ihr Reiseland vorgeschrieben oder empfohlen sind.

➕ Was gehört in die Reiseapotheke?

Zur Urlaubsvorbereitung gehört auch die sorgfältige Zusammenstellung einer Reiseapotheke. Auch hierfür stellt das Auswärtige Amt wertvolle Informationen bereit. Klicken Sie nacheinander auf das Menü **Reise & Sicherheit**, dann **Reisen und Gesundheit** und **Reisemedizinische Vorsorge**. Sie erhalten nun Tipps, wie Sie sich vor Durchfallerkrankungen schützen können, wie sich Reisethrombosen oder auch Jetlag vermeiden lassen und was in die Reiseapotheke gehört. Alle Informationen werden jeweils in einem PDF-Dokument angeboten, das Sie per Klick auf den entsprechenden Link öffnen. Informationen zum Umgang mit PDF-Dokumenten erhalten Sie im Abschnitt »Dateien aus dem Internet herunterladen« ab Seite 73. Wie Sie Medikamente über das Internet kaufen können, lesen Sie im Abschnitt »Online-Apotheken nutzen« ab Seite 251.

Wenn die wichtigen Fragen bezüglich Einreisebestimmungen und Gesundheitsvorsorge geklärt sind, kann der schöne Teil der Urlaubsplanung beginnen. Was z. B. sollten Sie vor Ort unbedingt besichtigen? Außergewöhnliche Tipps finden Sie u. a. auf der Website des bekannten Reisemagazins *Merian*, das Sie über die Internetadresse »www.merian.de« erreichen. Klicken Sie auf der Startseite auf **Reiseziele**, wählen Sie den Kontinent und dann das Land aus. Wer möchte, grenzt die Suche nun noch auf eine Stadt ein.

Tipps rund um das Urlaubs- oder Ausflugsziel

◀ *Bei Merian finden Sie auch Ausflugstipps rund um den eigenen Wohnort.*

Bei Merian finden Sie übrigens nicht nur interessante Artikel über ferne Urlaubsziele. Auch über Deutschland und seine Nachbarländer gibt es viele spannende Beiträge. Stöbern Sie einmal in den Artikeln. Wer weiß, vielleicht ergibt sich hierdurch eine schöne Idee für den nächsten Wochenendausflug. Neben dem Reisemagazin Merian sollten Sie auch *Marco Polo* (www.marcopolo.de), *Geo* (www.geo.de) oder auch *WikiTravel* (www.wikitravel.org/de) einen Besuch abstatten. Auch die klassische Suche über eine Suchmaschine wie Google führt natürlich zu interessanten Informationen rund um das Reiseziel.

Planen Sie eine Städtereise oder möchten Sie mehr über die eigene Stadt erfahren, empfehle ich Ihnen die Internetseite *Der Reiseführer* (www.derreisefuehrer.com). Wenn Sie den Namen der gesuchten Stadt eingegeben haben, erhalten Sie Tipps für Ausflüge, Restaurants, Veranstaltungen und mehr. Wer sich lange Wartezeiten vor Museen oder anderen Sehenswürdigkeiten ersparen möchte, kann hier sogar bereits seine Eintrittskarte kaufen.

1. Nachdem Sie in der Adresszeile Ihres Browsers die Internetseite »www.derreisefuehrer.com« aufgerufen haben, klicken Sie auf der Startseite auf **Touren, Tagesausflüge & Aktivitäten** ❶.

Kapitel 7: Reisen und Ausflüge planen und buchen

2. Wählen Sie links im Bereich **Unternehmungen suchen** ❷ jeweils nach einem Klick auf den Pfeil das **Land**, den **Ort** und den **Zeitraum** aus. Klicken Sie dann auf **Los** ❸.

3. Sie erhalten nun eine Liste aller Aktivitäten, die im angegebenen Zeitraum stattfinden. Wie gut eine Veranstaltung bei anderen Teilnehmern ankam, gibt die Anzahl der vergebenen Sterne preis ❹. Um mehr Details etwa zu einem Ausflug zu erhalten, klicken Sie auf den Titel ❺ oder auch das Bild ❻ der Veranstaltung.

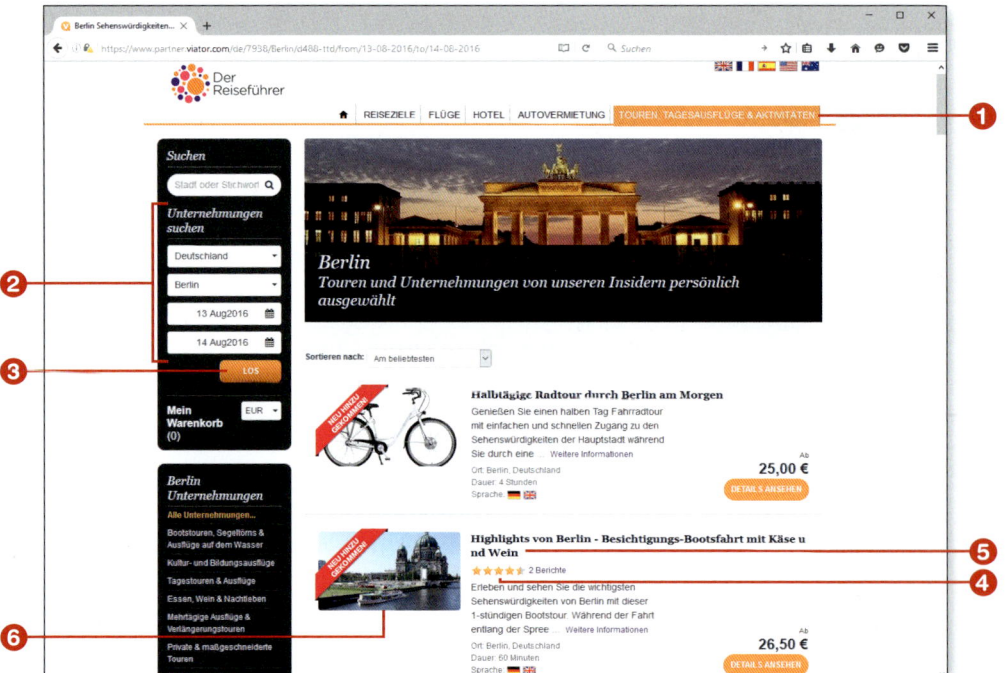

4. Wenn Sie für eine Veranstaltung die Eintrittskarten vorab kaufen möchten, geben Sie in der rechten Spalte der Detailseite einer Veranstaltung das gewünschte Datum sowie die Anzahl der Teilnehmer ein und klicken dann auf **Warenkorb**.

Die weiteren Schritte variieren, je nachdem, welche Aktivität Sie ausgewählt haben, und können hier daher nicht im Detail aufgeführt werden. Folgen Sie den weiteren Anweisungen, indem Sie die gewünschte Veranstaltung in den Warenkorb legen, zur Kasse gehen und dann die entsprechenden Angaben zu den Reisenden und mehr machen. Die Bezahlung erfolgt per Kreditkarte; die Übertragung der Daten findet über eine sichere Verbindung statt, erkennbar am vorangestellten *https* in der Adresszeile des Browsers. Wenn Sie den Buchungsauftrag erfolgreich beendet haben, erhalten Sie einen Gutschein für die Veranstaltung, den Sie ausdrucken.

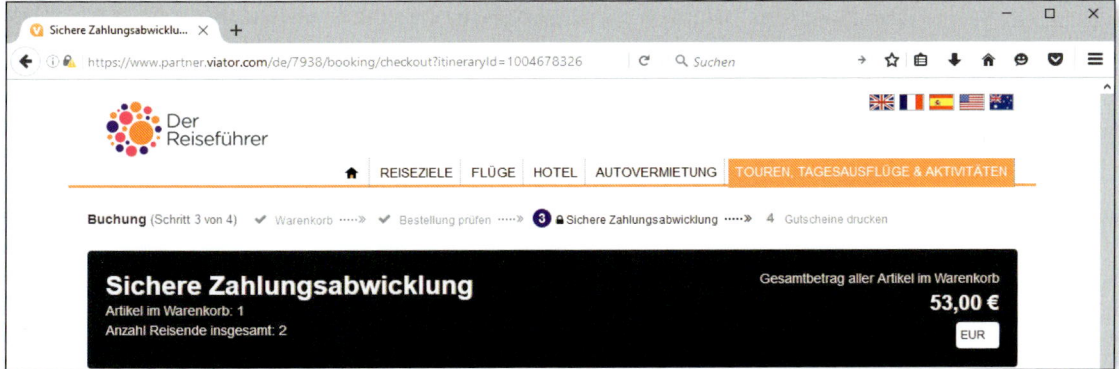

▲ *Auch hier erkennen Sie die sichere Datenübertragung wieder am vorangestellten »https«.*

Im nächsten Abschnitt zeige ich Ihnen, wie Sie sich im Internet über das Wetter am Tag des Ausflugs informieren können.

Wettermeldungen im Internet

Ob Urlaub oder nur ein Wochenendausflug: Spielt das Wetter nicht mit, macht keines von beidem Spaß. Wenn Sie herausfinden möchten, ob Sie die Badehose oder doch lieber einen dicken Pulli einpacken sollten, empfehle ich Ihnen, einen Blick auf einen der zahlreichen Wetterdienste im Internet zu werfen. Eines der größten Portale ist dabei *Wetter.com* (www.wetter.com), das zur ProSiebenSat.1 Networld gehört. An seinem Beispiel zeige ich Ihnen, wie Sie sich über das Urlaubswetter in fernen Gefilden ebenso informieren können wie über das Grillwetter vor Ort.

1. Rufen Sie hierzu zunächst die Internetadresse »www.wetter.com« auf.

Etwas weiter unten auf der Startseite des Wetterdienstes sehen Sie eine Wetterkarte Deutschlands mit einer kurzen Vorschau auf die Wetterprognose des Tages.

2. Wenn Sie detaillierte Informationen zu einem bestimmten Ort erhalten möchten, klicken Sie zu Beginn der Seite in das Suchfeld ❶ und geben den Ortsnamen oder die Postleitzahl ein. Bereits während der Eingabe klappt eine Liste mit Ortvorschlägen auf, in der Sie den gesuchten Ort per Mausklick markieren.

Die Suche ist nicht auf Deutschland beschränkt, Sie können also auch den Ortsnamen Ihres Reiseziels eingeben.

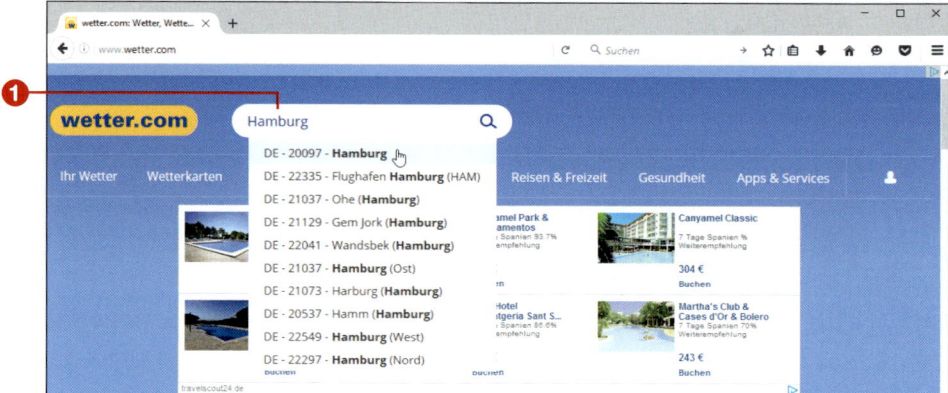

> Bereits während der Ortseingabe erhalten Sie Vorschläge von Wetter.com.

3. Wenn Sie den Ort ausgewählt haben, wird eine neue Webseite mit dem aktuellen Wetterstand geladen. Über die Links **Heute**, **Morgen**, **3 Tage**, **Wochenende**, **7 Tage**, **16 Tage** sowie **Rückblick** ❷ können Sie einen Blick in die Wetterzukunft oder auch -vergangenheit werfen. Sobald Sie die gewünschte Auswahl getroffen haben, etwa **3 Tage**, wird die Webseite aktualisiert. Blättern Sie auf der Seite nach unten, finden Sie die Wetterprognosen für die nächsten Tage.

Für diejenigen, die unter Wetterfühligkeit leiden oder auch von Heuschnupfen geplagt sind, bietet der Bereich **Gesundheit** viele interessante Informationen. Bewegen Sie den Mauszeiger auf das gleichnamige Menüelement am oberen Seitenrand, klappt ein Untermenü auf. Per Mausklick wählen Sie das gewünschte Thema aus, wie z. B. **Biowetter**. Blättern Sie auf der folgenden Webseite etwas nach unten, und klicken Sie auf den kleinen Pfeil rechts vom Feld **Region auswählen** ❸. Es klappt eine Liste auf, in der Sie mithilfe der kleinen Bildlaufleiste nach unten blättern. Markieren Sie die gewünschte Region. Entsprechend bestimmen Sie im Feld **Zeitraum auswählen** ❹ den Tag. Sobald Sie die entspre-

Wettermeldungen im Internet

chende Auswahl getroffen haben, wird der gewünschte Medizinwetterbericht angezeigt. Nach einem Klick auf die Pfeile ❺ in der rechten Spalte erhalten Sie detaillierte Informationen zu einem Bereich.

◁ Über die Links gelangen Sie zu den verschiedenen Wetterprognosen.

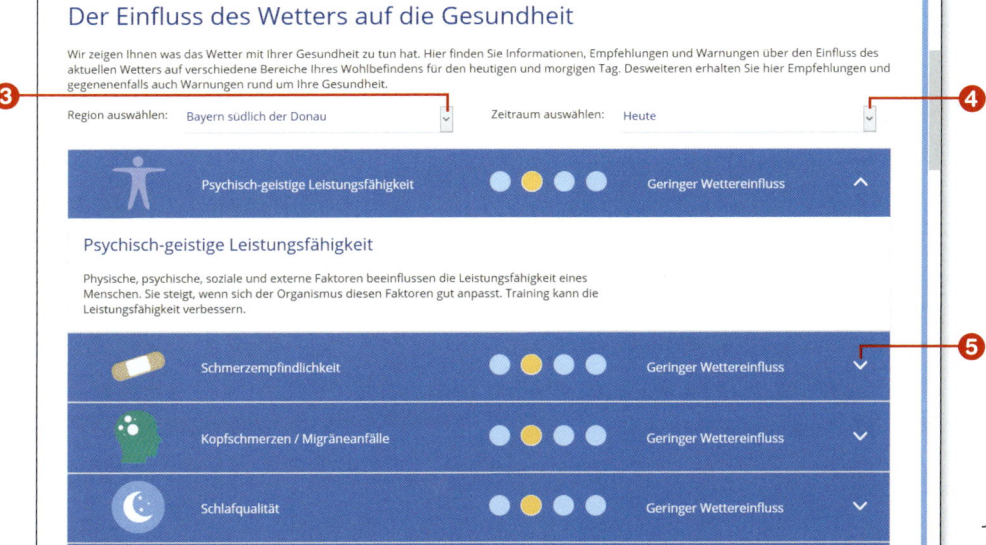

◁ Wetter.com bietet auch für Wetterfühlige interessante Informationen.

Wetter.com bietet viele interessante Themen, die sich hier leider nicht alle vorstellen lassen. Vom **Wintersportwetter**, das Sie über das Menü **Reisen & Freizeit** (❻ auf Seite 242) erreichen, bis hin zu **Warnungen** vor außergewöhnlichem Wetter (zu finden im Menü **Ihr Wetter** ❼) ist alles dabei.

> *Über das Menü erreichen Sie viele weitere interessante Informationen.*

Welche fürchterlichen Schäden Unwetter anrichten können, zeigen nicht zuletzt die Flutkatastrophen, die jedes Jahr zunehmen. Der Deutsche Wetterdienst, kurz DWD, bietet einen sehr guten Warnservice an, den ich Ihnen besonders ans Herz legen möchte.

1. Die Webseite des Dienstes rufen Sie über die entsprechende Internetadresse »www.dwd.de« auf.

2. Auf der Startseite finden Sie oben rechts die **Amtlichen Warnungen**, die zunächst eine Übersicht über ganz Deutschland zeigen. Klicken Sie auf **Mehr Informationen** ❶, wird die Deutschlandkarte vergrößert angezeigt.

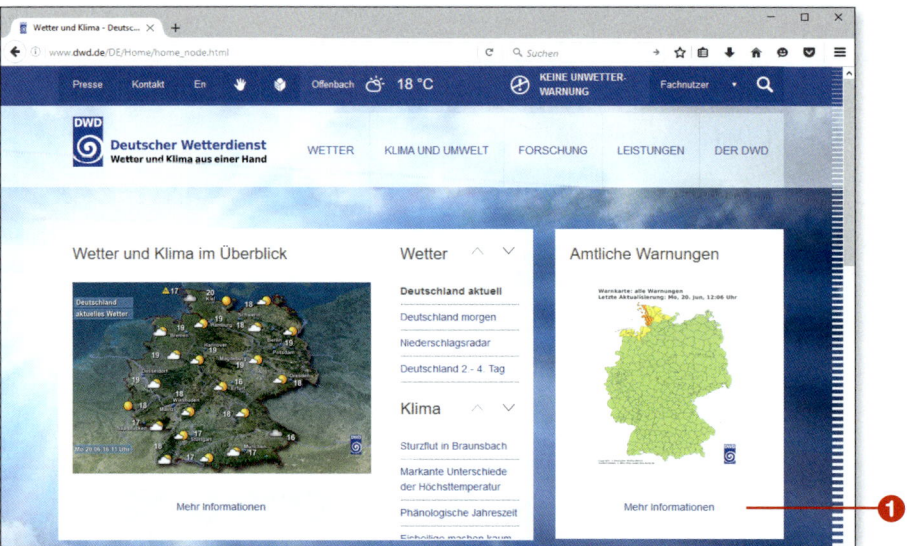

3. Ebenfalls per Mausklick können Sie nun ein Bundesland auswählen. Liegt keinerlei Unwetterwarnung für eine bestimmte Region vor, ist der Landkreis grün gefärbt. Alle anderen Farben – von Gelb bis Tiefrot – warnen vor leichtem bis heftigem Unwetter. Wie bei Google Maps (siehe den Abschnitt »Bilder, Adressen, Routenplaner und mehr – Googles spezielle Suchdienste« ab Seite 99) können Sie den Kartenausschnitt über das Plus- und Minussymbol vergrößern bzw. verkleinern. Mit gedrückter linker Maustaste lässt sich der Ausschnitt auch verschieben.

4. Wenn Sie auf einen Landkreis klicken, erhalten Sie unterhalb der Deutschlandkarte weitere Informationen inklusive detaillierter zeitlicher Angaben über den Verlauf des Unwetters.

Wenn Sie in einer Region leben, die häufiger von Unwettern betroffen ist, empfehle ich Ihnen, den *Newsletter* des DWD zu abonnieren. Sobald sich ein Unwetter in Form eines Gewitters, heftiger Regen- oder Schneefälle, von Eisglätte, Stürmen oder auch extremer Hitze ankündigt, erhalten Sie vom DWD eine entsprechende Warnung per E-Mail zugeschickt. Dies gilt auch, wenn die Warnung wieder aufgehoben wird. Um den Newsletter zu abonnieren, blättern Sie nach Schritt 2 auf der Webseite so weit nach unten, bis in der linken Spalte der Bereich **Weitere Services** erscheint. Klicken Sie hier auf **Newsletter** ❷.

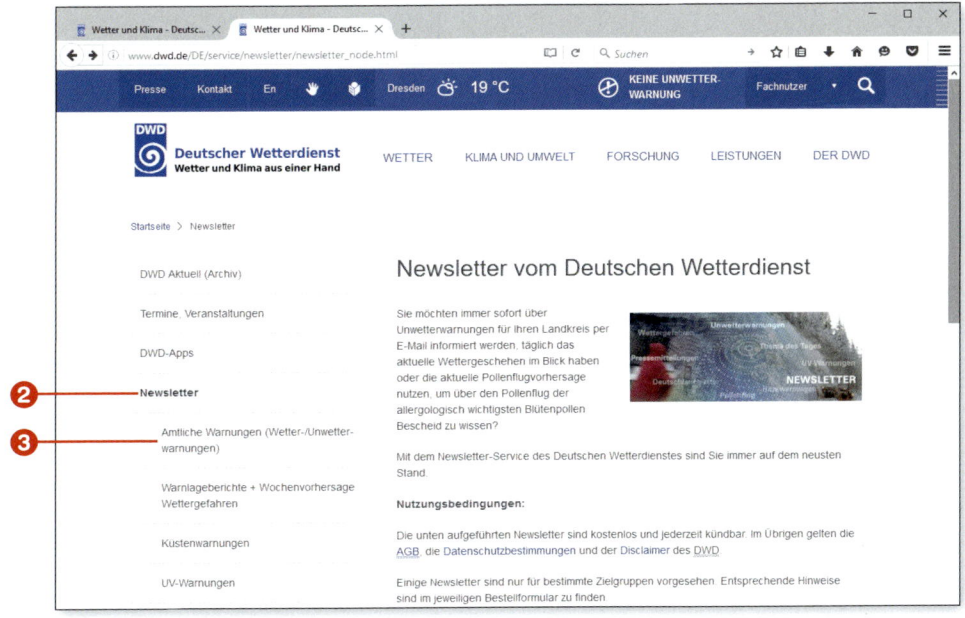

◀ *Der Deutsche Wetterdienst bietet Newsletter zu unterschiedlichen Themen an.*

Wählen Sie im aufklappenden Untermenü nun per Mausklick aus, worüber Sie informiert werden möchten, etwa **Amtliche Warnungen (Wet-**

ter-/Unwetterwarnungen) (❸ auf Seite 243). Auf der folgenden Seite erhalten Sie ausführliche Informationen, wie Sie die Felder links ausfüllen sollten, um die gewünschten Informationen zu erhalten. Die Kästchen lassen sich per Mausklick aktivieren. Mithilfe der Bildlaufleiste am rechten Rand der Seite blättern Sie. Geben Sie abschließend Ihre **E-Mail-Adresse** ❹ ein, und klicken Sie auf **Absenden**. Sobald sich ein Unwetter ankündigt, erhalten Sie nun vom DWD eine entsprechende Warnung per E-Mail.

▲ *Sie bestimmen selbst, welche Warnungen Sie erhalten möchten.*

Kapitel 8
Gesundheit im Internet

Sind Sie auf der Suche nach einem alten Hausrezept gegen die hartnäckige Erkältung? Oder möchten Sie sich über die Behandlungsmöglichkeiten einer bestimmten Krankheit informieren? Im Internet finden sich zahlreiche Tipps rund um das Thema Gesundheit. Sogar bei der Suche nach einem Facharzt in Ihrer Nähe hilft das Internet weiter. Müssen Sie regelmäßig Medikamente einnehmen, sollten Sie prüfen, ob Sie diese nicht günstiger und bequemer über sogenannte *Online-Apotheken* beziehen können. In diesem Kapitel erfahren Sie, welche Unterstützung das Internet Ihnen bei Fragen zu Ihrer Gesundheit bietet und was Sie dabei beachten sollten.

Medizinische Beratung im Internet

Die letzte Blutuntersuchung beim Arzt hat ergeben, dass die Cholesterinwerte viel zu hoch sind? Was bedeutet dies aber genau, und wie können Sie – abgesehen von den eventuell verschriebenen Medikamenten – selbst dazu beitragen, dass sich die Werte wieder bessern?

Eine sehr gute Anlaufstelle für derartige Fragen bieten sogenannte *Gesundheitsportale* im Internet. Eines der bekanntesten und renommiertesten Portale ist der *NetDoktor*. Hier berichten Ärzte, Medizin-Journalisten und Biologen täglich über neue Behandlungsmethoden der verschiedensten Krankheiten und geben Tipps, wie Sie sich gesund

▲ *In Gesundheitsportalen finden Sie u. a. Antworten auf Fragen rund um die Gesundheit.*

Kapitel 8: Gesundheit im Internet

erhalten können. Eine große Datenbank hält zahlreiche Informationen zu Krankheitssymptomen, Diagnosen sowie Medikamenten bereit. In einer kleinen Tour durch das Portal stelle ich Ihnen kurz die Möglichkeiten des Portals NetDoktor vor.

1. Über die Internetadresse »www.netdoktor.de« ❶ gelangen Sie zur Startseite des Gesundheitsportals.

2. Unterhalb des NetDoktor-Logos ❷ befindet sich die Menüleiste ❸. Wie die meisten Portale finanziert sich auch dieses Gesundheitsportal durch Werbung. Eine wird meist direkt oberhalb des Logos eingeblendet. Alle Werbungen sind mit dem Schriftzug **Anzeige** ❹ gekennzeichnet.

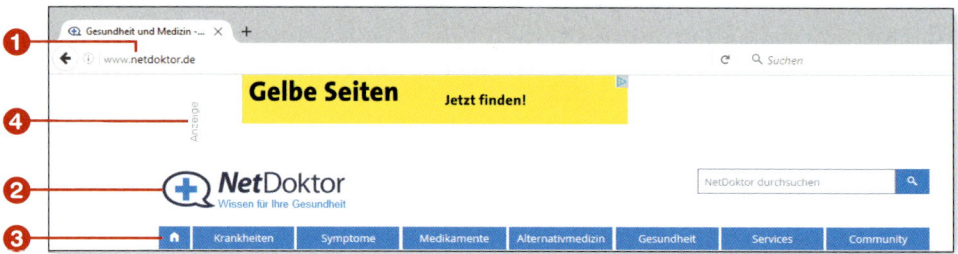

3. Wenn Sie auf der Startseite etwas nach unten blättern, finden Sie bereits einige Verweise auf Artikel. Interessiert Sie ein Thema besonders, gelangen Sie mit einem Klick entweder auf das dazugehörige Bild oder auch auf den Link **mehr** ❺ bzw. **Bilder zeigen** ❻ zum dazugehörigen ausführlichen Bericht.

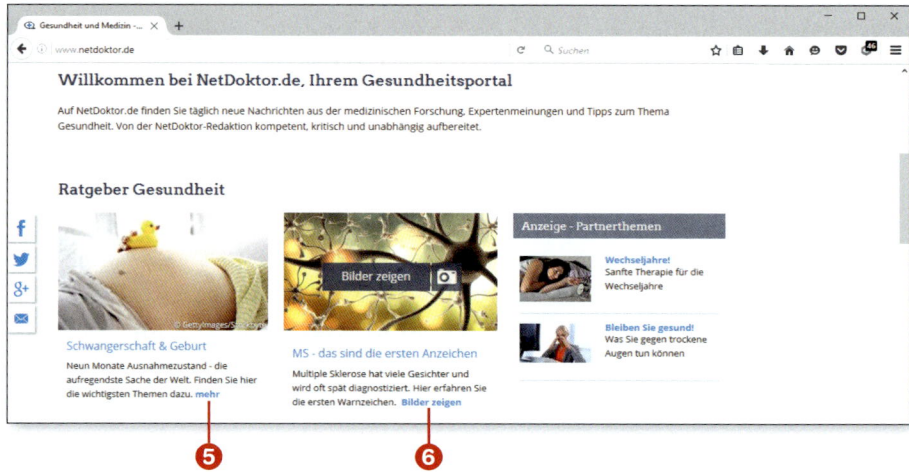

Medizinische Beratung im Internet

4. Haben Sie eine Bildergalerie ausgewählt, finden Sie innerhalb des Bildes rechts ❼ und links ❽ jeweils einen kleinen Pfeil. Wenn Sie hierauf klicken, werden das nächste bzw. vorherige Bild sowie rechts davon der dazugehörige Beschreibungstext ❾ eingeblendet.

5. Wenn Sie wieder zur Startseite des Portals zurückkehren möchten, klicken Sie in der linken oberen Seitenecke auf das Logo **NetDoktor** ❿.

6. Möchten Sie sich über eine bestimmte **Krankheit** informieren, klicken Sie in der Menüleiste auf das gleichnamige Menüelement ⓫ und dann auf **Krankheiten A-Z** ⓬.

7. Wählen Sie nun den Buchstaben ⓭ aus, mit dem der Name der gesuchten Krankheit beginnt, und klicken Sie anschließend auf den entsprechenden Eintrag ⓮.

247

Kapitel 8: Gesundheit im Internet

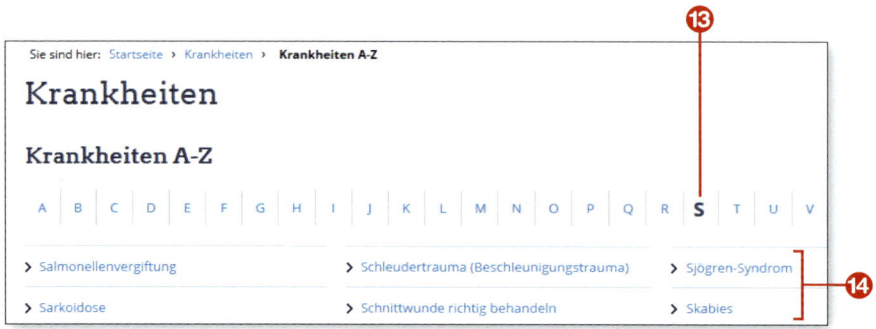

NetDoktor informiert Sie auch über **Laborwerte**, **Medizinische Eingriffe**, **Therapien** und mehr. Die entsprechenden Artikel erreichen Sie ebenfalls über das Menü **Krankheiten**. Mein Tipp: Stöbern Sie einfach mal in Ruhe im Gesundheitsportal. Probieren Sie auch die gezielte Suche nach einem bestimmten Thema aus. Hierfür steht Ihnen am oberen Seitenrand ein spezielles Suchfeld (⓯ auf Seite 247) zur Verfügung. Die Suchanfrage funktioniert genauso wie bei der Suchmaschine Google, die Sie in Kapitel 3, »Suchen und Finden mit Google«, bereits kennengelernt haben.

> **Weitere Gesundheitsportale im Internet**
>
> Ebenfalls empfehlenswerte Gesundheitsportale finden Sie unter den Internetadressen *www.apotheken-umschau.de* oder auch auf der Seite *www.vitanet.de*. Machen Sie sich selbst im Internet auf die Suche nach Gesundheitsinformationen, sollten Sie vor allem auf die Qualität der Inhalte achten. Bedenken Sie, dass nicht alle Beiträge von medizinisch geschulten Personen, sondern viele auch von Laien stammen und somit nicht immer korrekt sein müssen. Eine Hilfe bei der Beurteilung von Gesundheitsportalen bieten zwei besondere Zertifikate: *HONcode* sowie *afgis*. Um eines der beiden Gütesiegel zu erhalten, muss ein Portal bestimmte Richtlinien einhalten, wie etwa eine klare Trennung von Werbung und redaktionellen Beiträgen. Weitere Informationen zu den Zertifikaten finden Sie unter *www.hon.ch/HONcode/German* sowie unter *www.afgis.de*.

Die Informationsrecherche bei Gesundheitsfragen ist eine Sache. Manches Mal tut es einem aber auch einfach nur gut, sich mit anderen Leidtragenden auszutauschen. So manch einer hat bereits die gleichen Erfahrungen durchmachen müssen und kann gute Tipps geben. Einen Treffpunkt hierfür bietet die **Community** ❶ von NetDoktor, die Sie über

Medizinische Beratung im Internet

den gleichnamigen Menüpunkt erreichen. *Community* ist die englische Bezeichnung für Gemeinschaft.

Blättern Sie auf der folgenden Seite etwas nach unten, erfahren Sie, über welche Themen in der Community gesprochen wird. Mit einem Klick auf die jeweiligen Links gelangen Sie zu den entsprechenden Themenübersichten ❷ oder auch einzelnen Beiträgen ❸.

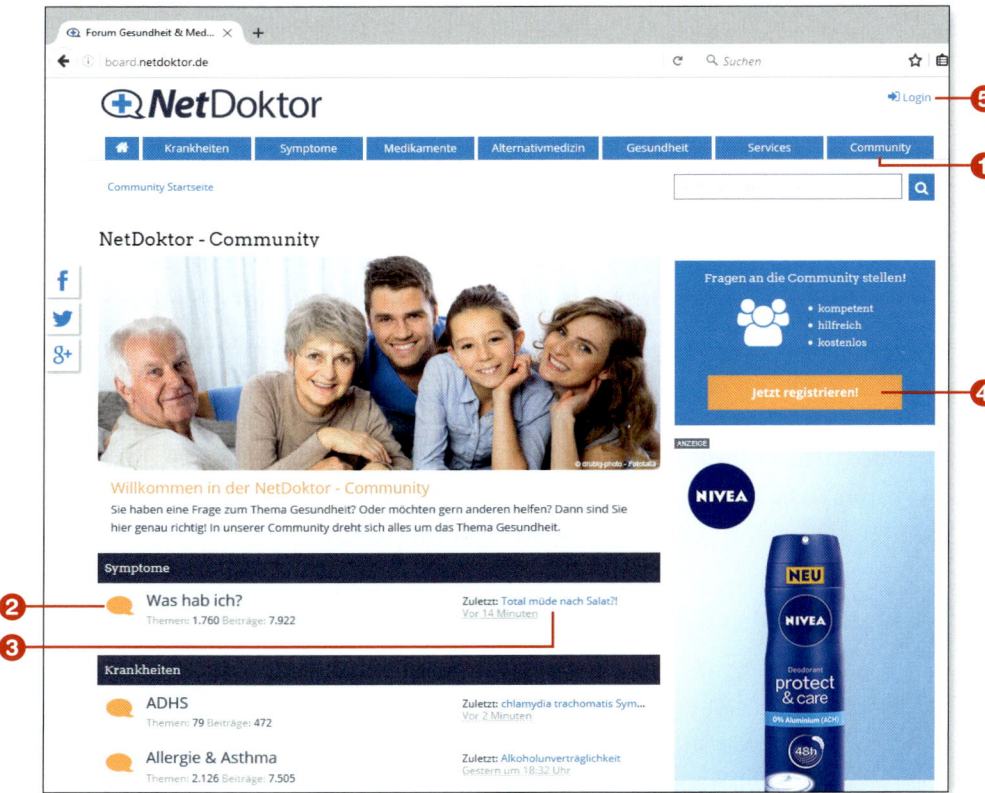

◂ *Die Community erlaubt den Austausch mit anderen Leidtragenden.*

Wer selbst eine Frage stellen oder eine bereits gestellte Frage beantworten möchte, muss sich zuvor **registrieren** ❹. Die Registrierung ist kostenlos, ebenso wie die Nutzung des Community-Bereichs. Sie benötigen hierfür nur eine E-Mail-Adresse. Diese wird in der Community nicht veröffentlicht. Lediglich Ihr selbst gewählter Benutzername wird später bei Ihren Beiträgen eingeblendet. Wenn Sie anonym bleiben möchten, sollten Sie als Benutzernamen nicht Ihren wahren Namen wählen, sondern einen Fantasienamen. Sobald Sie sich registriert haben, können Sie sich über **Login** ❺ bei NetDoktor anmelden.

Kapitel 8: Gesundheit im Internet

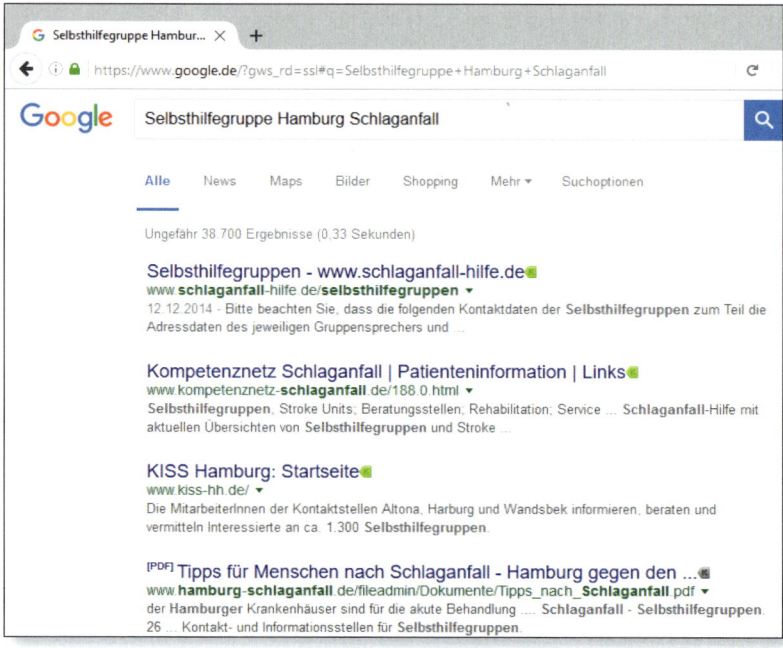

▲ Adressen von Selbsthilfegruppen in Ihrer Nähe finden Sie am besten mithilfe von Google.

Die Community bietet eine gute Möglichkeit zum ersten Erfahrungsaustausch. Sie ersetzt aber natürlich nicht das persönliche Gespräch, das bei vielen Krankheiten so wichtig ist. Wer an Suchtproblemen, Depressionen oder anderen schweren Krankheiten leidet oder Angehörige mit entsprechenden Problemen versorgen muss, findet in Selbsthilfegruppen Hilfe und Unterstützung. Wenn Sie auf der Suche nach einer passenden Selbsthilfegruppe in Ihrer Nähe sind, empfehle ich Ihnen eine entsprechende Suchanfrage über Google. Als Suchbegriffe sollten Sie neben »Selbsthilfegruppe« den gewünschten Ort, etwa »Hamburg«, sowie natürlich die Krankheitsbezeichnung, z. B. »Schlaganfall«, eingeben (siehe die Abbildung oben).

> **Arztsuche über das Internet**
>
> Gesundheitsportale sind eine wichtige Quelle, um sich selbst zu informieren, sie ersetzen aber selbstverständlich nicht den Besuch beim Arzt. Auch für die Suche nach einem Facharzt in Ihrer Nähe stehen mittlerweile zahlreiche Portale zur Verfügung. Empfehlenswerte Adressen sind *www.jameda.de*, *www.arzt-auskunft.de*, *www.topmedic.de*, *www.weisse-liste.de* oder *www.sanego.de*. Neben der Arztsuche ermöglichen die Portale häufig auch eine Suche nach Heilpraktikern, Therapeuten und Kliniken. Bewertungen zeigen, wie zufrieden Patienten mit den Spezialisten waren. Allerdings ist hier etwas Vorsicht geboten, denn diese Bewertungen werden von Laien abgegeben. Hinter einer schlechten Bewertung steckt eventuell nur der Unmut über lange Wartezeiten, eine positive Bewertung wiederum wurde womöglich von einem Freund des Arztes abgegeben.

Online-Apotheken nutzen

Bücher, Kleidung, Elektro- und Haushaltsartikel, ja selbst Lebensmittel: Es gibt fast nichts, was sich nicht in Online-Shops kaufen lässt, wie Sie an zahlreichen Beispielen in Kapitel 5, »Sicher einkaufen im Internet«, erfahren haben. Bei diesem riesigen Angebot an Artikeln wundert es nicht, dass auch Apotheken ihre Dienste im Web anbieten. Für diejenigen, die regelmäßig Medikamente einnehmen müssen, rentiert sich ein Blick in das Angebot der Online-Apotheken. Sie können sowohl verschreibungsfreie als auch rezeptpflichtige Arzneimittel über Versandapotheken bestellen. Mein Tipp: Vergleichen Sie unbedingt die Preise bei mehreren Online-Apotheken, denn hier lässt sich so mancher Euro sparen.

▲ *Ein Preisvergleich bei mehreren Versandapotheken lohnt sich immer.*

Am Beispiel der Apotheke *Mycare* werde ich Ihnen im Folgenden zeigen, wie das Bestellen von Medikamenten im Internet funktioniert. Mycare zählt zu den behördlich geprüften und im Versandhandelsregister erfassten Apotheken (siehe auch den Kasten »Sicherer Medikamenteneinkauf im Internet« auf Seite 252).

Kapitel 8: Gesundheit im Internet

> ➕ **Sicherer Medikamenteneinkauf im Internet**
>
> Online-Apotheken schießen wie Pilze aus dem Boden, doch nicht alle sind auch vertrauenswürdig. So manch ein schwarzes Schaf verkauft beispielsweise gefälschte Medikamente, die für den Konsumenten fatale gesundheitsschädliche Folgen mit sich bringen können. Das Versandapothekenregister, kurz VAR, des Deutschen Instituts für Medizinische Dokumentation und Information (DIMDI) gibt Auskunft darüber, welche Apotheken eine Zulassung zum Versandhandel erhalten haben. Achten Sie bei der Auswahl einer Online-Apotheke daher unbedingt darauf, ob diese über das nötige Sicherheitslogo verfügt. Weitere Informationen hierzu erhalten Sie auf der Internetseite *http://www.dimdi.de/static/de/index.html*.

1. Rufen Sie nach dem Start des Browsers in der Adresszeile die Internetadresse »www.mycare.de« auf.

Auf der Startseite von Mycare sehen Sie zunächst einige Kaufempfehlungen der Online-Apotheke. Hierbei handelt es sich entweder um Sparaktionen oder auch um von anderen Kunden häufig erworbene Artikel.

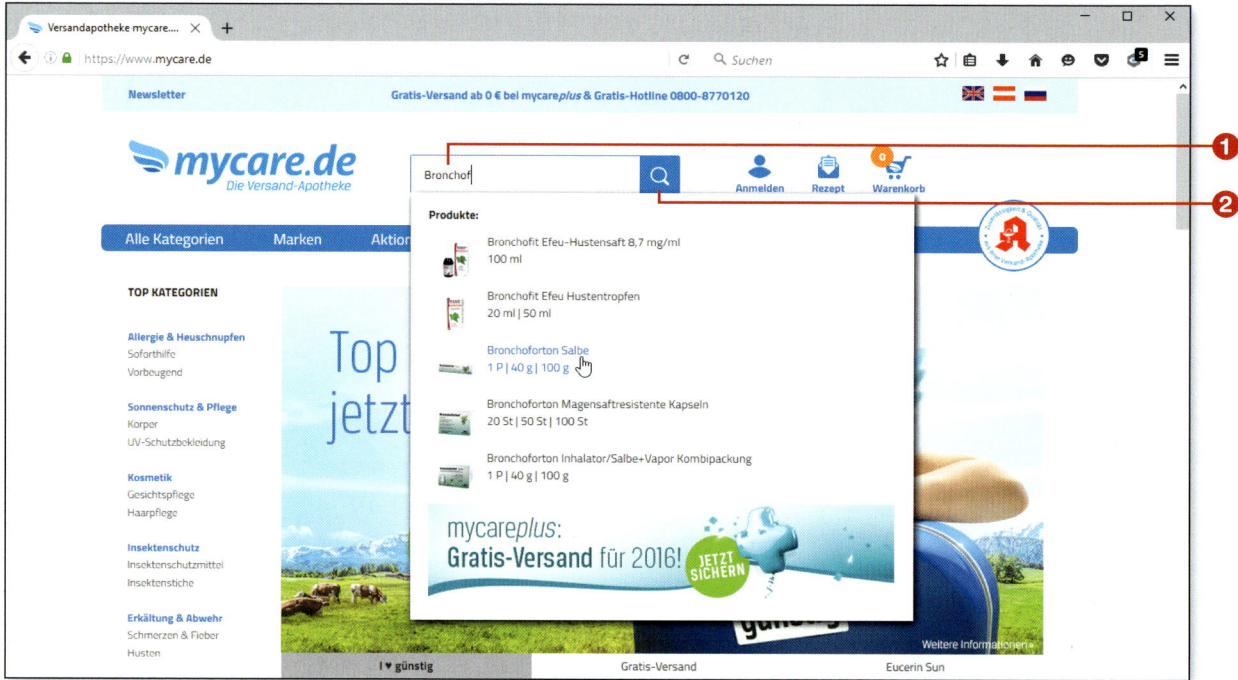

2. Um gezielt nach einem Medikament zu suchen, geben Sie in das Suchfeld am oberen Seitenrand ❶ den entsprechenden Namen ein. Ist Ihnen die sogenannte Pharmazentralnummer (kurz PZN) des Produkts bekannt, können Sie auch diese angeben. Bereits während der Eingabe erhalten Sie Vorschläge. Ist das gewünschte Medikament dabei, wählen Sie es per Mausklick aus. Andernfalls setzen Sie die Eingabe fort und starten die Suche per Klick auf das Lupensymbol ❷.

Es werden nun die Ergebnisse Ihrer Suchanfrage angezeigt. Neben dem gewünschten Medikament in unterschiedlichen Verpackungsgrößen werden dabei möglicherweise auch ähnliche Arzneimittelprodukte aufgeführt.

3. Wenn Sie ausführlichere Informationen zu einem Medikament erhalten möchten, klicken Sie in der Trefferliste auf den Medikamentennamen ❸ oder auch auf die Abbildung der Verpackung ❹.

4. Auf der folgenden Seite erfahren Sie neben der Verpackungsgröße ❺, ob das Medikament sofort lieferbar ❻ ist.

5. Nach einem Klick auf das Register **Weitere Informationen** ❼ können Sie sich über die Dosierung, Gegenanzeigen sowie Nebenwirkungen des Medikaments informieren.

6. Wenn Sie das Arzneimittel kaufen möchten, kehren Sie zum Register **Artikel** ❽ zurück. Klicken Sie dort auf **In den Warenkorb** ❾.

Kapitel 8: Gesundheit im Internet

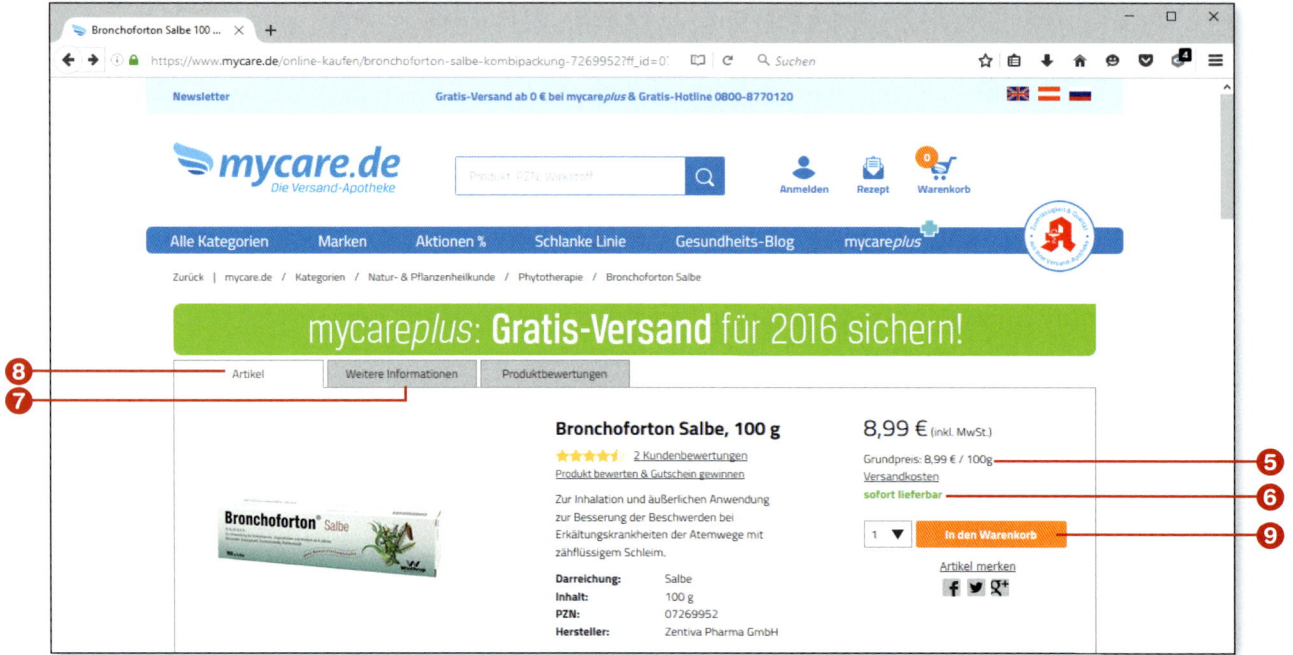

Es öffnet sich ein kleines Fenster (ein sogenanntes *Pop-up*), in dem die Anzahl der bereits im Warenkorb befindlichen Artikel sowie das zuletzt hinzugefügte Produkt angezeigt werden. Dieses Fenster wird nach wenigen Sekunden automatisch ausgeblendet.

7. Wenn Sie noch weitere Medikamente kaufen möchten, wiederholen Sie die Schritte 2 bis 6 für alle weiteren Arzneimittel. Bewegen Sie den Mauszeiger auf das Warenkorbsymbol ❿ am oberen Seitenrand, wird in einer *Quickinfo* der Inhalt des Warenkorbs aufgelistet. Sobald Sie den Mauszeiger vom Symbol entfernen, verschwindet das kleine Fenster wieder. Haben Sie alle gewünschten Artikel in den Warenkorb gelegt, klicken Sie auf das Symbol **Warenkorb**.

8. Sie erhalten als Nächstes eine Übersicht über den Inhalt des Warenkorbs. Wenn Sie von einem Medikament mehr als eine Packung benötigen, klicken Sie auf den nach unten weisenden Pfeil rechts von der Mengenangabe ⓫. In der aufklappenden Liste markieren Sie die gewünschte Anzahl. Über das Kreuzsymbol ⓬ lässt sich das Medikament auch ganz aus der Liste löschen.

Online-Apotheken nutzen

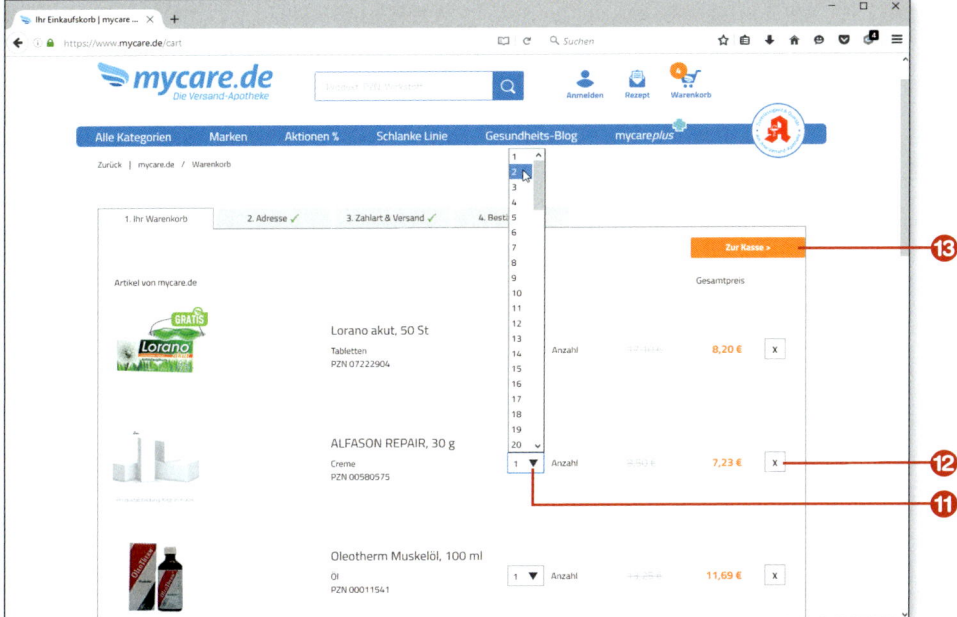

9. Wenn sich alle gewünschten Artikel im Warenkorb befinden, klicken Sie auf **Zur Kasse** ⓭. Diese Schaltfläche finden Sie sowohl oberhalb als auch unterhalb der Warenliste.

Die weiteren Schritte hängen davon ab, ob Sie bereits Kunde bei Mycare sind, zukünftig häufiger oder zunächst nur als Gast bei Mycare einkaufen möchten.

1. Sind Sie bereits Kunde bei der Online-Apotheke, können Sie sich direkt über Ihre **E-Mail-Adresse** ❶ sowie Ihr **Passwort** ❷ bei Mycare **anmelden** ❸. In diesem Fall geht es für Sie bei Schritt 1 ab Seite 256 weiter.

2. Wenn Sie noch nie zuvor bei Mycare einkauft haben, dies zukünftig aber häufig tun möchten, sollten Sie sich bei der Online-Apotheke registrieren. Als registrierter Kunde erhalten Sie z. B. auf jeden Einkauf Treuepunkte. Um die Registrierung vorzunehmen, klicken Sie auf **Ich bin Neukunde und möchte mich registrieren** ❹.

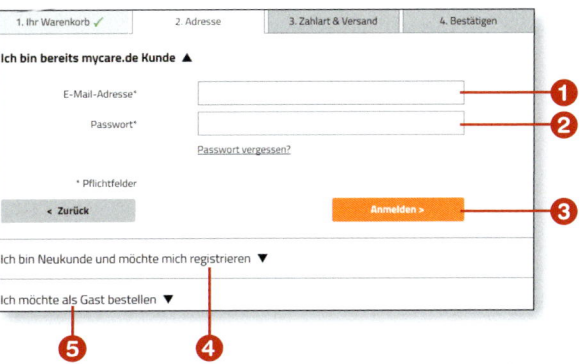

255

3. In dem nun aufklappenden Formular müssen Sie alle mit einem Sternchen gekennzeichneten Felder mit Ihren persönlichen Daten ausfüllen.

4. Vergessen Sie nicht, das Kontrollkästchen vor dem Hinweis zu den allgemeinen Geschäftsbedingungen (AGB) und Datenschutzbestimmungen am Ende des Formulars per Mausklick mit einem Häkchen zu versehen. Bestätigen Sie Ihre Angaben dann mit einem Klick auf **Registrieren**. Auch für Sie geht es nun bei Schritt 1 unten auf dieser Seite weiter.

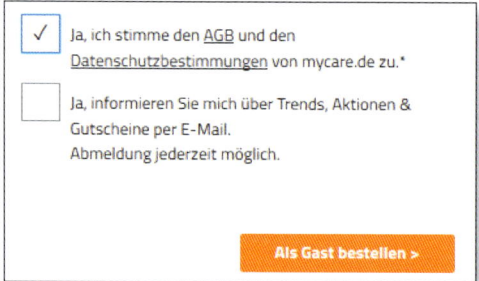

5. Wenn Sie sich nicht bei Mycare registrieren möchten, haben Sie die Möglichkeit, als Gast zu bestellen. Klicken Sie hierzu auf **Ich möchte als Gast bestellen** (❺ auf Seite 255). Ergänzen Sie in dem aufklappenden Formular alle mit einem Sternchen gekennzeichneten Felder mit Ihren Daten. Nachdem Sie das Kontrollkästchen vor dem Hinweis zu den AGB mit einem Häkchen versehen haben, klicken Sie auf **Als Gast bestellen**.

Unabhängig davon, ob Sie bereits registrierter Kunde, Neukunde oder Gast sind: Als Nächstes geht es an die Auswahl der Lieferart.

1. Lesen Sie sich in Ruhe die verschiedenen Möglichkeiten durch, und wählen Sie per Mausklick die gewünschte Option aus.

Online-Apotheken nutzen

2. Blättern Sie nun auf der Seite etwas nach unten und legen Sie die gewünschte Zahlungsart fest. Hier stehen Ihnen alle bereits im Abschnitt »Allgemeine Tipps für sicheres Einkaufen« ab Seite 155 vorgestellten Zahlungsarten zur Verfügung.

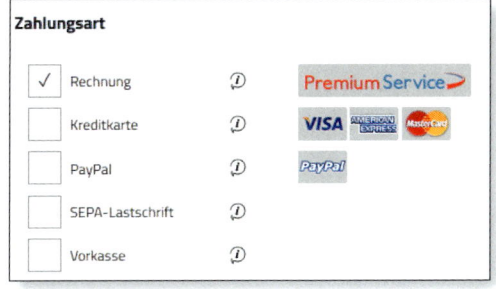

3. Mit einem Klick auf **weiter** am unteren Seitenrand setzen Sie den Bestellvorgang fort.

4. Auf der folgenden Webseite haben Sie die Möglichkeit, Ihre Bestellung erneut zu prüfen. Um Medikamente aus dem Warenkorb zu entfernen oder die Anzahl zu ändern, ist ein Wechsel in das Register **Ihr Warenkorb** ❶ nötig. Sobald Sie die gewünschten Korrekturen vorgenommen haben, müssen Sie nochmals die Angaben zur **Adresse** ❷ sowie zu **Zahlart & Versand** ❸ bestätigen.

5. Sind Sie wieder im Register **Bestätigen** ❹ angelangt, prüfen Sie in Ruhe alle Angaben, bevor Sie sich durch Setzen eines Häkchens ❺ mit den AGB, den Bestimmungen zu Ihrem Widerrufsrecht sowie den Datenschutzbestimmungen einverstanden erklären und den Einkauf mit einem Klick auf **Jetzt kaufen** ❻ abschließen.

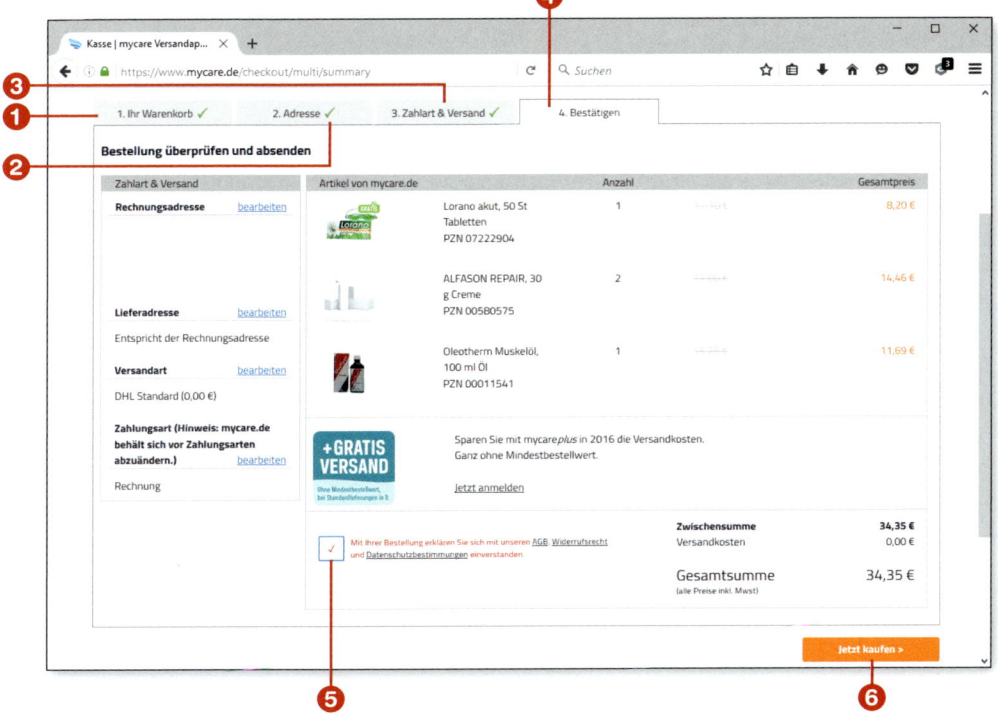

6. Wenn Sie als registrierter Kunde bei Mycare eingekauft haben, vergessen Sie bitte nicht, sich am Ende der Bestellung über die Schaltfläche **Abmelden** links des Warenkorbs bei der Online-Apotheke abzumelden. Bei anderen Online-Apotheken könnte diese Schaltfläche auch den englischen Begriff *Logout* aufweisen.

In unserem Einkaufsbeispiel sind wir davon ausgegangen, dass es sich bei den Arzneimitteln um verschreibungsfreie Medikamente handelt. Sie können aber selbstverständlich auch rezeptpflichtige Medikamente bestellen. Die Bestellung erfolgt in diesem Fall allerdings nicht online, da Mycare das Originalrezept benötigt. Dieses Rezept muss per Post an die Online-Apotheke geschickt werden. Damit Sie kein Porto zahlen müssen, bietet Mycare kostenlose Freiumschläge an. Wenn Sie, wie zuvor beschrieben, bereits verschreibungsfreie Medikamente bei Mycare gekauft haben, finden Sie diese in der Warensendung. Sie können die Freiumschläge aber auch kostenlos über das Internet anfordern. Weitere Informationen hierzu finden Sie unter *www.mycare.de/rezepte-einloesen*.

Neben Mycare gibt es zahlreiche weitere Versandapotheken im Internet. Der Einkauf erfolgt meist nach dem gleichen Schema. Vielleicht bietet auch Ihre eigene Apotheke um die Ecke einen entsprechenden Online-Shop an. Fragen Sie doch einmal nach.

Kapitel 9
Freunde treffen im Internet

Das Internet wird von vielen Millionen Menschen genutzt, um Kontakte zu knüpfen und Freundschaften zu pflegen. Die Möglichkeit hierfür schaffen sogenannte *soziale Netzwerke*, in denen sich die Benutzer über gemeinsame Interessen austauschen können. Eines dieser Netzwerke, die NetDoktor-Community, haben Sie bereits in Kapitel 8, »Gesundheit im Internet«, kennengelernt. In diesem Kapitel werde ich Ihnen nun einige weitere soziale Netzwerke vorstellen, über die Sie mit vielen netten Leuten für gemütliche Plaudereien oder auch gemeinsame Unternehmungen in Kontakt treten können.

Kontakt mit alten Bekannten aufnehmen

Die Schulzeit liegt schon einige Jahre zurück. Mit manch einem Klassenkameraden bleibt man noch in Kontakt, aber die meisten verliert man im Laufe der Zeit doch aus den Augen. Wer gerne wissen möchte, wie es den ehemaligen Schulkameraden geht, hat mit der Online-Community *Stayfriends* die Möglichkeit, sie wiederzufinden. Beim Anlegen des Benutzerkontos geben Sie an, in welchem Zeitraum Sie welche Schule oder Schulen besucht haben. Diese Daten sind für andere Nutzer der Community sichtbar. Umgekehrt können Sie sehen, wer sich bereits bei Stayfriends angemeldet hat. Sie haben dann die Möglichkeit, den Kontakt zu Freunden und Bekannten wiederherzustellen. Bis zu diesem Punkt sind die Funktionen kostenlos. Für den Austausch von Nachrichten verlangt Stayfriends eine kleine Gebühr. Eine Jahres-Gold-Mitgliedschaft kostet z. B. 24 Euro (Stand September 2016). Die Anmeldung bei Stayfriends ist schnell erledigt.

Kapitel 9: Freunde treffen im Internet

1. Rufen Sie die Internetadresse »www.stayfriends.de« auf ❶.

2. Klicken Sie auf der Startseite auf das Bundesland ❷, in dem Sie zur Schule gegangen sind.

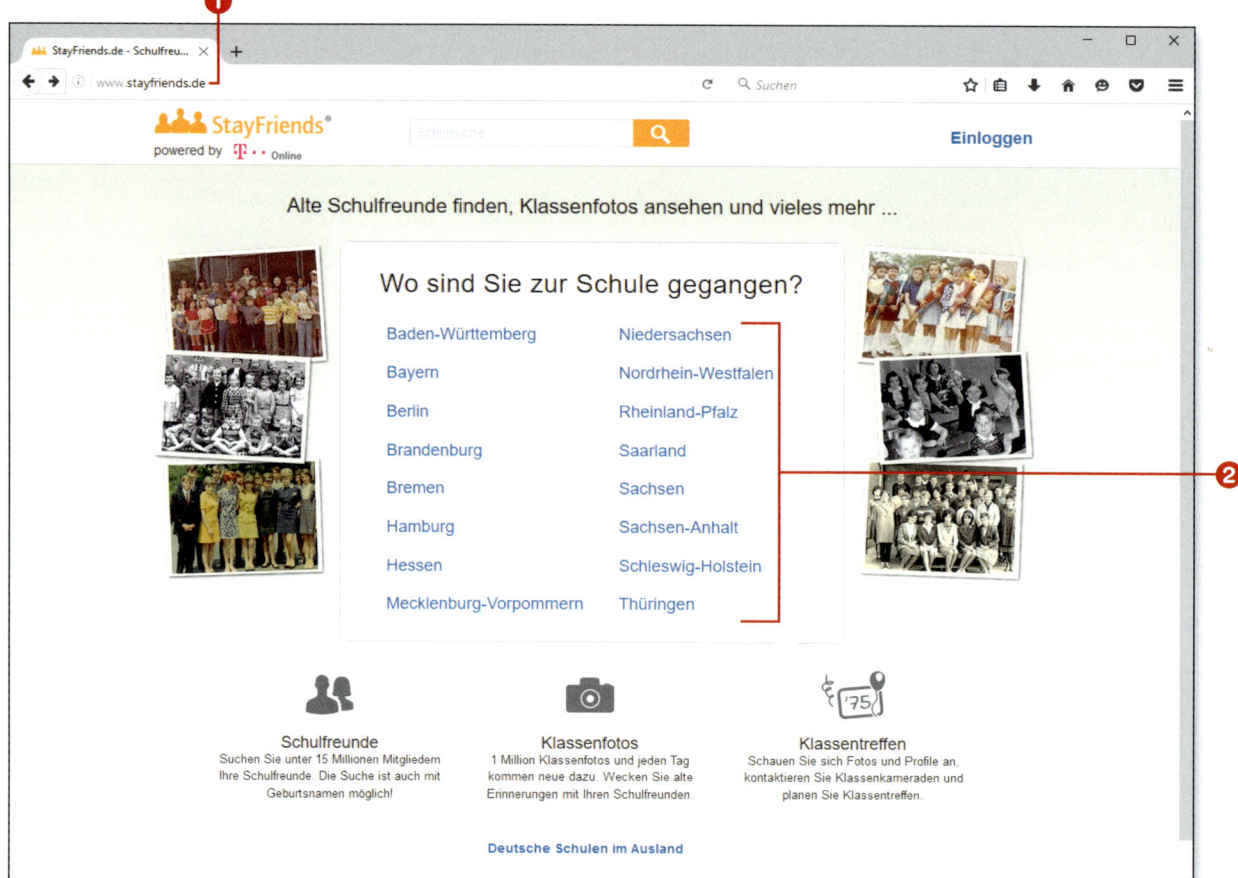

3. Auf der nächsten Seite wählen Sie per Mausklick die gewünschte Stadt aus. Wenn der Ort, an dem Sie zur Schule gegangen sind, nicht aufgeführt wird, klicken Sie unterhalb von **Weitere Städte** ... auf den Buchstaben, mit dem der von Ihnen gesuchte Ort beginnt. Markieren Sie in der aufklappenden Liste die gewünschte Ortschaft.

4. Nun erhalten Sie eine Übersicht über alle Schulen im ausgewählten Ort. Um eine größere Auswahl angezeigt zu bekommen, klicken Sie unterhalb der gewünschten Schulart, also etwa Grundschulen, auf **weitere** .... Markieren Sie per Mausklick Ihre Schule.

5. Füllen Sie auf der nächsten Webseite die Felder mit Ihren persönlichen Daten wie Vor- und Nachname, Geburtsdatum und E-Mail-Adresse aus. Wenn Sie in der Zwischenzeit einen anderen Nachnamen angenommen haben, sollten Sie zusätzlich Ihren Geburtsnamen eintragen.

6. Versehen Sie das Kästchen **Ich stimme den AGB und Datenschutzbestimmungen zu** mit einem Häkchen ❸, und klicken Sie auf **Kostenlos zur Klassenliste**.

7. Stayfriends informiert Sie, dass an die angegebene E-Mail-Adresse eine Nachricht geschickt wurde. Rufen Sie die E-Mail wie gewohnt auf (siehe auch den Abschnitt »E-Mails lesen und verwalten« ab Seite 125). In der Nachricht finden Sie neben einem von Stayfriends automatisch generierten Passwort auch die Schaltfläche **Anmeldung bestätigen**. Ein Klick hierauf und Sie gelangen wieder zum Browser zurück, in dem eine neue Registerkarte geöffnet wurde.

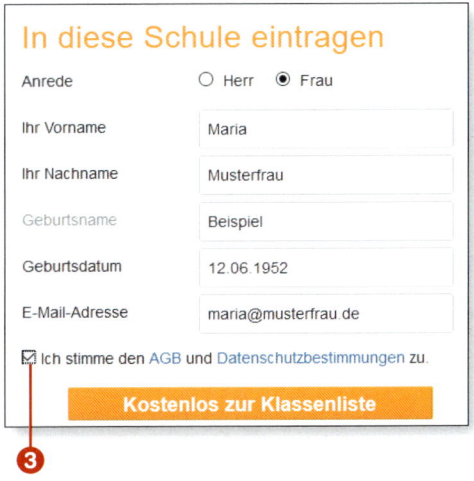

Sie sind nun automatisch bei Stayfriends angemeldet. Die Registrierung ist damit abgeschlossen.

8. Eventuell werden Ihnen bereits jetzt einige Schüler angezeigt, die die von Ihnen ausgewählte Schule besucht haben. Um die Mitschüler kümmern wir uns etwas später. Klicken Sie deshalb zunächst oben rechts auf **Diesen Schritt überspringen**.

9. Auf der folgenden Seite zeigt Ihnen Stayfriends einige weitere Schulen innerhalb des zuvor ausgewählten Orts an. Da viele von Ihnen wahrscheinlich Schulen in unterschiedlichen Ortschaften besucht haben, verzichten wir an dieser Stelle auf das Hinzufügen weiterer Schulen. Klicken Sie stattdessen oben rechts auf **Diesen Schritt überspringen** ❹.

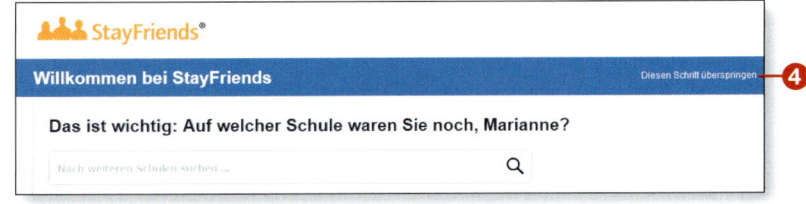

10. Analog gehen Sie mit dem Vorschlag um, ein Profilbild zu ergänzen. Auch diesen Schritt überspringen Sie also.

Damit sind Sie auf der eigentlichen Startseite von Stayfriends angelangt. Bevor Sie weitere Schulen, die Sie besucht haben, hinzufügen oder auch Mitschüler suchen, sollten Sie ein paar wichtige Einstellungen vornehmen. Die erste besteht darin, ein eigenes Passwort festzulegen.

1. Stellen Sie sicher, dass in der Menüleiste das Register mit Ihrem Namen aktiviert ist ❶. Im Untermenü wählen Sie per Mausklick den Eintrag **Einstellungen** ❷ aus.

2. Im Bereich **Stammdaten** ❸ klicken Sie auf **bearbeiten** ❹.

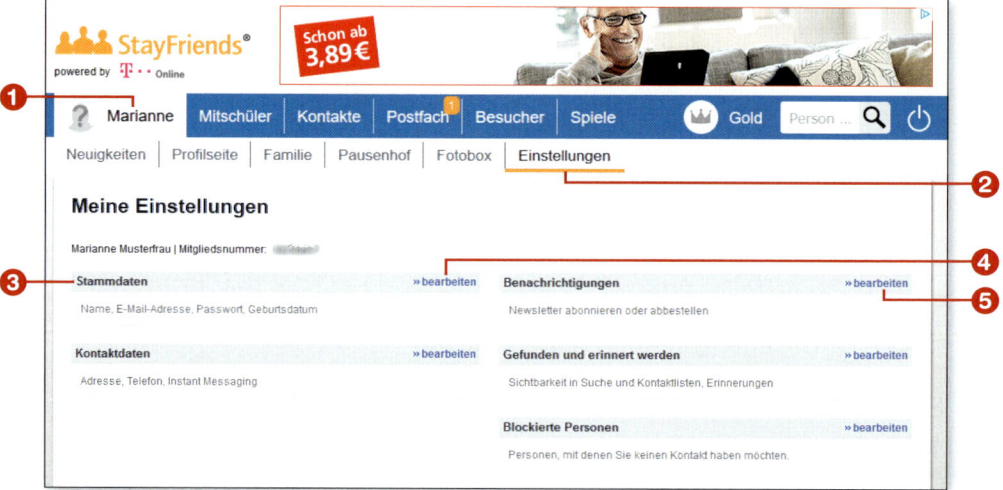

3. Blättern Sie auf der folgenden Seite etwas nach unten bis zum Bereich **Passwort ändern**. Geben Sie in das Feld **Altes Passwort** das von Stayfriends generierte und per E-Mail an Sie versandte Passwort ein. Tragen Sie dann in das entsprechende Feld ein neues, selbst ausgedachtes Passwort ein, und wiederholen Sie dieses im folgenden Feld. Klicken Sie abschließend auf **Alle Änderungen speichern**.

4. Stayfriends wird Ihnen immer wieder Kontaktvorschläge und viele andere Informationen per E-Mail schicken. Wenn Ihnen dies nicht recht ist und Sie auf derartige Nachrichten verzichten möchten, rufen Sie erneut das Untermenü **Einstellungen** auf. Klicken Sie rechts von **Benachrichtigungen** auf **bearbeiten** ❺. Entfernen Sie nun in der Spalte **E-Mail-Newsletter** ❻ per Mausklick die Häkchen hinter den Themen, über die

Kontakt mit alten Bekannten aufnehmen

Sie nicht informiert werden möchten. Denken Sie daran, dass Sie abschließend immer die **Änderungen speichern** ❼.

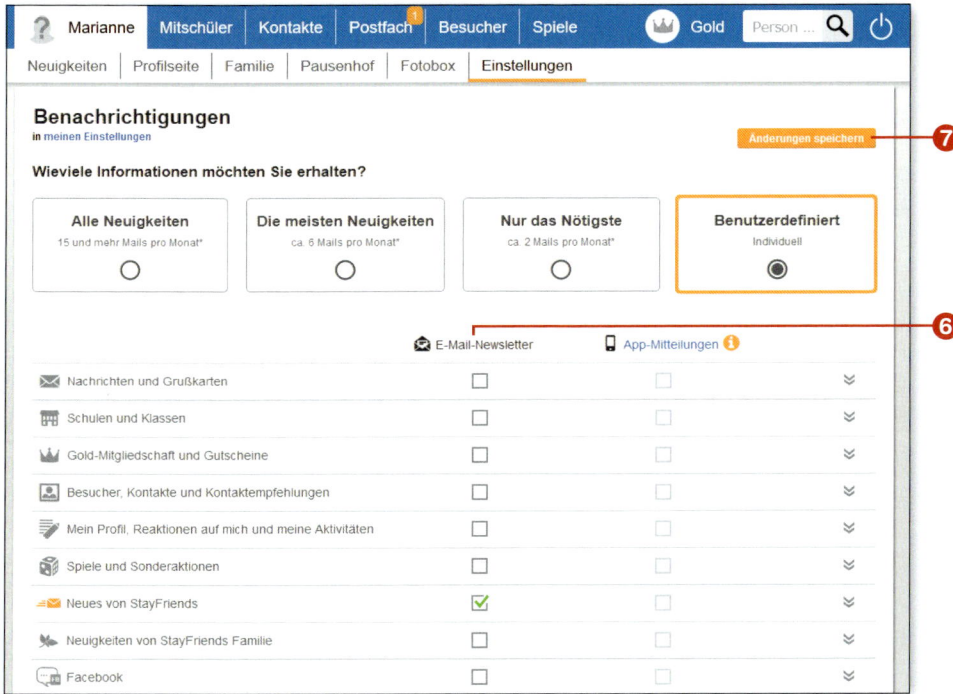

> ### ➕ So finden Ihre Mitschüler Sie schneller
>
> Sobald Sie bei Stayfriends angemeldet sind, können Sie sich selbst auf die Suche nach ehemaligen Mitschülern begeben. Umgekehrt können aber selbstverständlich auch die Schulkameraden nach Ihnen suchen. Nach vielen Jahren ist es allerdings häufig schwierig, sich noch an die Namen der Schüler zu erinnern. Erleichtern Sie den anderen Mitgliedern von Stayfriends die Suche, indem Sie zwei Fotos von sich ergänzen: eines, das Sie während der Schulzeit zeigt, und ein aktuelles von heute. Zum Hinzufügen der Bilder klicken Sie in der Menüleiste auf Ihren Namen und rufen das Untermenü **Profilseite** auf. Nun noch ein Klick auf **Foto hinzufügen**, dann **Foto auswählen**. Im Dialogfenster **Datei hochladen**, das nun geöffnet wird, wechseln Sie in den Ordner, in dem sich das gewünschte Bild befindet, markieren es und bestätigen mit **Öffnen**. Wenn Sie möchten, können Sie in den entsprechenden Feldern noch das Jahr angeben, in dem das Foto entstanden ist, sowie eine kleine Beschreibung, bevor Sie die Angaben **Speichern**.

Nachdem Sie die Einstellungen angepasst haben, zeige ich Ihnen nun, wie Sie weitere Schulen hinzufügen, die Sie besucht haben.

1. Rufen Sie per Mausklick am oberen Seitenrand den Menüpunkt **Mitschüler** auf. Stellen Sie sicher, dass das Untermenü **Mitschüler** aktiviert ist.

2. Klicken Sie anschließend rechts im Bereich **Besuchte Schulen** auf **Schule hinzufügen**.

3. Die folgenden Schritte kennen Sie bereits: Wählen Sie das Bundesland aus, dann den Ort und als Nächstes den Schultyp (z. B. Realschule oder Gymnasium).

4. Auf der nächsten Webseite tragen Sie das Jahr ein, in dem Sie zu dieser Schule gewechselt sind, sowie das Jahr, in dem Sie die Schule verlassen haben. Passen Sie ggf. den Nachnamen an, bevor Sie die Eingaben mit **Speichern** bestätigen.

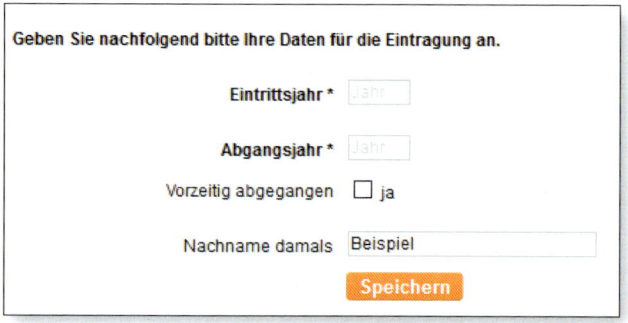

Wenn Sie weitere Schulen hinzufügen möchten, wiederholen Sie einfach die Schritte 1 bis 4. Über den Menüpunkt **Mitschüler** können Sie nun einen Blick auf Ihre **Mitschüler** werfen oder sich auch **Klassenfotos** ansehen, sofern andere Klassenkameraden bereits Fotos veröffentlicht haben. Einige Funktionen können Sie, wie zu Anfang erwähnt, kostenlos nutzen. Um einem ehemaligen Klassenkameraden eine Nachricht zu schicken, müssen Sie zuvor **Gold-Mitglied werden**. Diese Mitgliedschaft können Sie nach einem Klick auf den Link **Gold** ❶ oben rechts abschließen.

Wenn Sie die Webseite von Stayfriends verlassen möchten, melden Sie sich zuvor per Klick auf das Symbol ❷ ab. Sie finden die Schaltfläche, wie so oft, in der rechten oberen Fensterecke.

Bei Facebook anmelden

▲ Vergessen Sie nicht, sich bei Stayfriends abzumelden.

Wie viele andere Webangebote und soziale Netzwerke finanziert sich auch Stayfriends u. a. über Werbung. Bei einem Großteil der Anzeigen handelt es sich um Partnervermittlungsportale. Diese werden am Ende des Kapitels noch Thema sein. Zuvor stelle ich Ihnen eines der größten sozialen Netzwerke der Welt vor: Facebook.

Bei Facebook anmelden

Wie Sie ehemalige Schulkameraden wiederfinden können, haben Sie am Beispiel von Stayfriends im vorherigen Abschnitt erfahren. Das soziale Netzwerk *Facebook* greift noch weiter. Hier können Sie Freunde, Arbeitskollegen, Nachbarn, Familienmitglieder oder andere nette Menschen treffen, mit denen Sie in Kontakt treten oder bleiben möchten. Sobald Sie ein Benutzerkonto angelegt haben, richten Sie Ihre persönliche Profilseite ein. Hier können Sie beispielsweise Fotos und Videos zeigen und einige Informationen zu Ihrem Lebenslauf oder auch Nachrichten veröffentlichen. Jeder Nutzer verfügt über eine solche *Chronik* genannte Webseite. Besucher dieser Webseite können Ihre Veröffentlichungen z. B. kommentieren. Dies wird übrigens auch *posten* genannt (*post* ist die englische Bezeichnung für »absenden, schicken, aushängen«).

Im nächsten Abschnitt werde ich Ihnen zeigen, wie Sie vorgehen müssen, wenn Sie selbst Nachrichten veröffentlichen oder kommentieren möchten. Los geht es aber zunächst mit der Registrierung, denn ohne diese ist der Zugang zu Facebook nicht möglich.

Starten Sie zunächst den Browser Ihrer Wahl, und geben Sie in die Adresszeile »www.facebook.de« ein. Bevor Sie sich auf der Webseite registrieren, sollten Sie einen Blick in die Nutzungsbedingungen und

Kapitel 9: Freunde treffen im Internet

Datenverwendungsrichtlinien werfen. Facebook stellt die Nutzung unter Bedingungen, die bei Datenschützern durchaus umstritten sind. Sie sollten sich also bewusst sein, welche Rechte Sie Facebook einräumen, bevor Sie sich bei diesem sozialen Netzwerk anmelden.

1. Privatsphäre

Deine Privatsphäre ist uns sehr wichtig. In unserer Datenrichtlinie machen wir wichtige Angaben dazu, wie du Facebook zum Teilen von Inhalten mit anderen verwenden kannst, und wie wir deine Inhalte und Informationen sammeln und verwenden können. Wir fordern dich auf, die Datenrichtlinie zu lesen und sie zu verwenden, damit du mit ihrer Hilfe fundierte Entscheidungen treffen kannst.

2. Teilen deiner Inhalte und Informationen

Dir gehören alle Inhalte und Informationen, die du auf Facebook postest. Zudem kannst du mithilfe deiner Einstellungen für Privatsphäre und Apps kontrollieren, wie diese geteilt werden. Außerdem gilt:

1. Für Inhalte, die durch Rechte am geistigen Eigentum geschützt sind, wie Fotos und Videos (IP-Inhalte), erteilst du uns ausdrücklich nachfolgende Genehmigung, vorbehaltlich deiner Einstellungen für Privatsphäre und Apps: Du gewährst uns eine nicht-exklusive, übertragbare, unterlizenzierbare, gebührenfreie, weltweite Lizenz für die Nutzung jedweder IP-Inhalte, die du auf bzw. im Zusammenhang mit Facebook postest (IP-Lizenz). Diese IP-Lizenz endet, wenn du deine IP-Inhalte oder dein Konto löschst; es sei denn, deine Inhalte wurden mit anderen geteilt und diese haben die Inhalte nicht gelöscht.
2. Wenn du IP-Inhalte löschst, werden sie auf ähnliche Weise entfernt, die dem Leeren des Papierkorbs auf einem Computer gleicht. Allerdings sollte dir bewusst sein, dass entfernte Inhalte für eine angemessene Zeitspanne in Sicherheitskopien fortbestehen (die für andere jedoch nicht zugänglich sind).
3. Wenn du eine App nutzt, kann dich diese App möglicherweise um Erlaubnis bitten, auf deine Inhalte und Informationen sowie die Inhalte und Informationen, die andere mit dir geteilt haben, zuzugreifen. Wir verlangen von Apps, dass sie deine Privatsphäre respektieren. Deine Vereinbarung mit dieser App regelt, wie diese die Inhalte und Informationen nutzen, speichern und übertragen kann. (Um mehr über Plattform zu erfahren, also auch darüber, wie du kontrollieren kannst, welche Informationen andere Personen mit Apps teilen können, lies dir bitte unsere Datenrichtlinie und die Plattform-Seite durch.)

Lesen Sie sich die Nutzungsbedingungen in Ruhe durch.

1. Die beiden Links **Nutzungsbedingungen** und **Datenrichtlinie** ❶ finden Sie oberhalb der Schaltfläche **Registrieren**. Nach einem Klick auf einen der Links wird die damit verknüpfte Webseite auf einer neuen Registerkarte geöffnet. Wenn Sie den Inhalt der Seite in Ruhe studiert haben, können Sie die Registerkarte wie gewohnt per Klick auf das Kreuzsymbol im Registerreiter schließen.

2. Wenn Sie sich nun bei Facebook registrieren möchten, geben Sie auf der Startseite in die entsprechenden Felder Ihren Vornamen sowie Nachnamen ein. Die E-Mail-Adresse müssen Sie zweimal eintragen ❷. Alternativ könnten Sie auch Ihre Handynummer angeben. Ich empfehle aber die E-Mail-Adresse. Das Passwort legen Sie selbst fest. Tipps, wie Sie sich ganz einfach ein sicheres Passwort ausdenken, finden Sie im Kasten »So wählen Sie ein sicheres Passwort« auf Seite 117. Auch hier gilt wieder: Verwenden Sie dieses Passwort für keine weitere Community oder ein anderes Portal, sondern ausschließlich für Facebook.

3. Wählen Sie nach einem Klick auf die entsprechenden Pfeile ❸ jeweils in der aufklappenden Liste den Tag, Monat sowie das Jahr Ihres Geburtstags aus. Aktivieren Sie außerdem per Mausklick **Weiblich** oder **Männlich** ❹. Bestätigen Sie Ihre Angaben per Klick auf **Registrieren** ❺.

4. Auf der folgenden Webseite fordert Facebook Sie auf, Ihre weiteren E-Mail-Adressen anzugeben. Würden Sie hier die gewünschten Daten angeben, würde Facebook die Kontaktdaten in Ihrem E-Mail-Konto durchforsten. Auf diese Funktion, auch *Facebook-Freundefinder* genannt, werde ich im Verlauf dieses Abschnitts noch genauer eingehen. Geben Sie an dieser Stelle aus Sicherheitsgründen auf keinen Fall weitere E-Mail-Adressen an, sondern klicken Sie auf **Weiter** und im anschließenden Hinweisfenster auf **Schritt überspringen**.

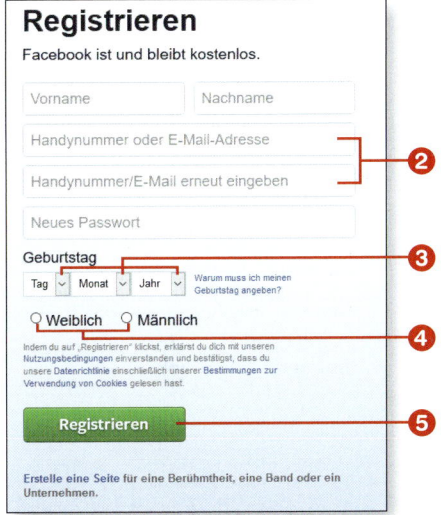

Sie werden nun zur Webseite **Willkommen bei Facebook** geführt. Am oberen Seitenrand wird die Aufforderung eingeblendet, Ihre E-Mails zu lesen und den Registrierungsvorgang abzuschließen. Vorher sollten Sie sich zunächst bei Facebook abmelden. Dies ist auch später immer dann wichtig, wenn Sie die Website von Facebook verlassen wollen.

5. Klicken Sie dazu in der blauen Menüleiste ganz rechts auf den kleinen Pfeil . Es klappt eine kleine Liste auf, in der Sie auf den Befehl **Abmelden** ❻ klicken.

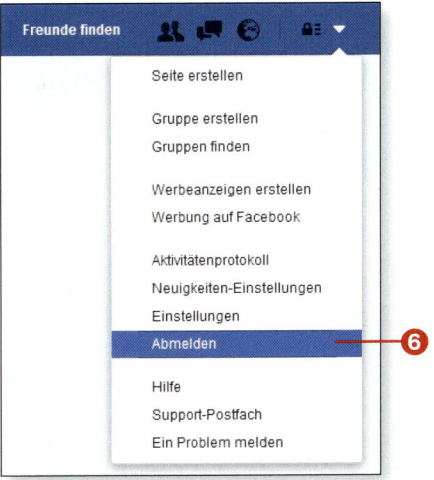

Rufen Sie nun, wie im Abschnitt »E-Mails lesen und verwalten« ab Seite 125 gezeigt, Ihre E-Mails auf. Die E-Mail, die Sie von Facebook erhalten haben, betrifft den Registrierungsvorgang.

6. Öffnen Sie die E-Mail, deren Betreff das Stichwort »Registrierungsvorgang« enthält.

7. Klicken Sie in der E-Mail auf den Link **Bestätige dein Konto**, werden Sie automatisch zur Webseite **Facebook-Anmeldung** geführt.

8. Füllen Sie die beiden Felder **E-Mail** und **Passwort** mit Ihren Daten aus, und klicken Sie auf **Anmelden**. Sollte im Browser ein Hinweisfenster mit der Frage erscheinen, ob das Passwort gespeichert werden soll, verneinen Sie dies. Im Browser Mozilla Firefox z. B. klicken Sie hierzu auf den Pfeil rechts von **Speichern** und wählen **Nie das Passwort für diese Seite speichern**. Den Hinweis **Konto bestätigt**, den Facebook einblendet, bestätigen Sie mit **OK**.

Um als Nächstes wieder zur Webseite **Willkommen bei Facebook** zu gelangen, die Sie bereits nach Schritt 4 auf der voherigen Seite zu Gesicht bekommen haben, klicken Sie in der linken Spalte unterhalb von **FAVORITEN** auf **Willkommen** ❶. Diese Seite wird immer angezeigt, sobald Sie sich bei Facebook angemeldet haben. Nach der ersten Anmeldung enthält sie vier durchnummerierte Abschnitte.

Gleich im ersten Abschnitt fordert Facebook Sie auf, Ihre E-Mail-Adressen nach Freunden, die bereits Mitglied bei Facebook sind, zu durchsuchen ❷. Diese zuvor bereits erwähnte Funktion *Facebook-Freundefinder* mag im ersten Moment sehr praktisch klingen, doch was tatsächlich dahintersteckt, ist kritisch zu sehen: Sie sollen hier sowohl Ihre E-Mail-Adresse als auch das Passwort Ihres E-Mail-Kontos angeben. Damit ist dieses Passwort auch Facebook bekannt (siehe auch den Kasten »Sicherheit geht vor!« unten auf dieser Seite). Facebook erhält anhand dieser Daten Zugriff auf Ihr Konto sowie das Adressbuch. Dort durchsucht es alle eingetragenen Kontaktdaten. Die E-Mail-Adressen Ihrer Kontakte werden mit den Adressen der bereits bei Facebook registrierten Nutzer verglichen. Wenn Facebook Übereinstimmungen findet, werden Sie darauf aufmerksam gemacht. Sie können nun ganz einfach Verbindung mit Ihren Freunden oder Kollegen aufnehmen. Um Bekannte bei Facebook ausfindig zu machen, gibt es aber auch andere Möglichkeiten, die Sie gleich noch kennenlernen werden.

> **! Sicherheit geht vor!**
>
> Die wichtigste Regel im Internet lautet: Geben Sie nie Ihre Passwörter an Dritte weiter. Sobald Sie die Funktion **Freunde finden** auf Facebook nutzen, haben Sie aber genau dies getan. Facebook ist nun im Besitz Ihrer Anmeldedaten für Ihr E-Mail-Konto. Wenn diese Daten bei Facebook in die falschen Hände geraten, kann jedermann Ihre E-Mails abrufen und in Ihrem Namen Nachrichten versenden. Und nicht nur das: Facebook ist auch im Besitz der Adressen Ihrer Kontakte. Facebook nutzt diese Informationen z. B. für Werbung in eigener Sache. So kann es gut passieren, dass alle im Adressbuch eingetragenen Kontakte eine E-Mail von Facebook erhalten – egal, ob sie Facebook-Mitglieder sind oder nicht. Nicht jeder ist über solch eine E-Mail erfreut.

Bei Facebook anmelden

← Die Funktion »Freundefinder« sollten Sie besser nicht nutzen.

Ein weiterer wichtiger Abschnitt auf der Willkommensseite betrifft Ihre *Privatsphäre-Einstellungen*. Was immer Sie bei Facebook veröffentlichen, ist zunächst für alle anderen Facebook-Nutzer sichtbar. Und nicht nur das: Über Suchmaschinen wie Google gelangt man ebenfalls an viele dieser Informationen. Was es mit den Privatsphäre-Einstellungen auf sich hat, erfahren Sie nach einem Klick auf **Privatsphäre-Rundgang starten** ❸. Im folgenden Dialog können Sie mit **weiter** von Bild zu Bild wechseln. Mit **Fertig** beenden Sie den Rundgang.

↑ Der »Privatsphäre-Rundgang« informiert Sie über wichtige Einstellungen.

Sie sollten unbedingt Ihre Privatsphäre-Einstellungen anpassen. Wie dies funktioniert, zeige ich Ihnen im Abschnitt »Sicher kommunizieren in sozialen Netzwerken« ab Seite 358.

Eine Hilfestellung, damit andere Personen Sie finden können, ist das Profilbild. Auch hier steht es Ihnen selbstverständlich frei, diese Funktion zu nutzen oder auch nicht. Wenn Sie kein Foto von sich selbst veröffentlichen möchten, können Sie auch ein Blumenfoto, ein Bild Ihres Haustieres o. Ä. wählen. Ein Foto einer anderen Person zu verwenden ist allerdings verboten. Auch Bilder bekannter Comicfiguren wie überhaupt Bilder, die einem Copyright unterliegen, sind nicht gestattet. Wenn Sie ein Foto veröffentlichen möchten, gehen Sie folgendermaßen vor:

1. Klicken Sie im Abschnitt **Lade ein Profilbild hoch** auf **Bild hinzufügen** und im nächsten Dialogfenster auf **Durchsuchen**.

2. Wechseln Sie in denjenigen Ordner auf Ihrem Computer, in dem sich das gewünschte Foto befindet. Markieren Sie das Foto, und klicken Sie auf **Öffnen**. Das Bild wird nun auf den Server von Facebook hochgeladen und zukünftig neben Ihrem Namen angezeigt.

Im letzten Abschnitt auf der Willkommensseite geht es darum, Personen zu finden, die Sie kennen. Geben Sie in das entsprechende Feld den Namen ein, und klicken Sie auf das Lupensymbol. Auf der folgenden Webseite werden alle Facebook-Mitglieder aufgelistet, die diesen oder einen ähnlichen Namen haben. Da hier nicht nur Mitglieder aus Deutschland, sondern der ganzen Welt aufgeführt werden, ist die Liste meist sehr lang. Am Ende der Liste finden Sie den Link **Weitere Ergebnisse anzeigen**. Ein Klick hierauf und es werden weitere Namen eingeblendet.

Wenn Sie sich das Profil einer Person ansehen möchten, reicht ein Klick auf den Namen oder das Foto. Handelt es sich bei der Person um die gesuchte Freundin oder den gesuchten Arbeitskollegen, mit dem Sie in Kontakt treten möchten, klicken Sie auf **Freund(in) hinzufügen**. Die Person erhält nun eine E-Mail mit Ihrer Kontaktanfrage. Erst wenn sie in dieser E-Mail auf den Link **Anfrage bestätigen** klickt und sich anschließend bei Facebook anmeldet, wird die Person in Ihre Freundeliste aufgenommen.

> *Über den Button »Freund(in) hinzufügen« senden Sie jemandem eine Freundschaftsanfrage.*

Weitere Freunde bei Facebook können Sie jeweils über das Suchfeld am oberen Seitenrand finden. Sobald Sie den Namen in das Feld eingeben, werden Ihnen schon diverse Vorschläge gemacht. Um alle Ergebnisse zu sehen, klicken Sie auf das Lupensymbol.

Bei Facebook finden Sie übrigens nicht nur Privatpersonen. Auch viele Firmen, Schauspieler, Musiker, Politiker oder auch Hilfsprojekte nutzen das soziale Netzwerk, um auf ihre Arbeit aufmerksam zu machen. Während der Flutkatastrophe im Jahr 2013 schlossen sich beispielsweise viele Menschen mithilfe von Facebook zusammen, um schnell und gezielt Hilfsbedürftige zu unterstützen. Facebook bietet Ihnen aber auch die Möglichkeit, sich mit anderen Mitgliedern u. a. über Fernsehsendungen, politische oder sportliche Ereignisse auszutauschen. Geben Sie z. B. in das Suchfeld am oberen Seitenrand »Tagesschau« ein und wählen in den Suchergebnissen die Nachrichtensendung aus, können Sie sich aktuelle Berichte ansehen und diese auch kommentieren. Bleiben Sie bei Ihren Kommentaren immer höflich, und denken Sie daran, dass diese für alle sichtbar sind.

‹ Auch Fernsehsendungen wie die Tagesschau sind bei Facebook zu finden.

Weitere Informationen zur Person

Facebook bietet Ihnen die Möglichkeit, Angaben zu besuchten Schulen, Hochschulen, Arbeitgebern, dem aktuellen Wohnort und Ihrer Heimatstadt zu machen. Wenn Sie weitere Informationen über sich ergänzen möchten, klicken Sie in der Symbolleiste am oberen Seitenrand auf **Startseite** und dann in der linken Spalte auf **Profil bearbeiten**. Nach einem Klick auf eine der Schaltflächen rechts, etwa **Schule hinzufügen**, klappen einige Felder auf, in die Sie Ihre Daten eingeben. Diese Angaben sind keine Pflicht. Überlegen Sie genau, welche Informationen wirklich relevant sind, damit andere Personen Sie finden. Unterhalb der Felder finden Sie jeweils die Schaltfläche [Öffentlich ▼]. Nach einem Klick auf den Pfeil daneben sollten Sie festlegen, welcher Personenkreis diese Daten sehen darf. Wählen Sie hier **Benutzerdefiniert**, können Sie noch weitere Einschränkungen vornehmen. So lassen sich beispielsweise bestimmte Personen, die diese Informationen nicht sehen sollen, blockieren. Wenn Sie die Einstellung bei **Öffentlich** belassen, bekommen auch Unbekannte diese Daten zu Gesicht. Für Einbrecher ist, wie Sie sich denken können, z. B. die Angabe des Wohnortes in Kombination mit später veröffentlichten Urlaubsdaten ein gefundenes Fressen. Wenn Sie alle Angaben vorgenommen haben, klicken Sie auf **Änderungen speichern**.

Sich mit Facebook-Freunden austauschen

Nachdem Sie sich Ihr Profil auf Facebook eingerichtet und die ersten Kontakte geknüpft haben, steht dem Nachrichtenaustausch mit den Freunden nichts mehr im Wege. Als Nächstes zeige ich Ihnen, wie Sie selbst Meldungen veröffentlichen, die Beiträge Ihrer Freunde kommentieren, private Nachrichten austauschen und interessante Seiten markieren. Beginnen wir mit den eigenen Meldungen, die bei Facebook auch *Status* genannt werden. Solche Statusmeldungen bieten sich etwa an, wenn Sie eine interessante Veranstaltung besucht haben und andere darauf hinweisen möchten. Oder benötigen Sie noch helfende Hände für das nächste Vereinsfest und möchten gerne einen entsprechenden Aufruf starten? Um eine eigene Meldung zu veröffentlichen, gehen Sie folgendermaßen vor:

1. Klicken Sie in der Menüleiste auf den Eintrag **Startseite** ❶. Sie gelangen damit automatisch zur Seite **Neuigkeiten** ❷. In der mittleren Spalte erscheint nun das Feld **Was machst du gerade?** ❸. Klicken Sie auf den Schriftzug, und geben Sie Ihre Mitteilung ein.

2. Klicken Sie auf den Pfeil rechts vom Feld **Freunde** ❹. In der aufklappenden Liste legen Sie fest, wer Ihre Meldung sehen darf ❺.

3. Mit einem Klick auf **Posten** ❻ veröffentlichen Sie Ihre Meldung.

Diese Meldung wird sofort auf der Seite eingeblendet, auf der Sie sich gerade befinden ❼. Die Seite **Neuigkeiten** zeigt aber nicht nur die selbst veröffentlichten Nachrichten an. Sie erfahren auch, was Ihre Freunde bei Facebook gepostet, welche neuen Freundschaften sie geschlossen und welche Fotos sie veröffentlicht haben.

Sich mit Facebook-Freunden austauschen

Melden sich umgekehrt Ihre Freunde das nächste Mal bei Facebook an und rufen ihre eigene **Startseite** auf, erfahren sie alle Neuigkeiten von Ihnen. So können sie z. B. auch Ihre Mitteilung lesen und kommentieren. Diese Kommentare stehen dann wiederum auf Ihrer Startseite ❽. Ob es neue Kommentare zu Ihren Veröffentlichungen gibt, können Sie auch dem kleinen Weltkugelsymbol in der Menüleiste entnehmen, das im Fall eines Kommentars oder einer persönlichen Nachricht eine kleine Ziffer erhält ❾. Zusätzlich informiert Facebook Sie per E-Mail über die neuen Mitteilungen.

Natürlich können auch Sie selbst eine Mitteilung Ihrer Freunde kommentieren. Hierzu klicken Sie unterhalb der gewünschten Statusmeldung einfach in das Feld **Kommentieren** ❿. Nachdem Sie den gewünschten Text eingegeben haben, drücken Sie die Taste ⏎, und schon erscheint der Kommentar sowohl auf Ihrer eigenen Startseite als auch auf der Ihrer Freunde.

▲ *Sie erfahren sofort, was es Neues in Ihrem sozialen Netzwerk gibt.*

Kapitel 9: Freunde treffen im Internet

Die Statusmeldungen, die Sie gerade kennengelernt haben, können alle Ihre Facebook-Freunde lesen. Wenn Sie in Schritt 2 auf Seite 272 **Öffentlich** ausgewählt haben, ist die Mitteilung sogar für jeden Besucher Ihrer Facebook-Webseiten sichtbar, egal, ob Sie ihn kennen oder nicht.

Um ein wenig diskreter vorzugehen, schicken Sie Ihren Kontakten besser eine persönliche Nachricht, die sonst keiner zu Gesicht bekommt. Dies wird auch *Chatten* genannt. Dazu gehen Sie folgendermaßen vor:

1. Rufen Sie wieder über den entsprechenden Eintrag in der Menüleiste die **Startseite** (⓫ auf Seite 272) auf.

2. Klicken Sie in der linken Spalte auf **Nachrichten** und dann am oberen Seitenrand auf **Neue Nachricht**.

3. Geben Sie in das Feld **An** den Namen des Freundes an. In der aufklappenden Liste mit Namensvorschlägen markieren Sie die gewünschte Person.

4. Etwas weiter unten auf der Seite finden Sie das Feld **Verfasse eine Nachricht**. Nach einem Klick in das Feld können Sie Ihren Nachrichtentext eingeben. Wenn Sie der Nachricht ein Foto ⓫ oder eine Datei ⓬ hinzufügen möchten, klicken Sie auf die entsprechende Schaltfläche und wählen die Datei aus. Per Klick auf **Senden** verschicken Sie die Nachricht an den Freund. Dieser wird per E-Mail über die Nachricht informiert.

5. Wenn der Freund oder die Freundin auf Ihre Nachricht antwortet, erhalten Sie ebenfalls eine E-Mail. Um die Nachricht auf der Webseite von Facebook zu lesen, wechseln Sie wieder zur **Startseite** und rufen dann in der Spalte links die **Nachrichten** auf. Markieren Sie ggf. die Person, die Ihnen die Nachricht geschickt hat, damit der Nachrichtentext rechts angezeigt wird.

Im Zusammenhang mit Facebook wird Ihnen immer wieder eine Schaltfläche begegnen: **Gefällt mir**, auch *Like-Button* genannt. Sie taucht z. B. unterhalb von Mitteilungen Ihrer Facebook-Freunde auf, auf den Web-

Sich mit Facebook-Freunden austauschen

sites von Firmen, in Online-Shops, bei Vereinen o. Ä. Mit einem Klick auf diese Schaltfläche ❶ zeigen Sie, dass Ihnen die Mitteilung oder auch das Unternehmen gefällt. Zukünftig können Sie dann auf Ihrer persönlichen Facebook-Startseite alle Neuigkeiten lesen, die das Unternehmen bzw. die Person bei Facebook veröffentlicht.

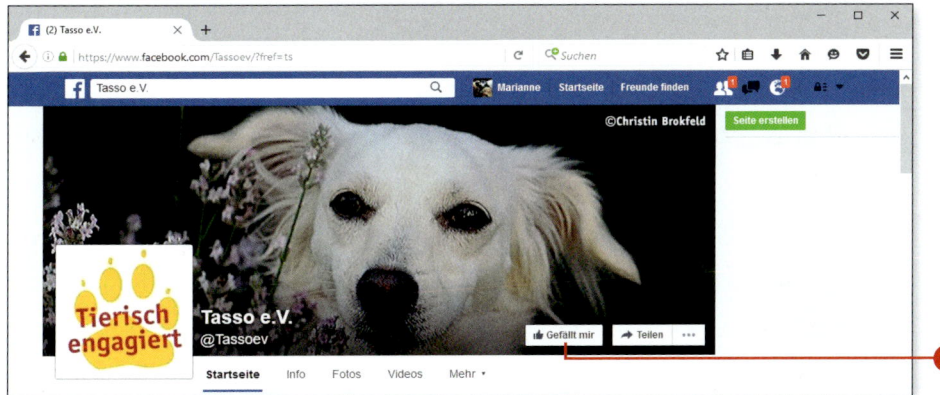

◁ *Nach einem Klick auf »Gefällt mir« erhalten Sie die neuesten Mitteilungen der Firma oder des Vereins.*

Eine weitere interessante Funktion von Facebook nennt sich **Teilen**. Mit ihrer Hilfe können Sie Ihre Facebook-Freunde auf interessante Mitteilungen, Veranstaltungen o. Ä. aufmerksam machen. Klicken Sie auf die Schaltfläche **Teilen** ❷, und wählen Sie in der aufklappenden Liste **Jetzt teilen (Freunde)** ❸. Der Beitrag erscheint, wie üblich, auf Ihrer Startseite.

Wenn Sie sich eine Übersicht über alle Ihre Aktivitäten bei Facebook ansehen möchten, klicken Sie in der Menüleiste auf Ihren Benutzernamen (❹ auf Seite 276). Auf der nächsten Webseite wird die bereits zu Anfang erwähnte Chronik angezeigt ❺. Am linken Rand dieser Seite finden Sie eine Auflistung all Ihrer Facebook-Freunde. Klicken Sie eines der Benutzerbilder an ❻, gelangen Sie automatisch zur Chronik des entsprechenden Freundes. Mit einem Klick auf den eigenen Benutzernamen in der Menüleiste kehren Sie wieder zu Ihrem eigenen Profil zurück.

▷ *Mit der Funktion »Teilen« können Sie Ihre Freunde auf interessante Beiträge aufmerksam machen.*

Kapitel 9: Freunde treffen im Internet

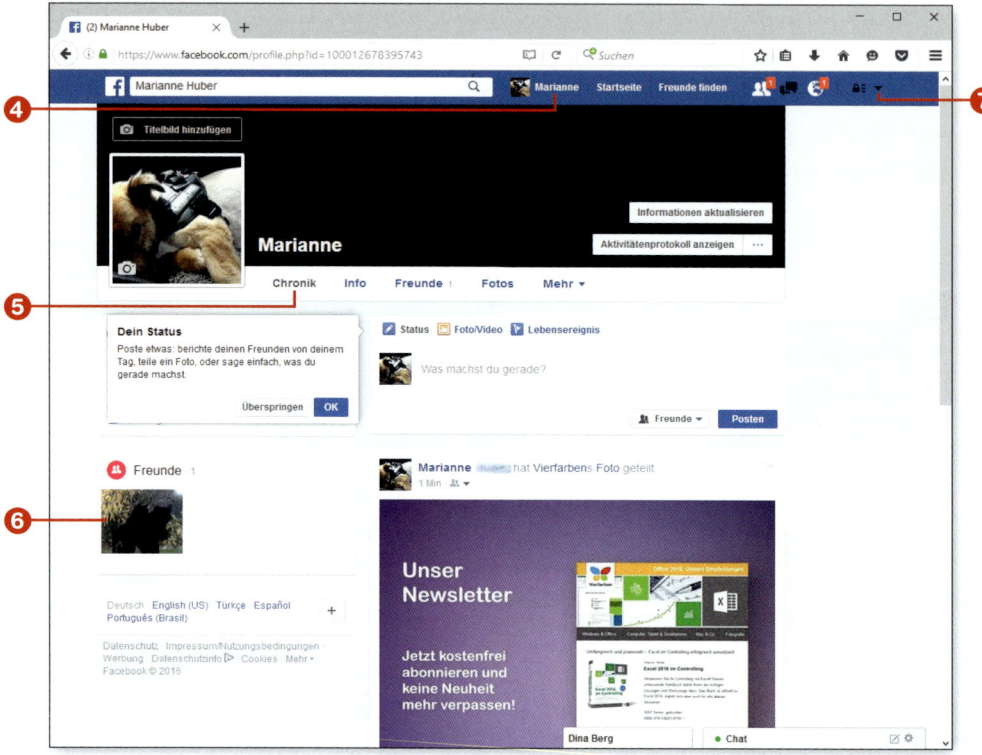

▲ *Die Chronik informiert Sie über alle Ihre Aktivitäten bei Facebook.*

Die Hilfefunktion von Facebook nutzen

Facebook bietet eine Fülle an Funktionen, die ich Ihnen leider nicht alle in diesem Buch vorstellen kann. Wenn Sie erfahren möchten, was sich hinter all diesen Funktionen verbirgt, empfehle ich Ihnen einen Blick in die Hilfefunktion. Klicken Sie hierzu in der Menüleiste auf das Symbol ❼. In der aufklappenden Liste wählen Sie den Eintrag **Hilfe**. Im kleinen Dialogfenster, das nun angezeigt wird, können Sie Ihre Frage eingeben. Für Informationen zu »Gefällt mir« reicht es beispielsweise, diese beiden Wörter in das Suchfeld einzutragen. Bereits während der Eingabe werden einige Treffer eingeblendet. Ein Klick auf den gewünschten Link und die entsprechende Information wird angezeigt. Klicken Sie am Ende der Liste auf **Weitere Ergebnisse für … anzeigen**, wird eine neue Seite geöffnet. Über die Rubriken in der linken Spalte gelangen Sie nun zu zahlreichen weiteren Hilfethemen. Über die Zurück-Schaltfläche Ihres Browsers gelangen Sie wieder zu Ihrer eigenen Facebook-Seite zurück.

Wenn Sie Facebook verlassen möchten, nachdem Sie sich mit Freunden ausgetauscht haben, vergessen Sie nicht, sich abzumelden. Wie zuvor beschrieben, klicken Sie hierzu auf das Symbol ❼ und dann auf **Abmelden**. Um sich erneut anzumelden, rufen Sie die Internetadresse »www.facebook.de« auf und geben in die beiden Felder am oberen Seitenrand Ihre E-Mail-Adresse sowie das Passwort ein. Nach einem Klick auf **Anmelden** gelangen Sie zu Ihrer Willkommensseite bei Facebook.

Im nächsten Abschnitt stelle ich Ihnen ein paar weitere interessante soziale Netzwerke vor, in denen Sie Gleichgesinnte zum Beispiel für gemeinsame Unternehmungen treffen können.

Gleichgesinnte im Internet finden

Ein soziales Netzwerk, das sich speziell an die Generation 50 plus (manchmal auch Best Ager oder Silversurfer genannt) richtet, ist *Feierabend.de*, denn hier lernen Sie interessante Menschen in Ihrem Alter kennen. Wenn Sie möchten, verabreden Sie sich mit Gleichgesinnten zu gemeinsamen Unternehmungen wie etwa einer gemütlichen Plauderei am Stammtisch, zu Wanderungen oder auch Theaterbesuchen. Die Regionalgruppen helfen Ihnen dabei, Personen ganz in Ihrer Nähe zu treffen. Bei Feierabend.de finden Sie außerdem eine Vielzahl interessanter Artikel, die von Gesundheitsthemen über Reisen bis hin zu Finanzen reichen. In den Chats können Sie sich mit anderen Mitgliedern unterhalten. Hierfür ist allerdings eine Anmeldung nötig:

1. Rufen Sie die Internetadresse »www.feierabend.de« auf. Auf der Startseite gelangen Sie über die jeweiligen Menüpunkte zu den Bereichen **Regional**, **Mitglieder** oder auch **Unterhaltung** ❶. Nach dem Aufruf der Startseite befinden Sie sich automatisch im Menüpunkt **Themen**. Bewegen Sie den Mauszeiger nun über die Untermenüpunkte, wie etwa **Reisen**, **Gesundheit** oder auch **Leben** ❷, werden weitere Themenblöcke eingeblendet. Schauen Sie sich hier ruhig etwas um. Sie werden erstaunt sein, zu welch unterschiedlichen Themen Sie hier Beiträge finden.

Kapitel 9: Freunde treffen im Internet

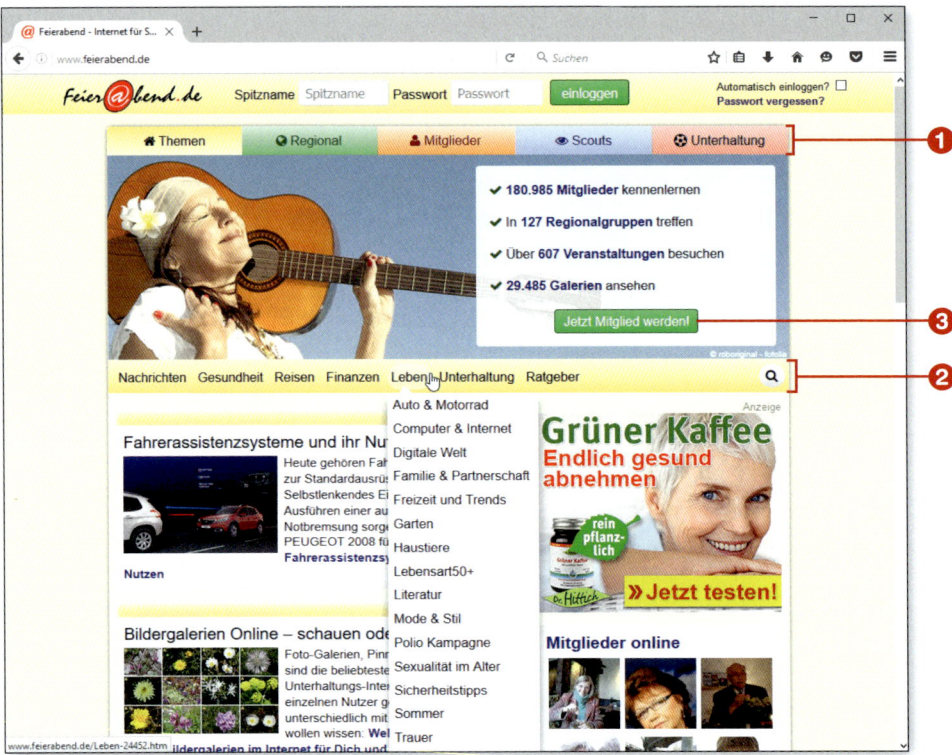

2. Um selbst aktiv bei Feierabend.de mitzumachen, klicken Sie auf der Startseite auf **Jetzt Mitglied werden!** ❸.

3. Bevor Sie Ihre persönlichen Daten angeben, können Sie sich per Klick auf die Links **Nutzungsbedingungen** ❹ und **Datenschutz** ❺ über die Richtlinien von Feierabend.de informieren. Über die **Zurück**-Schaltfläche ⬅ Ihres Browsers kehren Sie jeweils wieder zur vorherigen Webseite zurück.

4. Wenn Sie sich anmelden möchten, füllen Sie als Nächstes alle Felder mit Ihren Daten aus. Mit einem Klick auf das Fragezeichen ❻ erhalten Sie einige Informationen, etwa zum Spitznamen oder auch zur Telefon- oder Handynummer.

5. Versehen Sie das Kästchen zu den Nutzungsbedingungen und zum Datenschutz mit einem Häkchen ❼, bevor Sie auf **Kostenlos registrieren** ❽ klicken.

6. Bei Feierabend.de gibt es mittlerweile über 120 Regionalgruppen. Auf der folgenden Webseite klicken Sie auf den Pfeil rechts vom Feld **Regionalgruppe wählen** und markieren die Gruppe, der Sie beitreten möchten. Die Ortsangaben sind übrigens nicht nur auf Deutschland begrenzt. Hier finden Sie auch Regionen wie Algarve, Spanien oder Zypern. Bestätigen Sie Ihre Auswahl mit **Weiter**.

7. Wenn Sie sich von Feierabend.de kostenlos über Reisen, Produkttests oder andere Themen informieren lassen möchten, müssen Sie dies auf der nächsten Webseite genehmigen. Sollen Ihnen die Informationen etwa per E-Mail zugeschickt werden, versehen Sie das entsprechende Kästchen mit einem Häkchen. Dann geht es per Schaltfläche **Weiter** weiter mit der Registrierung.

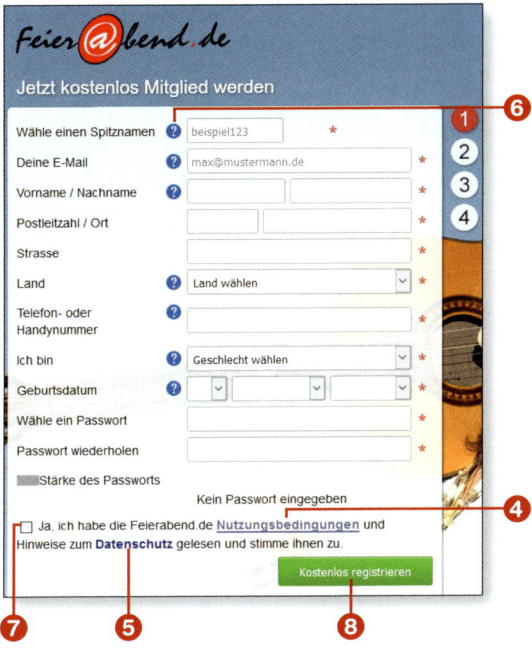

8. Als Nächstes findet eine Sicherheitsabfrage zur Bestätigung Ihrer Identität statt. Sobald Sie auf **Sicherheitscode anfordern** ❾ geklickt haben, erhalten Sie an die angegebene Handy- oder Telefonnummer eine SMS bzw. einen Anruf von einem Automaten, in dem Ihnen ein Code mitgeteilt wird. Den Hinweis auf dem Bildschirm können Sie mit einem Klick auf das Symbol ☒ schließen. Den Sicherheitscode geben Sie im entsprechenden Feld unterhalb Ihrer Telefonnummer an ❿.

9. Zusätzlich schickt Ihnen Feierabend.de an die angegebene E-Mail-Adresse eine Nachricht. Diese enthält einen Bestätigungscode, den Sie auf der Webseite in das Feld unterhalb Ihrer E-Mail-Adresse ⓫ eintragen. Bestätigen Sie die Angaben mit **Weiter** ⓬.

10. Feierabend.de möchte nun noch gerne wissen, wie Sie auf das soziale Netzwerk aufmerksam geworden sind. Aktivieren Sie die gewünschte Option, und bestätigen Sie diese mit **Weiter**.

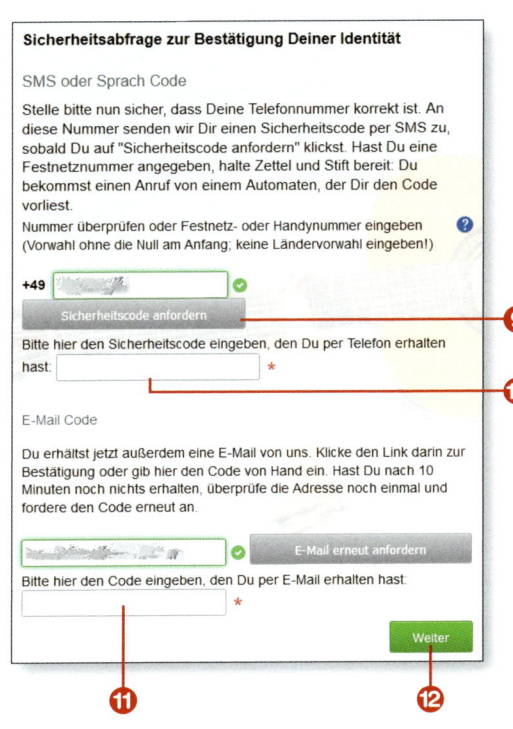

279

Kapitel 9: Freunde treffen im Internet

Sie sind nun automatisch bei Feierabend.de angemeldet. Über die Links am unteren Seitenrand im Bereich **Service** können Sie sich ausführlich über die verschiedenen Funktionen und Möglichkeiten dieses Netzwerks informieren.

> **Produkttester bei Feierabend.de werden**
>
> Haben Sie Lust, Produkte, Online-Shops o. Ä. zu testen und darüber bei Feierabend.de zu berichten? Als Feierabend-Scout haben Sie die Möglichkeit hierzu. Klicken Sie auf den Menüpunkt **Scouts** und dann auf **Scout werden**, erhalten Sie ausführliche Informationen zu dieser pfiffigen Aktion. *Scout* lässt sich im Deutschen mit »Pfadfinder« übersetzen.

Sind Sie auf der Suche nach speziellen Themen oder auch nach anderen Mitgliedern, klicken Sie in der Untermenüleiste rechts auf das Lupensymbol. Es klappt nun ein Suchfeld auf, in das Sie den gewünschten Suchbegriff eingeben. Mit einem Klick auf **Suchen** starten Sie Ihre Suchanfrage.

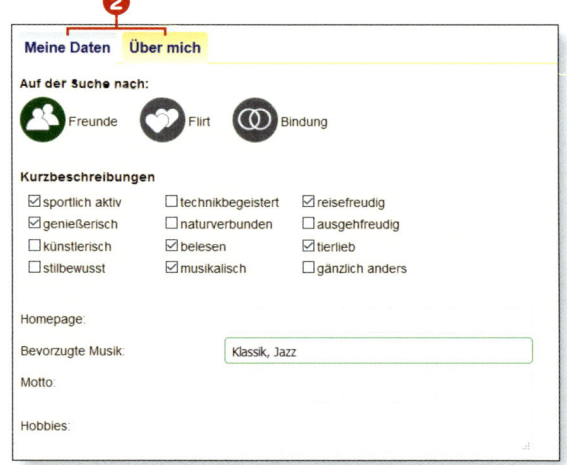

▲ *Erzählen Sie den anderen Mitgliedern etwas über Ihre Interessen.*

Damit andere Mitglieder Sie besser kennenlernen können, sollten Sie Ihre eigene Visitenkarte anlegen. Klicken Sie hierzu am oberen Seitenrand auf Ihren Spitznamen (❶ in der Abbildung auf Seite 281) und in der aufklappenden Liste dann auf **Daten ändern**. Auf der nächsten Webseite finden Sie die zwei Registerkarten **Meine Daten** und **Über mich** ❷. Sehen Sie sich die einzelnen Optionen innerhalb dieser Register an, und überlegen Sie sich, was Sie anderen über sich mitteilen möchten. Diese Angaben können Sie jederzeit ändern, korrigieren oder auch wieder löschen. Mit einem Klick auf **Daten speichern** übernehmen Sie die Einstellungen.

Möchten Sie die Webseite von Feierabend.de verlassen, sollten Sie sich zuvor unbedingt abmelden. Klicken Sie hierzu am oberen Seitenrand auf das Symbol **ausloggen** ❸. Wenn Sie die Webseite später wieder besuchen möchten, rufen Sie die Internetadresse »www.feierabend.de« auf und melden sich mit Ihrem Spitznamen sowie dem Passwort an.

Gleichgesinnte im Internet finden

< Vergessen Sie nicht, sich bei Feierabend.de abzumelden.

Ein ähnliches Ziel wie Feierabend.de verfolgt das Portal *Seniorentreff* (*www.seniorentreff.de*). Auch hier erhalten Sie zahlreiche speziell auf ältere Menschen zugeschnittene Informationen und Tipps. Wenn Sie sich kostenlos registriert haben, stehen Ihnen die Diskussionsforen und Chats offen, um sich mit Gleichgesinnten auszutauschen.

Ohne Registrierung lässt sich auch das soziale Netzwerk *Seniorbook* (*www.seniorbook.de*) nur eingeschränkt nutzen. Nach einer erfolgreichen Anmeldung können Sie z. B. auf der Fotowand und am Schwarzen Brett Fotos und Erlebnisse austauschen.

Nachrichten veröffentlichen mit Twitter

Kleine Kurznachrichten mit einer maximalen Textlänge von 140 Zeichen lassen sich bei Twitter (*www.twitter.de*) veröffentlichen. Zum Twittern, zu Deutsch »zwitschern«, müssen Sie sich zunächst bei dem Dienst anmelden. Wer nicht selbst aktiv werden möchte, kann zumindest die Beiträge zahlreicher Autoren lesen. In diesem Fall wird auch von »folgen«, auf Englisch *follow*, gesprochen. Wie Facebook wird auch Twitter von vielen bekannten Persönlichkeiten genutzt, um über ihre Aktivitäten zu informieren. Eine einzelne Nachricht wird übrigens *Tweet* genannt. Viele Fernsehsender lassen ihr Publikum auf Twitter aktiv am Programm teilhaben. So können die Nutzer während einer Sendung wie *The Voice* oder auch *Deutschland sucht den Superstar* ihre Meinung über die Teilnehmer äußern.

< *Bei Twitter können Sie Fernsehsendungen live kommentieren – wie hier das Fußballspiel England – Island während der EM .*

Kapitel 9: Freunde treffen im Internet

Partnersuche im Internet

In den vorherigen Abschnitten haben Sie einige soziale Netzwerke kennengelernt, über die Sie ehemalige Klassenkameraden wiederfinden oder auch Gleichgesinnte für gemeinsame Unternehmungen treffen können. Wer dagegen auf der Suche nach dem Traumpartner ist, kann die Hilfe von zahlreichen Partnervermittlungsportalen in Anspruch nehmen. Während die Teilnahme an den sozialen Netzwerken, die Sie bisher kennengelernt haben, größtenteils kostenlos ist, müssen Sie bei den Partnervermittlungsportalen für die Dienste bezahlen. Eine dreistellige Jahresgebühr ist hier durchaus üblich. Die hohen Gebühren geben aber eine gewisse Sicherheit, dass sich nur Personen mit ernsten Absichten anmelden.

Die Registrierung bei einem Partnervermittlungsportal wie etwa Parship (www.parship.de), eDarling (www.edarling.de) oder auch ElitePartner.de (www.elitepartner.de) ist zunächst meist noch kostenlos. Wie üblich benötigen Sie eine E-Mail-Adresse, das Passwort legen Sie selbst fest. Ihre Daten, wie etwa Ihr wirklicher Name, werden übrigens nicht an andere weitergereicht. Besucher Ihrer Profilseite bekommen nur ein Pseudonym oder eine Chiffrenummer zu Gesicht.

> *Die Anmeldung bei einem Partnervermittlungsportal ist kostenlos.*

Bei einigen Portalen wird nach der Registrierung ein Persönlichkeitstest durchgeführt. Die Fragen sollten Sie ehrlich beantworten, denn auf dieser Basis wird ein Persönlichkeitsprofil von Ihnen erstellt. Es soll dann dabei helfen, den Partner zu finden, der am besten zu Ihnen passt. Wenn Sie sich hier als Kunstliebhaber darstellen, obwohl Sie lieber in der freien Natur unterwegs sind, tun Sie sich selbst keinen Gefallen.

Sobald Sie den Persönlichkeitstest absolviert haben, erhalten Sie von den Partnervermittlungsportalen auch schon die ersten Partnervorschläge. Wenn Sie mit diesen Kontakt aufnehmen möchten, müssen Sie zuvor eine Mitgliedschaft beim Portal abschließen. Je länger die Mitgliedschaft dauert, desto günstiger ist meist der Preis.

Bevor Sie aber eine Mitgliedschaft abschließen, sollten Sie die Seriosität des Portals überprüfen. Lesen Sie sich ganz in Ruhe die AGB und Datenschutzbestimmungen durch. Die entsprechenden Links sollten bereits auf der Anmeldeseite verfügbar sein. Bei einem seriösen Portal können Sie selbst bestimmen, welche Daten – sprich Foto, Name oder auch Geburtstag – für die Besucher Ihrer Profilseite sichtbar sind. Die Datenübertragung sollte selbstverständlich immer über eine sichere, verschlüsselte Datenverbindung erfolgen, erkennbar am *https* in der Adresszeile des Browsers.

Wenn Sie die AGB studieren, achten Sie besonders auf die Kündigungsbedingungen sowie automatische Vertragsverlängerungen. Bei manchen Portalen können Sie zwar eine Probemitgliedschaft für einen kurzen Zeitraum abschließen, doch passen Sie nicht auf, wandelt sich dieses Probeabonnement dann womöglich automatisch in eine teure Mitgliedschaft um. Verträge, die Sie über das Internet abgeschlossen haben, können Sie übrigens stets innerhalb von 14 Tagen kündigen. Ein seriöses Portal weist Sie hierauf in seinen AGB hin. Fehlt dieser Hinweis, ist sogar jederzeit ein sofortiger Widerruf möglich.

◁ *Lesen Sie die AGB und Datenschutzbestimmungen.*

Prüfen Sie außerdem, ob es Ansprechpartner bei den Partnervermittlungsportalen gibt, die Sie im Falle von Problemen oder Fragen erreichen können. Entsprechende Informationen finden Sie meist unter Menüpunkten wie **Kontakt** oder auch **Impressum**.

Wie für Online-Shops oder auch Reiseportale gibt es auch für Partnervermittlungsportale ein TÜV-Siegel, z. B. *s@fer-shopping*. Weitere Gütesiegel haben Sie bereits im Abschnitt »Allgemeine Tipps für sicheres Einkaufen« ab Seite 155 kennengelernt.

Kapitel 9: Freunde treffen im Internet

⌃ *Seriöse Partnervermittlungsportale verfügen über ein Gütesiegel.*

Wenn Sie sich für ein Partnervermittlungsportal entschieden und eine Mitgliedschaft abgeschlossen haben, können Sie auf die Partnervorschläge, die Sie erhalten, antworten und sich selbst im Portal auf die Suche begeben. Spätestens nun sollten Sie ein Foto von sich veröffentlichen. Es sollte dabei selbstverständlich sein, dass Sie ein Foto von sich selbst und nicht etwa das eines Freundes oder einer Freundin wählen – beim ersten Treffen käme doch die Wahrheit ans Licht. Bis zur ersten Begegnung sollten Sie sich aber ruhig Zeit lassen. Das zuvor erwähnte Pseudonym bzw. die Chiffrenummer bietet Ihnen eine gewisse Anonymität, um sich in Ruhe kennenzulernen.

Auch bei Partnervermittlungsportalen sollten Sie vorsichtig und nicht zu vertrauensselig sein. Trotz der hohen Mitgliedschaftsgebühren tummelt sich auch hier das ein oder andere schwarze Schaf. Seien Sie skeptisch, wenn jemand Ihnen zu schnell ein persönliches Treffen vorschlägt oder Ihre privaten Daten erfahren möchte.

Kapitel 10
Telefonieren und Chatten mit Skype

Einkaufen, Reisen planen und buchen, E-Mails versenden – all diese Möglichkeiten des Internets und einiges mehr haben Sie bereits in den vorherigen Kapiteln kennengelernt. Zwei ausgesprochen spannende Funktionen fehlen aber noch: Telefonieren und Chatten. Hinter Letzterem verbirgt sich das Versenden von kleinen Textnachrichten von einem Computer zum anderen.

Ein bekanntes Programm, das die kostenlose Kommunikation ermöglicht, ist *Skype*. Neben diesem Programm benötigen Sie einen Lautsprecher, um den Gesprächspartner zu hören, sowie ein Mikrofon, damit die Gegenseite wiederum Sie hören kann. Sehr praktisch sind sogenannte *Headsets*, die beides miteinander kombinieren. Verfügen die Computer aller Gesprächsteilnehmer über eine *Webcam*, also eine kleine Kamera, können Sie sich sogar gegenseitig sehen. In vielen Notebooks ist eine solche Kamera bereits integriert, sie lässt sich aber auch für wenig Geld nachrüsten. Die externen Webcams schließen Sie ganz einfach über den USB-Anschluss an Ihren Computer an.

In den beiden folgenden Abschnitten zeige ich Ihnen, wie Sie Skype auf Ihrem Computer installieren und anschließend kostenlos mit Freunden und Familienmitgliedern kommunizieren. Das Telefonieren über das Internet wird übrigens auch *Voice over IP*, kurz VoIP, genannt, zu Deutsch etwa »Sprache über Internetprotokoll«.

Um Skype nutzen zu können, müssen Sie über ein Microsoft-Konto verfügen. Wie Sie ein solches einrichten, haben Sie im Abschnitt »Ein kostenloses E-Mail-Konto einrichten« ab Seite 111 gelernt. Wenn Sie Skype früher bereits einmal genutzt haben, haben Sie damals einen Skype-Namen eingerichtet. Dieser lässt sich ebenfalls noch für die Nutzung von Skype einsetzen.

> **Gebührenpflichtige Telefonate mit Skype**
>
> Nutzen beide Gesprächsteilnehmer das Programm Skype zum Telefonieren oder Chatten, sind die Gespräche absolut kostenlos. Skype eignet sich damit vor allem wunderbar für sonst sehr teure Auslandsgespräche. Sie können mit Skype aber auch Telefonate ins Fest- oder Mobilfunknetz führen. Diese sind dann allerdings kostenpflichtig. Informationen zu den anfallenden Gebühren erhalten Sie auf der Startseite von Skype nach einem Klick auf das Menü **Tarife**.

Erste Schritte

Skype wurde ursprünglich von zwei skandinavischen Unternehmern entwickelt, seit 2011 zählt es aber zur Produktpalette von Microsoft. Auf manchen PCs ist eine Skype-App bereits vorinstalliert. Da sich diese Versionen voneinander unterscheiden können, zeige ich Ihnen als Nächstes, wie Sie sich Skype über das Internet auf Ihren PC herunterladen können.

1. Rufen Sie nach dem Start des Browsers über die Adresszeile die Internetadresse »www.skype.de« auf. Im Beispiel nutze ich den Browser Mozilla Firefox. Wie ein Download mit Microsoft Edge funktioniert, habe ich Ihnen im Abschnitt »Dateien aus dem Internet herunterladen« ab Seite 71 gezeigt.

2. Auf der Startseite von Skype klicken Sie am oberen Seitenrand auf das Menü **Downloads** ❶.

3. Skype gibt es nicht nur für Ihren Desktop-PC oder Ihr Notebook, sondern auch für Tablets und Handys. Stellen Sie sicher, dass auf der nächsten Webseite **Computer** ❷ markiert ist (erkennbar am blauen Hintergrund). Blättern Sie dann nach unten bis zum Eintrag **Skype für Windows** ❸, und klicken Sie hier auf **Skype für Windows herunterladen** ❹.

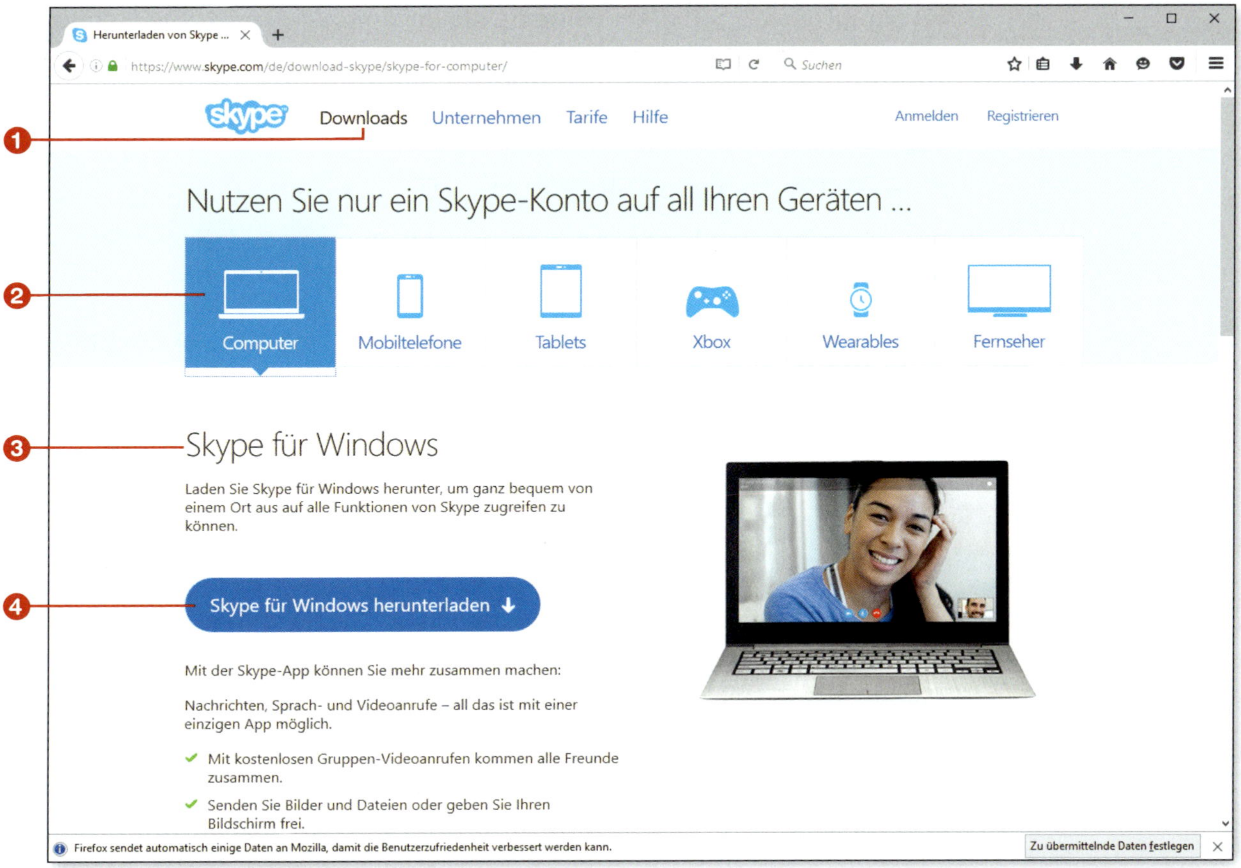

Erste Schritte

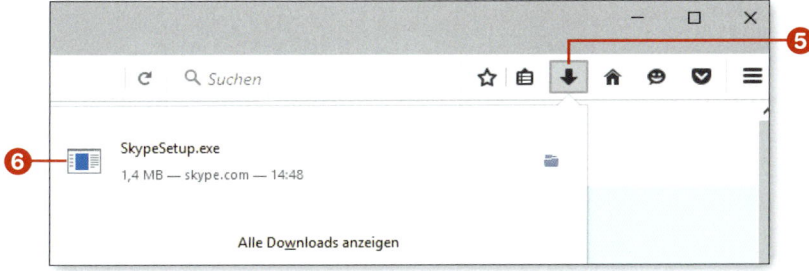

4. Ein kleines Fenster **Öffnen von SkypeSetup.exe** wird eingeblendet, in dem Sie auf **Datei speichern** klicken.

5. Nach erfolgreichem Download klicken Sie in der Navigationsleiste von Mozilla Firefox auf das **Download**-Symbol ⬇ ❺ und im aufklappenden Fenster auf die Datei **SkypeSetup.exe** ❻.

6. Die **Benutzerkontensteuerung** meldet sich jetzt zu Wort und fordert Sie zur Eingabe Ihres Administratorkennwortes auf, sofern Sie noch nicht als Administrator am PC angemeldet sind. Mit einem Klick auf **Ja** setzen Sie die Installation fort.

7. Der Dialog **Skype installieren** wird geöffnet. Klicken Sie auf **Ich stimme zu – weiter**, um den Skype-Nutzungsbedingungen und Skype-Datenschutzrichtlinien zuzustimmen.

8. Skype legt Ihnen nun die zwei Microsoft-eigenen Dienste Bing und MSN ans Herz. Können Sie auf beide verzichten, entfernen Sie jeweils das Häkchen vor **Bing als Suchmaschine verwenden** und **MSN als Startseite einrichten**. Nach einem Klick auf **Weiter** wird Skype installiert.

Nach der erfolgreichen Installation wird Skype automatisch gestartet. Das Programmfenster des Browsers können Sie schließen.

Als Nächstes steht die Anmeldung bei Skype an. Hierfür benötigen Sie ein Microsoft-Konto oder – falls Sie früher Skype bereits genutzt haben – einen Skype-Namen. Wie Sie an ein Microsoft-Konto gelangen, habe ich Ihnen im Abschnitt »Ein kostenloses E-Mail-Konto einrichten« ab Seite 111 gezeigt. Die bei Outlook.com eingerichtete E-Mail-Adresse und das Kennwort können Sie nun auch für die Anmeldung bei Skype nutzen.

▼ *Geben Sie die E-Mail-Adresse und das Kennwort Ihres Microsoft-Kontos ein.*

1. Um sich anzumelden, geben Sie im Feld **Skype-Name, E-Mail oder Handynr.** ❶ die E-Mail-Adresse Ihres Microsoft-Kontos bzw. den Skype-Namen an und im Feld **Kennwort** Ihr Kennwort ❷.

2. Klicken Sie dann auf **Anmelden** ❸.

3. Nach einem Klick auf **Weiter** führt Sie ein Assistent durch die letzten Schritte der Einrichtung.

4. Um die Audio- und Videofunktion zu testen, sollten Sie nun das Headset und die Webcam an Ihrem Computer anschließen. Falls Sie ein Notebook nutzen, sind Mikrofon und Webcam meist bereits integriert. Im Dialog **Skype einrichten** klicken Sie auf

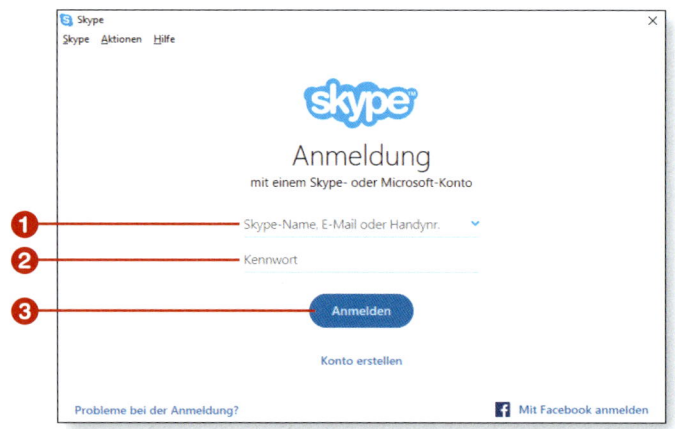

Audio-Test ❹. Wenn Sie ein Klingelzeichen hören, funktioniert der Lautsprecher. Sprechen Sie anschließend ein paar Sätze in das Mikrofon. Ein grüner Balken zeigt, dass Ihre Stimme gehört wird. Bei eingeschalteter Webcam sollten Sie sich im Bereich **Video** ❺ sehen. Dann klicken Sie auf **Weiter** ❻, um mit der Einrichtung fortzufahren.

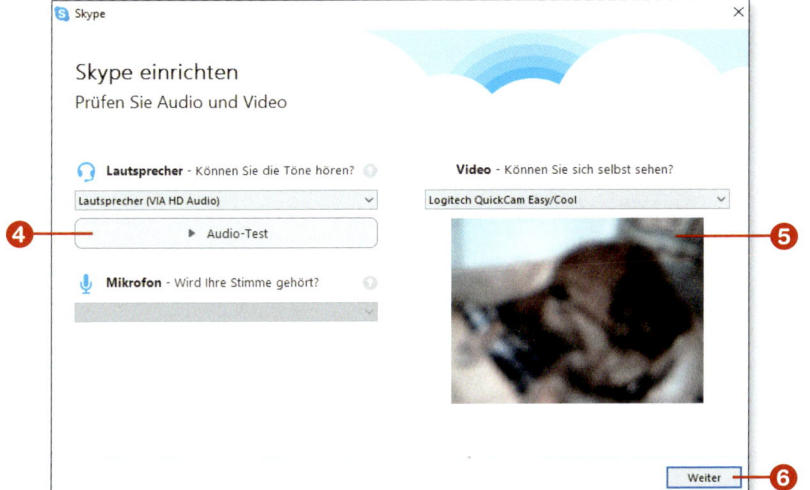

◂ *Prüfen Sie die Audio- und Videofunktionen.*

5. Wenn Sie möchten, machen Sie mithilfe der Webcam ein Foto von sich und nutzen es als Profilbild. Dies ist aber nicht unbedingt nötig. Noch ein Klick auf **Später hinzufügen** und **Skype nutzen** und dem kostenlosen Telefonieren und Chatten mit Skype steht nichts mehr im Wege.

Wie dies im Einzelnen funktioniert und wie Sie Freunde und Verwandte bei Skype aufspüren, zeige ich Ihnen im folgenden Abschnitt.

Skype einsetzen

Bevor Sie mit einem Freund oder Familienmitglied über Skype telefonieren können, müssen Sie die Person in Ihrer Kontaktliste aufnehmen. Dazu müssen Sie sie erst einmal im Skype-Nutzerverzeichnis ausfindig machen. Das ist nicht schwer, vorausgesetzt, Sie kennen entweder den Skype-Namen der Person oder die E-Mail-Adresse des Microsoft-Kontos. Und so gehen Sie vor:

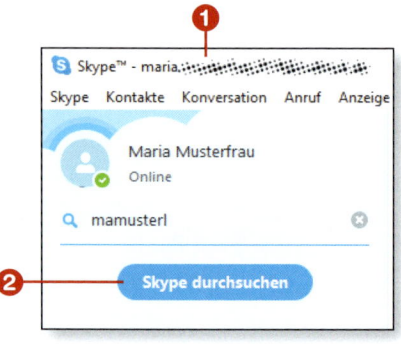

1. In der linken Fensterhälfte wird am oberen Rand ein Suchfeld angezeigt. Hier geben Sie den Skype-Namen ❶ bzw. die E-Mail-Adresse des gesuchten Kontakts ein. Alternativ können Sie auch nach dem wahren Namen der Person suchen.

2. Wenn Sie die Taste ⏎ drücken oder auf **Skype durchsuchen** ❷ klicken, durchsucht Skype das Skype-Nutzerverzeichnis, um darin nach der Person zu suchen.

3. Wird die gesuchte Person in der linken Fensterhälfte aufgeführt, markieren Sie den Eintrag per Mausklick.

4. Klicken Sie rechts auf **Zu Kontakten hinzufügen** ❸. Es klappt ein kleines Fenster auf, in dem Sie eine Nachricht an die Person eingeben können ❹. Mit einem Klick auf **Senden** ❺ wird die Anfrage verschickt.

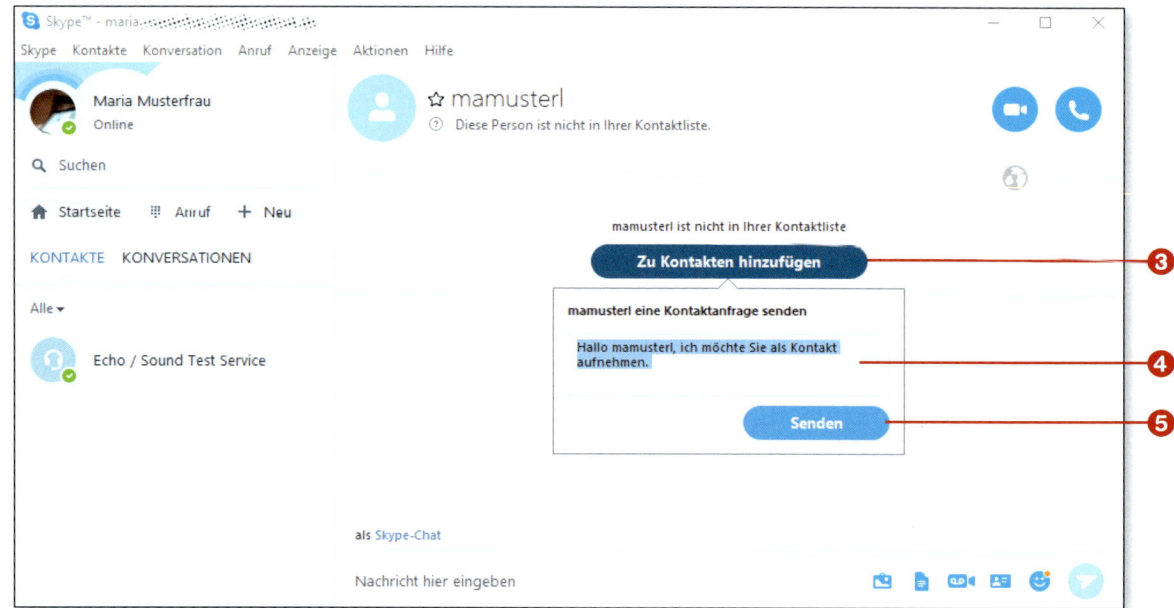

5. Der Empfänger erhält Ihre Kontaktanfrage, wenn bzw. sobald Skype geöffnet ist. In der linken Fensterhälfte wird ihm unter dem Register **Konversationen** ❻ die Person angezeigt, die eine Kontaktanfrage gestellt hat. Wenn er die Person markiert, erscheint ihre Nachricht in der rechten Fensterhälfte. Um die Anfrage zu bestätigen, reicht ein einfacher Klick auf **Annehmen** ❼. Der Kontakt erscheint nun in der Kontaktliste links unter dem Register **Kontakte**.

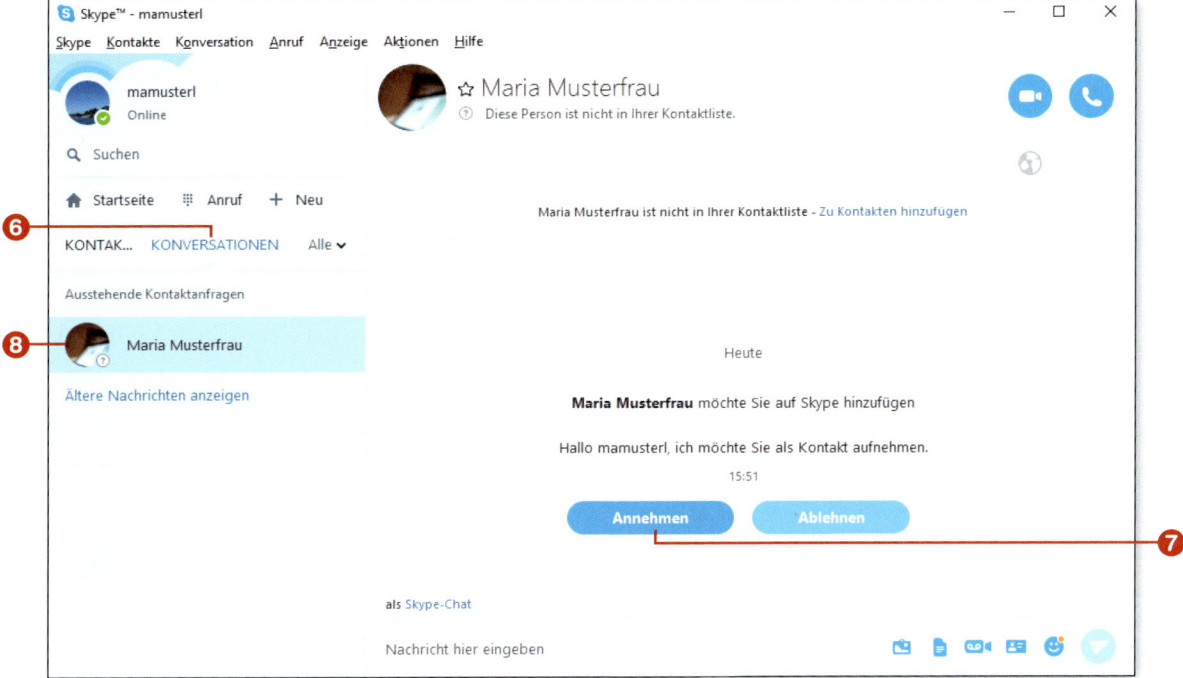

Nach so viel Vorbereitung ist das Telefonieren und Chatten mit Skype ein Kinderspiel. Voraussetzung für ein Gespräch ist natürlich, dass der andere Teilnehmer ebenfalls gerade am Computer sitzt und auch bei Skype angemeldet ist. Ist dies der Fall, wird in Ihrer Kontaktliste links vom Namen des entsprechenden Kontakts ein Häkchen auf grünem Hintergrund eingeblendet. Das Symbol bedeutet wiederum, dass der Kontakt nicht online ist. Erscheint ein rotes Symbol, möchte der Kontakt nicht gestört werden. Um mit einem Ihrer Kontakte zu telefonieren, gehen Sie folgendermaßen vor:

1. Markieren Sie auf der Registerkarte **Kontakte** in der Kontaktliste links den gewünschten Gesprächsteilnehmer (❶ auf Seite 292 oben).

2. In der rechten Fensterhälfte finden Sie nun zwei Möglichkeiten: Wenn Sie auf **Videoanruf** ❷ klicken, kommt die Webcam zum Einsatz, und Sie können sich gegenseitig beim Telefonieren sehen. Wählen Sie dagegen **Anrufen** ❸, erfolgt ein klassisches Telefonat ohne Bild.

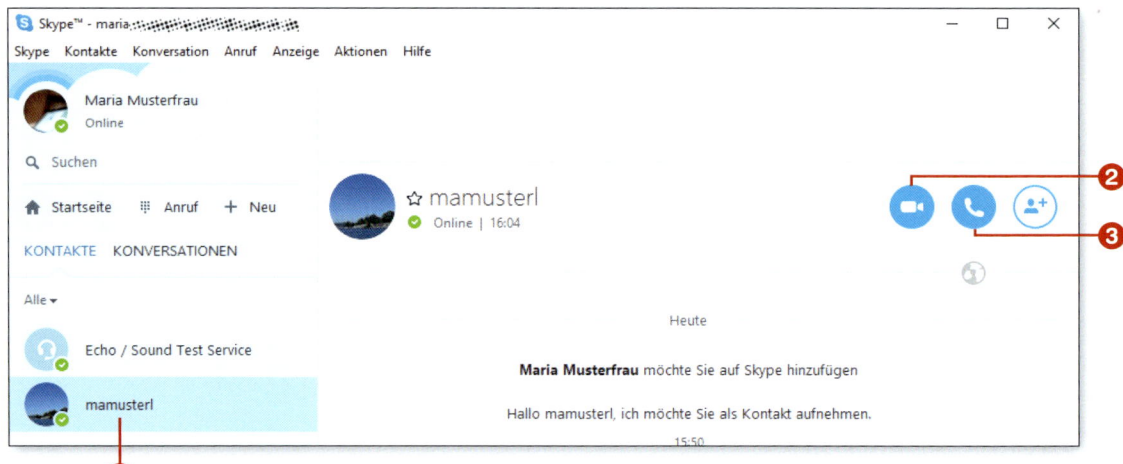

3. Egal, welche Variante Sie wählen: Sobald Sie eine der beiden Schaltflächen anklicken, ertönt bei der anderen Person ein Klingelton, und ein kleines Fenster klappt auf. Mit einem Klick auf **Annehmen** kann das Telefonat beginnen.

4. Möchten Sie das Telefonat beenden, klicken Sie auf das rote Telefonhörer-Symbol **Auflegen** .

Wie bereits erwähnt, können Sie mit Skype nicht nur telefonieren, sondern auch chatten, also kurze Textnachrichten versenden. Dies ist beispielsweise praktisch, wenn gerade keine Möglichkeit zum lauten Reden besteht oder einer der beiden Gesprächsteilnehmer nicht immer am Computer sitzt. Die Nachricht erscheint am Bildschirm, aber wann der Empfänger darauf antwortet, ist ihm überlassen.

Wenn Sie jemandem eine Nachricht zukommen lassen möchten, sind folgende Schritte nötig:

1. Markieren Sie die Person, der Sie schreiben möchten, in der Kontaktliste. In der rechten Fensterhälfte wird am unteren Rand ein Eingabefeld **Nachricht hier eingeben** eingeblendet ❶.

2. Klicken Sie in das Feld, und tippen Sie dort Ihre Nachricht ein.

Nach einem Klick auf das kleine Smiley-Symbol ❷ in der rechten Ecke des Eingabefeldes können Sie *Emoticons* oder *Smileys* auswählen und Ihrer Nachricht hinzufügen – fröhliche, traurige oder auch verdutzte Gesichter, je nachdem, wie gerade Ihre Stimmungslage ist. Auch süße Tiere ❸ sind dabei und vieles mehr.

3. Sobald Sie auf **Senden** ❹ klicken oder die Taste ⏎ drücken, wird die Nachricht verschickt.

4. Während Ihr Gegenüber tippt, erscheint oberhalb des Nachrichtenfeldes ein kleiner Stift ❺. Sobald Ihr Gesprächspartner seine Nachricht verschickt hat, wird sie auch schon bei Ihnen angezeigt ❻.

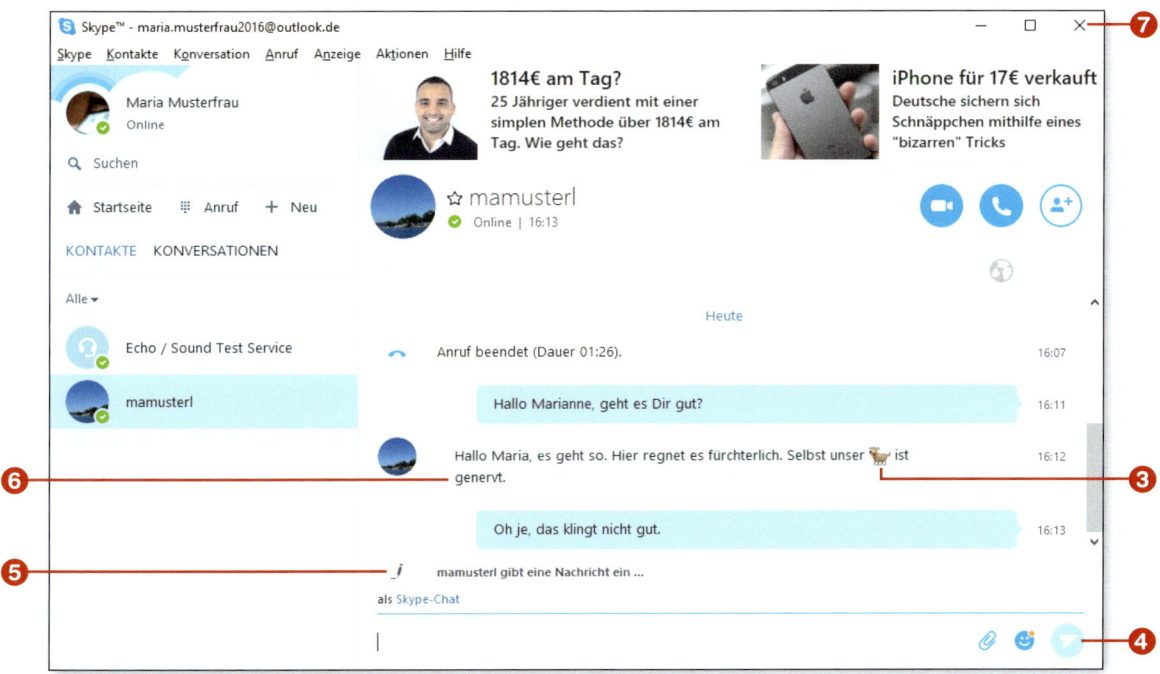

Für das Beenden eines Chats ist keine spezielle Taste nötig. Wenn Sie Skype beenden möchten, reicht allerdings nicht wie bei anderen Programmen ein Klick auf das Symbol **Schließen** ❼ in der rechten oberen Ecke des Programmfensters. Damit wird lediglich das Programmfenster ausgeblendet, Skype bleibt aber weiterhin im Hintergrund geöffnet, wie Sie am Programmsymbol in der Taskleiste sehen. Um das Programm endgültig zu schließen und damit auch nicht mehr für andere erreichbar zu sein, gehen Sie folgendermaßen vor:

1. Klicken Sie mit der rechten Maustaste auf das Skype-Programmsymbol in der Taskleiste ❶.

2. Im aufklappenden Kontextmenü wählen Sie nun den Befehl **Skype beenden** ❷.

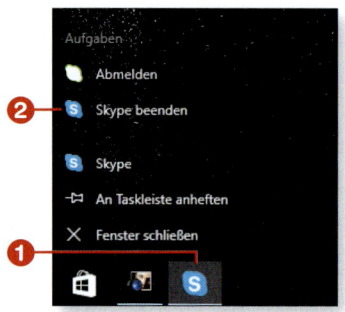

Ist der Lautsprecher eingeschaltet, hören Sie eine kurze Tonfolge. Diese zeigt an, dass Skype tatsächlich beendet wird. Diese Tonfolge ertönt übrigens auch, wenn Sie Skype zu einem späteren Zeitpunkt per Doppelklick auf das Desktop-Symbol wieder starten.

Mit den vorangegangenen Anleitungen haben Sie zumindest die Grundschritte im Umgang mit Skype kennengelernt. Das Programm bietet viele Funktionen, deren Beschreibung den Rahmen dieses Buches aber sprengen würde.

Kapitel 11
Fotos, Fernsehen und Musik im Internet

Sie können über das Internet einkaufen, Reisen buchen, E-Mails versenden und sogar telefonieren. Da wundert es kaum, dass auch das Fernsehen über das Internet möglich ist. Oder zählen Sie eher zu den Liebhabern des Radios? Auch dieses können Sie über das Internet genießen. Beim Thema Filme darf natürlich das Videoportal *YouTube* nicht fehlen, das Sie im Laufe des Kapitels noch kennenlernen werden. Zu Beginn zeige ich Ihnen aber, wie Sie Ihre eigenen Fotos im Internet veröffentlichen und wie aus Ihren Lieblingsbildern zauberhafte Fotogeschenke werden.

Fotos im Online-Album präsentieren

Während des Urlaubs sind Ihnen tolle Aufnahmen gelungen, die Sie gerne bald der Familie und Freunden präsentieren möchten. Bis zum nächsten Wiedersehen vergeht allerdings noch einige Zeit. Für solche Fälle bieten sich die Online-Bilderdienste an: In wenigen Schritten laden Sie die Fotos auf den Server des Bilderdienstes hoch. Wer möchte, versieht die Bilder mit Kurzbeschreibungen. Anschließend legen Sie fest, wer die Bilder im Internet ansehen darf. Bekannte und Verwandte werden per E-Mail informiert, dass Fotos von Ihnen »online« sind. Wie leicht das Ganze funktioniert, zeige ich Ihnen am Beispiel des Bilderdienstes *Flickr*. Der ursprünglich als Spiel konzipierte Dienst wurde 2005 von Yahoo gekauft und zählt zu den beliebtesten Foto-Communitys der Welt. Mittlerweile wurden Milliarden von Fotos bei Flickr veröffentlicht. Bevor Sie Ihre eigenen Bilder hochladen können, müssen Sie sich registrieren.

Kapitel 11: Fotos, Fernsehen und Musik im Internet

1. Starten Sie den Browser Ihrer Wahl, und geben Sie die Internetadresse »www.flickr.com« ein.

2. Auf der Startseite von Flickr klicken Sie am oberen Seitenrand auf **Registrieren** ❶.

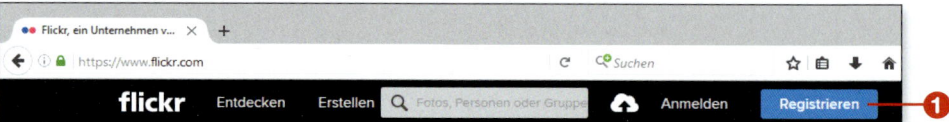

3. Auf der folgenden Webseite geben Sie zunächst Ihren Vornamen und den Nachnamen ein. Klicken Sie in das Feld **E-Mail-Adresse** ❷. Flickr zeigt Ihnen nun einige Vorschläge ❸ an. Wählen Sie den gewünschten Namen per Mausklick aus, oder kreieren Sie einen eigenen Benutzernamen. Ist dieser Name bereits vergeben, weist Flickr Sie darauf hin, und Sie müssen einen neuen Namen ausprobieren. Der Benutzername ist zugleich eine E-Mail-Adresse (siehe auch den Kasten »Die E-Mail-Adresse von Yahoo« auf Seite 297).

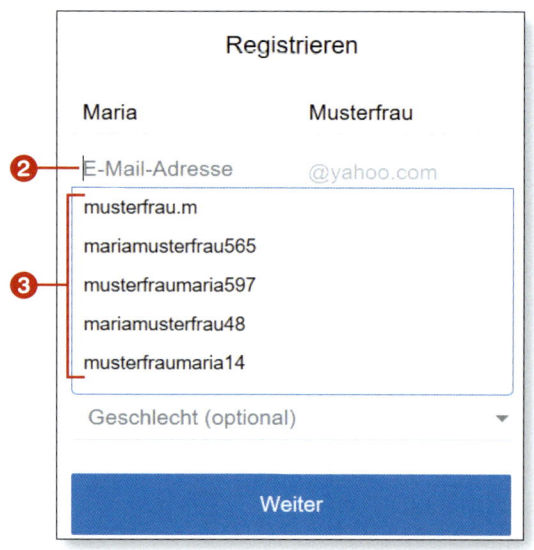

4. Auch das Passwort legen Sie wie üblich selbst fest. Es sollte Groß- und Kleinbuchstaben sowie Zahlen enthalten und aus mindestens 8, maximal 32 Zeichen bestehen.

5. Die Angabe Ihrer Handynummer ist Pflicht. Wenn Sie einmal Ihren Benutzernamen oder das Passwort vergessen sollten, kann Flickr Ihnen die Daten per SMS an Ihr Handy schicken.

6. Geben Sie als Nächstes Ihren Geburtstag an. Nach einem Klick auf das entsprechende Feld klappt eine Liste auf, in der Sie jeweils den Monat, den Tag und das Jahr markieren. Die Angabe des Geschlechts (**Männlich** oder **Weiblich**) ist optional.

7. Bestätigen Sie Ihre Angaben mit **Weiter**.

8. Auf der folgenden Seite klicken Sie auf **Senden Sie mir einen Code per SMS**. Yahoo schickt Ihnen nun an die zuvor angegebene Telefonnummer eine SMS, die einen Sicherheitscode enthält. Diesen Prüfcode geben Sie

Fotos im Online-Album präsentieren

auf der nächsten Seite im dafür vorgesehenen Feld ein und klicken auf **Bestätigen**.

9. Auf der folgenden Webseite wird die erfolgreiche Bestätigung Ihres *Accounts* (zu Deutsch »Konto«) bestätigt. Wenn Sie keine Werbemails von Yahoo erhalten möchten, entfernen Sie per Mausklick das Häkchen vor **Melden Sie sich für Yahoo Info-Mail an …** ❹. Bestätigen Sie mit einem Klick auf **Los geht's** ❺.

10. Auf der nächsten Webseite werden Ihnen nochmals Ihr Vor-, Nach- und Benutzername angezeigt. Klicken Sie auf **Weiter**.

> **Die E-Mail-Adresse von Yahoo**
>
> Mit der Registrierung bei Flickr legen Sie zugleich eine E-Mail-Adresse bei Yahoo an. Diese besteht aus zwei Teilen: dem in Schritt 3 auf Seite 296 ausgewählten Benutzernamen sowie der Ergänzung »@yahoo.de«, also etwa *maria_musterfrau@yahoo.de*. Über die E-Mail-Adresse (auch *Yahoo-ID* genannt) melden Sie sich nicht nur bei Flickr an, Sie können sie auch wie jede andere E-Mail-Adresse nutzen und damit Nachrichten senden sowie empfangen. Rufen Sie hierzu im Browser die Internetadresse »www.yahoo.de« auf, und klicken Sie auf der Startseite auf **Mail**. Das weitere Prozedere ist ähnlich wie bei Outlook.com, dem im Abschnitt »Ein kostenloses E-Mail-Konto einrichten« ab Seite 111 vorgestellten sogenannten Freemail-Provider zur kostenlosen Nutzung von E-Mail-Diensten. Selbstverständlich können Sie auch ein E-Mail-Programm wie Thunderbird nutzen. Auch diese Anwendung haben Sie in Kapitel 4, »E-Mails schreiben und lesen«, kennengelernt.

Damit haben Sie die Registrierung erfolgreich abgeschlossen. Alle Fotos, die Sie bei Flickr hochladen, können Sie entweder allen Besuchern der Flickr-Website präsentieren oder nur einem bestimmten Personenkreis. Der Speicherplatz, den Flickr Ihnen für Ihre Fotos kostenlos zur Verfügung stellt, beträgt 1 Terabyte. Das reicht für ca. 500.000 Bilder. Um nun selbst aktiv zu werden und eigene Fotos hochzuladen, gehen Sie folgendermaßen vor:

1. Klicken Sie am oberen Seitenrand der Startseite von Flickr auf das Wolkensymbol **Hochladen** (❶ auf Seite 298).

Kapitel 11: Fotos, Fernsehen und Musik im Internet

2. Auf der sich nun öffnenden Webseite klicken Sie auf **Fotos und Videos auswählen**.

3. Im Dialog **Datei hochladen** wechseln Sie in der linken Fensterhälfte in den Ordner, in dem sich die gewünschten Fotos befinden, etwa **Bilder** ❷.

4. Wenn Sie gleich mehrere Bilder hochladen möchten, halten Sie die Taste [Strg] gedrückt, während Sie alle Fotos ❸ per Mausklick markieren. Klicken Sie dann auf **Öffnen** ❹.

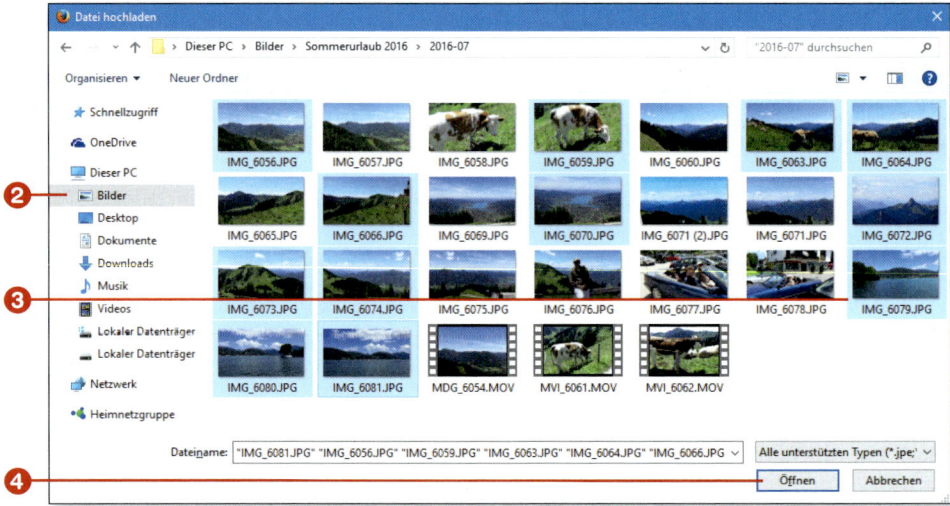

Je nach Anzahl sowie Dateigröße kann es nun einen Moment dauern, bis alle Bilder auf der Webseite von Flickr in einer Übersicht angezeigt werden. Damit die Besucher Ihres Online-Fotoalbums später wissen, was auf den Bildern zu sehen ist, können Sie als Nächstes für jedes Foto eine Beschreibung ergänzen.

5. Positionieren Sie den Mauszeiger unterhalb des Dateinamens eines Fotos, erscheint die Quickinfo **Beschreibung** ❺. Bei einem Tablet erscheint der Schriftzug nicht. Sobald Sie auf den Bereich unterhalb des Dateinamens klicken oder tippen, wird ein weißes Textfeld eingeblendet. In dieses Feld geben Sie eine kurze Beschreibung des Fotos ein ❻.

6. Wiederholen Sie Schritt 5 mit allen weiteren Bildern.

Fotos im Online-Album präsentieren

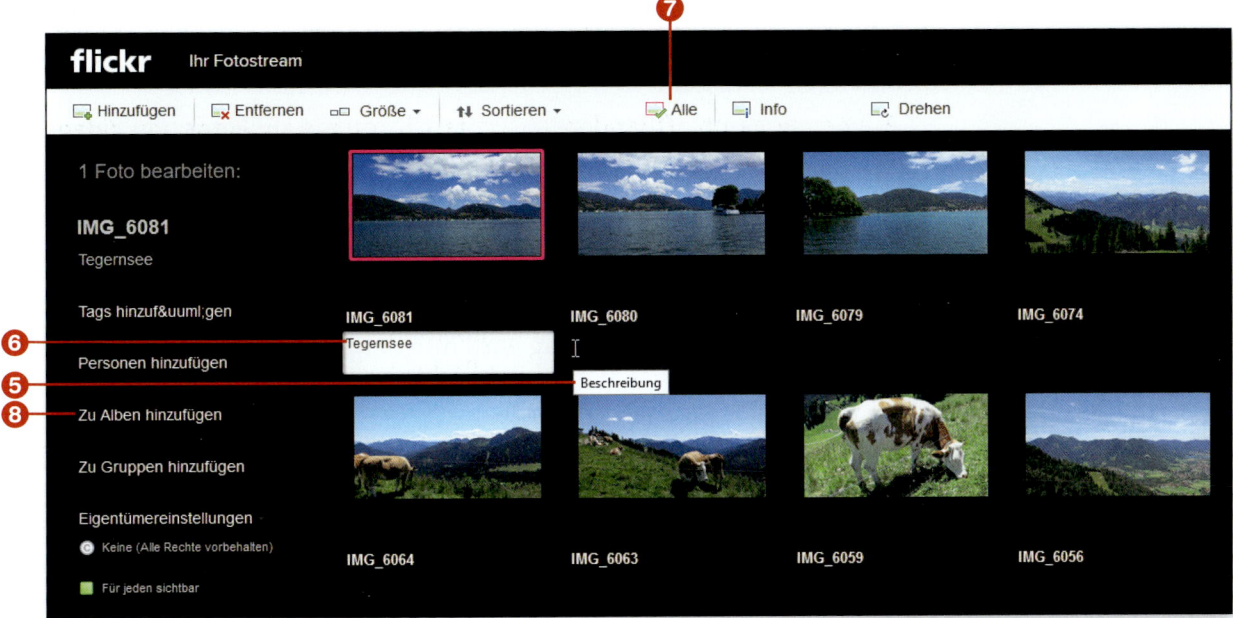

Wenn Sie möchten, fassen Sie die Fotos in einem Album zusammen. Dies bietet sich vor allem an, wenn Sie im Laufe der Zeit Bilder zu unterschiedlichen Anlässen bzw. Ereignissen – wie etwa Urlaub, Familienfeiern oder auch Vereinsausflügen – bei Flickr veröffentlichen.

1. Markieren Sie zunächst alle Bilder, die in einem Album zusammengefasst werden sollen. Halten Sie hierzu wieder die Taste Strg gedrückt, während Sie die gewünschten Fotos anklicken. Wenn Sie alle Bilder auswählen möchten, reicht ein Klick auf **Alle** ❼ am oberen Seitenrand. Markierte Bilder werden mit einem pinkfarbenen Rahmen versehen.

2. Klicken Sie in der linken Spalte auf **Zu Alben hinzufügen** ❽.

3. In dem kleinen Dialog, der nun eingeblendet wird, geben Sie einen **Titel des Albums** sowie eine **Beschreibung des Albums** ein. Klicken Sie dann auf **Album erstellen** und anschließend auf **Fertig**.

In der linken Spalte wird unterhalb von **Alben** eines der Fotos des gerade angelegten Albums angezeigt.

Als Nächstes steht eine wichtige Einstellung an: Sollen nicht alle Mitglieder von Flickr Ihre Bilder sehen können, sondern nur ein ausgewählter

Personenkreis, müssen Sie nun auch noch die sogenannten **Eigentümereinstellungen** festlegen.

1. Stellen Sie sicher, dass alle Bilder markiert sind, was Sie jeweils an einem pinkfarbenen Rahmen erkennen.

2. Bewegen Sie den Mauszeiger in der linken Spalte auf den Eintrag **Für jeden sichtbar** unterhalb von **Eigentümereinstellungen**. Rechts vom Eintrag wird nun der Link **bearbeiten** sichtbar; klicken Sie darauf.

3. Es wird jetzt der Bereich **Datenschutz** eingeblendet, in dem Sie wieder auf **bearbeiten** rechts von **Für jeden sichtbar** klicken.

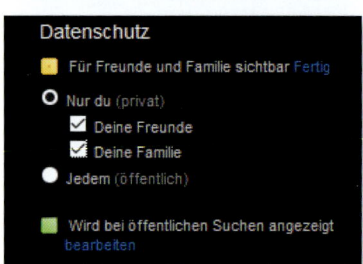

4. Aktivieren Sie die Option **Nur du (privat)** per Mausklick. Wenn **Deine Freunde** oder **Deine Familie** die Bilder sehen dürfen, setzen Sie jeweils ein Häkchen in die entsprechenden Kästchen.

5. Wenn Sie nicht möchten, dass Ihre Fotos über Suchmaschinen wie Google gefunden werden, klicken Sie neben **Wird bei öffentlichen Suchen angezeigt** auf die Schaltfläche **bearbeiten**.

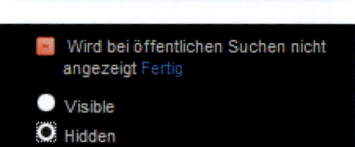

6. Aktivieren Sie die Option **Hidden** (Englisch für »versteckt«).

7. Wenn Sie alle Einstellungen vorgenommen haben, steht dem Hochladen der Bilder auf den Server von Flickr nichts mehr im Wege. Überprüfen Sie nochmals, ob auch alle Dateien markiert sind. Klicken Sie dann oben rechts auf ... **Fotos hochladen** und im folgenden Dialog auf **Hochladen**.

Das Hochladen, auch *Upload* genannt, kann nun je nach Anzahl und Größe der Bilder ein wenig dauern. Anschließend wird Ihnen der Fotostream, sprich alle hochgeladenen Bilder, angezeigt. *Stream* lässt sich im Deutschen mit »Strom« oder »Fluss« übersetzen.

Fotos im Online-Album präsentieren

Damit Ihre Familie und Freunde sich die Fotos ansehen können, müssen Sie ihnen nun eine Einladung per E-Mail zukommen lassen.

> **Fotos und Alben löschen**
>
> Wenn Sie ein Foto versehentlich hochgeladen haben, können Sie es selbstverständlich auch wieder entfernen. Klicken Sie hierzu auf das betreffende Bild. Ober- oder auch unterhalb des Fotos finden Sie nun die Schaltfläche . Nach einem Klick darauf klappt eine Liste mit diversen Befehlen auf. Wählen Sie **Löschen**, und bestätigen Sie mit **Löschen**. Auch ein ganzes Album können Sie wieder entfernen: Klicken Sie auf das Menü **Du** und dann auf **Alben**. Positionieren Sie den Mauszeiger auf dem zu löschenden Album. In der kleinen Menüleiste oberhalb der Albumvorschau klicken Sie auf das kleine Papierkorbsymbol . Bestätigen Sie mit **OK**.

1. Klicken Sie in der kleinen Menüleiste unterhalb Ihres Namens auf **Alben** ❶ und anschließend auf das gewünschte Album ❷.

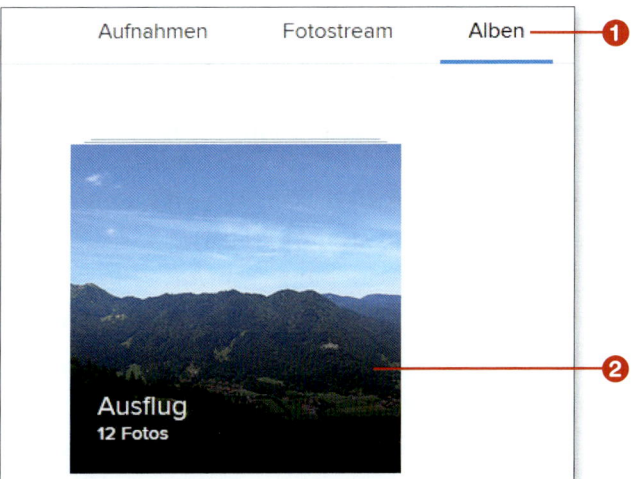

2. Es werden nun alle Fotos des Albums angezeigt. Klicken Sie am oberen Seitenrand unterhalb des Albumtitels auf das Symbol . Im Dialog **Album teilen auf** wechseln Sie in das Register **Mail** ❸.

Kapitel 11: Fotos, Fernsehen und Musik im Internet

3. Geben Sie in das Feld **Benutzername oder E-Mail** die E-Mail-Adresse der gewünschten Person ein ❹. Sobald Sie die Adresse vollständig eingetragen haben, erscheint die Schaltfläche **Eine E-Mail an diese Adresse senden**; klicken Sie darauf. Wenn Sie möchten, ergänzen Sie weitere E-Mail-Adressen.

4. Damit Ihre Freunde und die Familie wissen, was es mit der E-Mail auf sich hat, sollten Sie eine kleine Nachricht in das entsprechende Feld einfügen ❺.

5. Klicken Sie dann auf den kleinen Pfeil rechts von **Alle Fotos – öffentlich und privat** ❻, und markieren Sie in der aufklappenden Liste **Mit »Freunde« und »Familie« markierte Fotos berücksichtigen** ❼. Mit einem Klick auf **Teilen** ❽ schicken Sie die E-Mail ab.

6. Bestätigen Sie den folgenden Hinweis mit **OK**.

Ihre Familienmitglieder bzw. Freunde erhalten nun eine E-Mail, die einen Link enthält. Per Klick auf den Link gelangen sie automatisch zu Ihrer Flickr-Webseite und den freigegebenen Fotos. Sowohl Besucher Ihres Fotostreams als auch Sie selbst können sich übrigens nach einem Klick auf die Schaltfläche eine schöne Diashow der Bilder anzeigen lassen. Per Klick auf das Kreuzsymbol in der Diashow oben rechts kehren Sie wieder zur Albenübersicht zurück. Sollte die Schaltfläche nicht sichtbar sein, bewegen Sie einfach leicht den Mauszeiger. Nach einem Klick auf das Menü **Du** am oberen linken Seitenrand können Sie jederzeit gezielt Ihren **Fotostream** oder auch die **Alben** aufrufen.

Fotogeschenke über das Internet bestellen

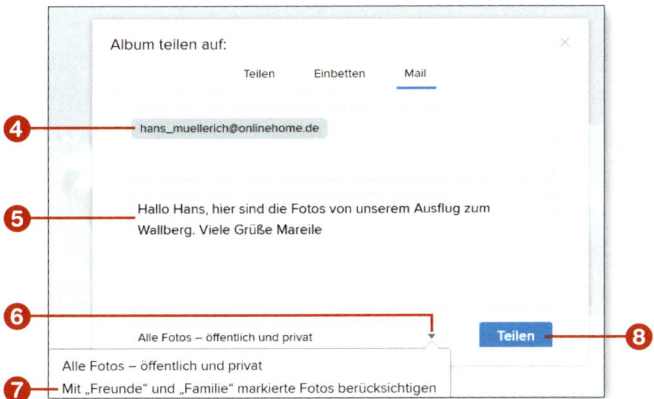

Wenn Sie die Flickr-Website verlassen möchten, sollten Sie sich zuvor unbedingt abmelden. Klicken Sie hierzu in der rechten oberen Ecke der Webseite auf das Symbol ![] und im aufklappenden Fenster auf **Abmelden**. Um sich später wieder bei Flickr anzumelden, rufen Sie einfach die Internetseite »www.flickr.com« auf und klicken auf **Anmelden**. Geben Sie dann Ihre Yahoo-ID ein, sprich Ihre Yahoo-E-Mail-Adresse, sowie das Passwort.

Im nächsten Abschnitt zeige ich Ihnen, wie Sie aus Ihren Fotos tolle Geschenke zaubern können.

Fotogeschenke über das Internet bestellen

Was schenkt man jemandem, der eigentlich schon alles besitzt und sich Dinge, die er gerne haben möchte, meist selbst kauft? Wie wäre es mit einem Fotogeschenk? Das Einzige, was Sie hierzu benötigen, ist ein schönes Foto oder auch mehrere. Im Internet finden Sie zahlreiche Ideen, was sich aus diesen Bildern zaubern lässt. Das beginnt bei klassischen Kalendern, geht über Spiele und reicht bis hin zu persönlich gestalteten Trinkbechern. Keine Sorge, Sie müssen nicht selbst basteln. Die Umsetzung übernehmen Fotodienste wie das Fotoparadies (*www.fotoparadies.de*), CEWE (*www.cewe.de*) oder auch Fotokasten (*www.fotokasten.de*) für Sie. Am Beispiel des Fotodienstes Pixum zeige ich Ihnen, wie einfach die Auswahl und Bestellung eines Fotogeschenks ist. Die Internetadresse des Dienstes lautet »www.pixum.de«.

Kapitel 11: Fotos, Fernsehen und Musik im Internet

Wenn Sie auf der Startseite von Pixum den Mauszeiger langsam über die Menüpunkte bewegen, klappt das jeweilige Untermenü auf. Mit einem nach rechts weisenden Pfeil versehene Untermenüs bieten weitere Unterkategorien. Hier gewinnen Sie bereits einen kleinen Eindruck, welche Vielfalt von Fotogeschenken zur Auswahl steht.

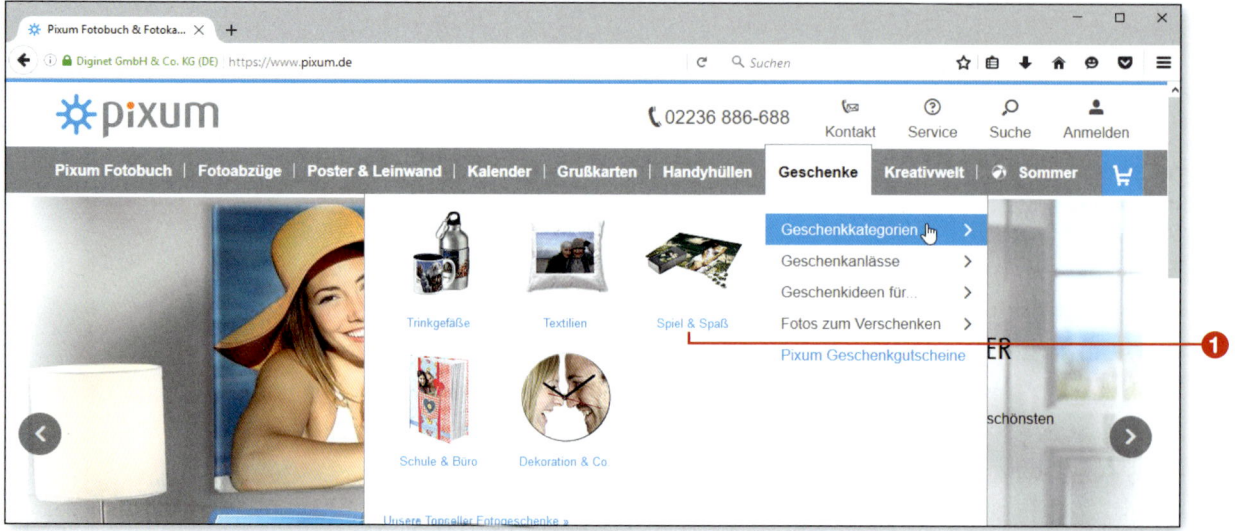

⌃ *Pixum bietet eine große Auswahl an Fotogeschenken.*

Weckt eine Kategorie Ihr Interesse, rufen Sie sie per Klick auf den entsprechenden Untermenüeintrag auf. Eine schöne Geschenkidee für jede Altersklasse ist z. B. das Gedächtnisspiel Memory. Die persönliche Note erhält das Spiel durch eigene Fotos. Dieses Spiel wähle ich als Beispiel, um Ihnen zu zeigen, wie Sie Ihr individuelles Geschenk gestalten und dann bei Pixum bestellen.

1. Positionieren Sie den Mauszeiger auf dem Menü **Geschenke** und dann auf **Geschenkkategorien**. Wählen Sie hier **Spiel & Spaß** ❶ per Mausklick aus.

2. Blättern Sie auf der folgenden Webseite nach unten bis zum Eintrag **Foto Memo**. Hier erhalten Sie bereits ein paar Informationen zum Fotogeschenk, wie etwa den Preis sowie die Anzahl der benötigten Fotomotive, sprich Fotos. Klicken Sie auf **Jetzt gestalten** ❷.

Fotogeschenke über das Internet bestellen

Foto Memo
- Material: 25 Fotomotive auf 50 stabilen Fotokärtchen
- Größe: 5,2 cm x 6,7 cm
- Bedruckbare Fläche: 4,6 cm x 6,1 cm
- mit blauem Foto Memo-Aufdruck auf der Rückseite
- verpackt in einer attraktiven Faltschachtel

Bitte beachten Sie: Das in der Produktvorschau angezeigte Bild (oder Bildausschnitt) wird für die Fertigung Ihres Produktes verwendet.

15,99 €
inkl. MwSt., zzgl. Versandkosten

Jetzt gestalten ──❷

3. Für das Foto-Memo-Spiel benötigen Sie insgesamt 25 Bilder. Um die Bilder auf Ihrem Computer auszuwählen, klicken Sie in der linken Spalte auf **Foto hochladen**.

4. Der Dialog **Datei hochladen** wird eingeblendet. Wechseln Sie hier in den Ordner, in dem sich das erste Bild befindet, das Sie verwenden möchten. Markieren Sie das erste gewünschte Foto. Tipp: Befinden sich im ausgewählten Ordner mehrere Bilder, die Sie für das Foto-Memo-Spiel verwenden möchten, können Sie diese auch in einem Rutsch auswählen. Halten Sie hierzu einfach die Taste [Strg] gedrückt, während Sie die gewünschten Fotos per Mausklick markieren, und bestätigen Sie die Auswahl mit **Öffnen**.

5. Die ausgewählten Fotos werden auf der Pixum-Webseite in der linken Spalte angezeigt (❸ auf Seite 306). Haben Sie mehrere Dateien ausgewählt, kann dieser Vorgang einen Moment dauern. Wenn Sie weitere Bilder aus anderen Ordnern hinzufügen möchten, klicken Sie in dieser Spalte erneut auf **Foto hochladen** ❹. Es erscheint wieder der Dialog **Datei hochladen**, in dem Sie, wie in Schritt 4 gezeigt, die nächsten Fotos auswählen. Wiederholen Sie Schritt 4 und 5 so oft, bis alle 25 Fotos in der linken Spalte aufgeführt werden.

6. In der rechten Fensterhälfte sehen Sie zunächst blaue Platzhalter, die die Spielkarten symbolisieren. Diese Platzhalter werden Sie nun mit Ihren Fotos füllen. Positionieren Sie hierzu den Mauszeiger auf dem ersten Foto in der linken Spalte. Ziehen Sie den Mauszeiger dann mit gedrückter linker Maustaste auf einen der kleinen Platzhalter in der Bilderleiste am unteren rechten Fensterrand. Sobald sich der Mauszeiger

❺ über dem Platzhalter befindet, lassen Sie die linke Maustaste los. Das Foto wird jetzt anstelle des Platzhalters angezeigt.

7. Wiederholen Sie Schritt 6, um alle weiteren Platzhalter durch Ihre Fotos zu ersetzen. Mithilfe der vertikalen Bildlaufleiste ❻ in der linken Spalte blättern Sie in Ihren Fotos, die horizontale Bildlaufleiste ❼ dient dem Blättern in den Spielkarten.

8. Haben Sie alle Platzhalter mit Ihren Fotos befüllt, können Sie in der rechten Fensterhälfte die einzelnen Spielkarten prüfen und ggf. anpassen (siehe den Kasten »Bilder bearbeiten« auf Seite 307). Markieren Sie dort ein Foto per Mausklick ❽, so wird es in voller Größe und Schönheit in der Vorschau darüber angezeigt ❾.

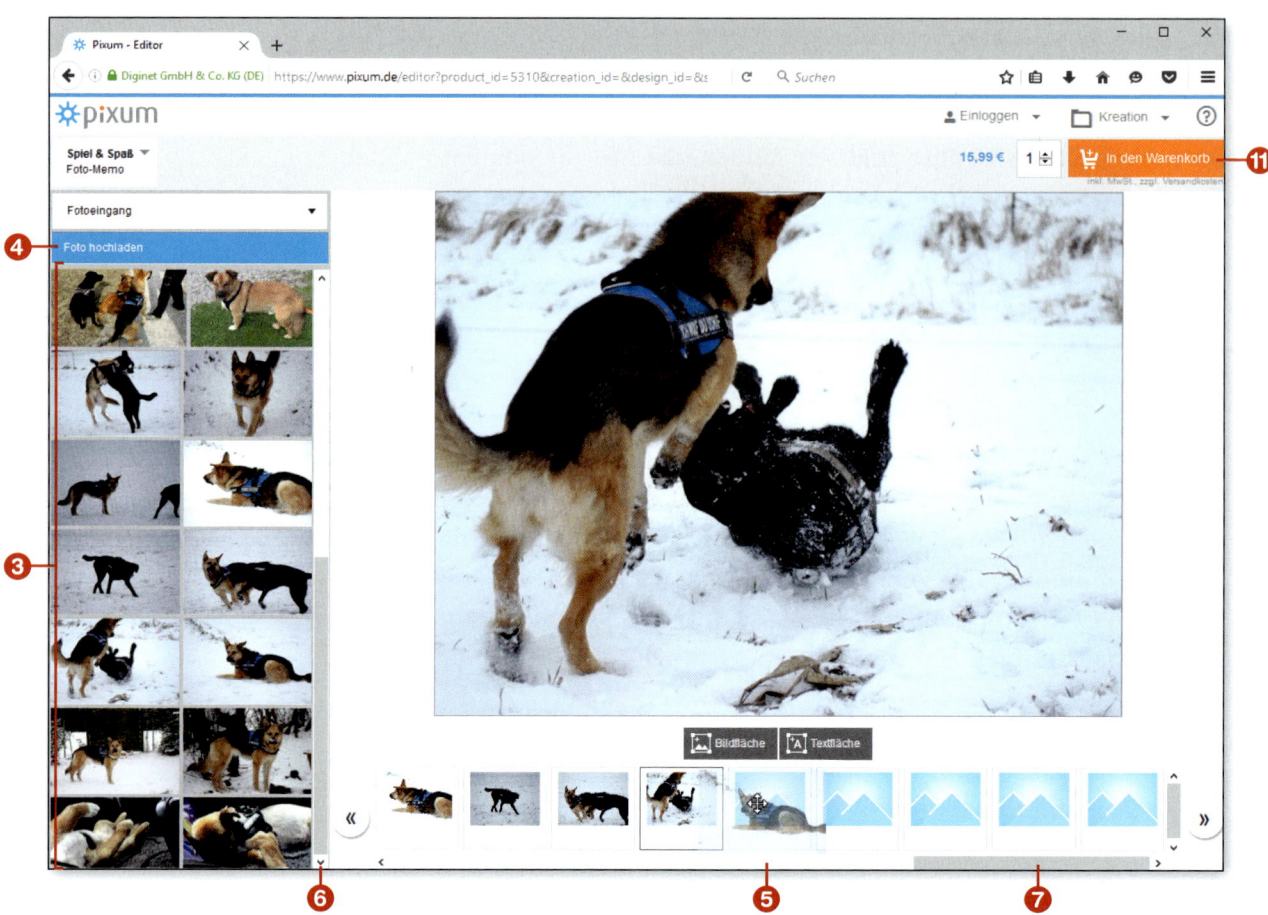

Bilder bearbeiten

Wenn Sie möchten, können Sie die ausgewählten Fotos noch bearbeiten. Um z. B. den Bildausschnitt zu verändern, wählen Sie das zu korrigierende Bild zunächst in der kleinen Miniaturvorschau aus ❽ und klicken dann auf die große Vorschau ❾. Oberhalb dieser Vorschau finden Sie nun einige Symbole ❿. Markieren Sie das Symbol ⊕, können Sie anschließend den Bildausschnitt mit gedrückter linker Maustaste verschieben. Klicken Sie auf das Symbol ↻, lässt sich das Foto ebenfalls mit gedrückter linker Maustaste um die eigene Achse drehen. Ein Vergrößern oder Verkleinern des Bildausschnitts ist nach einem Klick auf das Symbol 🔍 möglich. Mit einem Klick auf ↩ stellen Sie den Originalzustand wieder her. Wenn Sie ein Foto aus der Auswahl löschen möchten, klicken Sie auf 🗑. Denken Sie daran, anschließend ein neues Bild, wie in Schritt 4 bis 6 ab Seite 305 gezeigt, auszuwählen.

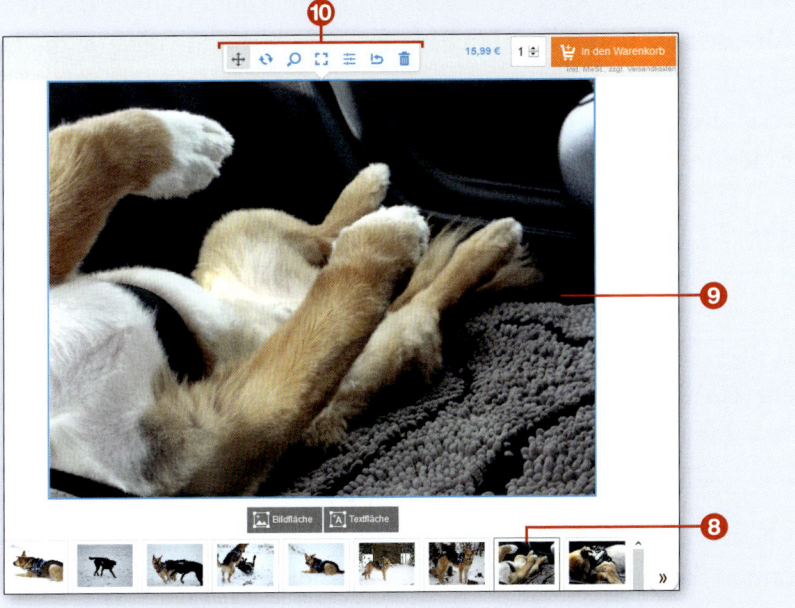

∧ Sie können jedes Foto bearbeiten oder auch wieder löschen.

Wenn Sie mit den einzelnen Spielkarten zufrieden sind, geht es an den Bestellvorgang.

1. Klicken Sie in der rechten Fensterhälfte auf **In den Warenkorb** (⓫ auf Seite 306).

Weiter zur Kasse

2. Wenn Sie möchten, können Sie noch weitere Fotogeschenke auswählen. In diesem Fall gehen Sie entsprechend der obigen Anleitung vor. Möchten Sie es bei dem Foto-Memory-Spiel belassen, klicken Sie auf **Weiter zur Kasse**.

3. Wenn Sie noch kein Kunde bei Pixum sind, müssen Sie sich zunächst registrieren. Klicken Sie hierzu auf **Kostenloses Pixum Konto erstellen**. Ergänzen Sie auf der nächsten Webseite in den entsprechenden Feldern Ihren Namen sowie Ihre E-Mail-Adresse. Alle mit einem Stern gekennzeichneten Felder müssen ausgefüllt werden.

4. Versehen Sie dann das Kästchen zu den **AGB/Kundeninfos** mit einem Häkchen. Bestätigen Sie Ihre Angaben mit **Registrieren**.

5. Füllen Sie in der linken Fensterhälfte der folgenden Seite alle mit einem Stern gekennzeichneten Felder mit Ihrem Namen sowie der Rechnungsadresse aus. In der rechten Fensterhälfte legen Sie fest, ob die Lieferung an die **Rechnungsadresse**, an eine **abweichende Adresse** oder an eine **Packstation** erfolgen soll. Ist die Rechnungsadresse nicht identisch mit der Lieferadresse, müssen Sie die entsprechenden Daten ergänzen.

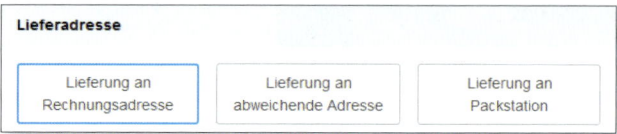

6. Wenn Sie alle nötigen Angaben vorgenommen haben, klicken Sie auf **Weiter zur Zahlungsart**. Eventuell müssen Sie mithilfe der Bildlaufleiste etwas nach unten blättern, damit die Schaltfläche sichtbar wird.

7. Als Nächstes wählen Sie die Zahlungsart aus. Bei der ersten Bestellung können Sie lediglich per Kreditkarte, Bankeinzug oder *PayPal* (ein sogenanntes Bezahlsystem, das ich Ihnen im Abschnitt »Allgemeine Tipps für sicheres Einkaufen« ab Seite 159 vorgestellt habe) bezahlen. Ab der zweiten Bestellung steht Ihnen auch die Zahlungsweise Rechnung zur Verfügung. Wählen Sie links die gewünschte Option aus, und geben Sie rechts in den Feldern die entsprechenden Daten an. Die Datenübertragung erfolgt über eine sichere Verbindung, wie Sie selbst in der Adresszeile anhand des hier bereits mehrfach erwähnten Protokolls HTTPS überprüfen können.

8. Nach einem Klick auf **Weiter zur Bestätigung** können Sie nochmals einen Blick auf Ihre Bestellung werfen. Versehen Sie das Kästchen **Ich stimme den AGB/Kundeninfos zu** mit einem Häkchen, bevor Sie mit einem Klick auf **Jetzt kaufen** die Bestellung abschließen.

Nun dauert es nur noch wenige Tage, und das Fotogeschenk wird an die von Ihnen angegebene Adresse geschickt. Pixum schickt Ihnen außerdem eine E-Mail mit einem Passwort. Über dieses Passwort können Sie sich zukünftig in Kombination mit Ihrer E-Mail-Adresse bei Pixum anmelden. Das Passwort sollten Sie, wie in der E-Mail erklärt, nach der ersten Anmeldung ändern. Wenn Sie an dieser Stelle nichts weiter bei Pixum erledigen möchten, melden Sie sich bitte ab, bevor Sie den Browser schließen oder zu einer anderen Webseite wechseln. Klicken Sie hierzu oben rechts auf Ihre E-Mail-Adresse und dann in der aufklappenden Liste auf **Ausloggen**.

Das Videoportal YouTube

Im ersten Abschnitt dieses Kapitels haben Sie erfahren, wie Sie eigene Fotos im Internet präsentieren können. Dies ist natürlich auch mit Videos möglich. Eines der bekanntesten und auch beliebtesten Videoportale ist *YouTube*. Zahlreiche Nutzer haben hier bereits ihre selbst gedrehten Videos veröffentlicht. Von Renovierungstipps über Fitnessanleitungen bis hin zu lustigen Privataufnahmen ist alles dabei. Sogar Konzertmitschnitte und Videoaufnahmen von Sportveranstaltungen gibt es hier. Da YouTube weltweit zur Verfügung steht, beschränkt sich das Angebot nicht nur auf deutsche Filme. Das Videoportal wurde 2006 von Google aufgekauft. Im Folgenden zeige ich Ihnen, wie Sie bei YouTube nach Filmen suchen und die Videos dann abspielen.

Rufen Sie die Internetadresse »www.youtube.de« auf. Auf der Startseite von YouTube werden einige Vorschauen auf die beliebtesten Videos der YouTube-Nutzer eingeblendet. Da sich über Geschmack bekanntlich streiten lässt, muss nicht jedes dieser Videos auch Ihren (und meinen) Gefallen finden.

Kapitel 11: Fotos, Fernsehen und Musik im Internet

Wie bei Google finden Sie am oberen Seitenrand ein Suchfeld. Klicken Sie in das Feld, und geben Sie die gewünschten Stichwörter ein. Wenn Sie z. B. auf der Suche nach einer Anleitung zum Verlegen von Fliesen im Badezimmer sind, tragen Sie als Suchbegriffe »Fliesen verlegen Badezimmer« ❶ ein. Benötigen Sie Tipps zur Stärkung der Rückenmuskulatur, probieren Sie die Eingabe »Rückentraining Rückenschmerzen« aus. Sobald Sie auf ⏎ oder auf das Lupensymbol ❷ rechts vom Suchfeld drücken bzw. tippen, werden Ihnen auch schon die Treffer Ihrer Suchanfrage ❸ angezeigt.

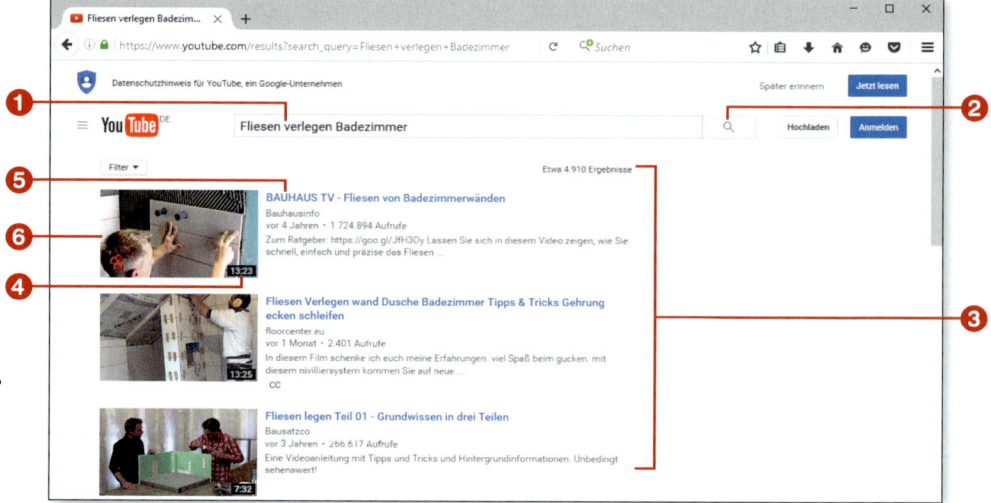

> *Je detaillierter Ihre Suchanfrage ist, desto besser sind auch die Ergebnisse.*

Zu jedem Treffer wird links ein kleines Vorschaubild eingeblendet. Der Zeitangabe in der rechten unteren Ecke der Vorschau ❹ können Sie die Spielzeit des Videos entnehmen. Rechts werden unterhalb des Filmtitels eine kurze Filmbeschreibung sowie der Name des YouTube-Benutzers eingeblendet, der den Film veröffentlicht hat. Außerdem erfahren Sie, wann dies geschehen ist und wie häufig der Film in der Zwischenzeit aufgerufen, d. h. angesehen wurde.

Mithilfe der Bildlaufleiste blättern Sie wie gewohnt auf der Webseite. Je nach Anzahl der Treffer finden Sie am Ende der Liste die bereits von der Suchmaschine Google (siehe Kapitel 3, »Suchen und Finden mit Google«) bekannten Seitenzahlen sowie die Schaltfläche **Weiter**, über die Sie sich die nächsten Suchergebnisse anzeigen lassen können. Über die **Zurück**-Schaltfläche ← des Browsers gelangen Sie wie üblich zur vorherigen Webseite zurück. Auch bei YouTube finden Sie in der Trefferliste Anzeigen, sprich Werbung, die entsprechend gekennzeichnet ist.

Wenn ein Film Ihr Interesse geweckt hat, klicken Sie entweder auf den Filmtitel ❺ oder das Vorschaubild ❻. Auf der folgenden Webseite wird am oberen Rand ein Videomonitor angezeigt, in dem der ausgewählte Film abgespielt wird. Um auch die Musik oder den Text hören zu können, sollte der Lautsprecher Ihres Computers eingeschaltet sein. Wenn der Ton trotzdem sehr leise ist, klicken Sie unterhalb des Videomonitors auf das kleine Lautsprechersymbol und ziehen den nun sichtbaren Regler mit gedrückter linker Maustaste nach rechts .

Bei manchen Videos wird vor der eigentlichen Filmwiedergabe im Videomonitor eine kurze Werbung abgespielt. Diese dauert aber meist nur wenige Sekunden. Manch eine Werbung lässt sich auch überspringen per Klick auf die gleichnamige Schaltfläche. Sollte während der Filmwiedergabe eine Werbung erscheinen, blenden Sie diese per Klick auf das kleine Kreuzsymbol in der rechten oberen Ecke des Werbefensters aus.

Den »Hauptfilm« sehen Sie entweder nach dem Werbefilm, oder er startet automatisch beim Aufruf der Webseite. Während der Wiedergabe ist unterhalb des Videomonitors eine rote Linie eingeblendet. Anhand dieser Zeitleiste und der Zeitangabe wissen Sie ganz genau, wie viel des Films bereits abgespielt wurde. Möchten Sie die Wiedergabe zwischendurch anhalten, klicken Sie auf das Symbol ganz links (❶ auf Seite 312). Mit einem Klick auf das Symbol fahren Sie mit der Wiedergabe fort.

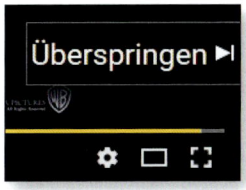

▲ *Nicht jede Werbung muss bis zum Ende betrachtet werden.*

Positionieren Sie den Mauszeiger auf der Zeitleiste, erscheint am rechten Rand der roten Linie ein kleines Kreissymbol ❷. Wenn Sie den Film vor- oder zurückspulen möchten, verschieben Sie diesen Kreis einfach mit gedrückter linker Maustaste.

> **➕ Filme in voller Bildschirmgröße abspielen**
>
> Der Videomonitor auf der Webseite ist relativ klein. Ein Mausklick reicht aber, und schon wird der Film über die volle Bildschirmgröße angezeigt. Das Symbol hierzu finden Sie am rechten Rand der Symbolleiste (❸ auf Seite 312). Wenn Sie wieder zur kleineren Darstellung zurückkehren möchten, drücken Sie einfach die Taste [Esc] auf Ihrer Computertastatur.

Ist der Film zu Ende, erhalten Sie im Videomonitor einige Vorschläge für weitere Videos, die zum gerade angeschauten Film passen. Auch in der rechten Spalte erhalten Sie weitere Vorschläge.

> *Sie können den Film während der Wiedergabe stoppen.*

Wer bei YouTube oder Google ein Benutzerkonto besitzt, darf die Filme kommentieren. Diese Kommentare sind für alle sichtbar, die sich den Film anschauen. Um sie zu lesen, blättern Sie auf der Webseite etwas nach unten. Mein Tipp: Gerade bei Videos zum Heim- und Handwerken ist häufiger der ein oder andere sehr hilfreiche praktische Hinweis dabei.

> **Eigene Filme bei YouTube veröffentlichen**
>
> Selbstverständlich können auch Sie Ihre selbst gedrehten Videos bei YouTube veröffentlichen. Hierfür benötigen Sie ein Benutzerkonto. Um es einzurichten, klicken Sie auf der Webseite von YouTube oben rechts auf **Anmelden** und anschließend auf **Konto erstellen**. Folgen Sie den Anweisungen. Die Registrierungsschritte sind so ähnlich, wie ich sie Ihnen in diesem Buch bereits für einige Portale vorgestellt habe. Wenn Sie für das Schneiden Ihrer Videos ein Programm wie Magix Video deluxe oder auch den Windows Movie Maker nutzen, können Sie die Filme auch aus dem Programm heraus bei YouTube veröffentlichen. Entsprechende Informationen hierzu finden Sie in der Hilfefunktion des jeweiligen Programms.

Sehen Sie sich ruhig etwas um bei YouTube. Sie werden erstaunt sein, zu welchen Themen Sie hier Videos finden. Immer wieder nett anzusehen sind die zahlreichen Videos von verspielten Katzen und Hunden.

Im nächsten Abschnitt erfahren Sie, wie Sie sich verpasste Fernsehsendungen über das Internet ansehen.

ARD, ZDF und Co. – online fernsehen

Sehr ärgerlich: Der Termin in der Stadt hat doch länger gedauert, und so haben Sie die Fernsehsendung, auf die Sie sich gefreut hatten, verpasst. Da Sie damit nicht gerechnet haben, haben Sie die Sendung leider auch nicht aufgezeichnet. Die gute Nachricht: Sie können sich die Sendung meist trotzdem noch ansehen, und zwar über das Internet. Viele Fernsehsender stellen ihr Programm hier in sogenannten *Mediatheken* für Sie bereit. Allerdings sollten Sie nicht allzu viel Zeit verstreichen lassen, denn häufig ist das Angebot der bereits gesendeten Programme zeitlich befristet.

▾ *Verpasste Sendungen können Sie über die Mediathek ansehen.*

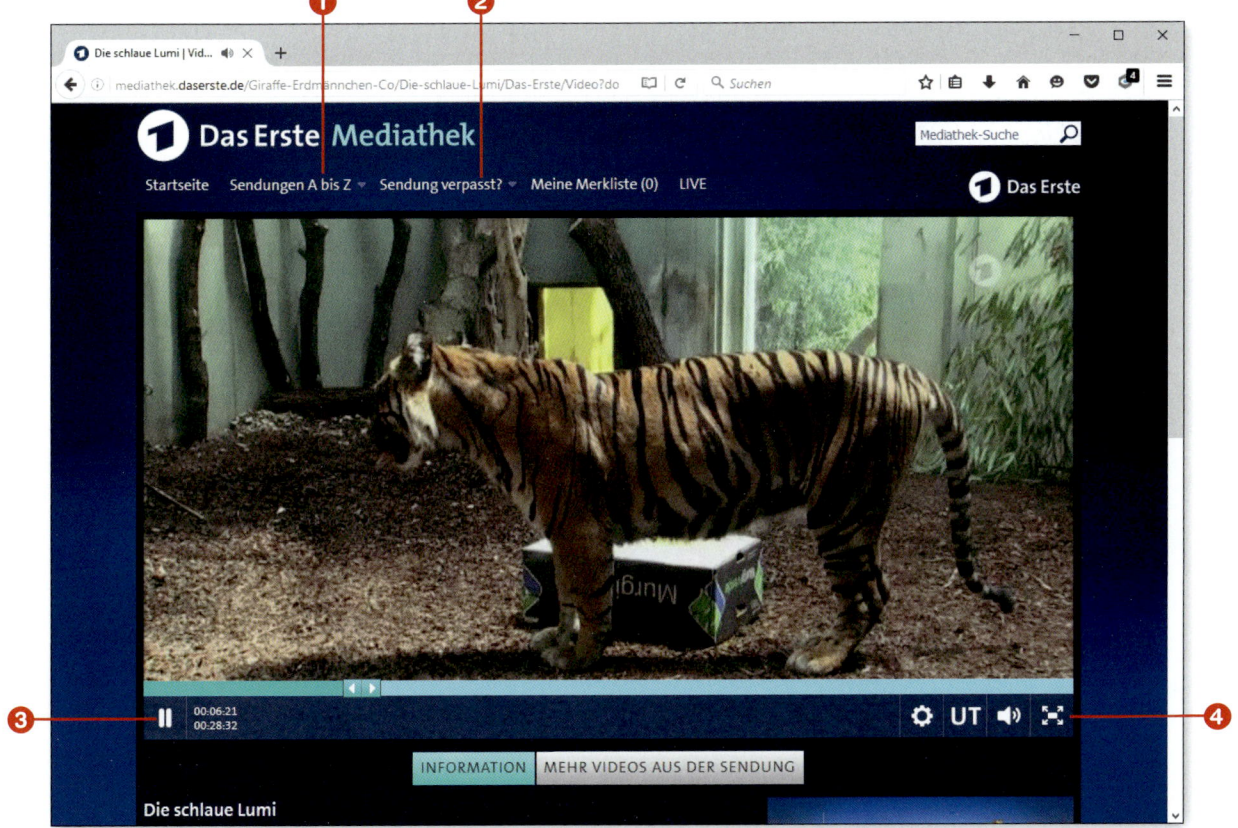

Fast jeder Fernsehsender verfügt mittlerweile über eine Mediathek. Diejenige der ARD z. B. erreichen Sie über die Internetadresse »mediathek.daserste.de«. Klicken Sie auf der Startseite der Mediathek auf das Menü **Sendungen A bis Z** ❶, dann klappt ein Untermenü auf, in dem Sie zunächst

Kapitel 11: Fotos, Fernsehen und Musik im Internet

auf den Buchstaben klicken, mit dem die verpasste Sendung beginnt. Markieren Sie dann per Mausklick die betreffende Sendung. Handelt es sich um eine regelmäßig wiederkehrende Sendung, können Sie anschließend den verpassten Sendetermin auswählen. Wenn Sie über das Menü **Sendungen A bis Z** die gewünschte nicht finden, wählen Sie den Weg über das Menü **Sendung verpasst?** ❷. Hier können Sie gezielt das Datum und dann die Sendung auswählen. Sobald Sie die Sendung markiert haben, wird sie auch schon im Browser wiedergegeben. Bewegen Sie den Mauszeiger auf den unteren Bereich des Videomonitors, wird eine Symbolleiste eingeblendet. Hier finden Sie ähnliche Symbole wie bei YouTube. Über die Schaltfläche **Anhalten** ganz links können Sie die Wiedergabe unterbrechen ❸; nach einem Klick auf die Schaltfläche **Vollbildmodus** ❹ ganz rechts wird die Sendung über den ganzen Bildschirm hinweg angezeigt.

> **Internationale Sendungen über das Internet ansehen**
>
> Das Portal Zattoo, das Sie über die Internetadresse »www.zattoo.com« erreichen, bietet Ihnen die Möglichkeit, aktuell laufende Sendungen von vielen nationalen und internationalen Fernsehsendern über das Internet zu empfangen. Solche in Echtzeit übertragenen Sendungen werden auch als *Livestream* bezeichnet. Klicken Sie auf der Startseite auf das Menü **Sender**, erhalten Sie eine Übersicht über alle über Zattoo erreichbaren Fernsehsender. Um die Dienste des Portals nutzen zu können, müssen Sie sich allerdings zunächst registrieren. Hierzu klicken Sie auf die Schaltfläche **JETZT FERNSEHEN**. Geben Sie auf der nächsten Webseite Ihre E-Mail-Adresse, ein selbst ausgedachtes Passwort sowie Ihr Geburtsjahr an. Aktivieren Sie **Männlich** oder **Weiblich**, und wählen Sie Ihre Sprache aus. Mit **Jetzt gratis registrieren** schließen Sie die Anmeldung ab. Nun haben Sie Zugriff auf eine Reihe von Live-Sendungen. Denken Sie daran, sich abzumelden, bevor Sie die Webseite verlassen. Den entsprechenden Link finden Sie nach einem Klick auf das Symbol am oberen Seitenrand.

Die Mediathek des ZDF finden Sie unter der Internetadresse »mediathek.zdf.de«. Auch hier können Sie nach **Sendungen A-Z** suchen oder den Weg über das Menü **Sendung verpasst?** wählen.

Wenn die verpasste Sendung weder bei ARD noch ZDF lief, nutzen Sie am besten die Suchmaschine Google, um die Mediathek des Fernsehenders zu finden. Für den Sender ProSieben geben Sie beispielsweise als Suchbegriffe »ProSieben Mediathek« ein. Gleich der erste Treffer führt Sie zur korrekten Internetadresse *www.prosieben.de/video*.

Wenn Sie einen Film nicht in der Mediathek finden, kann dies rechtliche Gründe haben. Im Falle eines Spielfilms erhalten die Fernsehsender meist nicht die Genehmigung, diesen auch im Internet zu zeigen.

Radio hören im Internet

Während des letzten Urlaubs haben Sie einen Radiosender entdeckt, dessen Programm Sie auch gerne daheim hören würden? Oder Sie sind umgezogen und können nun nicht mehr Ihren Lieblingslokalsender empfangen? Für beide Fälle empfiehlt sich ein Besuch im Internet, denn viele Sender lassen sich auch über das Web empfangen. Und nicht nur das: Hier finden Sie sogar ein Programm, das exklusiv über das Internet gesendet wird.

Wenn Sie einen ganz bestimmten Radiosender hören möchten, dessen Namen Sie zwar kennen, nicht aber die Internetadresse, wählen Sie am besten den Weg über eine Suchmaschine wie Google. Geben Sie als Suchbegriff den Namen des Rundfunkveranstalters ein, etwa »Bayerischer Rundfunk« ❶, führt Sie meist bereits der erste Treffer ❷ zur gesuchten Webseite des Senders.

◄ Mithilfe von Suchmaschinen finden Sie schnell die Internetadresse Ihres Lieblingssenders.

Mit einem Klick auf den entsprechenden Link gelangen Sie zunächst zur Sender-Website. Im Falle des Bayerischen Rundfunks gibt es nicht nur einen Radiosender, sondern gleich mehrere. Diese werden auf der Startseite am rechten Seitenrand aufgeführt. Gleich neben dem Symbol des

Kapitel 11: Fotos, Fernsehen und Musik im Internet

▲ Über das Lautsprechersymbol starten Sie das Radioprogramm.

Senders, etwa **Bayern 3**, wird ein Lautsprechersymbol angezeigt. Ein Klick hierauf und schon ertönt das aktuelle Radioprogramm – einen eingeschalteten Lautsprecher vorausgesetzt. Bei unserem Beispiel, dem Bayerischen Rundfunk, wird dabei ein neues Programmfenster des Browsers, also etwa das von Mozilla Firefox, geöffnet. Dort können Sie über die *Webcam* sogar die Moderatoren während der Radiosendung beobachten. Zusätzlich erfahren Sie, welcher Musiktitel gerade zu hören ist. Wenn Sie der aktuellen Sendung nicht mehr folgen möchten, reicht ein Klick auf das Symbol ⊠ in der rechten oberen Fensterecke.

▲ Die Webcam zeigt den Moderator im Studio.

Bei einigen Radiosendern finden Sie auf der Sender-Webseite Links wie **Radio hören**, **Webradio** oder auch **Livestream**. Auch hier reicht ein Klick auf den Link, und schon können Sie dem Radioprogramm lauschen. Wenn Sie keinen Ton hören, prüfen Sie, ob im Browser ein Hinweis zu einem blockierten *Pop-up* angezeigt wird. Pop-ups haben Sie bereits im Abschnitt »Lästige Werbung ausblenden« ab Seite 69 im Zusammenhang mit Werbung kennengelernt. Bei einer Radiosendung handelt es sich natürlich nicht um eine Werbeanzeige. In diesem Fall können Sie also beruhigt das Pop-up zulassen.

Können Sie die Internetadresse des Radiosenders oder auch auf der Webseite des Senders nicht die entsprechenden Schaltflächen finden, empfehle ich Ihnen einen anderen Weg: Auf der Webseite »www.radio.de« finden Sie über 10.000 Radiosender und Internetradios. Nach dem Aufruf der Startseite werden bereits einige beliebte Radiosender eingeblendet.

Wenn Sie einen ganz bestimmten Sender suchen, nutzen Sie am besten das Suchfeld auf der Startseite. Nach Eingabe des Suchbegriffs (z. B. eines Sendernamens oder auch einer Stadt) und einem Klick auf **Suchen** werden die Suchergebnisse aufgeführt. Bewegen Sie den Mauszeiger auf den gewünschten Sender, und klicken Sie auf die Wiedergabe-Schaltfläche, die nun über dem Logo des Senders eingeblendet wird, und schon können Sie dem Programm lauschen.

Radio hören im Internet

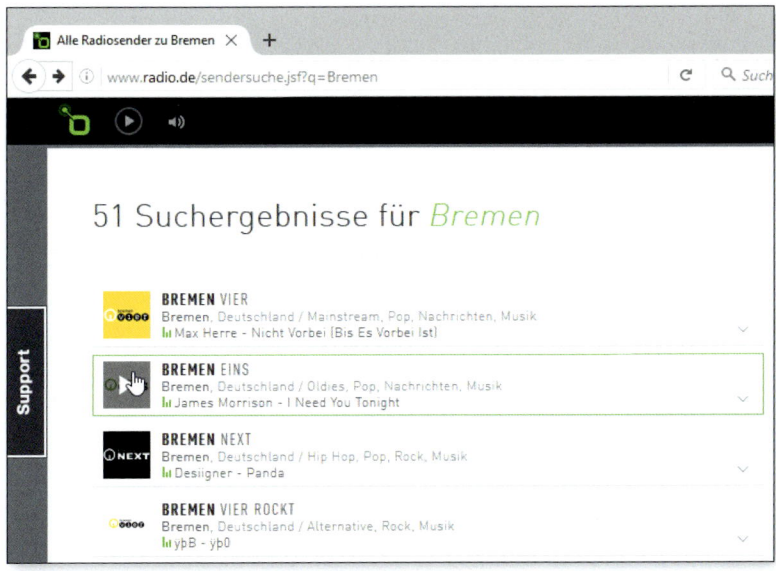

∧ Mit einem Klick auf das Wiedergabe-Symbol kann man dem Programm lauschen.

Über die Internetseite Radio.de können Sie nicht nur Sendungen aus Deutschland, sondern der ganzen Welt empfangen. Wenn Sie z. B. Ihre Italienischkenntnisse aufbessern möchten oder einfach nur italienische Musik lieben, geben Sie in das Suchfeld als Suchbegriff »Italienisch« ein. In der großen Auswahl an Radiosendern, die Ihnen nun angezeigt wird, finden Sie sicherlich ein Programm, das Ihnen gefällt.

Radiosendung verpasst?

Die öffentlich-rechtlichen Radiosender bieten ihren Hörern häufig die Möglichkeit, sich eine verpasste Sendung auch im Nachhinein anzuhören. Ein Stichwort in diesem Zusammenhang, das Ihnen vielleicht schon einmal zu Ohren gekommen ist, lautet *Podcast*. Unter einem Podcast versteht man eine Audiodatei, die Sie sich entweder – ganz legal und natürlich kostenlos – aus dem Internet auf Ihren Computer herunterladen oder auch direkt über das Internet anhören können. Geben Sie auf der Internetseite Ihres Lieblingssenders in das Suchfeld einmal probeweise »Podcast« ein, und prüfen Sie, welche Sendungen nun aufgelistet werden. Der Bayerische Rundfunk z. B. bietet viele Sendungen als Podcast unter der Internetadresse *www.br-online.de/podcast* an.

Kapitel 12
Wissenswertes im Internet

Es gibt wohl kaum ein Thema, über das es nicht in den Tiefen des Internets einen Artikel gibt. In Kapitel 3, »Suchen und Finden mit Google«, haben Sie bereits erfahren, wie Sie die Suchmaschine Google einsetzen können, um bestimmte Informationen im weltweiten Netz aufzustöbern. In diesem Kapitel werde ich Ihnen drei besondere Adressen vorstellen, die die Vielseitigkeit des Internets deutlich machen. Denn ob umfassende Enzyklopädie, Wörterbuch oder Rezeptdatenbank: Im Web finden Sie wirklich alles.

Das Online-Lexikon Wikipedia

Eines der bekanntesten und beliebtesten Online-Lexika ist *Wikipedia*. Der etwas ungewöhnlich klingende Name entstand aus den beiden Begriffen *Wiki* (hawaiianisch für »schnell«) und *Encyclopedia* (englisch für »Enzyklopädie«). Das Lexikon wurde bereits 2001 ins Leben gerufen und enthält weltweit mittlerweile über 30 Millionen Artikel. Das Besondere daran: Jeder Internetbenutzer kann diese Artikel nicht nur lesen, sondern auch selbst bei Wikipedia als Autor aktiv werden und eigene Beiträge veröffentlichen, vorhandene Artikel um eigenes Wissen ergänzen oder auch Fehler korrigieren. Fast alle Mitarbeiter, die am Online-Lexikon beteiligt sind, arbeiten ehrenamtlich. Die Wikipedia wird ausschließlich durch Spenden finanziert.

^ *An der freien Enzyklopädie kann sich jeder als Autor beteiligen.*

Die Enzyklopädie bietet zu fast jedem Thema Informationen. Mithilfe einer sehr guten Suchfunktion ist es ein Leichtes, die gewünschten Artikel zu finden. Es macht aber auch viel Spaß, einfach nur in diesem Online-Lexikon zu stöbern. Wie beides funktioniert, zeige ich Ihnen als Nächstes. Für die folgenden Schritte benötigen Sie wie immer einen Browser, etwa den Mozilla Firefox.

1. Nach dem Aufruf der Internetadresse »www.wikipedia.de« gelangen Sie zur Startseite der freien Enzyklopädie.

2. Am oberen Seitenrand befindet sich das Suchfeld **Suche in der deutschsprachigen Wikipedia**. Wenn Sie ganz gezielt nach einem bestimmten Thema suchen möchten, geben Sie hier den gewünschten Suchbegriff ein, beispielsweise »Mustang«. Bestätigen Sie die Eingabe mit einem Klick auf **suchen**.

Unser Suchbegriff »Mustang« besitzt mehrere Bedeutungen. Auf der nächsten Webseite erhalten Sie daher in der rechten Spalte zunächst eine Übersicht über die verschiedenen Bezeichnungen, wie etwa **Mustang (Pferd)** ❶ oder auch **Ford Mustang** ❷. Bei den blau markierten Begriffen handelt es sich um Links, hinter denen sich die Artikel zum Suchbegriff verbergen. Rote Links dagegen kennzeichnen Artikel, die es noch nicht gibt und also erst geschrieben werden müssen.

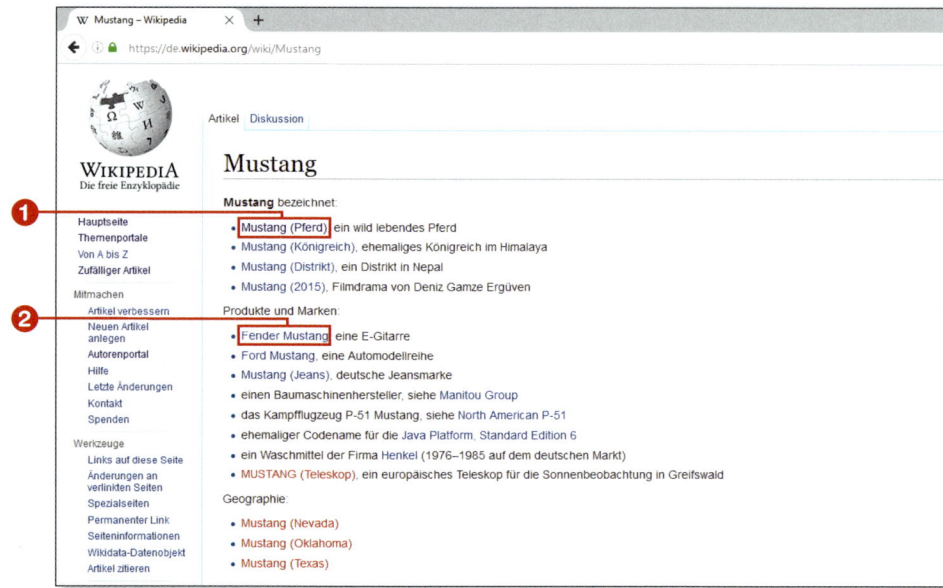

Das Online-Lexikon Wikipedia

3. Wenn Sie den ausführlichen Artikel zu einem Suchbegriff lesen möchten, klicken Sie auf den entsprechenden blauen Link, im Beispiel also etwa **Mustang (Pferd)**. Haben Sie den Link angeklickt, färbt er sich übrigens wie hier in der Abbildung lila.

4. Ist der Artikel recht lang, besitzt er häufig ein Inhaltsverzeichnis, das am Seitenanfang eingeblendet wird. Mit einem Klick auf einen der blauen Links springen Sie direkt zum gewünschten Abschnitt des Beitrags, etwa **4 Bestandspflege** ❸.

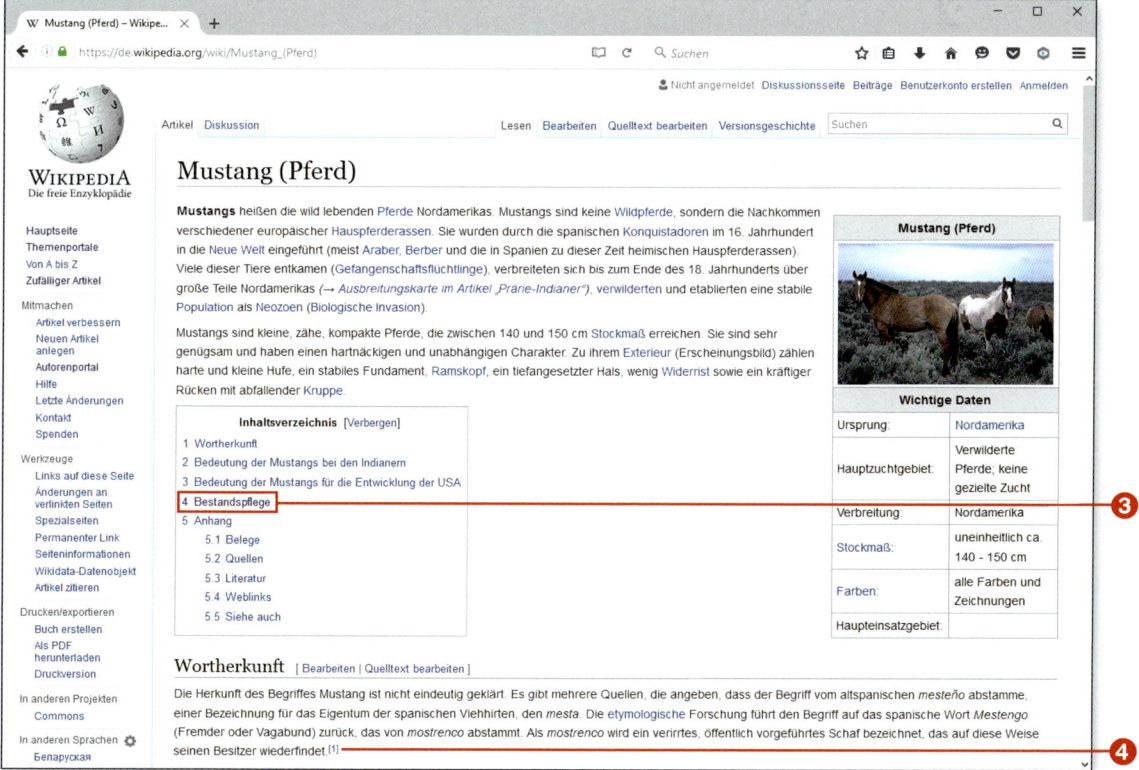

5. Innerhalb des Artikels finden Sie immer wieder hochgestellte Ziffern in eckigen Klammern. Ein Klick auf eine der Ziffern ❹ führt Sie zum entsprechenden Quellnachweis am Ende des Artikels – bei Wikipedia auch **Beleg** bzw. **Belege** (❺ auf Seite 322) genannt.

6. Wenn Sie wieder zum Abschnitt innerhalb des Artikels zurückkehren möchten, klicken Sie auf den nach oben gerichteten kleinen Pfeil ↑ ❻ zu Beginn des Belegs.

Kapitel 12: Wissenswertes im Internet

Am Seitenende eines Artikels, an das Sie mittels der Bildlaufleiste gelangen, finden Sie neben den genannten Belegen weitere Quellnachweise, Literaturempfehlungen und natürlich Links auf weitere Artikel innerhalb und außerhalb von Wikipedia, die Sie per Klick aufrufen. Wird hinter einem Link ein blauer Pfeil ❼ eingeblendet, führt Sie der entsprechende Link auf eine Webseite außerhalb der Online-Enzyklopädie.

> **Wikipedia-Suche über Google starten**
>
> Sie können übrigens auch mit der Suchmaschine Google direkt nach einem Artikel in der Wikipedia suchen. Geben Sie hierzu einfach den oder auch die gewünschten Suchbegriffe gefolgt vom Namen Wikipedia ein, in unserem Beispiel also etwa »Mustang Wikipedia«. In der Trefferliste werden nun alle Wikipedia-Artikel aufgeführt, die sich mit dem Thema Mustang beschäftigen.

Die Wikipedia ist aber nicht nur bei der gezielten Themensuche zu empfehlen, wie ich sie soeben beschrieben habe. Es macht auch sehr viel Spaß, einfach nur so in den Artikeln zu stöbern, ähnlich dem Lesen einer Zeitschrift.

1. Klicken Sie auf das Wikipedia-Logo ❶, das Sie links oben auf einer jeden Webseite innerhalb des Online-Lexikons finden. Sie gelangen nun zur Hauptseite der Enzyklopädie. Alternativ können Sie die Hauptseite über die Internetadresse »http://de.wikipedia.org« aufrufen.

2. Auf der Hauptseite finden Sie zahlreiche interessante Themen, u. a. den **Artikel des Tages** ❷ und Informationen zum jeweiligen Datum aus historischer Sicht ❸. Wenn Sie ein Thema besonders interessiert, reicht wieder ein Klick auf den entsprechenden blau gefärbten Begriff ❹, um zum gewünschten Artikel zu gelangen.

Das Online-Lexikon Wikipedia

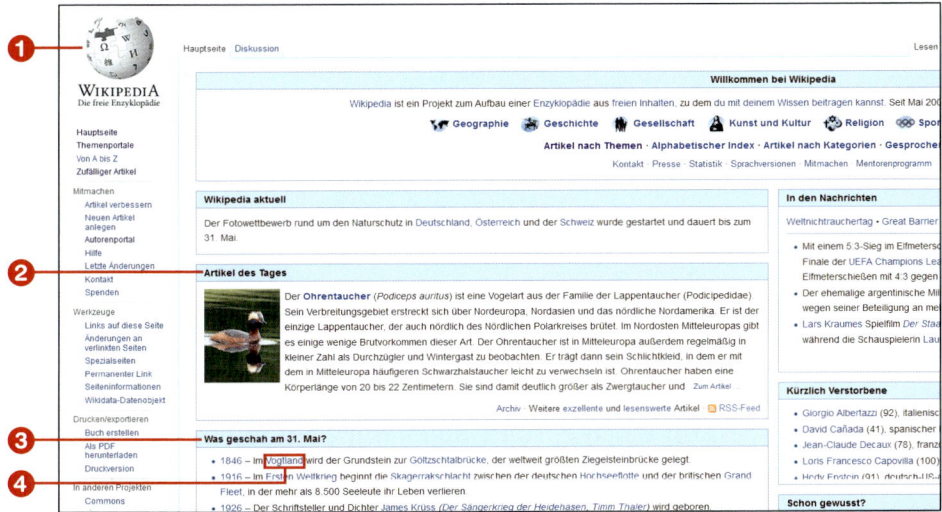

3. Sind Sie besonders an Religion, Geschichte, Kunst, Sport oder auch Technik interessiert? In diesem Fall sollten Sie einen Blick auf die diversen Themenportale werfen. Klicken Sie in der linken Spalte auf das Menü **Themenportale** ❺. In der rechten Seitenhälfte finden Sie nun zahlreiche Rubriken ❻, die Sie wiederum zu vielen interessanten Artikeln führen.

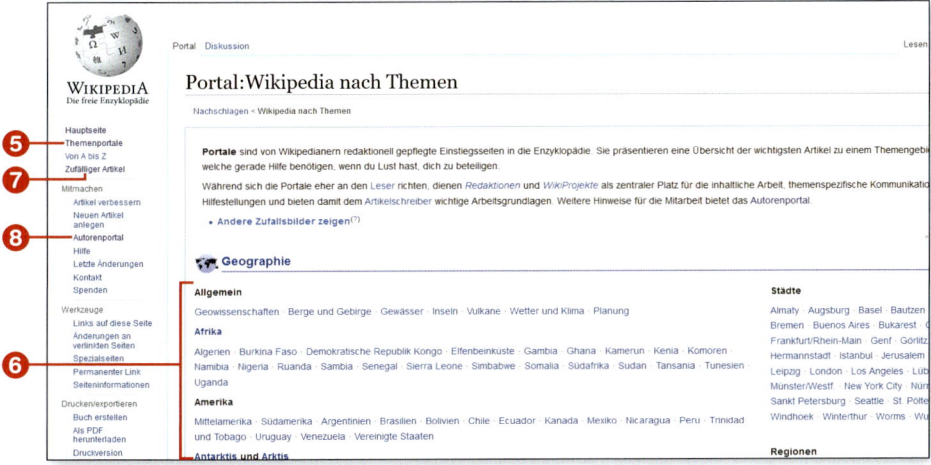

4. Sehr viel Spaß und interessante Informationen bringt auch der Menüpunkt **Zufälliger Artikel** ❼, den Sie ebenfalls in der linken Spalte finden. Ein Klick hierauf und es wird nach dem Zufallsprinzip ein Artikel angezeigt. Jeder erneute Klick auf den Menüpunkt führt Sie zu einem neuen Artikel.

Kapitel 12: Wissenswertes im Internet

▲ *Wikipedia gibt es in verschiedenen Sprachen sowie Dialekten.*

Wie bereits zu Anfang erwähnt, kann jeder Besucher der Wikipedia auch selbst aktiv werden. Haben Sie beispielsweise einen Fehler innerhalb eines Artikels entdeckt – und sei es nur ein Tippfehler –, können Sie ihn selbst ausbessern. Auch eigene Beiträge oder Ergänzungen zu vorhandenen Artikeln sind möglich. Alle wichtigen Informationen rund um die Tätigkeit als Autor finden Sie nach einem Klick auf den Menüpunkt **Autorenportal** (❽ auf Seite 323) in der linken Spalte.

Die Wikipedia ist übrigens nicht nur in Hochdeutsch verfügbar, sondern sogar in einigen Dialekten wie Bayerisch, Plattdeutsch oder auch Pfälzisch. Wer seine Fremdsprachenkenntnisse, also z. B. sein Englisch oder Französisch, aufbessern möchte, sollte einen Blick auf die Landesseiten der Wikipedia werfen, die Sie über die entsprechenden Menüpunkte ❾ in der linken Spalte erreichen. Sollten Sie nicht jedes Wort kennen, kein Problem: Im folgenden Abschnitt stelle ich Ihnen das Online-Wörterbuch *LEO* vor, das Ihnen schnelle Hilfe bei Übersetzungen in acht Sprachen bietet.

Das Sprachgenie LEO

Ob im Auslandsurlaub, im Berufsleben oder daheim beim Lösen eines Kreuzworträtsels: Immer wieder stolpert man über fremdsprachige Begriffe, deren Übersetzung man nicht kennt. Haben Sie einen Computer mit Internetverbindung zur Hand, ist das Problem schnell gelöst: Das kostenlose Online-Wörterbuch LEO übersetzt einzelne Wörter oder auch ganze Redewendungen vom Deutschen in insgesamt acht Fremdsprachen. Zur Auswahl stehen Wörterbücher in Englisch, Französisch, Spanisch, Italienisch, Chinesisch, Russisch, Portugiesisch und Polnisch. Selbstverständlich ist auch der umgekehrte Weg, sprich eine Übersetzung aus der jeweiligen Sprache ins Deutsche, möglich. Und so funktioniert das Ganze:

1. Rufen Sie nach dem Start des Browsers in der Adresszeile die Internetadresse »www.leo.org« auf.

2. Sollte die Startseite des Online-Wörterbuches englischsprachig sein, klicken oder tippen Sie am oberen Seitenrand auf **Seite auf Deutsch** ❶.

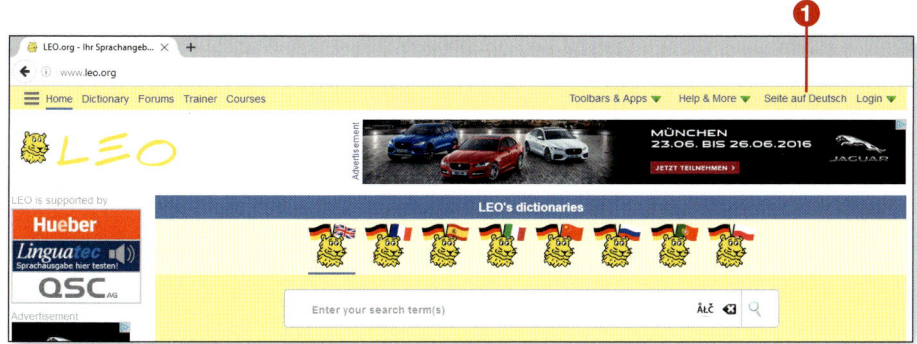

3. Wählen Sie im Bereich **LEOs Online-Wörterbücher** in der Mitte der Startseite von LEO das gewünschte Wörterbuch aus, etwa **Englisch Deutsch** ❷.

4. Nun tragen Sie am oberen Seitenrand in das Eingabefeld den zu übersetzenden Begriff oder auch die Redewendung ein ❸. Die Eingabe schließen Sie durch Drücken der Taste ⏎ oder per Klick auf das Lupensymbol ❹ ab.

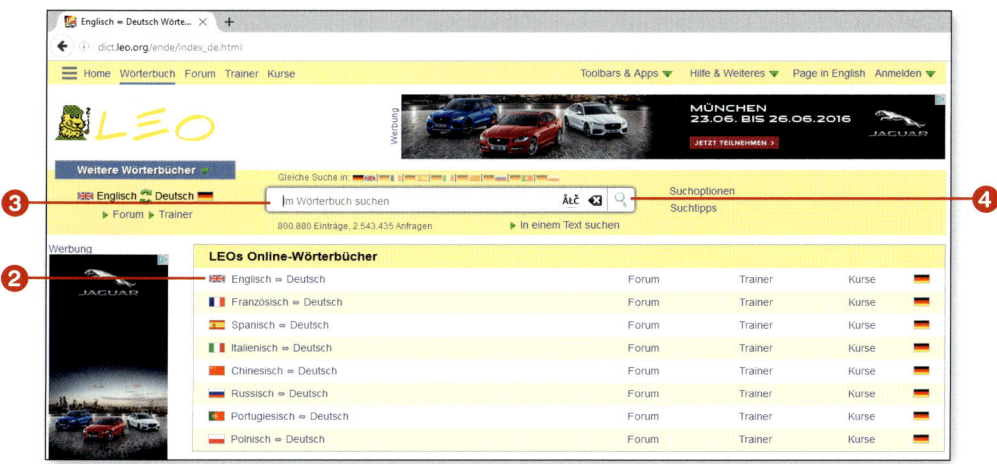

Unterhalb des Eingabefelds werden jetzt die Ergebnisse Ihrer Suchanfrage eingeblendet. Zu Beginn der Liste finden Sie die direkten Übersetzungen.

5. Vor manchen Übersetzungen sehen Sie einen kleinen, nach rechts weisenden Pfeil ▶. Wenn Sie auf das Symbol ❺ klicken, wird Ihnen der entsprechende Begriff vorgelesen. Zu hören ist dies natürlich nur, wenn Sie den Lautsprecher am Computer eingeschaltet haben.

Nicht immer existiert für einen Begriff eine direkte Übersetzung. Blättern Sie in den Suchergebnissen etwas nach unten, gelangen Sie zu den sogenannten *Forumsdiskussionen*. Dahinter verbergen sich Diskussionen anderer Anwender über den von Ihnen gesuchten Begriff. Klicken Sie auf einen blau gefärbten Titel einer Forumsdiskussion, wird der ausführliche Diskussionsbeitrag eingeblendet.

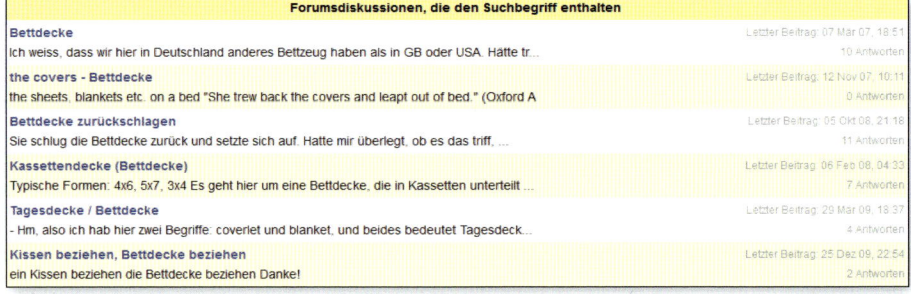

▲ *Per Klick auf einen blauen Link gelangen Sie zum ausführlichen Forumsbeitrag.*

Um sich selbst an einer Diskussion zu beteiligen, ist eine kostenlose Registrierung bei leo.org nötig. Hierzu klicken Sie am oberen Seitenrand auf **Anmelden** und anschließend auf **Jetzt registrieren**. Der Link **Anmelden** wird angezeigt, sobald Sie auf der Startseite von leo.org eine Sprachkombination ausgewählt haben.

▲ *Nur wer sich registriert, kann sich an Diskussionen beteiligen.*

Füllen Sie auf der folgenden Webseite die Felder mit Ihren persönlichen Daten aus. Alle mit einem Sternchen gekennzeichneten Felder sind Pflichtfelder. Versehen Sie außerdem das Kontrollkästchen vor dem Hinweis zu den **Nutzungsbestimmungen** mit einem Häkchen. Mit einem Klick auf **Jetzt registrieren** schließen Sie die Registrierung ab. Nun können Sie sich selbst an Diskussionen beteiligen und Fragen stellen oder auch Antworten geben.

Vergessen Sie nicht, sich abschließend über **Mein LEO** und dann **Logout** bei leo.org abzumelden.

▲ *Vergessen Sie nicht, sich bei LEO abzumelden.*

> ➕ **Sprachkenntnisse mit LEO auffrischen**
>
> Haben Sie sich einmal bei LEO registriert und über **Anmelden** angemeldet, steht Ihnen auch der kostenlose Sprachtrainer zur Verfügung. Den entsprechenden Link **Trainer** zum Start des Sprachtrainers finden Sie beispielsweise links vom Sucheingabefeld oder auch am rechten Seitenrand im Bereich der **Wörterbuchnavigation**. Der Vorteil einer Anmeldung besteht darin, dass Sie Ihre Lernerfolge abspeichern und Ihre ganz persönlichen Wortschatzlisten erstellen können. Eine entsprechende **Anleitung** finden Sie nach einem Klick auf den gleichnamigen Link im Bereich **Trainernavigation** am linken Seitenrand.

Im nächsten Abschnitt wenden wir uns einem Wissensportal ganz anderer Art zu: *Chefkoch.de*. Wer gerne kocht oder einen Tipp rund um Lebensmittel benötigt, wird von dieser Website begeistert sein.

Kochrezepte bei Chefkoch.de

Sind Sie auf der Suche nach einem neuen Rezept, oder fehlt Ihnen eine Idee, was sich aus den Lebensmitteln im Kühlschrank Leckeres zaubern lässt? Bei Chefkoch.de finden Sie in der mit über 275.000 Rezepten gefüllten Datenbank viele Anregungen für die nächste Mahlzeit. Und nicht nur das: In zahlreichen Videos erfahren Sie Schritt für Schritt, was es bei der Zubereitung diverser Speisen zu beachten gilt. Von Grundlagen wie etwa dem Braten eines Rindersteaks bis hin zur Zubereitung selbst gemachter Pasta ist alles dabei. Im sogenannten *Community-Bereich* (*Community* ist die englische Bezeichnung für Gemeinschaft) können Sie sich mit anderen Hobbyköchen austauschen und über die besten Rezepte, über die Küchenausstattung und mehr diskutieren.

Kapitel 12: Wissenswertes im Internet

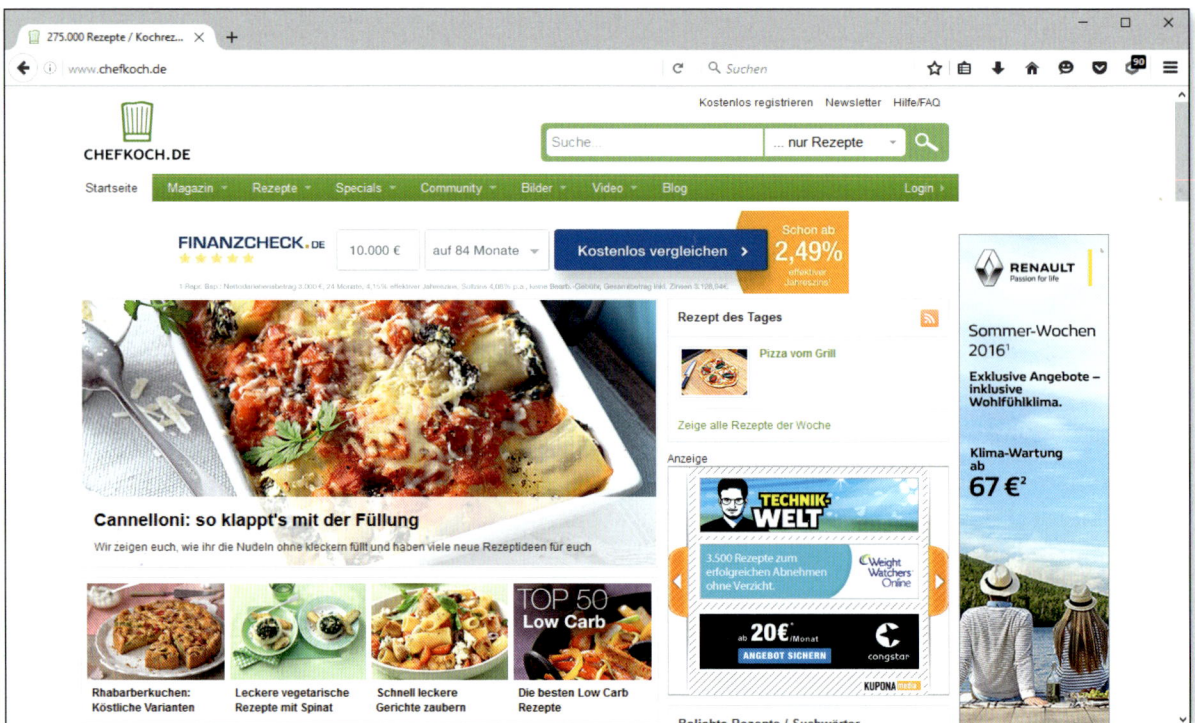

▲ Bei Chefkoch.de finden Sie viele Rezepte und Tipps rund ums Kochen.

An einem kleinen Beispiel zeige ich Ihnen als Nächstes, wie Sie in der Rezeptdatenbank nach neuen Rezeptideen suchen. Rufen Sie hierzu zunächst die Internetadresse »www.chefkoch.de« auf. Bereits auf der Startseite von Chefkoch.de finden Sie zahlreiche Verweise auf interessante Artikel und Rezepte. Mit einem Klick auf das dazugehörige Bild oder auch den Titel eines Beitrags gelangen Sie zum ausführlichen Bericht.

Angenommen, in Ihrem Kühlschrank befinden sich Tomaten, Hackfleisch und Sahne, die allesamt möglichst bald verarbeitet werden müssen. Um nun bei Chefkoch.de nach einem Rezept zu suchen, das alle aufgeführten Zutaten enthält, gehen Sie folgendermaßen vor:

1. Tippen Sie alle Zutaten in das Eingabefeld am oberen rechten Seitenrand ein ❶, im Beispiel also »Tomaten«, »Hackfleisch« und »Sahne«.

2. Ist ein Familienmitglied z. B. gegen bestimmte Lebensmittel, etwa Knoblauch, allergisch, können Sie diese von der Suche ausschließen. Tippen Sie hierzu einfach ein Minus ein, gefolgt vom Namen der Zutat, hier also »-Knoblauch«.

Kochrezepte bei Chefkoch.de

3. Sind Sie nicht nur auf der Suche nach Rezepten, sondern auch nach Forenbeiträgen o. Ä., klicken Sie im Feld rechts vom Eingabefeld auf den nach unten weisenden Pfeil ❷. In der aufklappenden Liste lässt sich die Suche anschließend auf ... **überall** erweitern. In unserem Beispiel sind wir aber ausschließlich an Rezepten interessiert. Die voreingestellte Auswahl ... **nur Rezepte** ist also bereits korrekt.

4. Mit einem Klick auf das Lupensymbol ❸ starten Sie die Suche.

5. Die Trefferliste ist zunächst nach **Relevanz** sortiert. Damit die beliebtesten Rezepte zu Beginn der Liste erscheinen, klicken Sie auf den Pfeil rechts von **Relevanz** ❹.

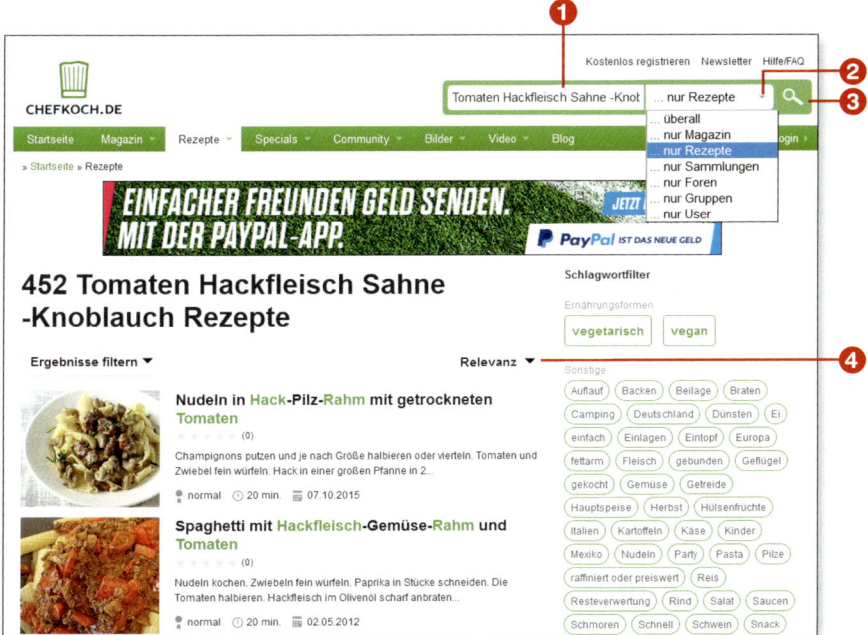

6. Es klappt eine Liste auf, in der Sie per Mausklick oder Antippen die Kategorie **Bewertung** ❺ auswählen.

Kapitel 12: Wissenswertes im Internet

7. Mithilfe der Bildlaufleiste blättern Sie in der Trefferliste. Zu unseren Suchbegriffen wurden über 450 Rezepte in der Datenbank gefunden. Diese können natürlich nicht alle auf einer Webseite angezeigt werden. Unterhalb der ersten Treffer finden Sie deshalb einige Seitenzahlen. Per Klick auf die kleinen Pfeilsymbole rechts ❻ und – je nachdem, auf welcher Seite Sie sich befinden – links der Seitenzahlen gelangen Sie jeweils zur nächsten oder auch vorherigen Seite.

8. Um sich ein Rezept genauer anzusehen, klicken Sie auf den Rezeptnamen ❼ oder, falls vorhanden, das Foto ❽.

Auf der folgenden Webseite stehen die benötigten Zutaten und eine Beschreibung zur Zubereitung. Zwischen diesen beiden Bereichen befindet sich das Feld **Portionen** ❾.

9. Haben Sie mehr oder auch weniger Gäste, als Portionen angegeben sind, doppelklicken Sie in das Feld und tragen die benötigte Portionenanzahl ein. Nach einem Klick auf **Umrechnen** wird die Zutatenmenge neu berechnet.

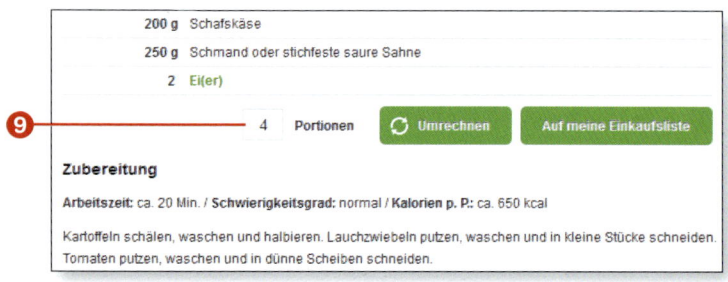

10. Sehr interessant sind zumeist die Kommentare anderer Nutzer, die Sie unterhalb der Zubereitungsanleitung finden. Hier erfahren Sie beispielsweise, ob das Rezept Anklang fand oder ob es noch Verbesserungsvorschläge gibt. Scrollen Sie dazu einfach auf der Seite nach unten.

Kochrezepte bei Chefkoch.de

Für die Zubereitung von Gerichten ist es nicht immer ratsam, das Notebook oder Tablet gleich neben den Herd zu stellen. Auch dafür bietet das Kochrezepte-Portal eine einfache Lösung.

1. Möchten Sie ein Rezept ausdrucken, klicken Sie auf **Drucken** ❶. Diese Schaltfläche finden Sie zu Beginn des jeweiligen Rezepts rechts vom Foto.

2. Damit das Foto des Rezepts nicht mit ausgedruckt wird, klicken Sie auf der folgenden Webseite unterhalb des Bildes auf **Bild für Druck ein-/ausblenden** ❷. Klicken Sie nun am oberen Seitenrand auf **Rezeptdruck starten** ❸ und im folgenden Dialog auf **Drucken**.

3. Über die Schaltfläche **Zurück zum Rezept** ❹ gelangen Sie wieder zur Webseite mit dem Rezept. Wenn Sie zur Trefferliste zurückkehren möchten, klicken Sie so häufig auf die **Zurück**-Schaltfläche ❺ Ihres Browsers, bis die gewünschte Webseite angezeigt wird.

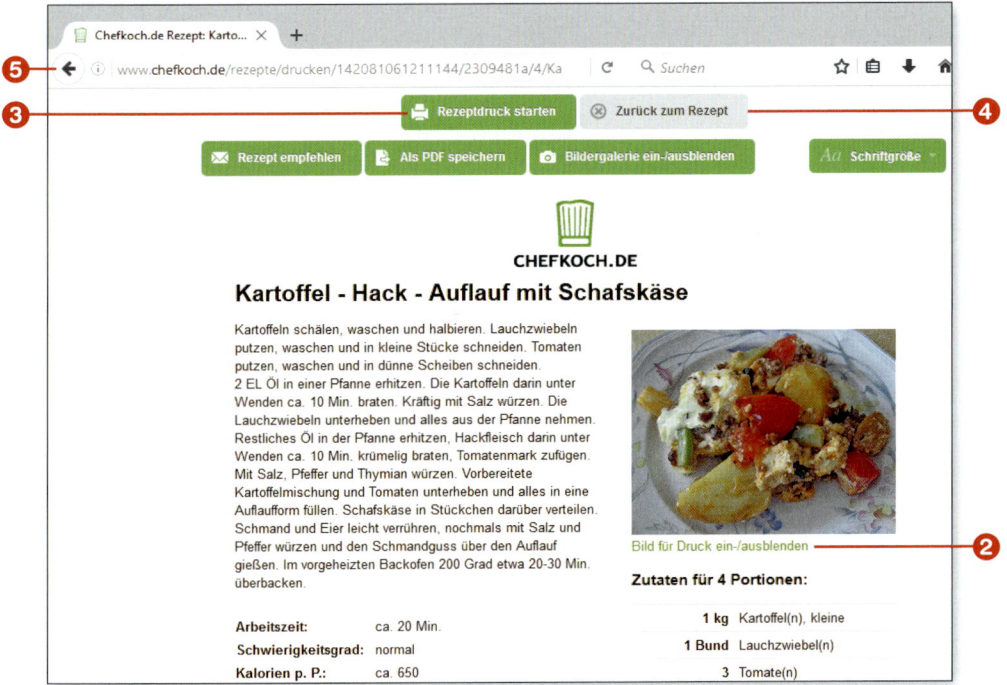

Kapitel 12: Wissenswertes im Internet

> **Selbst aktiv werden bei Chefkoch.de**
>
> Die Fotos, Rezepte, Kommentare und vieles mehr werden von fleißigen Mitgliedern der Chefkoch.de-Community bereitgestellt. Haben auch Sie ein Rezept, das Sie gerne veröffentlichen möchten, müssen Sie sich zunächst bei Chefkoch.de registrieren. Den Link zur kostenlosen Registrierung finden Sie am oberen Seitenrand ❶. Nach der Registrierung melden Sie sich über den Menüpunkt **Login** ❷ bei Chefkoch.de an.

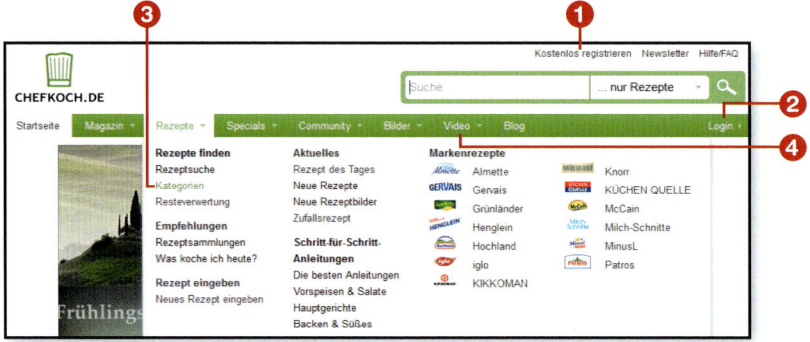

> *Mit einem Klick auf die Kochmütze, das Chefkoch.de-Logo, kehren Sie immer wieder zur Startseite zurück.*

Natürlich können Sie bei Chefkoch.de nicht nur über Zutaten nach Rezepten suchen. Benötigen Sie eine besondere Nachspeise oder haben Sie noch keine Idee für das Weihnachtsmenü, empfehle ich Ihnen, den Menüpunkt **Rezepte ▸ Kategorien** ❸ aufzurufen. Sobald Sie eine Rezeptkategorie ausgewählt haben, können Sie über das Eingabefeld rechts die Suchergebnisse auf bestimmte Zutaten einschränken.

Zu den anfangs erwähnten Videos gelangen Sie über den Menüpunkt **Video** ❹. Mit einem Klick auf die Chefkoch.de-Kochmütze kehren Sie übrigens immer wieder zur Startseite von Chefkoch.de zurück.

Leckere Rezeptideen finden Sie natürlich nicht nur bei Chefkoch.de. Viele Zeitschriftenmagazine, wie etwa *Essen & Trinken* (www.essen-und-trinken.de), *Living at Home* (www.livingathome.de), *Brigitte* (www.brigitte.de) und viele andere mehr, machen ebenfalls mit zahlreichen Rezeptideen Appetit auf die nächste Mahlzeit. Auch die *Kochbar* (www.kochbar.de) und *Lecker* (www.lecker.de) sind einen Besuch wert.

Sollte es mit der Anzeige einer Webseite mal nicht so klappen, wie Sie möchten – im nächsten Kapitel zeige ich Ihnen, wie sich so manches Problem mit der Internetverbindung oder auch den Webseiten lösen lässt.

Kapitel 13
Rat und Tat

Über einen langen Zeitraum hinweg funktionierte das Internet wunderbar. Sie konnten im Internet surfen, E-Mails versenden oder auch im Internet einkaufen. Dann plötzlich – von einer Sekunde zur anderen – geht nichts mehr? Keine Sorge, die Gründe hierfür sind häufig ganz simpel, und das Problem ist meist auch schnell gelöst. In diesem Kapitel zeige ich Ihnen, wie Sie einer nicht funktionierenden Internetverbindung auf den Grund gehen. Auch eine verrücktspielende Internetseite lässt sich normalerweise schnell wieder zur Räson bringen.

Was tun, wenn die Internetverbindung streikt?

Nach dem Start des Browsers (z. B. Edge oder auch Mozilla Firefox) erscheint statt der eingerichteten Startseite die Meldung **Sie sind nicht verbunden** oder auch **Fehler: Server nicht gefunden**? Solch ein Hinweis wird immer dann eingeblendet, wenn die Internetverbindung unterbrochen ist. Die Ursache hierfür kann vielfältig sein und hängt u. a. davon ab, wie Sie Ihren Computer mit dem Router verbunden haben, also ob per Kabel oder Funk (siehe auch den Abschnitt »Die Internetverbindung einrichten« ab Seite 39).

Wenn Sie Ihren Computer per Netzwerkkabel mit dem Router verbunden haben, sollten Sie nachsehen, ob das Kabel sowohl beim Router als auch beim PC fest eingesteckt ist. Durch Staubsaugen, neugierige Katzen oder auch spielende Kinder ist ein Kabel schnell gelockert. Um die Internetverbindung anschließend am PC zu überprüfen, werfen Sie am besten einen Blick auf das **Netzwerk**-Symbol in der Taskleiste auf dem Desktop. Wenn hier nun das Symbol angezeigt wird, wurde die Verbindung zum Router wiederhergestellt. Ist dagegen das Symbol zu sehen, besteht das Problem immer noch, und Sie müssen sich weiter auf Spurensuche begeben.

1. Werfen Sie als Nächstes einen Blick auf den Router selbst. Die meisten Router zeigen durch eine kleine Lampe eine existierende Internetverbindung an. Blinkt das Licht, ist die Verbindung unterbrochen.

△ *Der Browser Edge weist Sie auf die nicht bestehende Internetverbindung hin.*

2. Probieren Sie nun Folgendes aus: Ziehen Sie den Stromstecker des Routers aus der Steckdose. Alle Lampen sollten nun erlöschen. Warten Sie mindestens zehn Sekunden, bevor Sie den Stecker wieder einstecken. Manche Router verfügen über eine interne Batterie, sodass die Lampen auch weiterhin leuchten. Bei diesen Geräten drücken Sie kurz die Taste zum Zurücksetzen.

In beiden Fällen versucht der Router, die Verbindung zum Internet wiederherzustellen. Dieser Vorgang kann zwei bis drei Minuten dauern. Wenn die Lampen anschließend immer noch blinken, sind weitere Maßnahmen nötig.

Bevor Sie nun noch mehr Zeit in die Spurensuche investieren, sollten Sie bei Ihrem Internetdienstanbieter anrufen und das Problem schildern. Der Provider hat die Möglichkeit, das Signal bis zu Ihrem Router zu überprüfen. Nicht immer liegt die Ursache einer nicht funktionierenden Internetverbindung in Ihrem Haus. Vielleicht finden beim Provider selbst Wartungsarbeiten statt, oder es kommt im Rahmen einer Baustelle zu Problemen. Wenn die Verbindung laut Anbieter aber funktioniert, ist eventuell ein Kabel oder auch der Router selbst beschädigt. Letzteres kann beispielsweise durch einen Blitzschlag geschehen.

Nutzen Sie ein drahtloses, also nicht durch Kabel verbundenes Netzwerk, können natürlich ebenfalls Baustellen, Wartungsarbeiten oder auch ein defekter Router die Ursache für die nicht funktionierende Verbindung sein. Häufig kommen aber auch andere Gründe infrage. Überprüfen Sie, ob sowohl beim Router als auch bei Ihrem Notebook oder Tablet das WLAN-Modul eingeschaltet bzw. aktiviert ist. Nähere Informationen

Was tun, wenn die Internetverbindung streikt?

hierzu erhalten Sie in den jeweiligen Gerätehandbüchern. Eventuell wurde auch die WLAN-Funktion versehentlich deaktiviert oder der *Flugzeugmodus* wiederum aktiviert. In beiden Fällen ist hierdurch die WiFi-Funktion ausgeschaltet. Um sie zu aktivieren, gehen Sie folgendermaßen vor:

1. Klicken Sie in der Taskleiste unten rechts auf das kleine **Netzwerk**-Symbol ❶. Wurde der Flugzeugmodus aktiviert, wird in der Taskleiste statt des Netzwerk-Symbols ein kleines Flugzeug eingeblendet, auf das Sie klicken oder tippen.

2. Klicken oder tippen Sie im aufklappenden Dialog auf die Schaltfläche **WLAN**. Die Funktion ist nun wieder eingeschaltet, die Schaltfläche wird anschließend wieder farbig angezeigt ❷.

3. Ist der Flugzeugmodus aktiviert, wird im aufgeklappten Dialog die entsprechende Schaltfläche farbig dargestellt. Mit einem Klick auf **Flugzeugmodus** schalten Sie den Modus aus, die Schaltfläche ist nun wieder grau ❸, die WLAN-Schaltfläche dagegen farbig.

Bei einem Funknetz spielt der Standort des WLAN-Routers eine große Rolle. Sowohl Betondecken als auch eine hohe Luftfeuchtigkeit können die Sendeleistung eines WLANs negativ beeinflussen. Ist das Funksignal zu schwach, wird die Internetverbindung immer wieder unterbrochen. Der beste Platz für einen WLAN-Router ist möglichst weit weg vom Fußboden (z. B. auf einem Regal) und in einiger Entfernung von Heizungen, Gipswänden oder großen Zimmerpflanzen. Manche Geräte, wie Mikrowellen, Babyphones oder auch Bluetooth-Geräte, senden auf der gleichen Frequenz wie das Funknetz. Achten Sie daher darauf, dass sich solche Geräte nicht in nächster Nähe befinden.

Gerade in Mehrfamilienhäusern kommen sich häufig auch mehrere WLAN-Router ins Gehege. Für ein WLAN stehen insgesamt 13 verschiedene Funkkanäle zur Verfügung. Die neueren Router sind vom Werk aus meist auf den Kanal 6 eingestellt. Wenn nun mehrere Router in nächster Nähe versuchen, auf diesem Kanal zu senden, blockieren sie sich gegenseitig. Die Folge für Sie: Die Internetverbindung wird immer wieder unterbrochen. Versuchen Sie in diesem Fall, für Ihr Drahtlosnetzwerk einen

Kapitel 13: Rat und Tat

anderen Funkkanal zu wählen. Wie Sie diesen einstellen, erfahren Sie im Handbuch Ihres Routers. Im Kasten »Einstellungen der FRITZ!Box verändern« auf dieser Seite zeige ich Ihnen, wie das Ganze bei der FRITZ!Box von AVM funktioniert. Bei Routern anderer Hersteller ist die Vorgehensweise ähnlich.

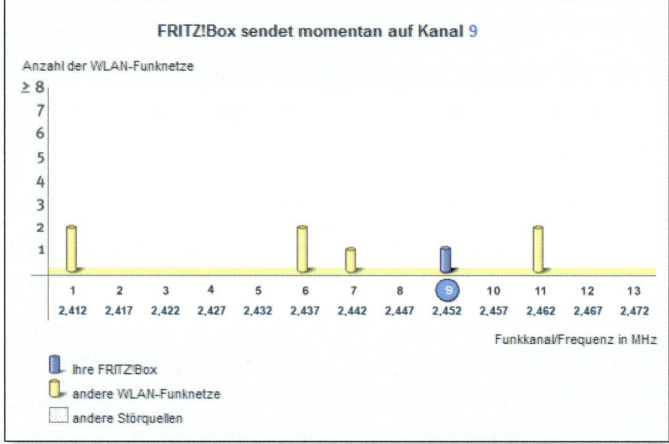

> Wählen Sie für Ihr WLAN einen Funkkanal, der von keinem anderen Funknetz in der Nachbarschaft genutzt wird.

➕ Einstellungen der FRITZ!Box verändern

Wenn Sie bei Ihrer FRITZ!Box einen anderen Funkkanal einstellen möchten, rufen Sie zunächst einen Browser wie etwa Mozilla Firefox auf. Als Adresse geben Sie »fritz.box« ein und drücken dann die Taste ⏎ auf Ihrer PC-Tastatur oder klicken bzw. tippen auf den kleinen Pfeil → im Browser. Wenn Sie Ihre FRITZ!Box mit einem Kennwort geschützt haben, geben Sie dieses auf der nächsten Webseite ein und klicken auf **Anmelden**. Sie gelangen nun zur Oberfläche Ihres Routers. Klicken Sie in der linken Spalte auf **WLAN** und dann auf **Funkkanal**. In der rechten Fensterhälfte wird eine Übersicht über die WLAN-Funknetze in Ihrer Nachbarschaft (siehe die Abbildung oben) eingeblendet. Aktivieren Sie die Option **Funkkanal-Einstellungen anpassen**. Klicken Sie dann auf den Pfeil rechts vom Feld **Funkkanal**, und wählen Sie einen Kanal aus, der noch nicht genutzt wird. Über den Untermenüpunkt **Sicherheit** im Menü **WLAN** können Sie übrigens die Verschlüsselungsmethode und den Netzwerksicherheitsschlüssel für Ihren Router festlegen und so sicherstellen, dass kein Unberechtigter Zugriff auf Ihr Funknetz erhält. Wenn Sie alle Einstellungen vorgenommen haben, klicken Sie am oberen Seitenrand auf **Angemeldet** und dann auf **Abmelden**.

Wenn Internetseiten verrücktspielen

Sie haben in der Adresszeile Ihres Browsers wie gewohnt eine Internetadresse eingegeben. Doch nach Drücken der Taste ⏎ oder Tippen auf das Pfeilsymbol → erscheint statt der gewünschten Internetseite der Hinweis **Die Seite kann nicht angezeigt werden**? So profan es klingen mag, aber werfen Sie in diesem Fall als Erstes einen Blick in die Adresszeile, und überprüfen Sie, ob Sie die Adresse auch richtig getippt haben. Hat sich tatsächlich ein Tippfehler eingeschlichen, unternehmen Sie einfach einen erneuten Versuch.

Haben Sie die Internetadresse richtig geschrieben, probieren Sie aus, ob sich andere Webseiten korrekt öffnen lassen. Geben Sie beispielsweise »www.tagesschau.de« ein. Wird die Webseite der Nachrichtensendung korrekt angezeigt, liegt das Problem beim Server der ursprünglich gewünschten Webseite. Eventuell sind hier Wartungsarbeiten im Gange, oder der Server ist überlastet. Dies passiert beispielsweise, wenn zu viele Nutzer gleichzeitig versuchen, eine Webseite aufzurufen. In solch einem Fall bleibt Ihnen nichts anderes übrig, als es zu einem späteren Zeitpunkt erneut zu versuchen.

Manchmal wird eine Webseite zwar angezeigt, aber das, was Sie zu sehen bekommen, sieht nicht wirklich gut aus. So sind etwa Menüs sowie Texte auf der Seite wild verschoben oder kaum mehr lesbar. Zu solch einem Phänomen kann es kommen, wenn Sie Webseiten zu stark vergrößert oder auch verkleinert haben. Abhilfe verschafft hier meist das Zurücksetzen der Zoom-Stufe. Arbeiten Sie mit dem Browser Edge, klicken oder tippen Sie hierzu oben rechts auf das Symbol ⋯ . Stellen Sie dann in der aufklappenden Liste über das Plus- bzw. Minus-Symbol bei der Funktion **Zoom** den Wert **100%** ein.

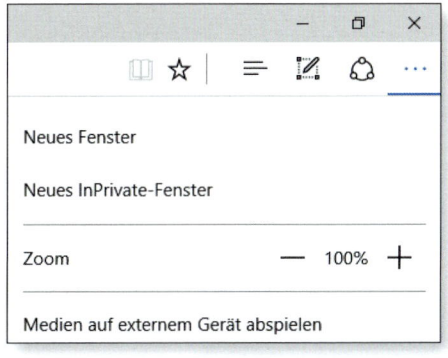

⌃ *Einige Webseiten werden nur bei der Zoom-Stufe »100%« korrekt dargestellt.*

Nutzen Sie als Browser Mozilla Firefox, drücken Sie einfach die Tastenkombination Strg + 0 . Um die Darstellung bei einem Gerät mit Touchscreen anzupassen, ziehen Sie zwei Finger auf dem Bildschirm entweder zusammen (hierdurch wird die Darstellung verkleinert) oder auseinander (führt zu einer Vergrößerung).

Kapitel 13: Rat und Tat

Werden die Webseiten zwar korrekt dargestellt, dauert aber der Aufbau einer Seite sehr lange, kann dies an einem überlasteten Arbeitsspeicher Ihres Computers liegen. Eventuell haben Sie zu viele Programme parallel geöffnet, die dem Computer sehr viel Rechenleistung abverlangen. Klassische Beispiele hierfür sind Bildbearbeitungsprogramme oder auch Videoschnittsoftware. Schließen Sie einige der Anwendungen, die Sie nicht unbedingt benötigen, während Sie im Internet surfen. Rufen Sie die Webseite erneut auf. Wird die Internetadresse noch in der Adresszeile angezeigt, reicht ein Klick auf das Symbol in der Adresszeile des Browsers.

Sollte Mozilla Firefox oder ein alternativer Browser gar nicht mehr auf Ihre Eingaben reagieren, hilft meist nur ein Neustart. Wenn sich Mozilla Firefox nicht mehr über die Schaltfläche beenden lässt, müssen Sie das Programm mithilfe des sogenannten *Task-Managers* schließen. Der englische Begriff »Task« lässt sich mit »Aufgabe« übersetzen.

1. Klicken Sie in der linken unteren Ecke der Taskleiste mit der rechten Maustaste auf das Windows-Symbol , und wählen Sie in der aufklappenden Liste den **Task-Manager** aus. Nutzen Sie einen Touchscreen, halten Sie den Finger wieder etwas länger auf dem Symbol, bis ein Quadrat eingeblendet wird. Anschließend können Sie auch hier in der nun angezeigten Liste den **Task-Manager** antippen.

2. Im nächsten Dialog markieren Sie den Browser, also etwa (Mozilla) **Firefox** ❶. Nach einem Klick auf **Task beenden** ❷ wird das Programm geschlossen.

↑ *Manchmal hilft nur ein Neustart des Computers.*

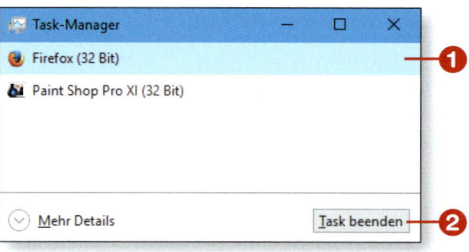

Wenn der Browser auch nach dem Neustart noch nicht richtig funktioniert, sollten Sie probeweise den gesamten Computer herunterfahren und anschließend neu starten. Beenden Sie hierzu zunächst alle noch geöffneten Programme. Rufen Sie per Klick auf das Windows-Symbol das Startmenü auf. Hier klicken Sie dann auf **Ein/Aus** und anschließend auf **Neu starten** ❸.

Kapitel 14
Auf einen Blick – Sicherheit im Internet

Das Internet wird täglich von Millionen von Menschen genutzt. Wie in der realen Welt gilt auch hier: Wo sich viele Menschen tummeln, sind Betrüger und Kriminelle nicht weit. Die Gefahren, die im Internet lauern, reichen vom Datenklau bis hin zur Zerstörungswut. Dabei ist es egal, ob Sie im Internet surfen, eine E-Mail empfangen oder eine Datei aus dem Internet herunterladen. Passen Sie nicht auf, hat sich schnell ein Virus auf dem Computer eingenistet, der womöglich alle Daten auf der Festplatte löscht oder gar das gesamte System lahmlegt. Einen gewissen Schutz bieten Ihnen die Firewall und ein Antivirenprogramm, wie im Abschnitt »Ist Ihr Computer gut geschützt?« ab Seite 22 bereits vorgestellt. Achten Sie außerdem unbedingt darauf, alle Programme, aber auch das Betriebssystem Windows selbst, immer auf dem neuesten Stand zu halten. Eine wertvolle Hilfe ist hier das Windows Update, das Sie ebenfalls im besagten Abschnitt kennengelernt haben. Es gibt aber noch mehr wichtige Sicherheitsmaßnahmen, die Sie beachten sollten und mit denen ich Sie nun bekannt machen werde.

Sicher surfen

Ein Browser ist ein praktisches Programm, wenn es darum geht, im Internet zu surfen. Was vielen Anwendern nicht bewusst ist: Es ist auch ein sehr neugieriges Programm, das alles, was Sie im Internet unternehmen, protokolliert. Doch wozu? Zwei einfache Beispiele machen dies deutlich:

- Wenn Sie im Internet eine Webseite aufrufen, merkt sich der Browser die eingegebene Adresse. Beim erneuten Aufruf müssen Sie nicht

Kapitel 14: Auf einen Blick – Sicherheit im Internet

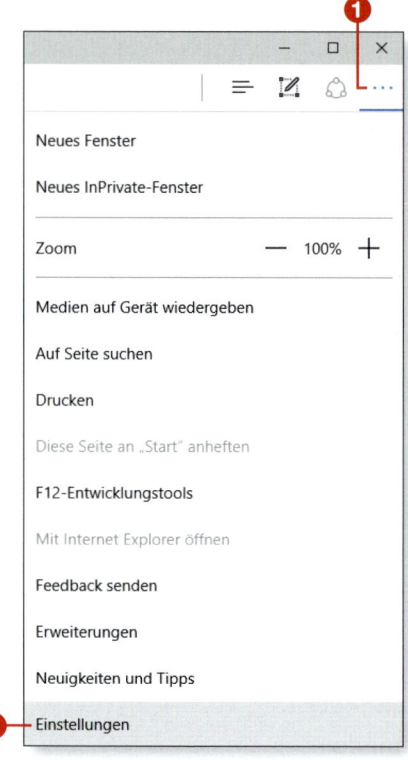

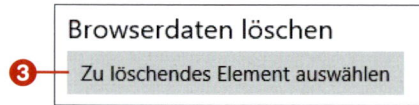

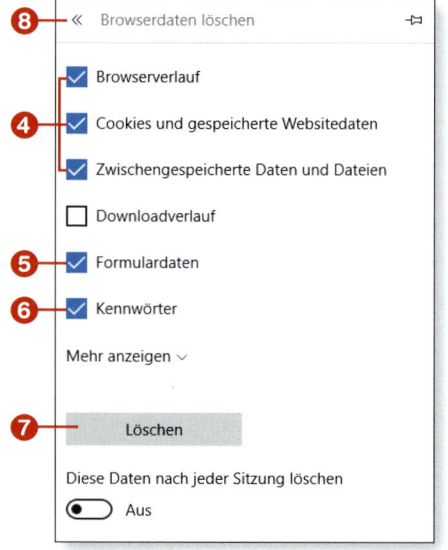

mehr die gesamte Adresse eingeben, sondern bekommen bereits nach wenigen Buchstaben die gewünschte Internetadresse vorgeschlagen.

- Suchen Sie beispielsweise beim Online-Shop Amazon nach einer neuen Digitalkamera, merkt sich der Browser dies ebenfalls. Etliche Websites werden durch Werbung finanziert. Da Sie bereits einmal Interesse für eine Digitalkamera bekundet haben, blendet Ihnen Ihr Browser auf den nächsten Webseiten, die Sie besuchen, eine entsprechende Anzeige ein.

Die Spuren, die Sie beim Surfen hinterlassen, werden in kleinen Textdateien, den sogenannten *Cookies* (zu Deutsch »Kekse«), gespeichert. Wenn Sie beispielsweise im Internet einkaufen und Ihre Artikel im Warenkorb ablegen, wird der Inhalt des Warenkorbs in einem Cookie gesichert. Das Unangenehme an Cookies ist, dass Sie nicht genau wissen, welche Daten von wem gespeichert werden und was mit diesen Daten weiter geschieht. Um einem Datenmissbrauch vorzubeugen, sollten Sie regelmäßig Cookies, aber auch andere gespeicherte Daten, wie etwa die Adressen der bereits besuchten Internetseiten, löschen. Wie Sie hierzu in Mozilla Firefox vorgehen, erfahren Sie im Kasten »Wichtige Sicherheitseinstellungen in Mozilla Firefox« auf Seite 341. Doch zunächst zeige ich Ihnen das Vorgehen beim Browser Edge:

1. Klicken Sie in der rechten oberen Fensterecke von Edge auf das Symbol **Mehr** ⋯ ❶ und in der aufklappenden Liste auf **Einstellungen** ❷.

2. In der Spalte **Einstellungen**, die nun am rechten Fensterrand eingeblendet wird, klicken Sie im Bereich **Browserdaten löschen** auf **Zu löschendes Element auswählen** ❸.

3. In der Spalte **Browserdaten löschen** sind die ersten drei Kontrollkästchen bereits aktiviert ❹. Diese Einstellung sollten Sie nicht ändern. Versehen Sie zusätzlich die beiden Kästchen **Formulardaten** ❺ sowie **Kennwörter** ❻ per Mausklick mit einem Häkchen. Wenn Sie sich das nächste Mal bei einem sozialen Netzwerk oder einem Online-Shop anmelden, werden Sie nun zwar aufgefordert, Ihre persönlichen Daten, z. B. Passwörter, neu einzugeben, aus Sicherheitsgründen ist dies aber sehr sinnvoll. Hierzu gleich noch mehr.

4. Klicken oder tippen Sie auf **Löschen** ❼, werden die Daten, also Cookies und Adressen bereits besuchter Webseiten, aus dem Browserverlauf entfernt. Dieser Vorgang kann einen Moment dauern. Mit einem Klick auf das Symbol **Zurück** « ❽ kehren Sie zu den Einstellungen zurück.

Wichtige Sicherheitseinstellungen in Mozilla Firefox

Wie der Browser Edge speichert auch Mozilla Firefox die Adressen besuchter Internetseiten oder auch Formulardaten. Diese Daten werden in der sogenannten *Chronik* festgehalten, die von Ihnen regelmäßig geleert werden sollte. Hierzu klicken Sie in Mozilla Firefox oben rechts auf das Symbol **Menü öffnen** ≡ und dann auf **Chronik**. In der Liste **Chronik** wählen Sie gleich den zweiten Eintrag von oben **Neueste Chronik l(öschen)**. Im Dialog **Neueste Chronik löschen** klicken Sie auf den Pfeil links von **löschen** und wählen **Alles**. Klicken Sie ggf. auf den Pfeil links von **Details**, falls das Feld darunter mit den Kontrollkästchen nicht eingeblendet wird. Stellen Sie nun sicher, dass die ersten fünf Kästchen mit einem Häkchen versehen sind. Mit einem Klick auf **Jetzt löschen** wird die Chronik gelöscht.

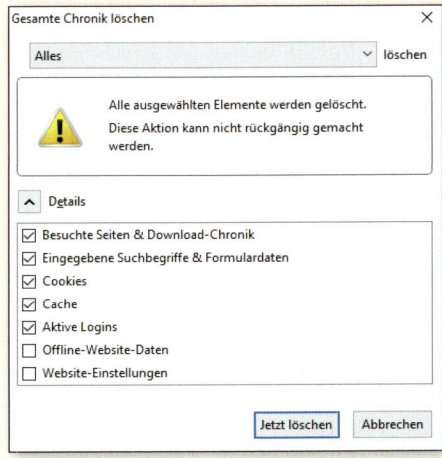

⌃ *Auch in Mozilla Firefox sollten Sie Formulardaten, Cookies und mehr regelmäßig löschen.*

Kapitel 14: Auf einen Blick – Sicherheit im Internet

Wenn Sie sich bei einem Online-Shop oder einem sozialen Netzwerk mit Ihrem Benutzernamen (meist die E-Mail-Adresse) und Kennwort anmelden, erscheint, wie schon häufiger erwähnt, ein Dialog, in dem Sie gefragt werden, ob Sie das Kennwort für diese Seite speichern möchten. Diesen Vorschlag sollten Sie immer ablehnen. Formulardaten, also etwa der Benutzername oder auch Ihre Adresse, die Sie in Formularen eintragen, merkt sich Edge leider automatisch. Möchten Sie sich das nächste Mal etwa bei einem Online-Shop anmelden, reicht die Eingabe der ersten Buchstaben des Benutzernamens, und schon zeigt der Browser die E-Mail-Adresse an. Beim Löschen der Browserdaten werden sowohl Formulardaten als auch Kennwörter entfernt. Noch besser ist es natürlich, wenn der Browser diese Daten gar nicht erst speichert. Die entsprechenden Einstellungen nehmen Sie in den erweiterten Einstellungen vor.

1. Sollten Sie die Spalte **Einstellungen** in der Zwischenzeit geschlossen haben, blenden Sie sie erneut per Klick auf das Symbol ⋯ und dann **Einstellungen** ein. Blättern Sie in der Spalte **Einstellungen** nach unten, und klicken Sie im Bereich **Erweiterte Einstellungen** auf **Erweiterte Einstellungen anpassen**.

2. In den **Erweiterten Einstellungen** blättern Sie nach unten bis zum Bereich **Datenschutz und Dienste**.

3. Schieben Sie den Regler unterhalb von **Speichern von Kennwörtern anbieten** nach links auf **Aus**.

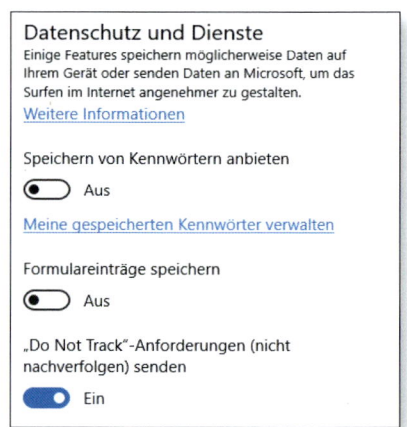

4. Analog setzen Sie den Regler unterhalb von **Formulareinträge speichern** auf **Aus**.

5. Manche Website-Betreiber möchten gerne wissen, welche Seiten Sie nach dem Aufruf ihrer Seiten besuchen. Man spricht hierbei auch von *Tracking* (zu Deutsch »Verfolgung«). Ist Ihnen dies nicht recht, sollten Sie den Regler unterhalb von **„Do Not Track"-Anforderungen (nicht nachverfolgen) senden**« nach rechts auf **Ein** schieben.

Sicher surfen

> **Do-Not-Track-Funktion unter Mozilla Firefox einschalten**
>
> Auch Mozilla Firefox verfügt über eine Do-Not-Track-Funktion, die, wie bei Edge auch, allerdings erst eingeschaltet werden muss. Hierzu klicken Sie oben rechts auf das Symbol **Menü öffnen** ≡ und dann auf **Einstellungen**. Es wird eine neue Registerkarte **Einstellungen** geöffnet. Rufen Sie links die Kategorie **Datenschutz** auf, und klicken Sie rechts auf **Websites mitteilen, Ihre Aktivitäten nicht zu verfolgen**. Im Dialog **Do Not Track** setzen Sie per Mausklick in das Kästchen vor **Websites mitteilen, meine Nutzeraktivitäten nicht zu verfolgen** ein Häkchen. Bestätigen Sie mit **OK**. Da Sie bereits die Einstellungen aufgerufen haben, sollten Sie gleich noch ein paar andere Sicherheitseinstellungen prüfen. Klicken Sie hierzu in der linken Spalte auf **Sicherheit**. Stellen Sie nun in der rechten Spalte sicher, dass im Bereich **Allgemein** alle drei Kästchen mit einem Häkchen versehen sind. Im Bereich **Zugangsdaten** entfernen Sie wiederum das Häkchen vor **Zugangsdaten für Websites speichern**. Wenn Sie keine weiteren Einstellungen vornehmen möchten, schließen Sie die Registerkarte wie gewohnt mit einem Klick auf das Kreuzsymbol ⊠.

Da die Spalte **Erweiterte Einstellungen** noch geöffnet ist, sollten Sie gleich noch einige weitere Sicherheitseinstellungen vornehmen. Bestimmen Sie als Nächstes, wie Edge mit Cookies umgehen soll. Diese sind, wie bereits erwähnt, für einige Aktionen, wie etwa das Einkaufen im Internet, wichtig; so manches Mal werden sie aber auch genutzt, um Ihr Surfverhalten auszuspionieren. Bei Cookies unterscheidet man zwischen den Cookies eines Erstanbieters (der Website, auf der Sie sich befinden, also etwa einem Online-Shop) oder Drittanbieters (Werbefenster u. Ä.). Meine Empfehlung ist, die Cookies von Erstanbietern zuzulassen, die von Drittanbietern aber zu blockieren:

1. Blättern Sie in der Spalte **Erweiterte Einstellungen** nach unten bis zum Bereich **Cookies**.

2. Klicken Sie auf den Pfeil rechts vom Feld **Keine Cookies blockieren**. In der aufklappenden Liste markieren Sie **Nur Cookies von Drittanbietern blockieren** (❶ auf Seite 344).

Und weiter geht es mit wichtigen Sicherheitseinstellungen. Sowohl im Zusammenhang mit dem Einkaufen im Internet als auch dem Online-Banking fiel bereits das Stichwort Phishing-Mails. Dabei handelt es sich um E-Mails, die angeblich von Banken oder Online-Shops versendet wurden. In der Nachricht werden Sie aufgefordert, eine bestimmte Webseite per Klick auf den in der E-Mail enthaltenen Link aufzurufen und dort Ihre Daten (z. B. Passwörter oder auch Bankdaten) einzugeben. Wenn Sie tatsächlich auf den Link klicken, wird allerdings nicht die Webseite der Bank oder des Online-Shops geöffnet, sondern eine ähnlich aussehende, die von einem Betrüger stammt.

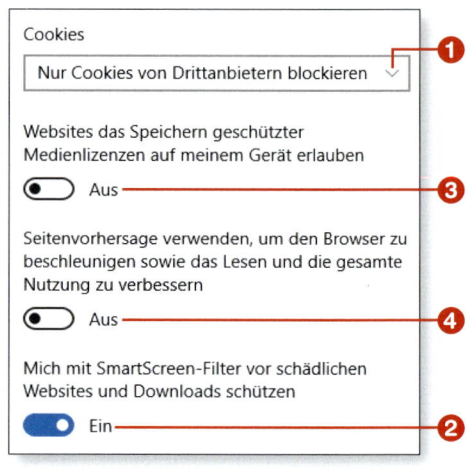

Edge enthält einen Filter, den sogenannten *SmartScreen-Filter*, der Sie warnt, falls Sie auf eine entsprechende Webseite gelangen. Der Filter ist per Standardeinstellung aktiviert; zur Sicherheit sollten Sie aber überprüfen, ob dem wirklich so ist. Den entsprechenden Eintrag finden Sie am Ende der Spalte **Erweiterte Einstellungen**. Befindet sich hier der Schieberegler unterhalb von **Mich mit SmartScreen-Filter vor schädlichen Websites und Downloads schützen** auf **Ein** ❷, ist alles in Ordnung.

Die beiden Funktionen oberhalb des SmartScreen-Filters sollten Sie dagegen deaktivieren. Schieben Sie also den Schieberegler unterhalb von **Websites das Speichern geschützter Medienlizenzen auf meinem Gerät erlauben** nach links auf **Aus** ❸. Ebenso gehen Sie für **Seitenvorhersage verwenden, um den Browser zu beschleunigen sowie das Lesen und die gesamte Nutzung zu verbessern** vor ❹. Denn ist diese Funktion eingeschaltet, sendet Edge die Adressen aller Internetseiten, die Sie besucht haben, an Microsoft. Dies ist zwar nicht gefährlich, aber auch nicht nötig.

Im nächsten Abschnitt zeige ich Ihnen, welche Daten Windows, aber auch eine Suchmaschine wie Google noch so von Ihnen sammelt und wie Sie dies zumindest teilweise einschränken können.

Surfspuren vermeiden mit dem InPrivate-Browsen

Wer verhindern möchte, dass während des Surfens Informationen über besuchte Webseiten im Browser Edge gespeichert werden, kann auch den sogenannten *InPrivate-Modus* verwenden. Diesen Modus müssen Sie allerdings nach jedem Start von Edge aktivieren. Klicken Sie hierzu auf das Symbol **Mehr**, dann auf **Neues InPrivate-Fenster**. Es wird automatisch ein zweites Programmfenster des Browsers geöffnet. In der linken oberen Fensterecke erscheint die Schaltfläche **InPrivate**. Sie können nun wie gewohnt die Internetadresse in der Adresszeile eingeben und im Internet surfen. Um den Modus zu deaktivieren, beenden Sie Edge wie gewohnt per Klick auf das **Schließen**-Symbol. Wenn Sie den Browser Mozilla Firefox nutzen, klicken Sie in der rechten oberen Fensterecke auf das Symbol und in der aufklappenden Liste auf **Privates Fenster**. Auch hier wird ein neues Programmfenster geöffnet, das Sie später über das **Schließen**-Symbol wie gewohnt beenden. Das InPrivate-Browsen ist vor allem dann sinnvoll, wenn Sie auf einem fremden Computer einen Einkauf in einem Online-Shop tätigen oder bei Ihrer Bank Kontodaten abfragen.

Wichtige Datenschutzeinstellungen

Für ein Unternehmen wie Microsoft, aber auch Google oder Apple sind die Daten, die Sie beim Surfen im Internet und selbst bei Ihren täglichen Arbeiten am Computer hinterlassen, von großer Bedeutung. Diese Daten werden für gezielte Werbungen genutzt, Adressverkäufe und vieles mehr.

Geben Sie nichts anderes vor, sammelt Windows 10 per Standardeinstellung fleißig alle Informationen über Sie und reicht diese an Microsoft weiter. Wem dies nicht recht ist, sollte schnellstens einen Blick in die Datenschutzeinstellungen des Betriebssystems werfen und hier ein paar Korrekturen vornehmen. Zwar können Sie nicht alle Datenerfassungen verhindern, aber so manches liegt doch in Ihrer Hand. Aus Platzgründen kann ich Ihnen im Folgenden leider nicht alle möglichen Einstellungen vorstellen, doch auf die wichtigsten werde ich kurz eingehen.

Kapitel 14: Auf einen Blick – Sicherheit im Internet

1. Rufen Sie das Startmenü per Klick auf das Windows-Logo auf, und klicken oder tippen Sie auf **Einstellungen**.

2. Im folgenden Dialog markieren Sie **Datenschutz**.

3. Auf der folgenden Seite ist in der linken Spalte bereits die Kategorie **Allgemein** ❶ aktiviert. In der rechten Spalte werden nun diverse Datenschutzoptionen aufgelistet. Nur eine dieser Einstellungen sollte tatsächlich aktiviert sein: **SmartScreen-Filter einschalten, um von Windows Store-Apps verwendete Webinhalte (URLs) zu überprüfen** ❷. Wenn dieser Regler auf **Ein** steht, kann der Filter Programme prüfen und Sie vor schädlicher Software warnen.

4. Alle anderen Regler, die Sie in der rechten Spalte sehen, sollten Sie ausschalten. Hierzu ziehen Sie den Regler jeweils mit gedrückter linker Maustaste oder per Finger nach links auf **Aus**. Damit verhindern Sie, dass Sie mit personalisierter Werbung zugeschüttet und Ihre Texteingaben verfolgt und an Microsoft geschickt werden. Auch auf lokal relevante Inhalte können Sie sicherlich verzichten, ebenso wie auf die Möglichkeit, dass Apps Zugriff auf andere Geräte erhalten.

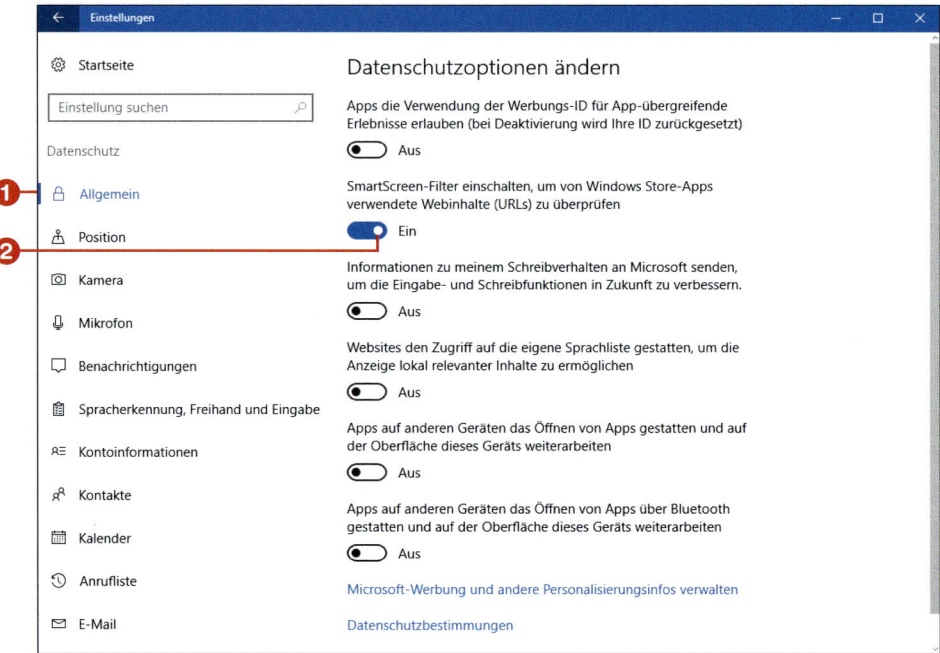

346

Wichtige Datenschutzeinstellungen

Nach diesen allgemeinen Einstellungen werfen Sie nun einen Blick auf die diversen Anwendungen: Bestimmen Sie selbst, welche Apps welche Zugriffe erhalten. Das Prinzip ist bei allen gleich, sodass ich nur einige Einstellungen beispielhaft herausgreifen werde.

1. Klicken oder tippen Sie im Dialog **Datenschutz** in der linken Spalte auf die Kategorie **Position** ❶.

2. Geben Sie nichts anderes vor, ermittelt Microsoft Ihren aktuellen Standort. Das ist zwar praktisch, wenn Sie mit Ihrem Tablet oder Notebook auf Reisen sind und etwa mithilfe der Karten-App Ihre aktuelle Position herausfinden möchten. Wer aber mehr Wert auf Datenschutz und Privatsphäre legt, sollte den Regler **Positionsdienst** auf **Aus** ❷ stellen.

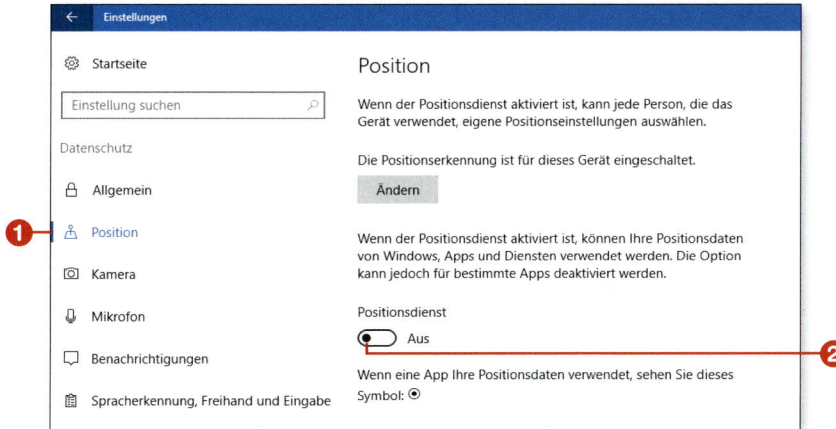

3. Blättern Sie im Dialog **Datenschutz ▸ Position** etwas nach unten, und klicken oder tippen Sie auf **Löschen**. Damit werden die bereits gespeicherten Positionsdaten von Ihrem Computer gelöscht.

Wer ein Tablet oder Notebook mit integrierter Webcam nutzt, sollte sich als Nächstes die Kategorie **Kamera** genauer ansehen.

1. Rufen Sie dazu im Dialog **Datenschutz** die Kategorie **Kamera** (❶ auf Seite 348) auf.

2. Im Bereich **Apps auswählen, die Ihre Kamera verwenden können** haben Sie die Möglichkeit, selbst festzulegen, welche App Zugriff auf die integrierte Webcam erhält. Damit Sie z. B. mit der Skype-App Videotelefonate führen können, belassen Sie den Regler bei **Skype-Vorschau** auf **Ein** ❷. Für eine App wie **Microsoft Edge** ❸ oder auch den **Store** ❹ spielt die Kamera keinerlei Rolle, sodass Sie die Regler hier entsprechend auf **Aus** stellen können.

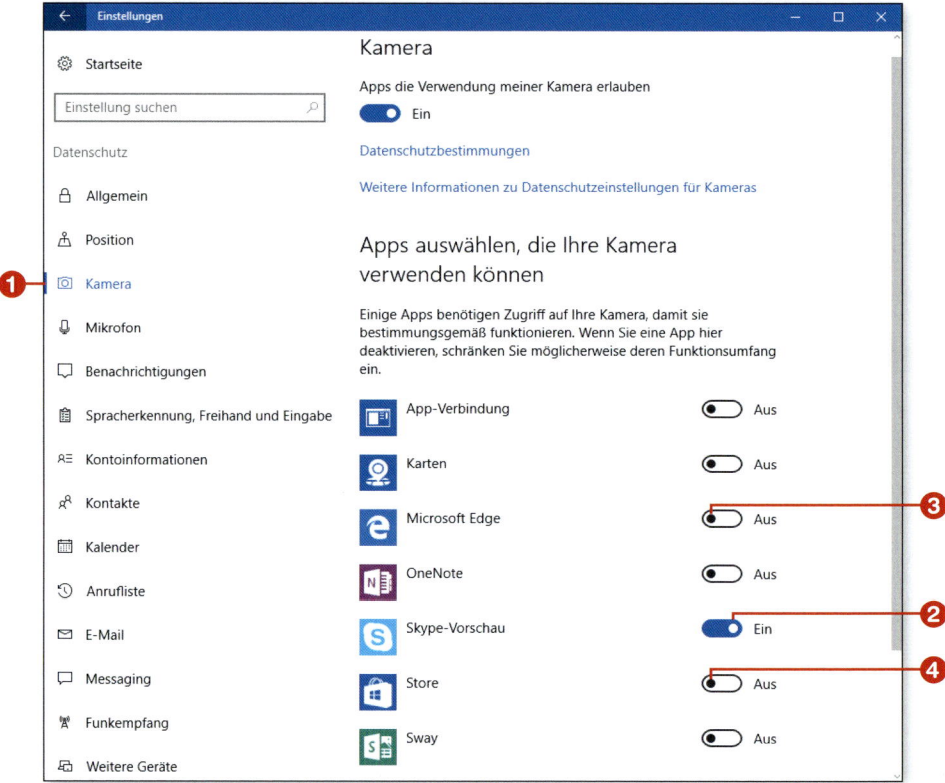

Analog sollten Sie in allen weiteren Kategorien wie etwa **Kontoinformationen**, **Kontakte**, **Kalender** oder auch **E-Mail** die Einstellungen prüfen. Ganz wichtig ist hierbei die Kategorie **Feedback und Diagnose**. Denn dort bestimmen Sie, welche Diagnose- und Nutzungsdaten an Microsoft weitergereicht werden dürfen.

1. Rufen Sie im Dialog **Datenschutz** in der linken Spalte die Kategorie **Feedback und Diagnose** (❶ auf Seite 349) auf.

2. Wenn Sie kein Feedback an Microsoft schicken möchten, klicken Sie auf den Pfeil rechts vom Feld **Mein Feedback soll von Windows angefordert werden**. In der aufklappenden Liste wählen Sie **Nie** ❷.

3. Klicken Sie auf den Pfeil rechts vom Feld **Sendet Ihre Gerätedaten an Microsoft**, und wählen Sie den Eintrag **Einfach** ❸ aus. Damit werden lediglich Informationen zur Hardware Ihres Computers sowie zu installierten Programmen an Microsoft geschickt. Informationen zur Nutzungshäufigkeit sowie zu Abstürzen von Apps reicht Windows 10 dagegen nicht weiter.

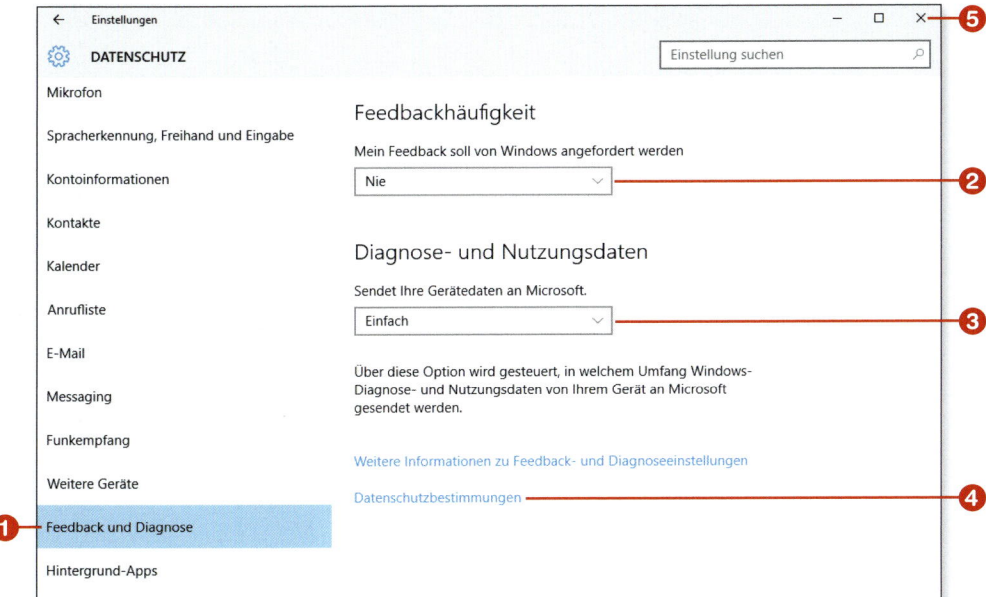

4. Am Ende des Dialogs **Datenschutz ▸ Feedback und Diagnose** finden Sie den Link **Datenschutzbestimmungen** ❹. Nach einem Klick hierauf startet automatisch der Browser mit der Webseite **Datenschutzbestimmungen von Microsoft**. Hier erhalten Sie weitere interessante Informationen rund ums Thema Datenschutz, die Sie sich in Ruhe durchlesen sollten.

5. Sowohl den Browser als auch den Dialog **Einstellungen** können Sie anschließend mit einem Klick auf das **Schließen**-Symbol ❺ oben rechts beenden.

Wie bereits zu Anfang des Abschnitts erwähnt, können Sie mit den vorgenommenen Einstellungen zumindest etwas die Datensammelwut von Windows 10 eingrenzen. Microsoft ist aber nicht das einzige Unternehmen, das an Informationen über Sie interessiert ist. Wie bereits in Kapitel 3, »Suchen und Finden mit Google«, ausgeführt, zeigt auch die

Suchmaschine Google einen großen Datenhunger. Wenn Sie die Suchmaschine das erste Mal etwa mit dem Browser Edge oder auch Mozilla Firefox aufrufen, klappt häufig ein Dialog auf, in dem Sie den Datenschutzbestimmungen zustimmen sollen. Tun Sie dies nicht, ist es unmöglich, die Suchmaschine Google zu nutzen. Aus diesem Grund akzeptieren viele Nutzer die Datenschutzabfrage.

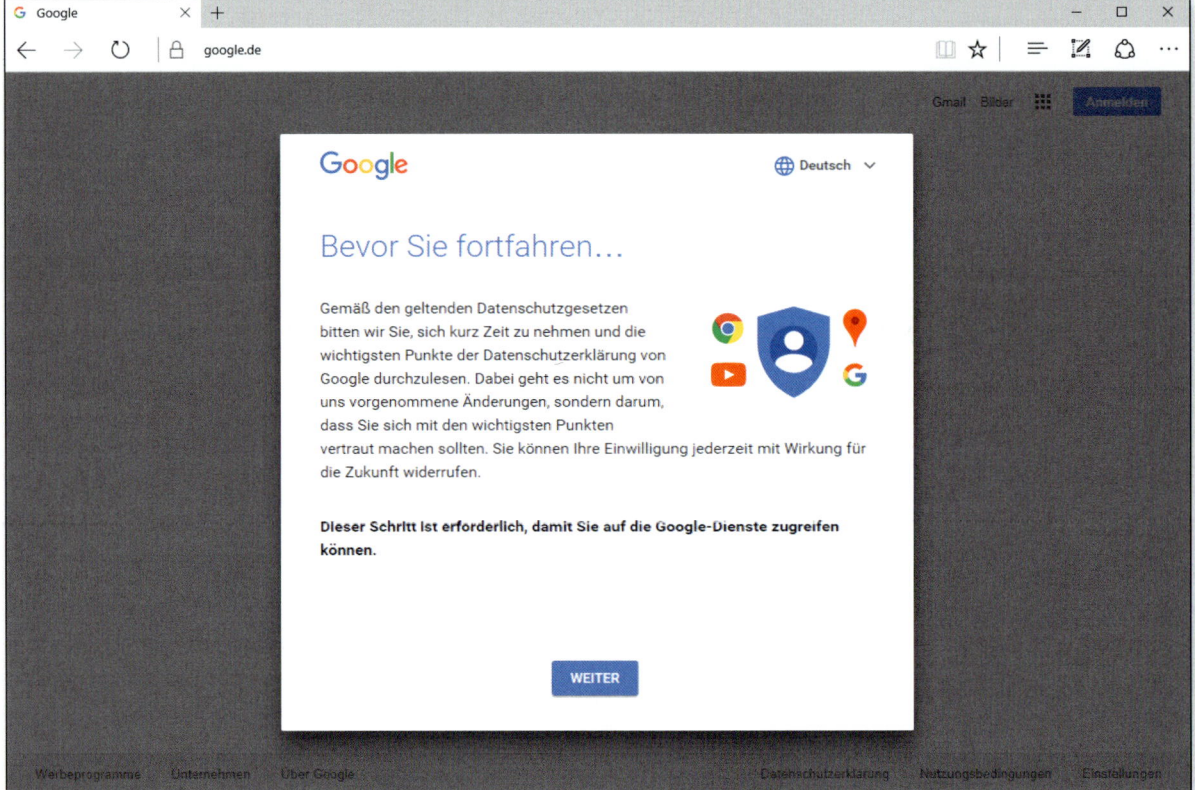

∧ Wer die Suchmaschine Google nutzen will, muss zunächst die Datenschutzbestimmungen akzeptieren.

Anschließend sollten Sie aber unbedingt einen Blick in die Datenschutzerklärung und Nutzungsbedingungen von Google werfen und hier ein paar Einstellungen ändern. Hierzu gehen Sie folgendermaßen vor:

1. Rufen Sie im Browser Ihrer Wahl (also etwa Edge oder auch Mozilla Firefox) über die Internetadresse »www.google.de« die Startseite von Google auf.

2. Klicken oder tippen Sie am unteren Rand der Seite auf **Nutzungsbedingungen** ❶.

Wichtige Datenschutzeinstellungen

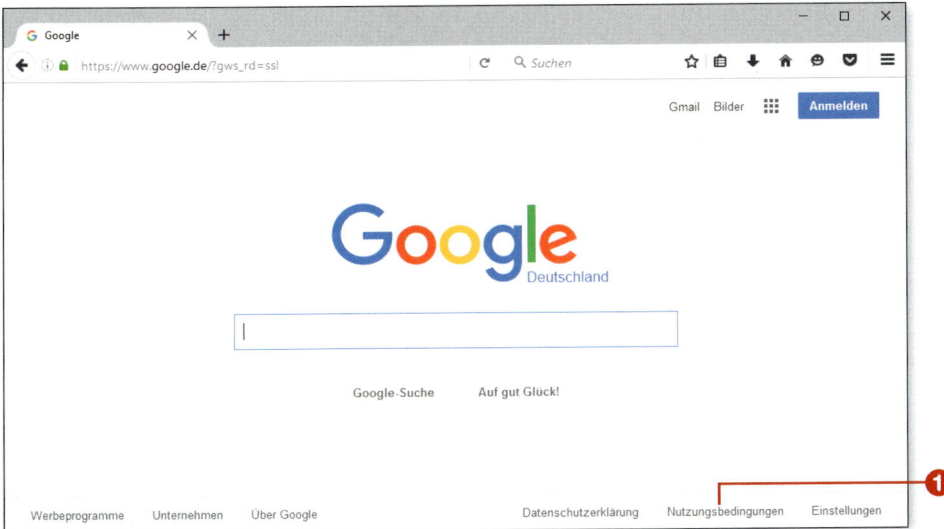

3. Auf der folgenden Seite erhalten Sie einige Informationen zu den Nutzungsbedingungen von Google. Klicken Sie oben rechts auf **Mein Konto**.

4. Auf der nächsten Seite **Ihre Google-Einstellungen zentral anpassen** blättern Sie nach unten bis zum Bereich **Privatsphärecheck**. Klicken Sie hier auf den Link **Jetzt starten** ❷.

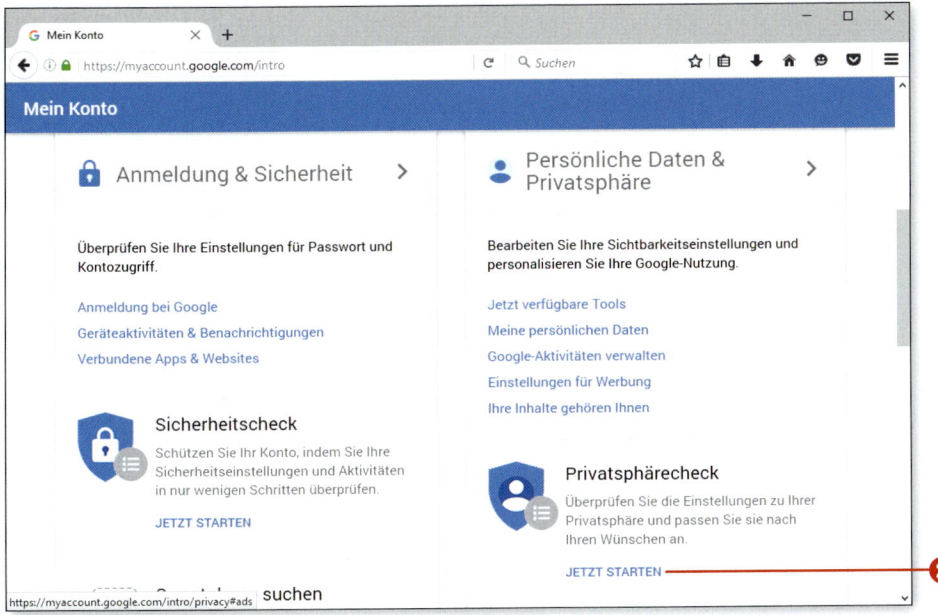

Kapitel 14: Auf einen Blick – Sicherheit im Internet

Über die Links unterhalb der Überschrift **Sie haben kein Google-Konto?** können Sie nun einige Datenschutzeinstellungen anpassen.

5. Klicken Sie auf den Link **Ihr Google-Suchverlauf** ❸.

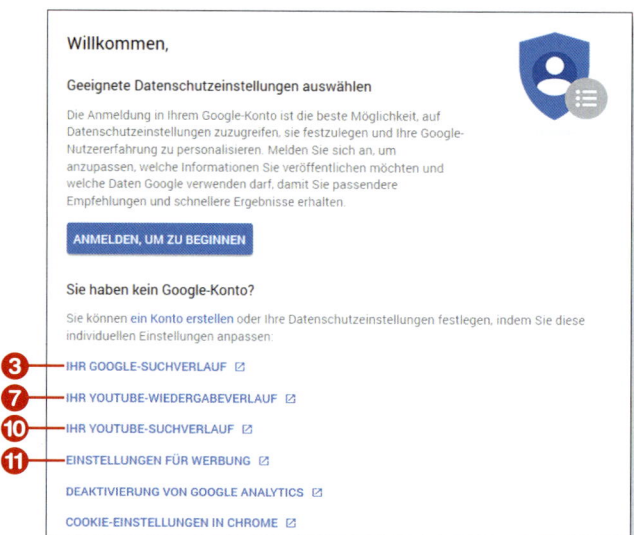

6. Im Browser wird eine neue Registerkarte **Google Suchanpassung** ❹ geöffnet. Damit Google Ihre Suchaktivitäten nicht speichert, schieben Sie den Schieberegler mit gedrückter linker Maustaste oder per Finger von rechts nach links ❺. Die Registerkarte schließen Sie wie gewohnt mit einem Klick auf das **Schließen**-Symbol ❻.

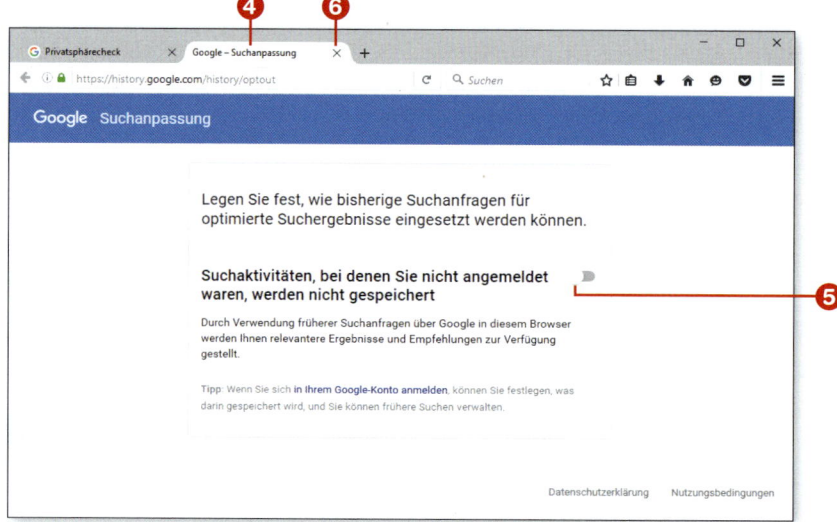

Wichtige Datenschutzeinstellungen

7. Auf der Seite **Privatsphärecheck** klicken Sie nun auf **Ihr YouTube-Wiedergabeverlauf** (❼ auf Seite 352). Auch hier wird eine neue Registerkarte geöffnet, in der Sie auf **Gesamten Wiedergabeverlauf löschen** klicken. Bestätigen Sie den folgenden Hinweis mit **Gesamten Wiedergabeverlauf löschen** ❽, löscht Google die Liste aller von Ihnen bei YouTube betrachteten Videos. Auch hier schließen Sie wieder die Registerkarte mit einem Klick auf das **Schließen**-Symbol ❾.

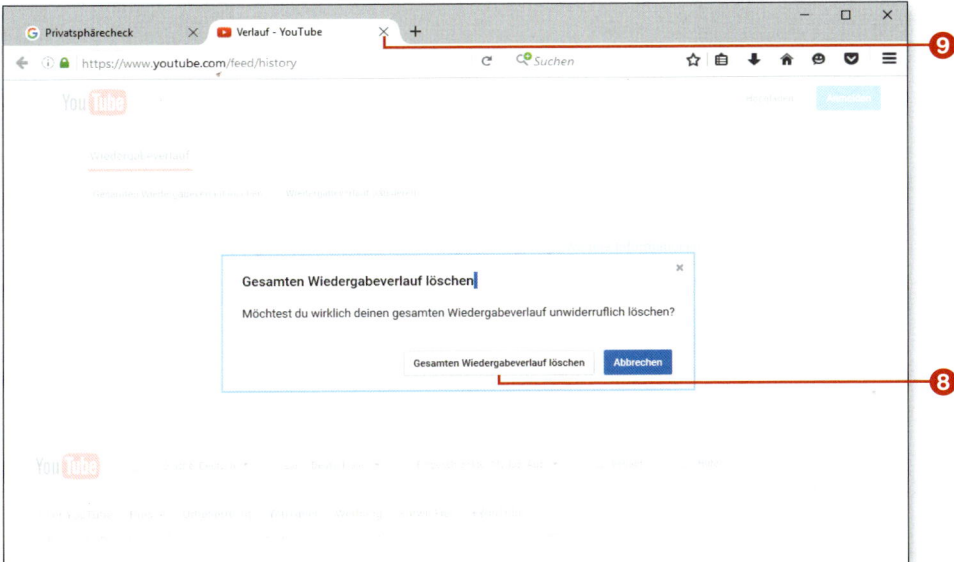

8. Rufen Sie nun den Link **Ihr YouTube-Suchverlauf** ❿ auf. Mit einem Klick auf **Gesamten Suchverlauf löschen** und einer Bestätigung per Klick auf **Gesamten Suchverlauf löschen** löscht Google nun auch die Liste Ihrer vorgenommenen Suchaufträge in YouTube. Schließen Sie die Registerkarte wie gewohnt.

9. Wenn Sie an keiner auf Sie persönlich zugeschnittenen Werbung interessiert sind, sollten Sie als Nächstes die **Einstellungen für Werbung** ⓫ anpassen. In der gleichnamigen Registerkarte finden Sie nun zwei Schieberegler: **Personalisierte Werbung im Web** und **Personalisierte Werbung in der Google-Suche** (siehe die Abbildung auf der folgenden Seite). Diese beiden Funktionen sollten Sie deaktivieren, indem Sie jeweils den Regler von rechts nach links ziehen und den folgenden Hinweis mit **Deaktivieren** ⓬ bestätigen. Auch diese Registerkarte können Sie nun schließen.

Kapitel 14: Auf einen Blick – Sicherheit im Internet

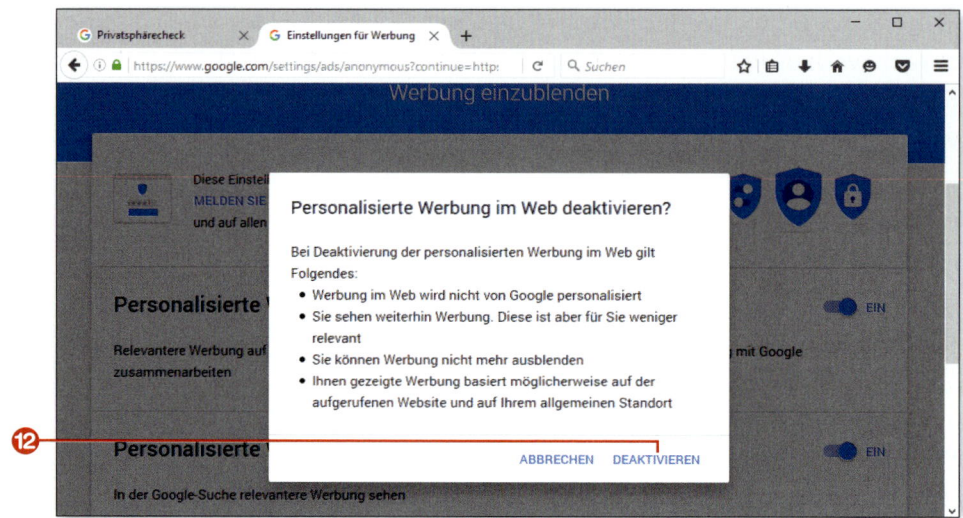

Die jeweiligen Anpassungen der Privatsphäre-Einstellungen gelten leider nur in dem Browser, in dem Sie die Einstellungen gerade vorgenommen haben, also etwa Mozilla Firefox. Sollten Sie irgendwann auf dem Computer für Ihre Suchanfragen mit Google einen anderen Browser nutzen (z. B. Edge), müssen Sie sie auch dort durchführen. Prüfen Sie die Einstellungen außerdem regelmäßig, denn Google hat leider die Angewohnheit, die vorgenommenen Einstellungen ab und an wieder zurückzusetzen. Wem dies zu lästig ist, dem empfehle ich den Einsatz einer Suchmaschine wie *Ixquick*, die Sie über die Internetadresse »www.ixquick.de« aufrufen und die Ihnen automatisch die nötige Privatsphäre beim Surfen im Internet verschafft.

Sicher einkaufen

Das Einkaufen im Internet macht Spaß. Es gibt keinerlei Öffnungszeiten, man kann Produkte in Ruhe miteinander vergleichen, und die Ware wird einem direkt in die Wohnung geliefert. Kein Stress, kein Ärger – zumindest dann, wenn alles gut geht. Doch genau das ist leider nicht immer der Fall.

Die vermeintliche Markenuhr stellt sich als billige Kopie heraus. Ein anderes Produkt wiederum kommt beschädigt an, doch der Versuch,

Sicher einkaufen

es umzutauschen, schlägt fehl. Solche Beispiele zeigen, wie wichtig es ist, einen Online-Shop genau zu prüfen, bevor Sie dort einkaufen. Seien Sie wachsam und skeptisch, wenn Ihnen ein Produkt zu einem außergewöhnlich günstigen Preis angeboten wird. Im Abschnitt »Allgemeine Tipps für sicheres Einkaufen« ab Seite 155 haben Sie bereits erfahren, woran Sie einen seriösen Online-Shop erkennen können. Der erste Blick beim Besuch eines Online-Shops sollte beispielsweise dem Impressum gelten: Sind hier alle wichtigen Kontaktdaten wie Firmenanschrift, Telefonnummer sowie E-Mail-Adresse aufgeführt? Auch die AGB, die allgemeinen Geschäftsbedingungen, sollten Sie genau prüfen. Achten Sie hier vor allem auf Angaben zu Ihrem Widerrufs- und Rückgaberecht. Wenn es sich um ein ausländisches Unternehmen handelt, gelten hier andere Rechte als für Deutschland. Liegt der Firmensitz außerhalb der EU, müssen Sie ggf. mit Zollgebühren und Steuern rechnen.

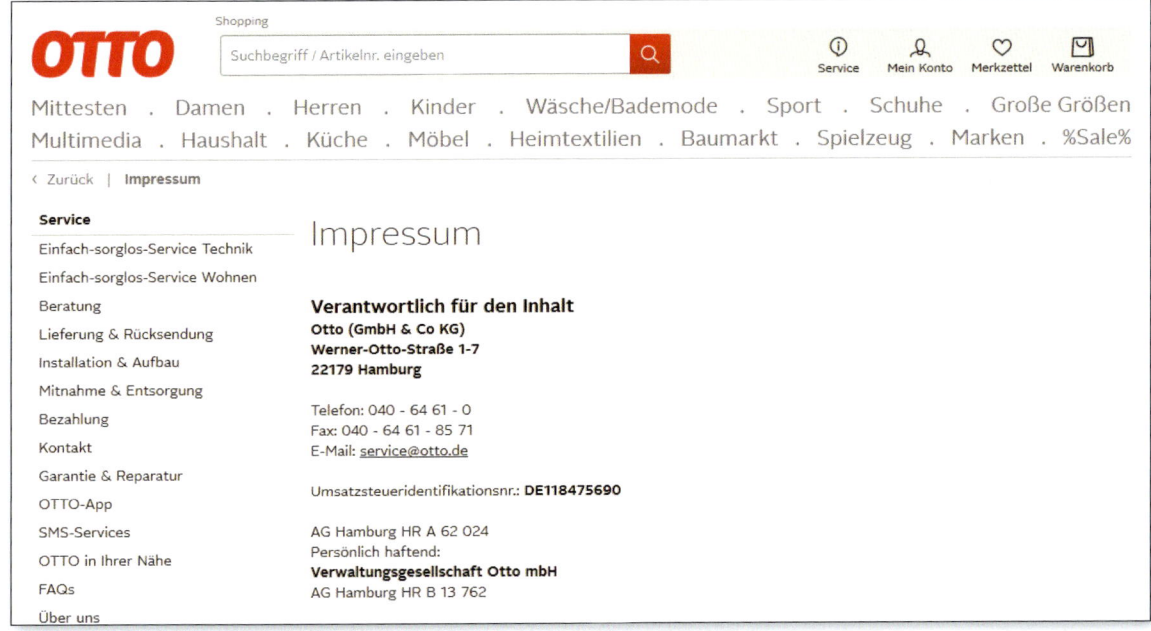

⌃ Neben der Firmenanschrift müssen auch die Telefonnummer und E-Mail-Adresse im Impressum enthalten sein.

Manche Online-Shops verfügen über ein Gütesiegel wie EHI, TÜV-Siegel oder auch Trusted Shops. Um ein solches Zertifikat zu erhalten, wird das Unternehmen einmal im Jahr auf Sicherheit, Datenschutz und Transparenz beim Bestellvorgang geprüft. Auch Kundenbewertungen sagen einiges über einen Online-Shop aus. Überwiegen hier die negativen Bewertungen, sollten Sie die Finger vom Online-Shop lassen.

Kapitel 14: Auf einen Blick – Sicherheit im Internet

> *Nur seriöse Online-Shops erhalten ein Gütesiegel.*

Wenn Sie sich für den Einkauf im Internet entscheiden, werden bei der Registrierung beim Online-Shop zahlreiche private Daten abgefragt. Geben Sie Ihre Daten nur dann ein, wenn die Datenübertragung über eine sichere Verbindung erfolgt. Diese erkennen Sie an dem vorangestellten »https« in der Adresszeile des Browsers. Geben Sie außerdem nur so viele Daten ein, wie sie für den Bestellvorgang nötig sind. Pflichtangaben sind bei einem seriösen Online-Shop meist mit einem Sternchen (*) gekennzeichnet.

Während der Registrierung bei einem Online-Shop legen Sie selbst ein Passwort fest. Das Passwort sollte aus Groß- und Kleinbuchstaben, Ziffern sowie Sonderzeichen bestehen und mindestens acht Zeichen lang sein. Je länger, desto besser. Verwenden Sie ein Passwort nie zweimal, sondern denken Sie sich für jeden Online-Shop ein neues Passwort aus. Speichern Sie die Passwörter nie auf dem Computer, und kleben Sie auch keine Post-it-Zettelchen mit den notierten Passwörtern auf den Bildschirmrand.

Durch Eingabe Ihrer E-Mail-Adresse sowie Ihres Passwortes melden Sie sich bei einem Online-Shop an. Denken Sie unbedingt daran, sich auch wieder abzumelden, wenn der Einkauf getätigt ist. Seriöse Betreiber von Online-Shops werden Sie nie nach Ihrem Passwort fragen. Wenn

Sie eine derartige Aufforderung beispielsweise per E-Mail erhalten, seien Sie wachsam. Meist handelt es sich hierbei um eine Phishing-Mail, deren einziges Ziel es ist, Ihre persönlichen Daten auszuspionieren. Das Gleiche gilt, wenn Sie per E-Mail zur Angabe von Bankdaten wie z. B. Kreditkarteninformationen aufgefordert werden. Wählen Sie zur Bezahlung grundsätzlich eine sichere Zahlungsart. Am besten geeignet ist die Bezahlung per Rechnung, am unsichersten der Bargeld-Transferservice.

Bevor Sie einen Einkauf abschließen, sollten Sie nochmals alle Daten wie die Artikelbeschreibung, die Lieferbedingungen und eventuelle Zusatzkosten genau prüfen. Im Falle eines Abonnements muss außerdem die Mindestlaufzeit des Vertrags aufgeführt werden. Seit August 2012 gibt es eine durch das BGB (Bürgerliches Gesetzbuch) geregelte Button-Lösung. Diese schreibt eine eindeutig beschriftete Schaltfläche vor, aus der hervorgeht, wann der Verbraucher eine Ware kostenpflichtig bestellt. Ist die Schaltfläche falsch beschriftet oder fehlen wichtige Angaben zum Produkt (z. B. Versandgebühren), kommt kein Vertrag zustande, und Sie müssen nicht bezahlen. Wenden Sie sich im Zweifelsfall an eine Verbraucherzentrale in Ihrer Nähe, und fragen Sie dort um Rat.

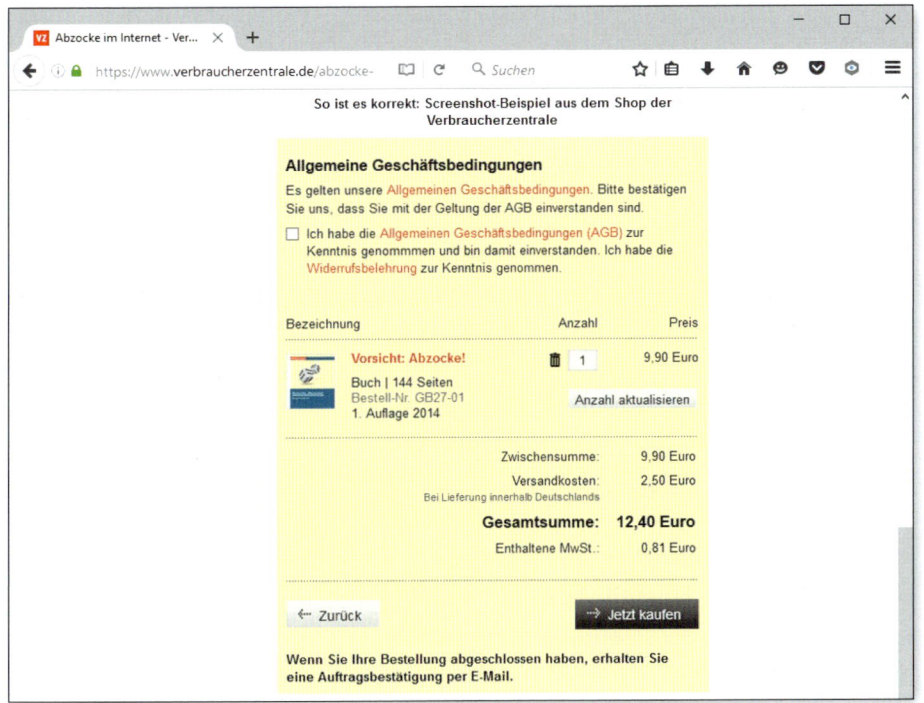

◂ *Beispiel für einen korrekten Bestellabschluss in einem Online-Shop (Quelle: »www.verbraucherzentrale.de«)*

Kapitel 14: Auf einen Blick – Sicherheit im Internet

Sicher kommunizieren in sozialen Netzwerken

Wer heute mit Freunden und Bekannten in Kontakt bleiben oder neue Kontakte knüpfen möchte, für den sind soziale Netzwerke eine wunderbare Anlaufstelle. Schnell kann man die neuesten Informationen austauschen und aktuelle Fotos und Videos veröffentlichen. Die Tatsache, dass man sein Gegenüber während der Unterhaltung nicht sieht, gaukelt einem schnell das Gefühl einer sicheren Anonymität vor. Doch dem ist leider nur sehr selten so.

Wie in Kapitel 9, »Freunde treffen im Internet«, bereits erwähnt, sehen die Einstellungen eines sozialen Netzwerks zunächst vor, dass alles, was Sie hier veröffentlichen, auch für alle anderen Anwender zu sehen ist. Und das gilt nicht nur innerhalb des Netzwerks: Auch über Suchmaschinen wie Google lassen sich diese Informationen zu einer Person ausfindig machen. Der Hinweis, dass man sich auf den Urlaub nächste Woche sehr freut, mag harmlos klingen – für Einbrecher ist er jedenfalls eine willkommene Information.

Und nicht nur Kriminelle nutzen die sozialen Netzwerke für ihre Zwecke. Es ist heutzutage gängige Praxis, dass sich Versicherungen, Vermieter, Banken oder auch Arbeitgeber im Internet über zukünftige oder bestehende Kunden und Mitarbeiter informieren. Überlegen Sie sich daher genau, welche Informationen Sie wem liefern möchten. Nutzen Sie unbedingt die Möglichkeit, selbst festzulegen, wer Ihre Veröffentlichungen sehen darf. Am Beispiel von Facebook, das Sie bereits in den Abschnitten »Bei Facebook anmelden« und »Sich mit Facebook-Freunden austauschen« ab Seite 265 kennengelernt haben, zeige ich Ihnen kurz, wie Sie die Privatsphäre-Einstellungen anpassen.

1. Falls noch nicht geschehen, rufen Sie in Ihrem Browser die Internetadresse »www.facebook.de« auf und melden sich mit Ihrer E-Mail-Adresse sowie dem Passwort bei Facebook an.

2. Klicken Sie im Menü auf das Pfeilsymbol ❶ und in der aufklappenden Liste auf **Einstellungen**. Auf der folgenden Webseite werden die **Allgemeinen Kontoeinstellungen** angezeigt. Hier haben Sie z. B. die Mög-

Sicher kommunizieren in sozialen Netzwerken

lichkeit, Ihr Passwort zu bearbeiten oder eine andere E-Mail-Adresse zu hinterlegen.

3. Klicken Sie in der linken Spalte auf **Privatsphäre** ❷. Auf der folgenden Webseite erfahren Sie, wer Ihre Inhalte sehen kann, wer Sie kontaktieren und wer nach Ihnen suchen darf.

4. Um festzulegen, wer Ihre zukünftigen Beiträge sehen darf, klicken Sie im entsprechenden Abschnitt auf **Bearbeiten** ❸.

5. Im nun sichtbaren Abschnitt klicken Sie auf den Pfeil rechts vom Feld **Öffentlich**. Wenn alle Ihre Freunde Ihre Inhalte sehen dürfen, markieren Sie in der Liste **Freunde** ❹. Möchten Sie dagegen bestimmte Personen ausschließen, klicken Sie in der aufklappenden Liste auf **Weitere Optionen** und dann auf **Benutzerdefiniert**. Sobald Sie im folgenden Dialog **Individuelle Privatsphäre** im Bereich **Nicht teilen mit** in das Feld **Diese Personen oder Listen** klicken und die ersten Buchstaben der entsprechenden Person eingeben, klappt eine Liste auf, in der Sie den gewünschten Namen markieren können. Schließen Sie den Dialog mit einem Klick auf **Änderungen speichern**.

6. Entsprechend können Sie als Nächstes bestimmen, wer Sie kontaktieren und wer nach Ihnen suchen darf. Zur Auswahl stehen hier jeweils die Option **Alle** oder **Freunde von Freunden** (❺ auf Seite 360).

7. Wenn Sie nicht möchten, dass Ihre Chronik – sprich alles, was Sie bisher und zukünftig bei Facebook veröffentlichen – von Suchmaschinen wie Google gefunden werden kann, klicken Sie beim letzten Eintrag im Bereich **Wer kann nach mir suchen?** ❻ rechts auf **Bearbeiten**. Im aufklappenden Abschnitt klicken Sie auf das Häkchen vor **Suchmaschinen außerhalb von Facebook erlauben, mein Profil anzuzeigen** ❼. Im folgenden Hinweis klicken Sie auf **Deaktivieren** ❽.

8. Legen Sie außerdem fest, wer anhand Ihrer E-Mail-Adresse oder auch Telefonnummer in Facebook nach Ihnen suchen darf. Nach einem Klick auf **Bearbeiten** haben Sie im entsprechenden Feld die Auswahl zwischen **Allen**, **Freunde von Freunden** oder **Freunde**. Sobald Sie die Einstellung vorgenommen haben, **schließen** Sie den aufgeklappten Bereich.

9. Denken Sie beim Verlassen der Facebook-Website daran, sich zuvor abzumelden. Klicken Sie hierzu auf das Symbol und schließlich auf **Abmelden**.

Auch wenn Sie Ihre Privatsphäre-Einstellungen wie gerade gezeigt angepasst haben, sollten Sie trotzdem vorsichtig sein mit dem, was Sie von sich preisgeben. Wollen Sie Fotos oder Videos veröffentlichen, auf denen noch andere Personen zu sehen sind, müssen Sie sich dafür deren

Genehmigung einholen. Unterlassen Sie dies, können Sie angezeigt werden, und es drohen Ihnen hohe Geldstrafen. Das gilt auch für Konzertmitschnitte oder Filmaufnahmen von Theaterstücken, Museen o. Ä. Auch wenn Sie die Videos selbst gedreht haben, liegen die Rechte in diesem Fall beim Veranstalter.

Selbst wenn Sie Dateien, die Sie eventuell in der Vergangenheit bereits veröffentlicht haben, in einem sozialen Netzwerk löschen, heißt dies leider noch lange nicht, dass diese auch nicht mehr verfügbar sind. Zum einen speichern die sozialen Netzwerke selbst diese Daten über einen langen Zeitpunkt hinweg. Aber auch durch andere Mitglieder, die Ihren Beitrag bei Facebook beispielsweise mit »Gefällt mir« versehen haben, können die Fotos, Videos oder auch Texte erhalten bleiben. Veröffentlichen Sie also nichts, was Ihnen später womöglich leidtut.

Genauso vorsichtig wie mit den Beiträgen selbst sollten Sie auch mit Freundschaftsanfragen umgehen. Wenn Ihnen eine Person bereits im realen Leben unsympathisch ist, müssen Sie mit ihr nicht bei Facebook befreundet sein. Auch bei Anfragen von Unbekannten ist eine gesunde Portion Skepsis gefragt. Nicht immer verbirgt sich hinter dem netten Menschen die Person, die sie zu sein vorgibt, denn Heiratsschwindler und Trickbetrüger machen auch vor sozialen Netzwerken nicht halt. Bedenken Sie immer, dass Facebook die Identität seiner Mitglieder nicht prüft. So, wie Sie sich selbst mit einem Pseudonym anmelden können, ist dies auch allen anderen Anwendern möglich.

Schutz vor betrügerischen E-Mails

E-Mails sind praktisch und in der Welt des Internets unverzichtbar. Ohne eine eigene E-Mail-Adresse ist es beispielsweise nicht möglich, im Internet einzukaufen oder Reisen zu buchen. Leider bergen die elektronischen Nachrichten aber auch einige Gefahren. Mit etwas Aufmerksamkeit und Bedacht können Sie diesen aber gut aus dem Weg gehen.

Ein Beispiel hierfür, die Phishing-Mail, habe ich im Laufe dieses Buches bereits häufiger erwähnt. Die in solchen Mails enthaltenen Links führen Sie zu gefälschten Webseiten, auf denen Sie aufgefordert werden, Ihre persönlichen Daten anzugeben. Manche dieser Webseiten sind auch infiziert. Im schlimmsten Fall laden Sie sich beim Besuch der Seite eine Schadsoftware auf Ihren Computer. Die oberste Regel beim Lesen von E-Mails lautet deshalb: Wenn Sie von Unbekannten E-Mails erhalten, klicken Sie nie auf die darin enthaltenen Links. Geben Sie stattdessen die Adresse selbst direkt im Browser ein.

> *Vorsicht, wenn E-Mails von Unbekannten Links enthalten!*

> **20'000 kostenlose Business-Kontakte**
> Wir sind so sehr davon überzeugt, dass die umfangreichen Daten Ihrem Unternehmen helfen können, dass wir eine kostenlose Probe mit 20'000 Business-Kontakten an die ersten 200 Menschen vergeben, die unsere Website heute Morgen besuchen. Dies ermöglicht Ihnen, sich vor Abschluss Ihrer Bestellung ein besseres Bild von der Qualität der Daten zu machen. Besuchen Sie unsere Website, um die kostenlosen Probedaten herunterzuladen und Ihr Unternehmen wieder in Gang zu bringen!
>
> Um die kostenlosen Probedaten herunterzuladen, mehr Informationen einzuholen oder Ihre Bestellung aufzugeben, klicken Sie hier, um zu unserer Website zu gelangen.

E-Mails von Unbekannten sollten Sie grundsätzlich sehr skeptisch gegenüberstehen, besonders wenn es sich um fremdsprachige Nachrichten handelt. Auch wenn die darin enthaltenen Dateien lustige Filme versprechen oder mit einer angeblichen Mahnung drohen: In Wirklichkeit sind die Dateianhänge häufig Überträger von Viren und Würmern. Öffnen Sie derartige Dateianhänge auf gar keinen Fall, sondern löschen Sie die Mails sofort. Infizierte Dateianhänge weisen häufig die Dateiendungen *.bat*, *.exe*, *.com* sowie *.vbs* auf.

Wenn Ihnen ein Bekannter eine E-Mail mit Dateianhang schickt, speichern Sie die Dateien am besten zunächst auf der Festplatte Ihres Computers. Wie dies funktioniert, erfahren Sie im Abschnitt, »E-Mails lesen und verwalten«, ab Seite 127. Anschließend untersuchen Sie die Datei mit einem Antivirenprogramm, etwa dem Windows Defender. Ist die Datei frei von Viren, können Sie sie unbesorgt öffnen.

Sofern Sie Ihre E-Mails mit einem Programm wie Mozilla Thunderbird verwalten, wird Ihnen vielleicht schon aufgefallen sein, dass bei vielen Werbemails die Bilder, dort als »externer Inhalt« bezeichnet, ausgeblendet sind. Dies geschieht aus Sicherheitsgründen.

Die meisten Werbemails werden im sogenannten HTML-Format verfasst. Dieses Format ermöglicht das aufwendige Formatieren von Texten, also etwa das Hervorheben von Überschriften. Das ist als solches harmlos. Dank HTML lassen sich aber auch Links zu externen Bildern in die E-Mail integrieren. Diese Bilder können infiziert sein. Mozilla Thunderbird blockt aus diesem Grund das Laden der Grafiken. Sind Sie sich sicher, dass der E-Mail-Absender vertrauenswürdig ist, können Sie die Bilder innerhalb der E-Mail per Klick auf die Schaltfläche **Einstellungen** ❶ und in der aufklappenden Liste auf **Externe Inhalte in dieser Nachricht anzeigen** einblenden. Im Falle von Werbemails oder E-Mails von Unbekannten sollten Sie darauf aber besser verzichten (siehe auch den Kasten auf dieser Seite).

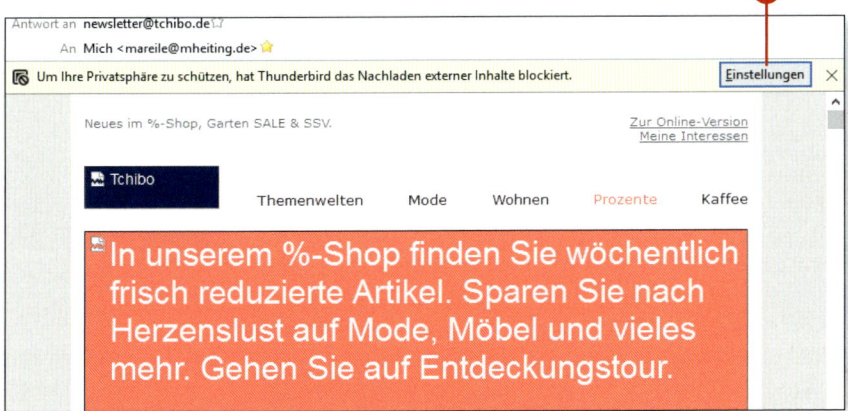

◂ *Mozilla Thunderbird blockt automatisch die Anzeige externer Inhalte.*

Indirekte Überprüfung von E-Mail-Adressen

Mozilla Thunderbird blockt das Laden externer Inhalte, z. B. von Bildern. Erst durch einen Klick auf **Einstellungen ▸ Externe Inhalte in dieser Nachricht anzeigen** werden die Grafiken in der E-Mail sichtbar. Dieses Laden der Dateien bleibt beim Absender der Werbemail nicht unbemerkt. Er weiß nun, dass die E-Mail gelesen wurde. Damit ist sichergestellt, dass die E-Mail-Adresse korrekt ist. Durch den Verkauf von Adressen – seien es E-Mail-Adressen, Postanschriften oder auch Telefonnummern – lässt sich heutzutage viel Geld verdienen. Für Sie hat dies zur Folge, dass Sie in kürzester Zeit immer mehr Werbemails erhalten.

Wie Sie im Laufe dieses Kapitels sehen konnten, gibt es doch die ein oder andere Maßnahme, sich gegen die Gefahren, die im Internet lauern, zu schützen. Die wichtigste Hilfe bei allem ist sicherlich der gesunde Menschenverstand. Gehen Sie vorsichtig mit Ihren persönlichen Daten um, und glauben Sie nicht alles, was Ihnen versprochen wird. Wenn Sie dies beherzigen, werden Sie viel Spaß im Internet haben.

Glossar (mit Hinweisen zur Aussprache)

Auf Wunsch vieler Leser wurde das Glossar um Hinweise zur Aussprache von Abkürzungen und englischsprachigen Fachbegriffen (im britischen Englisch) ergänzt. Die Hinweise finden Sie jeweils in Klammern. Bei den Auflösungen zu den Akronymen, d. h. Abkürzungen, im erklärenden Text, die im mündlichen Sprachgebrauch in der Regel nicht verwendet werden, wurde auf solche Hinweise verzichtet. Die Hinweise sollen lediglich einer Orientierung dienen. Wer ganz genau wissen möchte, wie die Begriffe von Muttersprachlern ausgesprochen werden: Im Abschnitt »Das Sprachgenie LEO« ab Seite 324 habe ich Ihnen gezeigt, wie Sie sich solche Begriffe vorlesen lassen können.

Account (»Ä-kaunt«)
Zu Deutsch »Nutzerkonto«. Meist muss sich der Nutzer über einen individuellen Nutzernamen und ein Passwort identifizieren, um etwa in einem Online-Shop einkaufen zu können.

Acrobat Reader (»Ä-kro-bätt Rie-da«)
Programm zum Anzeigen von PDF-Dateien, die mit dem Programm gelesen, aber nicht verändert werden können.

ActiveX (»Äk-tif Icks«)
Abkürzung für *Active Extensions*, zu Deutsch »aktive Erweiterungen«. Oberbegriff für Softwarekomponenten im Windows-Umfeld, die z. B. den Zugriff auf andere Programme ermöglichen. So lassen sich etwa Multimediaobjekte in Webseiten einbinden.

Administrator
Benutzer, der über erweiterte Nutzungsrechte verfügt und so im Unterschied zu einem Standardnutzer z. B. Inhalte zur Programmverwaltung ändern und löschen kann.

Aktivierung
Freischaltung eines Programms durch Eingabe eines Aktivierungscodes, um das Programm nutzen zu können. Teilweise bieten Programme ohne Aktivierung nur eine eingeschränkte Nutzung.

Android (»Än-dreud«)
Von Google entwickeltes Betriebssystem für Smartphones und Tablets.

Antivirenprogramm
Software zum Schutz vor Computerviren und anderer Schadsoftware.

App (»Äpp«)
Abkürzung für *Application*, zu Deutsch »Anwendung«. Im Gegensatz zu Windows-Anwendungen, die in Fenstern geöffnet werden, werden Apps im Vollbildmodus, also über den gesamten Bildschirm hinweg eingeblendet.

Attachment (»Ä-tädsch-ment«)
Englische Bezeichnung für Anlagen, z. B. Dateien, die an eine E-Mail angehängt werden.

Glossar

Banner (»Bän-ner« oder eingedeutscht »Ban-ner«)
Grafik innerhalb einer Internetseite, die hauptsächlich zu Werbezwecken eingesetzt wird.

Barrierefrei
Webseiten, die so gestaltet sind, dass auch Menschen mit Behinderungen sie ohne Probleme nutzen können, z. B. durch eine Option zur Sprachausgabe für Menschen mit Sehschwäche.

BCC/Blind Carbon Copy (»Bi Si Si«/»Bleind Kar-ben Kop-pi«)
Englischer Begriff für Kopien von E-Mails, deren Empfängeradressen für andere Empfänger der E-Mail nicht sichtbar sind.

Benutzerkontensteuerung
Teil des Betriebssystems von Windows Vista, Windows 7, Windows 8 und Windows 10, das mithilfe unterschiedlicher Zugriffsrechte steuert, welcher Nutzer welche Veränderungen am System vornehmen darf.

Betaversion
Vorabversion einer Software, die Kunden zum Test zur Verfügung gestellt wird.

Bing
Internetsuchmaschine von Microsoft.

Bit
Bezeichnung der Darstellung der Werte 0 oder 1 als kleinste mögliche Informationseinheit in der EDV.

Blog
Im Internet geführtes und damit meist öffentlich einsehbares »Tagebuch« einer Person, häufig auch als *Weblog* bezeichnet.

Bluetooth (»Blu-tuus«)
Kabellose Verbindung zwischen Computer und externen Geräten (z. B. Tastatur oder Maus) mittels Funktechnik.

Bookmark (»Buck-maak«)
Lesezeichen im Internet. Durch Hinterlegen eines Bookmarks im Browser können die jeweiligen Seiten ohne Eingabe der URL, also der Internetadresse, schneller aufgerufen werden.

Browser (»Brau-sa«)
Programm zur Darstellung von Internetseiten.

Bug (»Bag«)
Englische Bezeichnung für einen Fehler in Programmen.

Button (»Bat-ten«)
Englische Bezeichnung für Schaltflächen, die per Mausklick oder durch Antippen per Finger bedient werden.

Byte (»Beit«)
Maßeinheit in der Informationsverarbeitung. 8 Bit bilden ein Byte.

Cache (»Käsch«)
Zwischenspeicher innerhalb des Browsers. Durch Aufruf aus dem Zwischenspeicher können bereits einmal aufgerufene Internetseiten beim zweiten Aufruf schneller dargestellt werden.

Glossar

Captcha (»Käpp-tscha«)
Abkürzung für *Completely Automated Public Turing test to tell Computers and Humans Apart*, zu Deutsch »Vollautomatischer öffentlicher Turing-Test zur Unterscheidung von Computern und Menschen«. Captchas stellen eine Zeichenfolge dar, die durch einen verschwommenen Hintergrund oder auch Verzerren der Zeichen nur schwer entzifferbar ist. Diese Zeichen müssen vom Nutzer in einem Internetformular wiedergegeben werden, um so sicherzustellen, dass es sich um einen Menschen handelt.

CC/Carbon Copy (»Si Si«/»Kar-ben Kop-pi«)
Englischer Begriff für Kopien von E-Mails, deren Empfängeradressen auch für andere Empfänger der E-Mail sichtbar sind.

Chat (»Tschätt«)
Englische Bezeichnung für »Plaudern«, bezeichnet umgangssprachlich die Kommunikation in Echtzeit im Internet.

Chrome (»Kro(a)m«)
Von Google entwickelter Browser für den Internetzugriff.

Client (»Klaint«)
Zu Deutsch »Kunde«. Bezeichnung für einen Computer, der die Dienste in Anspruch nimmt, die von einem anderen Computer, dem sogenannten *Server*, zur Verfügung gestellt werden.

Cloud (»Klaud«)
Englische Bezeichnung für »Wolke«. An diesem virtuellen Ort befinden sich Programme und Daten, die nicht mehr auf dem eigenen Rechner, sondern auf Servern des jeweiligen Anbieters gespeichert werden und über das Internet aufgerufen werden können.

Community (»Kom-mju-ni-ti«)
Englische Bezeichnung für »Gemeinschaft«. Beschreibt eine Gruppe Gleichgesinnter, die innerhalb eines Programms miteinander kommuniziert.

Cookie (»Ku-ki«)
Kleine Datei, die beim Surfen auf Internetseiten auf Ihrem Computer gespeichert wird und eine Nachverfolgung des Surfverhaltens ermöglicht. Cookies sind deshalb aufgrund möglicher Datenschutzverletzungen kritisch zu sehen, häufig aber auch nicht zu umgehen, etwa beim Einkauf im Internet.

CSS/Cascading Style Sheets (»Si Ess Ess«/»Käss-kä(i)-ding Steil Schiets«)
Programmiersprache für die gestalterische Darstellung von Internetseiten, wobei die Gestaltungselemente wie etwa Farbangaben und Schriftgröße an einer Stelle hinterlegt und an mehrere Internetseiten »vererbt« werden können, sodass sie nur einmal angelegt werden müssen.

Cursor (»Kör-ser«)
Englische Bezeichnung für »Einfügemarke«. Diese zeigt durch einen blinkenden Strich oder einen Pfeil die Position des Mauszeigers auf der grafischen Oberfläche an.

Dateiformat
Software wird in unterschiedlichen Formen angeboten. Die in den jeweiligen Programmen enthaltenen Daten müssen auf unterschiedliche Weise gelesen und interpretiert werden. Das Dateiformat dient dabei als

Zuordnungskriterium (z. B. *.docx* für Textdateien in Word, *.xlsx* für Tabellen in Excel oder auch *.html* als Standardformat für Dateien im Internet).

Datenschutz
Sammelbegriff für Gesetze und Maßnahmen zum Schutz von gespeicherten Daten vor missbräuchlicher Nutzung und zum Schutz der Privatsphäre.

De-Mail (»DeE-Mä(i)l«)
E-Mail, bei der sowohl der Empfänger als auch der Sender eindeutig identifiziert werden können. Die Datenübertragung erfolgt verschlüsselt. De-Mail wird auch von Behörden akzeptiert. Zum Versenden von De-Mails ist eine spezielle De-Mail-Adresse erforderlich.

Desktop (»Desk-topp«)
Englische Bezeichnung für a) die grafische Benutzeroberfläche eines Computers oder b) einen im Gegensatz zu Note- oder Netbooks nicht mobilen Computer, der aus Computergehäuse, Bildschirm, Tastatur und Maus besteht.

DFÜ (»De Eff Ü«)
Abkürzung für »Datenfernübertragung«. Übermittlung von Daten zwischen zwei Computern, z. B. mittels des Telefonnetzes, Mobilfunk oder Licht.

DHTML (»De Ha Te Em El«)
Abkürzung für *Dynamic HTML*, eine Seitenbeschreibungssprache, durch die eine Internetseite durch Eingaben des Nutzers bei ihrem Aufruf verändert, d. h. anders dargestellt werden kann.

Disclaimer (»Dis-klä(i)-ma«)
Englische Bezeichnung für »Haftungsausschluss«; wird hauptsächlich in E-Mails und auf Internetseiten genutzt. Fordert beispielsweise den Empfänger einer irrtümlich erhaltenen E-Mail auf, diese zu löschen und den Absender zu informieren.

Domain (»Do-mä(i)n«)
Bezeichnung für einen im Internet eindeutig über einen Namen gekennzeichneten Bereich, der die *Website*, also den Internetauftritt einer Person oder Organisation, darstellt.

Dotcom (»Dott-komm«)
Englische Bezeichnung »dot« für »Punkt«, in Verbindung mit »com« als Abkürzung für die Endung von E-Mail- und Internetadressen genutzt, bezeichnet auch Unternehmen, die vorwiegend über das Internet Dienstleistungen anbieten.

Download (»Daun-loud«)
Herunterladen von Daten und Programmen aus dem Internet oder von anderen Medien.

DSL (»De Ess El«, eingedeutscht)
Abkürzung für *Digital Subscriber Line*, ein Übertragungsstandard in der Telekommunikation, der mit bis zu 1.000 MB pro Sekunde deutlich leistungsstärker als analoge oder ISDN-Verbindungen ist.

Edge (»Ätsch«)
Microsoft-eigenes Programm zur Darstellung von Internetseiten, das es seit der Version Windows 10 gibt (siehe auch *Browser*).

Glossar

Editor (»Ä-dit-ta«)
Ein Programm speziell zur Bearbeitung einfacher Textdateien.

E-Mail (»I-Mä(i)l«)
Elektronische Nachricht, die über entsprechende Programme am Computer gelesen, beantwortet und weitergeleitet werden kann.

Emoticon (»I-mou-ti-konn«)
Mehrere Zeichen, die einen Gesichtsausdruck darstellen sollen, um die Stimmung des Schreibenden auszudrücken (siehe auch *Smiley*).

Facebook (»Fä(i)ss-buck«)
Eines der größten sozialen Netzwerke mit über einer Milliarde Mitgliedern.

FAQ (»Eff A Ku«, eingedeutscht)
Abkürzung für *Frequently Asked Questions*, zu Deutsch »häufig gestellte Fragen«, eine Sammlung von Nutzerfragen mit den entsprechenden Antworten etwa zur Bedienung von Computern oder Programmen, die im Internet zur Verfügung gestellt wird.

Favoriten
Interessante und häufig besuchte Webseiten können in Microsoft Edge oder Mozilla Firefox als Favoriten abgespeichert und dann ohne Eingabe der URL über die Tastatur schneller aufgerufen werden.

Firefox → Mozilla Firefox

Firewall (»Fei-er-woal«)
Programm, das Computer oder Computernetze durch das Blockieren gefährlicher Verbindungen schützt. In Kombination mit einem Antivirenprogramm Basis für eine sichere Computernutzung.

Flash Player (»Flesch-Ple-ja«)
Programm, um in Internetseiten integrierte Effekte, Kurzfilme o. Ä. auf dem Computer abzuspielen.

Flatrate (»Flett-rä(i)t«)
Englische Bezeichnung für einen Pauschaltarif im Bereich der Telekommunikationsdienstleistung, z. B. unbeschränkte Internetnutzung für einen monatlichen Festpreis.

Flugzeugmodus
Spezieller Betriebsmodus bei Mobilgeräten wie Notebooks, Tablets oder Smartphones. Ist der Flugzeugmodus aktiviert, werden alle Funkeinheiten des Gerätes ausgeschaltet. Andere Funktionen des Mobilgerätes, wie etwa Kamera oder Spiele, sind aber weiterhin nutzbar.

Forum
Umgangssprachliche Bezeichnung für einen Bereich im Internet zum Austausch von Meinungen, Gedanken etc., auch als *Internetforum* bezeichnet.

Freeware (»Frie-wer«)
Software, die kostenlos zur Nutzung angeboten wird.

FTP (»Eff Te Pe«, eingedeutscht)
Abkürzung für *File Transfer Protocol*. Ein Protokoll für die Datenübertragung im Internet, etwa um Dateien vom eigenen PC auf einen Server hoch- oder von einem Server auf den eigenen PC herunterzuladen.

Glossar

GB/GByte (»Ge Be«/»Ge Beit«, teilweise eingedeutscht)
Abkürzung für *Gigabyte*, Maßeinheit in der Informationsverarbeitung. 1.024 Megabyte bilden 1 GByte.

Glasfaseranschluss
Während bei einem DSL-Anschluss ein Kupferkabel zum Einsatz kommt, wird bei einem Glasfaseranschluss ein Lichtwellenleiter genutzt. Die Daten werden dabei nicht elektrisch, sondern per Laserlicht in Lichtgeschwindigkeit über die Glasfaser übertragen. Damit lässt sich eine sehr hohe Datenrate erreichen. Anbieter wie Telekom und 1&1 treiben den Ausbau von Glasfasernetzen zwar stark voran, die Kosten hierfür sind aber sehr hoch. Für Privatanwender rentieren sich derartige Anschlüsse daher nur selten.

Google (»Guh-gel«)
Internetsuchmaschine. Aufgrund des hohen Marktanteils hat sich »googeln« praktisch zum Synonym für den Begriff »im Internet suchen« entwickelt.

GPRS (»Dschi Pi Ar Ess«)
Abkürzung für *General Packet Radio Service*, ein Dienst für die Datenübertragung in Funknetzen.

Hacker (»Häk-ka«)
Bezeichnung für Personen, die durch Ausnutzen von Sicherheitslücken unerlaubt in fremde Computer oder Computernetzwerke eindringen.

Hashtag (»Häsch-tägg«)
Zeichenkette mit vorangestelltem #. Dient als Suchbegriff oder markiert einzelne Themen, z. B. im Kurznachrichtendienst Twitter.

Headset (»Hätt-sätt«)
Englische Bezeichnung für eine Kombination aus Kopfhörer und Mikrofon; wird über Kabel mit dem Computer verbunden.

Hoax (»Houks«)
Englische Bezeichnung für »Scherz«, bezeichnet meist eine über das Internet verbreitete Falschmeldung, die für wahr gehalten und weiterverbreitet wird.

Homepage (»Houm-pä(i)dsch«)
Englische Bezeichnung für eine Internetseite, die als Start-, sprich Einstiegsseite eines kompletten Internetauftritts mit diversen Folgeseiten fungiert.

Hotline (»Hott-lein«)
Englische Bezeichnung für Servicetelefonnummern von Dienstleistern und Anbietern, an die sich Nutzer mit Rückfragen oder Fehlermeldungen wenden können.

Hotspot (»Hott-s-pott«)
Englische Bezeichnung für öffentlich zugängliche WLAN-Zugriffspunkte. Über Hotspots kann man seinen PC mit dem Internet verbinden.

HTML (»Ha Te Em El«, eingedeutscht)
Abkürzung für *Hypertext Markup Language*, eine Codierungs- bzw. Beschreibungssprache, mit der Inhalte im Internet dargestellt werden.

Glossar

HTTP/HTTPS (»Ha Te Te Pe«/»Ha Te Te Pe Ess«, eingedeutscht)
Abkürzung für *Hypertext Transfer Protocol* bzw. *Hypertext Transfer Protocol Secure*; beides sind Protokolle zur Datenübertragung im Internet, wobei bei HTTPS die Daten zur sicheren Übertragung verschlüsselt werden.

Hyperlink (»Hai-pa-link«)
Auch kurz *Link* genannt. Englische Bezeichnung für einen Verweis auf einer Internetseite. Per Mausklick darauf gelangt man auf eine andere Internetseite oder auch an eine andere Stelle innerhalb der Internetseite.

Hypertext (»Hai-pa-tekst«)
Ein Text, der Verknüpfungen zu anderen Textstellen oder anderen Texten enthält. Die Verknüpfungen werden auch *Hyperlink* oder kurz *Link* genannt.

Icon (»Ai-kon«)
Englische Bezeichnung für die grafischen Symbole auf dem Desktop und innerhalb von Programmen.

IMAP (»AiMepp«)
Abkürzung für *Internet Message Access Protocol*. Protokoll für den Zugriff auf und die Organisation von E-Mails.

Internet
Weltweites Netzwerk, über das Daten ausgetauscht werden.

Internetadresse
Eindeutiger Name, über den eine Internetseite gefunden und aufgerufen werden kann (siehe auch *Domain* und *URL*).

Internet Explorer (»In-ter-nett Eks-plo-ra«)
Microsoft-eigenes Programm zur Darstellung von Internetseiten (siehe auch *Browser*). Das Programm ist zwar auch unter Windows 10 noch verfügbar, wird dort aber weitestgehend von → *Edge* abgelöst.

IP-Adresse (»AiPie-A-dres-se«)
Adresse in einem Computernetzwerk, über die ein Computer eindeutig identifiziert werden kann.

ISDN (»Ie Ess De Enn«, eingedeutscht)
Abkürzung für *Integrated Services Digital Network*, ein Standard für digitale Kommunikationsnetze.

JavaScript (»DschawaSkrippt«)
Programmiersprache für dynamische HTML-Seiten, die auf Basis von Eingaben der Nutzer beim Aufruf geändert dargestellt werden bzw. unterschiedliche Inhalte zeigen.

JPEG (»Dschä(i)Pegg«)
Häufig genutztes Format für die Speicherung von Bildern und Grafiken.

Junk-E-Mail (»Dschank-i-Mä(i)l«)
Englische Bezeichnung für unerwünschte E-Mails, auch als *Spam* bezeichnet.

Kachel
Symbole im Startmenü von Windows 10 zum Aufrufen von Apps und Windows-Anwendungen.

Glossar

KB/KByte (»Ka Be«/»Ka Beit«, teilweise eingedeutscht)
Abkürzung für *Kilobyte*, Maßeinheit in der Informationsverarbeitung. 1.024 Byte bilden 1 KByte.

Klammeraffe, @ (»Ätt«)
Das At-Zeichen @, umgangssprachlich als »Klammeraffe« bezeichnet, ist ein grundsätzlicher Bestandteil in E-Mail-Adressen und trennt den Nutzernamen vom Domainnamen.

LAN (»Lahn«)
Abkürzung für *Local Area Network*. Ein lokales, also in seiner Ausdehnung begrenztes Rechnernetzwerk.

Laptop/Notebook (»Läpp-topp«/»Noutbuck«)
Bezeichnung für einen mobilen Computer, mittlerweile in der Leistung stationären Tischrechnern (siehe *Desktop*) durchaus ebenbürtig. Deutlich leistungsstärker als die kleineren Netbooks oder Tablet-Computer.

Link → Hyperlink

Login (»Logg-in«)
Bezeichnet das Anmelden an einem Computer oder einem Internetdienst wie etwa einem Online-Shop, meist mittels eines persönlichen Nutzernamens und eines Passwortes.

Logout (»Logg-au(t)«)
Bezeichnet das Abmelden von einem Computer oder einem Internetdienst.

MB/MByte (»Em BE«/»Em Beit«, teilweise eingedeutscht)
Abkürzung für *Megabyte*. Maßeinheit in der Informationsverarbeitung. 1.024 Kilobyte bilden 1 MByte.

Microsoft Edge → Edge

Microsoft-Konto (»Mei-kro-soft-Kon-to«)
Neu mit Windows 8 hinzugekommene Kontenart, die zur Nutzung einiger Apps sowie für den Erwerb zusätzlicher Apps über den Windows Store benötigt wird.

Mozilla Firefox (»Mo-silla Fei-a-focks«)
Programm, d. h. Browser zur Darstellung von Internetseiten; Alternative zum Internet Explorer von Microsoft.

Netbook (»Nett-buck«)
Mobiler Computer, bei dem die Leistungsfähigkeit von Prozessor und Grafikkarte zugunsten längerer Akkulaufzeiten beschränkt ist.

Netiquette (»Nä-ti-kett«)
Umgangssprachliche Bezeichnung für das korrekte Benehmen im Internet und den angemessenen Umgang mit anderen Netzteilnehmern, z. B. in sozialen Netzwerken oder Diskussionsforen.

Netzwerk
Sammelbegriff für den Zusammenschluss eigenständiger elektronischer Systeme zu einem Verbund, in dem die einzelnen Systeme miteinander kommunizieren können (siehe *LAN*, *WLAN*).

Glossar

Newsletter (»Njus-let-ta«)
Englische Bezeichnung für neue Informationen zu speziellen Themen wie etwa Programmaktualisierungen oder Produktneuheiten, die per E-Mail versendet werden.

Offline (»Off-lein«)
Der eigene Computer ist nicht mit dem Internet verbunden und kann daher auch keine Daten empfangen oder senden.

OneDrive (»WonnDreif«)
Ein von Microsoft kostenlos zur Verfügung gestellter Speicherplatz im Internet.

Online (»Onn-lein«)
Der eigene Computer ist mit dem Internet verbunden und kann somit Daten empfangen oder senden.

Online-Banking/Homebanking (»Onn-lein-Bän-king«/»Ho(a)m-bän-king«)
Sammelbegriff für die elektronische Abwicklung von Bankgeschäften mittels eines Computers oder anderer Geräte per Internet oder Telefon.

Online-Shop (»Onn-lein-Schopp«)
Sammelbegriff für den Verkauf von Produkten über das Internet; eines der bekanntesten Beispiele ist Amazon.

PayPal (»Pe(j)Po(a)l«)
Bezahlsystem im Internet, das für Einkäufe und Verkäufe in Online-Shops wie Amazon oder auch Online-Auktionshäusern wie Ebay verwendet wird. Der Anwender hinterlegt bei der Anmeldung bei PayPal einmalig seine Bankdaten. PayPal übernimmt die Zahlungsabwicklung zwischen Käufer und Verkäufer, der Verkäufer bekommt hierdurch die Bankdaten des Käufers nicht zu Gesicht.

PDF (»Pe De Eff«, eingedeutscht)
Abkürzung für *Portable Document Format*. Format für die Speicherung von Bildern, Grafiken und Texten und einfache Weitergabe von Dokumenten, wenn der Empfänger nicht über die jeweilige Software zum Betrachten der Originaldatei verfügt. Eine PDF-Datei kann in der Regel nur gelesen, nicht aber mehr verändert werden.

Phishing-Mail (»Fi-sching-Mä(i)l«)
E-Mails mit gefälschten Absenderangaben und Inhalten mit dem Ziel, den Empfänger zur Angabe von persönlichen Daten (z. B. Bankdaten) zu veranlassen, um damit schädliche oder betrügerische Aktionen zu begehen.

PIN/TAN (»Pinn«/»Tann«)
System zur sicheren Authentifizierung bzw. Genehmigung von Transaktionen, die über das Internet abgewickelt werden, wie z. B. beim Online-Banking. Neben einer *persönlichen Identifikationsnummer* (PIN) wird zusätzlich eine sogenannte *Transaktionsnummer* (TAN) benötigt, die nur für einen Vorgang genutzt werden kann und heute meist elektronisch erzeugt wird.

Ping
Diagnoseprogramm, mit dem die Erreichbarkeit eines Servers in einem Netzwerk überprüft werden kann.

Pixel
Englische Bezeichnung für »Bildpunkt«. Die Darstellung auf dem Bildschirm eines Com-

Glossar

puters erfolgt über eine unterschiedlich hohe Anzahl von Bildpunkten, z. B. 1.024 × 768. Je höher die Anzahl der Bildpunkte pro Zoll ist, desto schärfer ist auch die Darstellung.

Plug-in (»Plagg-inn«)
Ergänzendes Programm, das über Schnittstellen in ein anderes Programm, z. B. einen Internetbrowser, integriert werden kann.

Podcast (»Pott-kaast«)
Über das Internet abrufbare Mediendaten, z. B. Radio- oder Fernsehbeiträge.

POP3 (»PoppDrei«, eingedeutscht)
Abkürzung für *Post Office Protocol 3*; Protokoll für den Zugriff auf E-Mails.

Pop-up (»Popp-app«)
Sammelbegriff für zusätzliche Fenster, die beispielsweise beim Berühren oder Anklicken eines Symbols oder Textes mit der Maus eingeblendet werden. Auf Internetseiten enthalten sie z. B. häufig unerwünschte Werbung.

Product Key (»Pro-dakt Kie«)
Englische Bezeichnung für *Produktschlüssel*. Meist eine längere Ziffern- und Buchstabenfolge, die zur Aktivierung von Programmen benötigt wird.

Provider (»Pro-wei-da«)
Englischer Begriff für Anbieter von Dienstleistungen im Telekommunikationsbereich wie Internet, Mobilfunk oder Telefon.

QuickInfo (»KwickInfo«)
Kleines Hinweisfenster, das auf dem Bildschirm eingeblendet wird, wenn sich der Mauszeiger über einer Schaltfläche befindet. Die QuickInfo informiert über die Funktion der entsprechenden Schaltfläche.

QuickTime (»KwickTeim«)
Von Apple entwickelte Software zur Wiedergabe von Audio- und Videodateien.

Registrierung
Anmeldung als Nutzer einer Software oder eines Gerätes, um Programmaktualisierungen und andere Informationen zu erhalten.

Router (»Ro(a)-ta«, eingedeutscht »Ruh-ta«)
Hardware, die innerhalb von Netzwerken für die Weiterleitung von Daten genutzt wird.

RSS (»Err Ess Ess«, eingedeutscht)
Abkürzung für *Rich Site Summary*. Eine Gruppe von Formaten, die für die schnelle und einfache Dokumentation von Änderungen auf Webseiten bzw. für die Verteilung von Kurznachrichten genutzt wird.

Safari
Von Apple entwickelter Browser.

Screenshot (»Skrien-schott«)
Englische Bezeichnung für einen Schnappschuss des Computerbildschirms (auch *Bildschirmbild* genannt), der anschließend als Bilddatei auf dem Computer gespeichert wird.

Scrollen (»Skrol-len«, eingedeutscht)
Englische Bezeichnung für die Durchsicht von längeren Texten, Tabellen oder anderen Bildschirminhalten durch Bewegen des Mauszeigers auf der Bildlaufleiste nach

oben oder unten bzw. die Nutzung des bei vielen Computermäusen verfügbaren Scrollrades.

Server (»Sör-wa«)
Sammelbegriff für die Computer in Netzwerken, die den anderen angeschlossenen Computern Dienste und Speicherplatz zur Verfügung stellen.

Signatur
Bezeichnung für einen elektronischen Identitätsnachweis, quasi eine elektronische Unterschrift; enthält in E-Mails beispielsweise die Adressdaten des Absenders.

Silversurfer (»Sill-wa-sör-fa«)
Umgangssprachlicher Begriff für Nutzer des Internets, die das 50. Lebensjahr bereits hinter sich haben.

Smartphone (»Smart-fo(a)n«)
Mobiltelefon mit erweiterten Nutzungsmöglichkeiten über das reine Telefonieren hinaus, z. B. Zugriff auf das Internet, GPS-Navigation, Abspielen von Audio- und Videodateien. Hat meist einen berührungsempfindlichen Bildschirm, auch *Touchscreen* genannt.

Smiley (»Smei-li«)
Mithilfe von Zeichen wie Doppelpunkt, Strich und Klammern dargestellte stilisierte Gesichter, um unterschiedliche Emotionen auszudrücken.

SMTP (»Ess Em Te Pe«, eingedeutscht)
Abkürzung für *Simple Mail Transfer Protocol*. Ein Protokoll für den Empfang von E-Mails.

Soziales Netzwerk
Bezeichnung für eine Gruppe von Nutzern, die sich auf einer gemeinsamen Plattform im Internet austauscht. Das größte soziale Netzwerk ist Facebook.

Spam-Mail (»Späm-Mä(i)l«)
Englische Bezeichnung für unerwünschte E-Mails, auch als *Junk-E-Mail* bezeichnet.

Speicherkarte
Hardware zur Speicherung von Daten. Speicherkarten gibt es in unterschiedlichen Größen (CF, SD, MicroSD) und mit unterschiedlich hohem Speicherplatz.

Spyware (»Spei-wer«)
Schadsoftware, die sich vom Nutzer ungewollt auf dem Computer installiert und persönliche Daten wie Passwörter ausspioniert oder das Surfverhalten dokumentiert und weitergibt.

SSL (»Ess Ess El«, eingedeutscht)
Abkürzung für *Secure Socket Layer*. Ein Netzwerkprotokoll für die sichere, verschlüsselte Übertragung von Daten.

Startmenü
Menü, das per Klick auf das Windows-Logo in der linken unteren Ecke des Bildschirms aufklappt. Bei einem Tablet wird das Startmenü bereits nach dem Einschalten des Gerätes eingeblendet. Über das Startmenü erreichen Sie alle Windows-Anwendungen, Einstellungen und Apps.

Startseite
Internetseite, die als Erstes beim Verbinden des eigenen Computers mit dem Internet

Glossar

aufgerufen wird. Sie kann vom Nutzer individuell eingestellt werden. Zugleich wird damit die Homepage eines Unternehmens bezeichnet.

Streaming (»S-trie-ming«)
Bezeichnet das Anhören von Audiodateien und das Ansehen von Videodateien am eigenen Computer, ohne dass die Dateien auf dem Gerät gespeichert werden. Die Daten werden dabei kontinuierlich aus dem Internet übertragen und sofort beim Empfang wiedergegeben.

Suchmaschine
Software zur Suche nach Inhalten bzw. Internetseiten. Nach Eingabe des Suchbegriffs listet die Suchmaschine Internetseiten auf, die den gesuchten Begriff enthalten. Die bekannteste Suchmaschine ist Google.

Surfen (»Sör-fen«, eingedeutscht)
Umgangssprachliche Bezeichnung für das Aufrufen von Internetseiten.

Tablet (»Täbb-lett«)
Relativ neue Klasse von leichten tragbaren Computern ohne Tastatur, die über einen *Touchscreen*, also einen berührungsempfindlichen Bildschirm, gesteuert werden.

Taskleiste
Leiste am unteren Bildschirmrand des Desktops, die Symbole für den Zugriff auf verschiedene Programme enthält.

Tethering (»Te-se-ring«)
Verbinden eines Smartphones etwa mit einem Computer, sodass der Computer die Internetverbindung des Smartphones nutzen kann.

Touchpad (»Tatsch-pätt«)
Berührungsempfindliche Fläche, die bei Notebooks als Maus-Ersatz genutzt wird.

Touchscreen (»Tatsch-skrien«)
Berührungsempfindlicher Bildschirm, über den Smartphones oder Tablets gesteuert werden können.

Treiber
Software, um Hardwarekomponenten oder externe Geräte (z. B. Drucker) zu installieren und zu nutzen.

Tweet (»Twiet«)
Ein Textbeitrag im Kurznachrichtendienst *Twitter*.

Twitter
Kurznachrichtendienst, der die Kommunikation mittels Textnachrichten von maximal 140 Zeichen ermöglicht. Themen werden durch ein vorangestelltes # (*Hashtag*) gekennzeichnet.

Ultrabook (»Ul-tra-buck«, eingedeutscht)
Bezeichnung für sehr dünne Notebooks mit Intel-Prozessoren und hoher Akkulaufzeit, die deutlich leistungsstärker sind als Netbooks.

Update (»App-de(i)t«)
Bezeichnet die Aktualisierung von Softwareprogrammen. Updates dienen zur Fehlerbehebung und Leistungserweiterung von Programmen.

Upgrade (»App-gre(i)d«)
Im Gegensatz zum *Update* wird bei einem Upgrade eine Programmversion durch die

jeweils aktuellere ersetzt, z. B. Windows 8.1 durch Windows 10.

Upload (»App-loud«)
Englische Bezeichnung für »Hochladen«, das Laden von Daten vom eigenen Rechner auf einen anderen Rechner, z. B. das Hochladen von Fotos auf den Server eines Fotoportals.

URL (»U Err El«, eingedeutscht)
Abkürzung für *Uniform Resource Locator*, wird hauptsächlich als Synonym für eine Internetadresse genutzt.

USB (»U Ess Be«, eingedeutscht)
Abkürzung für *Universal Serial Bus*. Eine Schnittstelle zur Verbindung von Computern und externen Geräten wie Festplatten, DVD-Laufwerken und Druckern.

User (»Ju-sa«)
Englische Bezeichnung für *Benutzer*, also die Person, die den Computer nutzt.

Virus
Schadsoftware, die sich in andere Computerprogramme einschleust und die Sicherheit des Computers schädigt.

VoIP/Voice over IP (»Fau O i Pe«, eingedeutscht/»Wois o(a)wa Ei Pi«)
Englische Bezeichnung für Internettelefonie. Für die Übertragung der Sprache werden Computernetzwerke genutzt.

WAN (»We A En«, eingedeutscht)
Abkürzung für *Wide Area Network*, also ein Rechnernetz mit einer großen geografischen Ausdehnung, z. B. Firmennetze, die mehrere Standorte, auch in unterschiedlichen Ländern, umfassen.

Web (»Wepp«)
Kurzbezeichnung für *World Wide Web*, einen zentralen Dienst im Internet.

Webcam (»Wepp-kemm«)
Kamera innerhalb eines Computers oder als externes Gerät, um Videobilder aufzunehmen und z. B. im Internet zu veröffentlichen.

Webseite (»Wepp-sei-te«, eingedeutscht)
Einzelne Seite eines Internetauftritts.

Website (»Wepp-seitt«)
Englischer Begriff für *Webauftritt*. Bezeichnet den aus meist mehreren Internetseiten bestehenden Internetauftritt einer Person oder Organisation.

WLAN (»We Lahn«)
Abkürzung für *Wireless Local Area Network*, ein drahtloses lokales Netzwerk, das zur Verbindung und Datenübermittlung Funk nutzt.

WWW (»We We We«, eingedeutscht)
Abkürzung für *World Wide Web*, also den bekanntesten Dienst im Internet.

Zip (»Sipp« bzw. »Zipp«, eingedeutscht)
Dateiformat zum komprimierten Speichern von Daten, um Speicherplatz zu sparen. Es können einzelne Dateien oder ganze Dateiverzeichnisse speicherplatzsparend gesichert werden. Vor einer erneuten Nutzung müssen diese Dateien erst wieder dekomprimiert werden. Dieser Vorgang wird auch als »extrahieren« oder »entzippen« bezeichnet.

Glossar

Zoom (»Suhm«)
Möglichkeit, die Bildschirmdarstellung durch das Drücken von Tastenkombinationen (zum Vergrößern `Strg` + `+`, zum Verkleinern `Strg` + `-`) oder – auf einem Touchscreen – durch bestimmte Fingerbewegungen größer und kleiner erscheinen zu lassen.

Stichwortverzeichnis

A

Account 365
Acrobat Reader 365
ActiveX 365
Administrator 365
Adobe Flash Player 70
Adobe Reader 73, 129
   Installation 73
afgis 248
AGB 231
Air Berlin 219
Aktivierung 365
AltGr-Taste 20
Amazon 162
   abmelden 170
   anmelden 167
   Artikel suchen 163
   Einkaufswagen 166
   Marketplace 162, 170
   Versand 168
   Zahlungsmethode 169
Android 365
Ansicht vergrößern 55
Antivirenprogramm ... 23, 37, 191, 339, 365
   kostenpflichtig 29
   Tests 29
Apotheken-Umschau 248
Apotheke online 251
App 107, 365
   Finanzen 107
   Nachrichten 107
   Sport 107
ARD 313
Arztsuche
   www.arzt-auskunft.de 250
   www.jameda.de 250
   www.sanego.de 250
   www.topmedic.de 250
   www.weisse-liste.de 250
Arzt suchen 250
Ask 108
Attachment 365
At-Zeichen 20
Auswärtiges Amt 235

B

Backspace-Taste 19
Bahnticket 220
   kaufen 224
Bahnverbindungen 220
Bandbreite 35
Banner 366
Bargeld-Transferservice 162
Barrierefrei 366
BCC 141, 366
Benutzerkontensteuerung 366
Best Ager 277
Betaversion 366
Betrüger 158
Bezahlsystem 158
   Click & Buy 158
   PayPal 158
Bildlaufleiste 52
Bildschirmbild (Screenshot) 374
Bildschirmtastatur einblenden 22
Billiger.de 154
Bing 104, 107, 366
   Bilder 105
   Internetadresse 106
   Karten 105
   News 105
   Startseite 106
   Suche einschränken 105, 107
   Suchergebnisse 105

379

Stichwortverzeichnis

Videos 105
Web 105
Biowetter 240
Bit 366
Bitdefender Internet Security 29
Blind Carbon Copy 366
Blog 366
Bluetooth 366
Bookmark 366
Browser 15, 47, 366
   Edge 47
   Google Chrome 47
   Mozilla Firefox 47, 71
   Sicherheitslücken 79
   Verlauf löschen 340
Bug 366
Bürgerliches Gesetzbuch zum
   Fernabsatzvertrag 162
Button 366
   Kennzeichnungspflicht 357
Byte 366

C

Cache 366
Capslock-Taste 20
Captcha 115, 367
Carbon Copy 367
Cascading Style Sheets 367
CC 141, 367
CEWE 303
Chat 277, 367
Chatten 285, 292
Chefkoch.de 327, 332
CHIP 75, 151
chipTAN 192, 199
Chrome 367
Chronik 341
Ciao! (Website mit Testberichten und
   Produktbewertungen) 154
Click & Buy 158
Client 13, 367
Cloud 37, 125, 367

Community 248, 259, 367
Computer Bild 75
Computer, Neustart 338
Control-Taste 20
Cookie 340, 343, 367
CSS 367
Cursor 367

D

Dateiformat 367
Datenschutz 156, 345, 368
   Feedback an Microsoft 348
   Kamera 347
   Position 347
Datenschutzerklärung, Google 350
Daten verschlüsseln 157, 196
De-Mail 368
Demoversion 75
Der Reiseführer 237
Desktop 368
Deutsche Bahn 220
Deutscher Wetterdienst 242
   Newsletter 243
DFÜ 368
DHTML 368
Disclaimer 368
Domain 368
Domainname 14
Do Not Track 343
Dotcom 368
Download 36, 71, 128, 368
Drosselung 36
Drucken 66
Drucker anschließen 68
DSL 32, 368
   Modem 32
   Router 33

E

easyJet 219
eBay 159, 177
   automatisches Bietsystem 181

Stichwortverzeichnis

   Benutzerkonto einrichten 177
   bieten 178
   sofort kaufen 178
   Verkäufer werden 183
eDarling 282
Edge 47, 368
   Adresszeile 50
   Browserverlauf löschen 340
   Datenschutz 343
   Einstellungen 61, 340
   Favoriten 63
   Favoriten löschen 66
   Favoriten sortieren 65
   InPrivate-Modus 345
   Notizfunktion 64
   Pop-up-Blocker 69
   Registerkarte 55
   Registerreiter 55
   SmartScreen-Filter 344
   Startseite 49, 53
   Startseite einrichten 61
   Update 79
Editor 369
EHI-Siegel 155
Einfügemarke (Cursor) 367
Eingabe-Taste 19
Einreisebestimmungen 235
ElitePartner.de 282
E-Mail 15, 109, 361, 369
   antworten 130
   Dateianhang öffnen 127
   Dateianhang speichern 127
   Dateianhang versenden 122
   drucken 129
   endgültig löschen 132
   gelöschte wiederherstellen 131
   HTML-Format 362
   Kontakt in Adressbuch aufnehmen 138
   Konto kostenlos einrichten 111
   lesen 125, 137
   löschen 131
   mehrere Konten verwalten 141
   schreiben 119

   unbekannter Dateianhang 362
   webbasiert 119
   weiterleiten 130
   Wunschname 113
E-Mail-Adresse 109, 110
E-Mail-Konto 109
E-Mail-Programm 111, 133
   Mozilla Thunderbird 111, 133
   Outlook 111
E-Mail-Server 109
Emoticon 293, 369
Enzyklopädie online 319
Esc 20
Escape-Taste 20
Ethernetkarte 31
Euro-Label 232
Expedia 219

F

Facebook 265, 358, 369
   Chat 274
   Chronik 265
   Freunde finden 270
   Freundefinder 267, 268
   Gefällt mir 274
   Hilfefunktion 276
   Kommentar verfassen 273
   Like-Button 274
   Nachricht senden 274
   Posten 272
   Privatsphäre-Einstellungen 269, 358
   Profil 271
   Profilbild 269
   Registrierung 265
   Statusmeldung verfassen 272
Fahrplan ausdrucken 223
FAQ 369
Favicon 57
Feierabend.de 277
   Profil anlegen 280
Fernabsatzvertrag 162
Fernsehen 313

381

Stichwortverzeichnis

Feststell-Taste 20
Fingergeste
   Touchscreen 18
   wischen 18
   zoomen 18
Firefox 71, 76, 369
   als Standardbrowser 77
   Chronik 341
   Do Not Track 343
   InPrivate-Modus 345
   Sicherheitseinstellungen 341
   Update 79
Firewall 191, 339, 369
   alternative 29
Flash Player 369
Flatrate 36, 369
Flickr 125, 295
   abmelden 303
   Album entfernen 301
   Album erstellen 299
   anmelden 303
   Eigentümereinstellungen 300
   Fotos freigeben 301
   Fotos hochladen 297
   Fotos löschen 301
   Fotostream 300
   registrieren 295
Flugportal
   OneTwoTrip 216
   Preise vergleichen 215
Flug suchen 216
Flugzeugmodus 335, 369
Fly.com 219
Forum 369
Foto aus dem Internet laden 96
Fotogeschenk 303
   Memory 304
Fotokasten 303
Fotoparadies 303
Fotos
   Community 295
   Fotodienst Pixum 303
   in einen Online-Bilderdienst
      hochladen 295
Freemail-Provider 110
Freenet 118
Freeware 75, 369
FRITZ!Box 33, 336
   Funkkanal einstellen 336
FTP 369
FTTH 32
Funknetzwerk 44

G

GByte 370
G Data Internet Security 29
Geizkragen.de 154
Geo 237
Gesundheitsportal 245
   Gütesiegel 248
   Vitanet 248
Gigabyte 370
Glasfaseranschluss 370
Glasfasernetz 32
Gmail 118
gmx.de 118
Google 83, 370
   Aktienkurs 103
   Alle 95
   Bilder 95
   Bilder auf PC speichern 96
   Bildersuche 94
   Bücher 95
   Datenschutzbestimmungen 350
   Datenschutzerklärung 85
   erweiterte Suche 91, 92
   Internetadresse 84
   Maps 95
   News 95
   Nutzungsbedingungen 350
   Phrasensuche 90
   Privatsphärecheck 351
   SafeSearch 92

Stichwortverzeichnis

Shopping	95
Suchbegriffe	90
Suchbegriffe ausschließen	89
Suchbegriffe eingeben	88
Suche einschränken	88
Suchergebnisse	86, 87, 93
Suchvarianten	95
Taschenrechner	103
Trefferliste	87
Währungen umrechnen	103
Werbung	86, 87
Wetter	103
Google Bilder	94
Google Chrome	47, 79
Druckmenü	81
installieren	79
Lesezeichen	81
Registerkarte	80
Google Doodle	88
Google Earth	103
Google-Konto	118
Google Maps	97
Internetadresse	97
Restaurantsuche	100
Routenplaner	101
Satellitenansicht	103
Schaltflächen zum Navigieren	98
Verkehrsmittel	102
Wegbeschreibung drucken	102
GPRS	370
Guenstiger.de	154
Gütesiegel	155, 232, 355
EHI-Siegel	155
Gültigkeit	155
ips	155
s@fer-shopping	155
Trusted Shops	155

H

Hacker	370
Handyflatrate	37
Hashtag	370
HBCI	193
Headset	285, 370
Herunterladen (Download)	368
Hoax	370
HolidayCheck	203
Homebanking	373
Home Banking Computer Internetface	193
Homepage	53, 370
HONcode	248
Hotelbewertung	203
selbst abgeben	213
Seriosität	213
Hotelbuchung	228
Hotelvergleich	203
Hotline	370
Hotspot	42, 370
HTML	370
HTTP	13, 371
HTTPS	196, 371
Hyperlink	54, 371
Hypertext	371

I

Icon	371
Idealo.de	144
IMAP	135, 371
Impressum	231, 355
Initiative D21	155
InPrivate-Browsen	345
Internet	371
surfen im	15
Internetadresse	50, 371
Aufbau	14
suchen	58
Internetcafé	44
Internetdienst	
E-Mail	15
WWW	14
Internetdienstanbieter	35
Internet Explorer	47, 371
Internetflatrate	36
Internethändler	144

383

Stichwortverzeichnis

Internetradio 316
Internetseite, fehlerhafte Anzeige 337
Internet Service Provider 35
Internetstick 34, 45
Internetverbindung
   drahtlose 42
   DSL 32
   DSL-Modem 32
   DSL-Router 33
   einrichten 39
   funktioniert nicht 333
   Geschwindigkeit 35
   Satellit 34
   Surfstick 34
   technische Voraussetzungen 31
   TV-Kabelnetz 33
   VDSL 32
IP-Adresse 13, 371
ips 155
ISDN 371
ISP 35
Ixquick 108, 354

J

JavaScript 371
JPEG 371
Junk-E-Mail 130, 139, 371
Justiz-Auktion 189

K

Kabel-TV-Dose 33
Kachel 371
Kartendienst 97
Kaspersky Internet Security 29
KByte 372
Klammeraffe 20, 372
Kochrezepte online 327
Kontextmenü 17, 18
Kontoauszug online 197, 200
Kreditkarte 158

L

LAN 372
Laptop 372
Leo
   anmelden 326
   registrieren 326
LEO 324
   Forumsdiskussionen 326
   Internetadresse 324
   Sprachtrainer 327
Leseansicht 64
Link 54, 371, 372
Livestream 314
Login 372
Logout 196, 372
Lufthansa 219

M

Mail delivery failed 122
Malware 23
Marco Polo 237
Maus
   Bedienung 17
   scrollen 16
   ziehen 17
Mausklick 17
   doppelter 17
   rechte Taste 17
MByte 372
Mediathek
   ARD 313
   ZDF 314
Medizinische Beratung 245
Merian 236
Microsoft Edge 47, 372
   Leseansicht 64
Microsoft-Konto 111, 288, 372
Mietwagen 231
mobileTAN 192
Mobilfunknetz 34, 45
Modem 32
MoneyGram 162

384

Stichwortverzeichnis

Mozilla Firefox 47, 71, 76, 372
   als Standardbrowser 77
   Chronik 341
   Do Not Track 343
   downloaden 78
   Favoriten 78
   Registerkarte 78
   Sicherheitseinstellungen 341
   Startseite 78
   Webseite ausdrucken 78
Mozilla Thunderbird 133, 362
   Adressbuch 139
   Datei anhängen 141
   Dateianhang öffnen 138
   E-Mail drucken 138
   E-Mail-Konto einrichten 141
   E-Mail lesen 137
   E-Mail senden 140
   E-Mails sortieren 139
   externe Inhalte anzeigen 362
   installieren 133
   Junk 139
   Junk-Mail 139
   Kontakt hinzufügen 139
   Kontakt in Adressbuch aufnehmen 138
   Konto einrichten 135
   Konto manuell einrichten 142
   Spam-Mail 139
mTAN 192
Multimedia-Dose 33
Mycare 251
   Registrierung 255
   Warenkorb 253

N

Netbook 372
NetDoktor 245
   Community 248
   Diagnose 248
   Internetadresse 246
   Krankheit 247
   Laborwerte 248

   Login 249
   medizinische Eingriffe 248
   Registrierung 249
   Therapien 248
Netiquette 372
Netzwerk 372
Netzwerkkarte 31
Netzwerkstandort 42
Newsletter 373
Newsletter mit Unwetterwarnungen ... 243
Norton Security Deluxe 29
Notebook 372
Notizfunktion 64

O

Offline 373
OneDrive 111, 124, 373
Online 373
Online-Album 295
Online-Apotheke 251
   Mycare 251
Online-Auktionshaus 177
Online-Banking 26, 191, 373
   abmelden 196
   anmelden 195
   PIN/TAN-Verfahren 191
Online-Bilderdienst Flickr 295
Online-Buchhandel 162
Online-Community 259
Online-Kartendienst 97
Online-Lexika 319
Online-Mediathek 313
Online-Shop 143, 373
   Amazon 162
   Ausland 157
   Conrad 188
   Cyberport 188
   Deichmann 187
   Douglas 187
   Notebooksbilliger 188
   Otto 171
   Saymo 190

seriös 355
Tchibo 187
Zalando 188
Zooplus 189
Online-Speicher OneDrive 124, 125
Online-Ticket Bahn 225
Online-Versandhändler 162
Online-Wörterbuch 324
Otto 171
Outlook.com 111

P

Parship 282
Partnervermittlungsportal 282
    eDarling 282
    ElitePartner.de 282
    Parship 282
Passwort 117, 356
Pauschalreise 228
PayPal 158, 185, 373
    Benutzerkonto einrichten 159
PC Magazin 75
PDF-Datei 73, 129, 373
Phishing-Mail 158, 202, 344, 357, 361, 373
Phrasensuche 90
PIN 192, 373
Ping 373
PIN/TAN-Verfahren 191
Pixel 373
Pixum 303
    Kundenkonto erstellen 308
Play Store 118
Plug-in 70, 374
Podcast 317, 374
POP3 .... 135, 374
Pop-up 69, 85, 316, 374
Pop-up-Blocker 69
Postausgangsserver 135
Posteingangsserver 135
Preis.de 154
Preissuchmaschine 144

Billiger.de 154
Geizkragen.de 154
Guenstiger.de 154
Idealo.de 144
Preis.de 154
Preissuchmaschine.de 154
Preissuchmaschine.de 154
Preisvergleichsportal 215
Preiswecker 154
Privatsphäre-Einstellungen 358
Problembehandlung, Netzwerk-
    diagnose 39
Product Key (Produktschlüssel) 374
Produktschlüssel 374
Produktvergleich 149
Provider 35, 109, 374
Prüfsiegel 155
pushTAN 192

Q

Quickinfo 198
QuickInfo 374
QuickTime 374

R

Radio 315
Radio.de 316
Rechtsklick 17
Registrierung 374
Reiseapotheke 236
Reiseplanung 234
    Einreisebestimmungen 234
    Sicherheitswarnungen 235
    Visum 234
Reiseportal 203, 204, 228
Return-Taste 19
Rezept 327
    bei Mycare einreichen 258
Rezeptdatenbank 328
Routenplaner 97, 101
Router 33, 333, 374
RSS 374

Stichwortverzeichnis

Rückgaberecht 156
Rück-Taste 19
Ryanair 219

S

Safari 374
Satellit 34
Screenshot 374
Scrollen 16, 374
Scrollrad 16
Sehenswürdigkeiten, Eintrittskarten
   kaufen 237
Selbsthilfegruppe 250
Seniorbook 281
Seniorentreff 281
Server 13, 375
s@fer-shopping 155
Shareware 75
Shift-Taste 19
Shortcut 20
Sichere Verbindung 356
Signatur 375
Silversurfer 277, 375
SIM-Karte 34, 45
Skype 111, 285
   anrufen 291
   auflegen 292
   beenden 293
   chatten 292
   Emoticons 293
   Gebühren 286
   herunterladen 286
   Internetadresse 286
   Kontaktanfrage annehmen 290
   Kontakte 289
   Kontakt hinzufügen 290
   Kontakt suchen 290
   Konto einrichten 288
   Microsoft-Konto 288
   Nachrichten schreiben 292
   öffnen 294
   Programmfenster ausblenden 293
   schließen 293
   Smileys 293
   starten 294
   Status 291
   Symbole 291
   telefonieren 291
   Videoanruf 291
Smartphone 375
SmartScreen-Filter 346
Smiley 375
smsTAN 192, 199
SMTP 135, 375
Soziales Netzwerk 259, 358, 375
   Facebook 265
   Feierabend.de 277
   Seniorbook 281
   Seniorentreff 281
   Stayfriends 259
Spam 371, 375
Spam-Mail 130, 139, 373
Speedtest 36
Speicherkarte 375
Spiegel 50
Splitter 32
Spyware 375
SSL 375
Standardbrowser 76
Standortbestimmung aktivieren oder
   deaktivieren 347
Startmenü 375
Startseite 375
Stayfriends 259
   Registrierung 259
Stiftung Warentest 144, 151
Streaming 376
Strg-Taste 20
Suche
   einschränken 88
   Phrasensuche 90
Suchen
   Bilder 94
   mit Bing 104
   mit Google 86, 90, 92

Stichwortverzeichnis

Suchmaschine 83, 376
   Bing 104
Surfen 15, 376
Surfstick 34, 45

T

Tab 55
Tablet 376
   Bildschirmtastatur 20
Tabulator-Taste 20
TAE-Dose 32
Tagesschau 50
TAN 192, 373
TAN-Generator 193, 199
Taskleiste 48, 376
Task-Manager 338
Tastatur 19
   virtuelle 20
Tastenkombination 20
Tastenkürzel 20
Teaser 53
Telefonflatrate 37
Telefonieren 285, 291
Telefonleitung 32
Testberichte 151
Tethering 376
Thunderbird 133
Tildezeichen 90
Top-Level-Domain 14, 110
Touchpad 16, 376
   Bedienung 17
Touchscreen 16, 18, 376
   Kontextmenü einblenden 18
Transaktion beim Online-Banking 192
Treiber 376
Trend Micro Internet Security 29
TripAdvisor 214
Trojaner 23
Trusted Shops 155, 232
TÜV SÜD s@fer-shopping 232
TV-Kabelnetz 33
TV-Programmpaket 37

Tweet 281, 376
Twitter 281, 376

U

Überweisung 197
Ultrabook 376
Umschalt-Taste 19
Unwetterwarnung 243
Update 30, 376
Upgrade 376
Upload 36, 300, 377
Urheberrecht 184
   Bilder 96
URL 13, 14, 377
   Aufbau 14
USB 377
User 377

V

VDSL 32
Verband Internet Reisevertrieb e. V. 232
Verbindung, sichere 356
Vergrößern 55
Verknüpfung 54
Versandapotheke 251
Versandhaus Otto 171
Versteigerung 177
Vertrag, Laufzeit 36
Videoanruf 291
Videoportal 309
   YouTube 309
VIR 232
Virenschutzprogramm 23, 37, 339
Virus 23, 377
VoIP/Voice over IP 285, 377

W

WAN 377
Web 377
Webcam 285, 316, 377
Web.de 118

Stichwortverzeichnis

Webseite 13, 14, 377
   aktualisieren 80
   drucken 66
   Menüleiste 58
   mobile Ansicht 60
   Navigationsleiste 59
   neue Registerkarte öffnen 56
Website 13, 368, 377
Weiße Liste 250
Wetterdienst 239
Wetterportal 239
   Wetter.com 239
Widerrufsrecht 156
WiFi 335
Wikipedia 319
   Autorenportal 324
   Internetadresse 320
WikiTravel 237
Windows, Datenschutzeinstellungen ... 345
Windows Defender 23
   Echtzeitschutz 24
Windows-Firewall 23, 26
Windows Store 111
Windows-Taste 20
Windows Update 23, 30, 191, 339
Wintersportwetter 241
WLAN 34, 377
   funkt nicht 334
   Verschlüsselungsmethode 336
WLAN-Adapter 31, 42
WLAN-Router 42
   Funkkanal 335
   Standort 335

World Wide Web 14
WPA-Verschlüsselung 44
WWW 14, 377

Y

Yahoo 108, 295
   E-Mail-Adresse 296
YouTube 70, 118, 309
   Video ansehen 311
   Video suchen 309

Z

Zahlungsmethode 157
   Bankeinzug 157
   Bargeld-Transferservice 162
   Bezahlsystem 158
   Kreditkarte 158
   Lastschrift 157
   Nachnahme 157
   PayPal 158
   Rechnung 157
Zattoo 314
Zertifikat 155
Zip 377
Zip-Datei 128
Zoll-Auktion 188
Zoom 55, 378

- Das neue Windows kennenlernen
- Internet, E-Mails, Apps, Fotos, Sicherheit u.v.m.
- Alles Schritt für Schritt erklärt

Mareile Heiting

Windows 10
Der verständliche Einstieg

Finden Sie sich auf Anhieb im neuen Windows zurecht, und machen Sie gleich alles richtig! Auch Einsteiger ohne Vorkenntnisse am Computer brauchen sich hier keine Sorgen machen. Mareile Heiting holt alle am Startpunkt ab, erklärt, wie man Windows mit Maus, Tastatur oder auch auf dem Tablet bedient, und führt anschaulich und verständlich durch alle Anwendungen. Ob Sie nun im Internet surfen, E-Mails schreiben, Fotos bearbeiten oder für Sicherheit sorgen – schon bald fühlen Sie sich im neuen Startmenü und auf der gesamten Oberfläche heimisch.

420 Seiten, broschiert, in Farbe, 19,90 Euro
ISBN 978-3-8421-0216-3
3. Auflage, erscheint Ende Oktober 2016
www.vierfarben.de/4234

Jetzt online bestellen: www.vierfarben.de

- Grundlagen, Praxistipps und Profiwissen
- Alles zu Word, Excel, Outlook, PowerPoint und OneNote
- Mit leicht verständlichen Schritt-für-Schritt-Anleitungen und vielen Tipps

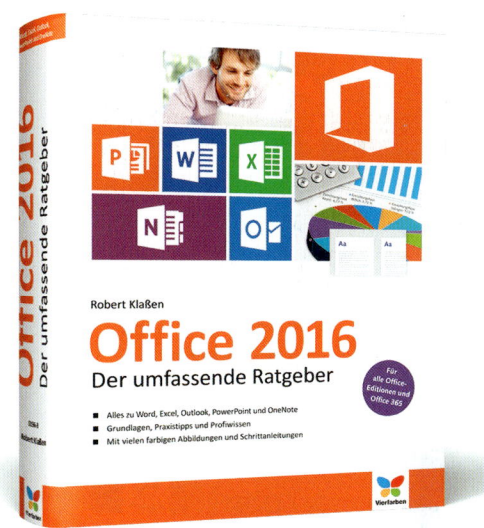

Robert Klaßen

Office 2016
Der umfassende Ratgeber

Dieser umfassende Ratgeber führt Sie zielsicher durch Microsoft Office 2016! Ganz egal, ob Sie Einsteiger, Umsteiger oder erfahrener Anwender einer Vorgängerversion sind: Erfahren Sie in leicht verständlichen Schritt-Anleitungen, wie Sie Briefe schreiben und gestalten, E-Mails senden und empfangen, Kalkulationen erstellen und visualisieren, Präsentationen planen und vortragen und Ihre Notizen allzeit bereit haben. So haben Sie Office 2016 sicher im Griff!

1.134 Seiten, gebunden, in Farbe, 39,90 Euro
ISBN 978-3-8421-0196-8
erschienen 2016
www.vierfarben.de/3968

- Alles Schritt für Schritt erklärt

- Telefonieren, Internet, E-Mails, Fotos, Musik u.v.m.

- Mit Update-Tipps für ältere Geräte

Rainer Hattenhauer

Android-Smartphone
Die verständliche Anleitung

Machen Sie es sich leicht, und halten Sie den Kopf frei für all die spannenden Dinge, die Sie mit Ihrem Android-Smartphone unternehmen wollen! Telefonieren, E-Mails, Internet, Apps oder Fotos – Android-Experte Rainer Hattenhauer führt Sie ganz ohne Anstrengung und sicher an Ihr Ziel, ganz gleich, welches Gerät mit Android (ab Version 4.2 bis 7) Sie verwenden. Neben den anschaulichen Schritt-für-Schritt-Erklärungen gibt es zudem zahlreiche Tipps vom Experten. So gelingt alles von Anfang an nach Wunsch!

368 Seiten, broschiert, in Farbe, 19,90 Euro
ISBN 978-3-8421-0226-2
erscheint Ende November 2016
www.vierfarben.de/4325

Monatlich alle Neuheiten: www.vierfarben.de/newsletter